KB235216

샨타라크쉬타의 중관사상

샨타라크쉬타의 중관사상

샨타라크쉬타의 중관사상

이태승 지음

불교시대사

차례

머리말 · 11
약호 · 17

서장　샨타라크쉬타의 사상과 관련된 문제점 및 본서의 입장 · 19

제1장　샨타라크쉬타의 사상 · 31

제1절　샨타라크쉬타에 대하여 · 33
1. 생애 · 33
2. 저작 · 36

제2절　『중관장엄론』의 내용 고찰 · 40
1. 사상적 위치 · 40
2. 이제설 · 49
3. 이일다성증인 · 57
4. 형상론 · 62
5. 자증지 · 69
6. 인용문헌 · 74

제3절　『중관장엄론』과 『섭진실론』 · 76
1. 『섭진실론』의 〈외경고찰의 장〉에 대하여 · 77
2. 『중관장엄론』과 〈외경고찰의 장〉 · 85

제2장   즈냐나가르바의 사상 · 87

제1절 즈냐나가르바에 대하여 · 89
　1. 생애 · 89
　2. 저작 · 94

제2절 『이제분별론』의 내용 고찰 · 96
　1. 『이제분별론』의 구성 · 96
　2. 논의 목적 · 98
　3. 이제설 · 102
　4. 형상론 · 118
　5. 자증지 · 123
　6. 유가행파 비판 · 128
　7. 인용문헌 · 139

제3절 『이제분별론』과 『중관장엄론』 · 143
　1. 『이제분별론』의 요약 · 143
　2. 『이제분별론』과 『중관장엄론』의 관계 · 144

제3장   샨타라크쉬타 사상의 형성 · 147

제1절 『이제분별론세소』의 저자 · 149

제2절 『이제분별론세소』 연구 · 157
　1. 구성 · 157
　2. 저술의도 및 주석태도 · 160
　3. 이제설에 대한 주석 · 164
　4. 형상에 대한 주석 · 183
　5. 자증지에 대한 주석 · 189
　6. 유가행파 비판 · 195
　7. 인용문헌에 대하여 · 205

제3절 『이제분별론세소』와 『중관장엄론』 · 207

제4장   샨타라크쉬타 사상의 전개 · 211

　　제1절   샨타라크쉬타 사상의 전승 · 213
　　　　1. 인도에서의 전승 · 213
　　　　2. 티베트에서의 전승 · 219

　　제2절   인도 후기중관파의 전개 · 223
　　　　1. 후기중관파의 구분 · 223
　　　　2. 후기중관파 사상의 특색 · 225

제5장   후기중관파의 정의에 관하여 · 231

　　제1절   유가행중관파 명칭 재고 · 233
　　제2절   유가행중관파에 대한 일본불교학계의 논쟁 · 234
　　제3절   유가행중관파 명칭의 연원 · 242
　　제4절   예쉐데의 유가행중관 정의 · 247
　　제5절   후기중관파의 정의 · 252

제6장   즈냐나가르바의 이제설 · 255

　　제1절   이제설 · 257
　　　　1. 중관과 유식의 입장 차이 · 257
　　　　2. 『근본중송』의 이제설 · 263

　　제2절   즈냐나가르바의 이제설 · 265
　　　　1. 즈냐나가르바의 생애 · 265
　　　　2. 즈냐나가르바 이제설의 내용 · 268
　　　　3. 즈냐나가르바 이제설의 특색 · 284

　　제3절   즈냐나가르바 이제설의 영향 · 300

제7장 『중관장엄론』의 형상설에 대하여 · 303

　제1절 샨타라크쉬타의 위상 · 305
　　1. 샨타라크쉬타 · 305
　　2. 형상설 · 307

　제2절 『중관장엄론』 · 310
　　1. 내용 · 310
　　2. 조론의 목적 · 317
　　3. 성립의 역사적 배경 · 320

　제3절 『중관장엄론』의 형상설 · 323
　　1. 형상설의 전개 · 323
　　2. 무형상지식론과 유형상지식론 · 325
　　3. 형상진실론과 형상허위론 · 328

　제4절 형상설과 관련된 문제점 · 332

제8장 샨타라크쉬타의 자재신 비판에 대하여 · 335

　제1절 신과 관련된 문제의식 · 337

　제2절 불교에 있어 자재신 비판론의 전개 · 339
　　1. 불교의 기본입장 · 339
　　2. 자재신 비판론의 전개 · 343

　제3절 샨타라크시타의 자재신 비판 · 347
　　1. 『섭진실론』의 기본입장 · 347
　　2. 〈자재신 고찰의 장〉의 내용 및 특징 · 350
　　3. 자재신 비판 · 355

　제4절 샨타라크쉬타 자재신 비판의 의의 · 361

제9장 이일다성증인과 관련된 인의 삼상에 대하여 · 365

제1절 『중관장엄론』 재이해의 필요 · 367
제2절 인의 삼상 개설 · 368
제3절 이일다성증인의 논리학적 고찰 · 373
    1. 『중관장엄론』의 구조 · 373
    2. 이일다성증인의 논리구조 · 376
    3. 이일다성증인의 의의 · 386

제10장 쿠마릴라가 전하는 불교의 형상론 · 391

제1절 형상과 관련된 인도 후기불교계에서의 논쟁 · 393
제2절 『섭진실론』 〈외경고찰의 장〉에 있어서 쿠마릴라와의 논쟁 · 396
    1. 〈외경고찰의 장〉에서 형상설의 의미 · 396
    2. 쿠마릴라의 견해 · 400
제3절 쿠마릴라가 전하는 불교의 형상설 · 408
제4절 형상설 논쟁의 의의 · 414

참고문헌 · 417
색인 · 441

머리말

　본서는 인도 후기불교의 최대 사상가이자 티베트에 불교를 전한 장본인인 샨타라크쉬타의 사상을 살펴본 것으로, 이를 위해 필자의 박사학위 논문인 「『이제분별론세소』의 연구」와 그 외 샨타라크쉬타와 관련된 논문을 합쳐 한 권의 저서로 엮은 것이다. 먼저 필자의 학위 논문과 관련된 본서의 저술 배경에 대해 언급을 해야 할 것 같다.

　돌이켜보면 한국에서 올림픽이 개최되던 1988년 일본 도쿄의 고마자와(駒澤) 대학에 유학하여 1994년 4월 귀국에 이르기까지의 결실이 필자의 박사학위 논문이다. 학위 논문을 집필한 이래 이미 십 수 년이 지난 상태로 어찌 보면 필자의 나태와 게으름으로 오늘에 이르렀지만, 막상 출간에 임하는 마음으로 조금은 벅찬 감정이 느껴짐은 부인할 수 없다. 약간은 변명이라 생각되지만, 본래 일본어로 집필된 본 논문을 우리말로 번역하는 작업도 그다지 쉽지 않은 일이었고, 논문의 주제가 되는 인도 후기중관에 관해서도 우리 불교학계에 그다지 일반화된 분야가 아니어서 출간에 긴장감이 떨어져 있었던 것도 사실이었다. 하지만 이제는 출간을 더 이상 미룰 수 없는 상황을 직감하였고, 그러한 출간의 필요성을 느낀 것은, 아이러니한 일이지만, 필자가 대표역자로 함께 참여하여 불교시대사에서 출간한 『티베트불교철학』(2008년)의 간행이 그 계기였다.

사실 본서의 상당수의 내용은 『티베트불교철학』과 함께 견주어 읽으면 의미가 더욱 분명해질 정도로 내용상 긴밀한 관계를 가지고 있다. 그도 그럴 것이 샨타라크쉬타가 티베트불교의 초석을 닦은 사람이어서 티베트의 불교철학과 밀접히 관련되어 있는 것은 당연한 일이다. 하지만 그것보다도 『티베트불교철학』의 저자가 필자의 고마자와 대학의 은사인 마츠모토 시로(松本史朗) 선생으로, 필자의 학위 논문 상당수의 내용이 은사의 학문적 연구성과에 크게 의거하고 있기 때문이다. 30대의 젊은 날부터 뛰어난 학문적 업적과 예리한 견해로 일본의 불교학계를 휘저어 놓고, 당시 불교학계의 최고의 학자로 인정받고 있던 가지야마 유이치(梶山雄一)박사로부터 '천재' 란 칭호를 받은 마츠모토 선생을 고마자와 대학의 교정에서 만날 수 있었던 것은 필자에게 있어 큰 행운이었음은 말할 것도 없다. 하지만 그러한 학덕을 필자가 충분히 감내하기란 분명 어려운 일이었지만, 큰 나무 그늘아래 쉴 곳이 많듯이 큰 학덕을 갖춘 은사의 그늘 아래 주위 담을 수 있는 학문적 성과물이 적지 않아 그 중의 일부를 모은 것이 필자의 학위 논문이다.

그리고 『티베트불교철학』의 '한국어판 서문' 에서 마츠모토 선생이 필자의 학위 논문을 언급해 준 것도 출간의 필요성을 더욱 느꼈던 것으로, 그간 조금씩 번역했던 일을 서둘러 진행시켜 오늘에 이르게 된 것이다. 작년 2010년 은사인 마츠모토 선생이 환갑을 맞이하였고 그것을 기념하여 저널 『인도논리학연구』(인도논리학연구회)가 창간되었다. 학자로서의 모범을 보며 크게 배우며 큰 학덕을 귀감으로 삼고 싶다.

이처럼 필자의 학위 논문은 은사인 마츠모토 선생의 연구성과에 크게 힘입고 있으며, 어떤 점에서는 한국어 번역의 『티베트불교철학』은 우리 학계에 티베트불교학에 대한 새로운 지평을 열어주었다고 생각한다. 그렇지만 『티베트불교철학』의 번역에 큰 힘이 들었던 기억이 생생하며, 필자의 학위 논문 번역과 정리 또한 많은 수고가 따르는 일이었음을 고백하지 않을 수 없다. 본래 필자의 학위 논문인 「『이제분별론세소』의 연구」는 전체 3부로 구성되어, 제1부는 연구(『이제분별론세소』를 중심으로 하는 후기중관사상의 전개에 대하여)이며, 제2부는 번역(『이제분별론』과 『이제분별론세소』), 제3부는 로마자 티베트문(『이제분별론세소』의 티베트문 텍스트), 그리고 부록으로 1)중관장엄론 과문, 2)어휘, 3)참고문헌으로 이루어져 있다. 이 가운데 제1부의 연구내용을 본서의 주내용으로 삼았으며, 또한 이 연구와 관련해 필자가 발표한 논문들을 본서의 내용으로 함께 엮었다. 그런 까닭에 함께 실린 논문들이 학위 논문의 내용과 중복되는 부분이 있는 것은 어쩔 수 없지만, 전체적으로 학위 논문을 이해하는 데에는 좋은 역할을 하리라 생각한다.

「샨타라크쉬타의 중관사상」이라고 칭한 것에서도 알 수 있듯이 본서는 인도 후기대승불교의 뛰어난 불교사상가인 샨타라크쉬타의 사상

과 그 사상형성의 배경을 살펴보는 것이 연구 테마이자 주제이다. 주
지하는 바와 같이 샨타라크쉬타는 후기중관사상을 대표하는『중관장
엄론』을 저술하여 그 명성을 드높였지만, 이 저술의 배경에는『이제분
별론세소』가 있다고 생각된다. 이『이제분별론세소』는 이름 그대로
즈냐나가르바의『이제분별론』에 대한 주석서로서, 샨타라크쉬타 사상
형성에는 즈냐나가르바의 영향이 들어있다고 할 수 있다. 하지만 티베
트의 위대한 불교가인 총카파가『이제분별론세소』를 지은 샨타라크쉬
타를『중관장엄론』의 저자인 샨타라크쉬타와 별개의 인물로 구분하는
등의 이유로 인해 그간『이제분별론세소』는 물론 즈냐나가르바에 대
한 연구가 그다지 활발치 않았다고 생각된다. 그런 까닭에 일본의 티
베트불교학 연구성과를 바탕으로 총카파의 견해를 재고찰하여 샨타
라크쉬타의 사상과 그 사상형성의 과정을 살펴본 것이 본서이다.

먼저 본서의 내용을 살펴보면, 서장의 "샨타라크쉬타 사상과 관련
된 문제점 및 본서의 입장"은 본래 학위 논문에서 서론과 결론으로 각
각 달리 기술된 것을 함께 묶어 엮은 것이다. 티베트에서 샨타라크쉬
타의 사상을 유가행중관파로 간주하고 있는 것에 대한 의문의 제기와
그에 따른 다양한 문제점들을 총체적으로 정리하였으며, 이곳에서 언
급한 내용을 제1장 이하에서 상세하게 연구 고찰하였다. 따라서 제1
장 이하 제4장까지의 내용은 학위 논문의 내용과 동일한 것으로, 본래
학위 논문에서는 제1장이 "『중관장엄론』에 대하여", 제2장은 "『이제
분별론』에 대하여" 제3장은 "『이제분별론세소』에 대하여" 제4장은
"샨타라크쉬타와 후기중관파"로 되어있던 것을 본서와 같은 제목과

이름으로 바꾸어 기술하였다. 그리고 제5장 이하 제7장까지는 학위 논문과 관련해 필자가 유학을 마치고 돌아와 얼마 되지 않은 시점에 발표했던 논문들이다. 제5장의 "후기중관파의 정의에 관하여"는 『한국불교학』 제19집(1994)에, 제6장의 "즈냐나가르바의 이제설"은 『인도철학』 제6집(1996), 제7장의 "『중관장엄론』의 형상설에 대하여"는 『인도철학』 제8집(1998)에 실렸던 논문들이다. 그리고 제8장 이하 제10장은 샨타라크쉬타의 중관사상을 좀더 다각적으로 살펴보고자 쓴 논문들로, 제8장 "샨타라크쉬타의 자재신 비판에 대하여"는 『한국불교학』 제35집(2003)에, 제9장 "이일다성중인과 관련된 인의 삼상에 대하여"는 『인도철학』 제21집(2006)에, 제10장의 "쿠마릴라가 전하는 불교의 형상론"은 앞서 말한 마츠모토 선생 환갑을 기념한 논문집에 일본어로 기고한 것을 우리말로 옮긴 것이다(『インド論理學研究』 2010). 그리고 본서에 실린 〈참고문헌〉은 필자 학위 논문의 〈참고문헌〉을 조금 보완한 것으로, 필자가 학위 논문을 준비하던 당시의 문헌들이 주를 이루고 있다. 아울러 〈참고문헌〉의 내용에 의거해 본서 각주에서 일본 자료는 인명과 연도, 페이지만을 적기하였고, 그 외 우리말 자료나 문헌은 전체적으로 인용하는 것으로 하였다. 인도 후기중관사상에 대해서는 시기적으로 필자의 학위 논문 이후의 자료들에 대한 총체적 조사와 참고가 필요한 것을 통감하지만, 지금으로서는 본서만으로도 필자의 힘이 부치는 만큼 조금은 여유를 가지고 싶다.

이렇게 본서의 준비에 상당한 시일이 경과된 것을 부인할 수는 없지만, 『티베트불교철학』과 함께 본서의 출간은 우리 불교학계에 그다지 연구가 많지 않은 인도후기중관분야를 이해하는 데 도움이 될 것이라 생각한다. 그러나 좀 더 정직하게 고백하면 본서의 내용에는 많은 미진한 부분도 있으리라 생각된다. 그렇더라도 본서의 출간은 인도후기불교라는 새로운 학문영역이 드러나는 중요한 계기가 될 수 있다는 점에서 의미를 갖는다고 생각되지만, 앞으로 갈 길은 매우 멀게 느껴진다. 이것은 일본을 비롯한 여러 나라에서 해당분야의 연구자와 업적들이 다양하고 방대하게 진행되고 있음이 느껴지기 때문이다. 아무쪼록 본서에 미진한 부분이 있다하더라도 인도 후기불교철학의 전개에 대한 이해에 조금이라도 도움이 된다면 다행이라 생각한다.

끝으로 본서의 출간을 맡아준 불교시대사의 이규만 사장님께 감사를 드린다. 『티베트불교철학』의 출간에 큰 덕을 입었고, 여러 가지 인연으로 본서가 불교시대사에서 출간될 수밖에 없는 상황을 이해하여 흔쾌히 출간을 허락해 주었다. 본서가 불교시대사의 명성을 이어가길 희망하며, 아울러 출판사의 발전과 번영을 기원한다.

壬辰 仲春 이태승 識

약호

『선설심수』:『了義未了義決擇論善說心髓』

『섭진실론』:『攝眞實論頌』

『세소』:『二諦分別論細疏』

『이제론』:『二諦分別論自註』

『중관론』:『中觀莊嚴論自註』

『중관장엄론』:『中觀莊嚴論自註』

BSGT : BLO GSAL GRUB MTHA' by K. MIMAKI, KYOTO, 1982

D : Tibetan Tripitaka(Sde dge Edition)

Eckel(J) : Jñānagarbha's Commentary on the Distinction Between the Two Truths, by M.D.Eckel, State Univ. of New York press, 1987

LNY : Drang ba dang nges pa'i don rnam par phye ba'i bstan bcos legs bshadsnying po 『了義未了義決擇論善說心髓』(bKra shis lhuh po판), The Collected works(Gsung 'bum) of Rje Tsong kha pa Blo bzang grags pa, Vol.21, New Delhi, 1979

MAB : Madhyamakāvatāra-bhāṣya 『入中論註』

MAP : Madhyamakālaṃ kāra-pañjikā 『中觀莊嚴論細疏』

MAS : Madhyamakārthasaṃgraha 『中觀義集』

MAV : Madhyamakālaṃ kāra-vṛtti 『中觀莊嚴論自註』

P : Tibetan Tripitaka(Peking Edition)

PV : Pramāṇa vārttika 『量評釋』

P V(A) : Pramāṇa vārttika-vṛtti by Dharmakīrti 『量評釋自註』

PVP : Pramāṇa vārttika-pañjikā by Devendrabuddhi 『量評釋細疏』

PVT : Pramāṇavārttika-ṭīkā by Sākyabuddhi『量評釋註疏』

SDV : Satyadvayavibhaṅga-vṛtti『二諦分別論自註』(데르게판 No.3882 Sa3b3-15b1, 東京大學 所藏版, 世界聖典刊行協會刊)

SDP : Satyadvayavibhaṅga-pañjikā『二諦分別論細疏』(데르게판 No.3883 Sa15b2-52b7, 東京大學 所藏版, 世界聖典刊行協會刊)

TS : Tattvasaṃgraha-kārikā; (Shastri Edition)『攝眞實論頌』

TSP : Tattvasaṃgraha-pañjikā(Shastri Edition)『攝眞實論細疏』

TS(Jha) : The Tattvasaṃgraha of Sāntarakṣita with the Commentary of Kamalaśīla, Tr. into English by G.Jha, Vol. I, G.O.S. No.80(Baroda, 1937), Reprint M.B.1986; Vol.II, G.O.S. No.83(Baroda, 1939), Reprint, M.B. 1986

TVB : Triṃśikāvijñapti-bhāṣya by Sthiramati『唯識三十頌釋』(Levi, S. Edition)

一鄉(上) : 一鄉正道「『中觀莊嚴論』和譯」『中觀莊嚴論研究』, 文榮堂, 1985

一鄉(下) : 同, Text of the [Madhyamakālaṃkāra-] Vṛtti and Pañjikā, BUNEIDO, 1985

印佛研 : 印度學佛敎學硏究

大正 : 大正新修大藏經

吐佛年 : 山口瑞鳳「吐蕃王國佛敎史年代考」『成田山佛敎研究所紀要』3, 1978

松下(上) : 松下了宗「ジュニャーナガルバの二諦分別論-和譯研究(上)」『龍大大學院紀要』5, 1983

松下(下) : 同「ジュニャ二ナガルバの二諦分別論-和譯研究(下)」『龍大大學院紀要』6, 1984

※ 본서에서 사용한 티베트문의 로마나이즈는 '와일리식'의 표기를 따랐다(Wylie, Turrell. "A Standard System of Tibetan Transcription", Harvard Journal of Asiatic Studies 22, 1959, pp.261-267).

샨타라크쉬타의 사상과 관련된 문제점 및 본서의 입장

이 책은 인도 후기대승불교의 대표적 사상가인 샨타라크쉬타(Sāntarakṣita, Zhi ba 'tsho; cs. 725-783)[1] 의해 저술되었다고 하는 『이제분별론세소(二諦分別論細疏)』(이하 본서 『세소』라고 표기)에 대한 연구로서, 나아가 샨타라크쉬타의 주저인 『중관장엄론자주(中觀莊嚴論自註)』(이하 본서 『중관론』이라 표기)와의 사상적 관련성을 고찰한 것이다.

샨타라크쉬타는 자신의 『섭진실론(攝眞實論, Tattvasaṃgraha)』에서 인도의 모든 철학을 비판적으로 집성하고, 주저인 『중관론』에서는 인도 불교의 모든 사상을 중관의 이제설(二諦說)에 근거해 비판적으로 종합하고 있다. 이러한 저술로 인해 그는 인도불교사상 최대의 철학자로 간주되고 있다.[2] 그렇다면 과연 그의 사상적 출발점은 어디에 기인하는 것일까? 『섭진실론』은 다르마키르티의 사상에 의거한 논서인 까닭에 그가 다르마키르티의 충실한 제자이었던 것은 확실하지만,[3] 그렇다면 그의 주저인 『중관론』의 사상은 어떠한가? 이 『중관론』에 나타나는 샨타라크쉬타의 사상을 고찰할 때 매우 중시되는 인물이 샨타라크쉬타의 스승으로 간주되는 즈냐나가르바(Jñānagarbha, Ye shes snying po: cs.700-760)이다. 이것은 즈냐나가르바가 『이제분별론자주(二諦分別論自註)』(이하 본서 『이제론』이라 표기)이라는 저서를 남기고, 그 저서에 대해 주석서인 『세소』를 쓴 사람이 다름 아닌 샨타라크쉬타이기 때문이다.[4]

---

1) 본서의 인명연대는 『印度佛敎人名辭典』(三枝充悳 編, 法藏館, 1987)에 의거한다. 티베트인의 연대에 대해서는 BSGT(K.MIMAKI, KYOTO UNIV., 1982), 『東洋佛敎人名辭典』(齊藤昭俊·李載昌 編, 新人物往來社, 1989) 등을 참조.
2) 梶山雄一(1983) p.XX [본서 제7장 註3) 참조].
3) 渡邊照宏(1967) p.25.

그렇지만 게룩파(dGe lugs pa)를 중심으로하는 티베트불교의 오랜 전통 속에서 『세소』의 저자는 『중관론』의 저자인 샨타라크쉬타와는 다른 사람으로 간주되어왔다.[5] 그것은 게룩파의 개조(開祖) 총카파(Tsong kha pa blo bzang grags pa, 1357-1419)가 그의 『요의불요의결택론선설심수(了義不了義決擇論善說心髓)』(이하 본서 『선설심수』라고 표기)에서 명확히 밝힌 이래 티베트불교의 전통적인 학설이 되었지만, 근년의 연구성과에 의하면 그 두 저서는 동일한 작자에 의해 저술되었을 가능성이 높다고 생각된다.[6] 따라서 이러한 가능성을 더욱 추구하여 두 저서 사이에 사상적 관련성을 보다 구체적으로 밝히고자 하는 것이 본서의 목적이다.

이와 같이 『세소』와 『중관론』의 사상적 관련성에 대한 고찰은 지금까지 『중관론』을 중심으로 연구된 샨타라크쉬타의 사상에 중요한 문제를 제기하는 것이다. 왜냐하면 그것은 오랜 티베트 불교학의 전통에서 샨타라크쉬타가 유가행중관파(瑜伽行中觀派, Yogācāra-mādhyamika)로 또 즈냐나가르바가 경량부중관파(經量部中觀派, Sautrāntika-mādhyamika)로 각기 달리 분류된 것에 대해 이 두 사람 사이에 사상적 유사성이 제기되기 때문이다. 즉 샨타라크쉬타가 즈냐나가르바의 저서에 대해 주석

---

4) 이 『세소』에 대한 온전한 연구는 아직 이루어 지지 않고 있는데 이 『세소』의 내용을 상세히 고찰하는 것은 본서의 목적이다. 그렇지만 부분적인 언급이나 번역 등은 다음의 저술들에서 보여진다. 長澤實導(1969); 松下了宗(1983-2), (1984-2), (1984-3); 松本史朗(1978-1), (1980-4), (1981-1), (1981-2), (1984-3); Eckel, M.D.(1987); 森山淸徹(1989-1) 등.
5) 松本史朗(1978-1)에 따르면 이 문제를 지적한 사람으로 스체르바스키를 꼽을 수 있고, 또한 이 두 사람 관계에 대한 해명의 필요성이 논해지고 있다(p.112).
6) 근년의 연구성과에 대해서는 塚本啓祥 外編(1990) p.271 참조. 저자도 이 점에 대해 논문을 발표한 적이 있다. 李泰昇(1993-1) 참조.

서를 썼다고 한다면 샨타라크쉬타의 사상 형성에는 즈냐나가르바의 영향이 당연히 존재하고, 그러한 이유로 샨타라크쉬타의 저서에도 그 영향은 보일 것이다. 샨타라크쉬타를 유가행중관파로 분류하는 것도 역시 게룩파를 중심으로 하는 티베트의 전통에서 오랜 기간 인정된 것이지만, 이것에 대해서도 근년 비판의 반론이 제기되고 있다.[7] 이러한 반론은 『중관론』 가운데 나타나는 샨타라크쉬타의 사상에 대한 보다 치밀한 연구를 요구하는 것이기도 하다. 따라서 『세소』에 대한 연구는 샨타라크쉬타의 사상을 이해하는데 도움이 되는 것은 물론 즈냐나가르바와의 사상적 관계를 밝히는 점에서도 중요하다고 생각된다.

샨타라크쉬타가 인도 후기대승불교에서 차지하고 있는 위상을 고려할 때, 그의 사상을 드러내는 『중관론』은 매우 중요한 저서이다. 그것은 『중관론』이 '이일다성(離一多性)의 증인(證因)'에 의해 일체법이 무자성인 것을 이제설에 의거해 밝히고 있지만, 보다 중요한 것으로 학자들의 관심을 끌고 있는 것이 형상(形象, ākāra)에 관한 논의이다.[8] 샨타라크쉬타는 형상과 지(知) 혹은 식(識)의 관계를 중요한 고찰의 대상으로 삼아 유부, 경량부, 유가행파 등을 비판해 간다. 이 형상에 관한 논의에 대하여 후대의 사람들은 샨타라크쉬타를 형상진실파(形象眞實派, Satyākāravādin) 또는 형상허위파(形象虛僞派, Alīkākāravādin) 등으로 다양

---

7) 이 문제에 대해 명확히 이의를 제기한 사람은 松本史朗 선생일 것이다[松本史朗(1984-2)]. 塚本啓祥 外編(1990) p.269 참조.

8) 샨타라크쉬타의 형상설에 관한 논의는 『중관론』에서 가장 중요한 테마이기도 하다. 저자도 은사인 松本史朗 선생의 지도를 받아 이 문제에 대해 논문을 발표하기도 하였다[李泰昇(1991-1)].

하게 평가하고 있다. 그렇다면 이러한 형상과 관련한 그의 사상은 어떠한 연유로 확립된 것일까? 아울러 『이제론』에는 형상에 대해 어떠한 서술이 나타나는 것일까? 이러한 의문들은 저자로 하여금 『세소』를 연구하는 계기가 되었고, 이 형상론을 중심으로 하는 샨타라크쉬타 사상의 배경을 더듬어보는 것도 본서의 목적 중의 하나이다.

이 형상에 대한 논의가 샨타라크쉬타의 사상에 있어서 중요한 역할을 한 것은 분명하지만, 그러나 『중관론』은 그 내용에서 알 수 있듯이 근본목적은 이제에 관한 올바른 설정에 있다고 생각된다. 이 형상에 대한 논의도 '진실에 있어서' 행해지는 것으로, 따라서 무자성의 논증도 실은 그 '진실에 있어서', 즉 승의(勝義)에서 설명되고 있는 것이다. 이렇게 무자성의 논증을 승의라고 설명하는 것은 어떠한 의미를 갖는 것일까? 이제설이란 나가르주나의 『근본중송』에서 명확히 제시된 이래 오랜 기간 다양한 해석이 전개되어진 것이다. 그것을 샨타라크쉬타가 『중관론』에서 새롭게 논하고 엄밀하게 정리한 것은 역시 이전의 이제설에 대하여 어떤 비판의 입장이 작용하고 있었던 것이라 생각된다. 그러나 『중관론』 자체로서는 그러한 배경이 보이지 않더라도, 『세소』에서는 그러한 배경을 알려 주고 있다고 생각된다. 그것은 즈냐나가르바의 『세소』가 그 이름에서 보이듯이 이제에 대한 올바른 설정을 목적으로 하고 있는 것으로부터, 그 샨타라크쉬타의 주석서에 이제의 배경에 대한 설명이 이루어지고 있는 것은 당연하기 때문이다. 이제에 관한 『세속』의 설명과 『중관론』의 이제설과의 관계가 명확히 되면 샨타라크쉬타의 이제설의 배경도 자연히 설명되리라 생각된다.

그리고 이 형상론, 이제설 외에 샨타라크쉬타의 사상에 관한 다른 중요한 문제가 자기인식, 즉 자증지(自證知, svasaṃvedana)의 문제이다.[9] 자증지의 문제는 샨타라크쉬타에 있어서도 크게 취급되는 문제로서 그가 그것을 어떻게 생각하고 있었는지는 매우 중요한 문제이다. 왜 냐하면 이 자증지의 문제는 유가행중관파로서의 샨타라크쉬타 사상 의 정의로 이어지고 있기 때문이다. 자증지의 문제도 이미 디그나가 (Dignāga, 480-540) 이래 중관, 유식파의 논쟁을 일으킨 문제로서,[10] 더욱 이 즈냐나가르바도 『세소』에서 그것을 논하고 있다. 따라서 이 『세소』 의 연구에 의해 샨타라크쉬타의 자증지에 관한 사고방식도 해명되리 라 생각된다. 이와 같이 『중관론』에 나타나는 샨타라크쉬타의 사상과 관련한 문제를 『세소』의 연구를 통하여 고찰하는 것이 본서의 목적으 로 이것을 정리해 보면 다음과 같다.

첫째, 샨타라크쉬타와 즈냐나가르바와의 사상적 관련성 고찰 : 유가행중관
　　　파로서의 샨타라크쉬타의 사상에 대한 재고찰.
둘째, 『세소』와 『중관론』의 저자가 동일인물이라는 것의 증명 : 총카파의
　　　별개의 인물 주장에 대한 고찰.
셋째, 『세소』와 『중관론』과의 내용의 비교, 검토 : 샨타라크쉬타의 주된 사

---

9) 松本史朗(1986-1) 참조. 본 논문은 필자가 샨타라크쉬타의 사상을 이해하는데 중요한 연
　구자료가 된 논문이다.
10) 山口 益(1975) pp.273-363. 중관파인 바비베카와 찬드라키르티 등에 의한 자증지 비판
　과 그것에 대한 유가행파의 반론에 대해서는 松本史朗(1980-1) 참조.

상적 개념인 이제설과 형상론, 자기인식 등과 관련하여 상호 관계성
고찰.

이러한 목적을 달성하기 위해 먼저『중관론』을 중심으로 하여 샨타
라크쉬타의 근본 사상을 살펴보고, 이를 바탕으로 즈냐나가르바의
『이제론』및『세소』등과 비교 고찰을 시도한 것이 본서이다. 따라서
이러한 고찰의 결과 본서에서 밝힌 내용을 앞의 주제와 관련해 정리
해보면 다음과 같다.

첫째, 샨타라크쉬타와 즈냐나가르바와의 사상적 관련성 고찰

티베트의 일반적 전승에 의하면 샨타라크쉬타는 유가행중관파, 즈
냐나가르바는 경량중관파로 간주되어 이 두 사람이 각기 다른 사상의
소유자인 것과 같이 이해되어 왔지만, 본 연구에 의해 이 두 사람은 매
우 유사한 사상을 가진 것이 밝혀지리라 생각된다. 곧 샨타라크쉬타
의 독특한 사상으로 생각되는 형상론, 불생론, 혹은 이제설 등이 이미
즈냐나가르바에 의해서도 동일하게 전개되고 있고 또 그러한 사상적
유사성은 샨타라크쉬타가 즈냐나가르바의 저술『이제론』에 대해 주
석서『세소』를 저술하고 있는 것에 의해 더욱 명확해 진다. 이것은 샨
타라크쉬타가 즈냐나가르바의『이제론』에 대하여, 자신의『세소』를
통해 충분히 즈냐나가르바의 사상을 음미하고, 자신의 주저『중관론』
을 저술한 것을 의미한다. 그런 의미에서 샨타라크쉬타의『세소』는
후기중관파의 사상적 전개에 있어 매우 중요한 위치를 차지하는『중

관론』의 성립 배경을 해명해 주는 귀중한 문헌이라 할 수 있다. 따라서 『이제론』, 『세소』와 관련하여 『중관론』을 고찰하면 지금까지 유가행중관파로서 샨타라크쉬타를 이해한 것은 재고될 여지가 있고, 그 근거는 충분치 않은 것이라 생각된다. 여기에서 샨타라크쉬타를 유가행중관파라 부른 것은 예쉐데의 『견차별』에 의거한 것으로, 특히 유가행중관파의 특징으로서 "세속이 유식이다"라는 정의가 오랫동안 티베트의 게룩파를 중심으로 지지되어 왔다. 곧 세속은 유식이며 승의에서는 그 유식도 공하며 자성을 가지지 않는 무아라고 하는 것이 유가행중관파의 정의로서 간주되었지만, 그러나 본서에서 고찰하는 바와 같이 샨타라크쉬타는 세속을 진실세속과 비진실세속으로 나누고, 나아가 진실세속을 '고찰하지 않는 한 매력적인 것', 혹은 '효과적 작용능력을 지닌 것'으로 인정하고 있다. 여기에서 세속을 진실세속과 비진실세속으로 나누는 것은 『이제론』이나 『세소』 모두에 공통된 것이다. 따라서 "세속이 유식이다"라는 것을 전제로 샨타라크쉬타를 유가행중관파로 정의한 것은 재고의 여지가 있는 것으로 본서를 통해 그 오해가 분명히 밝혀지리라 생각된다.

둘째, 『세소』와 『중관론』의 저자가 동일인물이라는 것의 증명

티베트 게룩파의 개조이자 위대한 학승인 총카파가 『중관론』과 『세소』의 저자가 각기 다른 사람이라고 서술하고 있지만, 이 견해는 『세소』를 도외시한 상태에서 서술된 것이라 생각된다. 따라서 본서에서 살펴본 바와 같이 총카파가 별인설의 이유로서 거론하고 있는 것은

그다지 중요한 문제가 아니라 오히려 『세소』는 『중관론』과 더불어 동일한 인물에 의해 쓰여진 것이라 생각된다. 그 이유 중의 하나는 샨타라크쉬타가 자신의 『섭진실론』에서 다르마키르티로부터의 영향을 밝히고 있듯이 『세소』의 샨타라크쉬타도 다르마키르티의 사상에 정통하고 있는 것이다.

후기중관파가 다르마키르티의 지식론에 크게 영향을 받고 있다는 것은 잘 알려진 것으로 『세소』는 전체적으로 다르마키르티의 지식론에 크게 영향을 받고 있다. 그리고 『세소』의 저자가 언제나 나가르주나를 존중하는 입장에 서있는 것도, 중관의 입장을 분명히 표방하는 『중관론』 저자와 동일한 입장에 있는 것을 말해준다. 곧 『중관론』의 인용문헌에서도 보았듯이 『중관론』의 저자는 자신의 견해를 입증하기 위해 항상 나가르주나, 다르마키르티의 저작을 인용하고 있다. 『세소』와 『중관론』의 저자가 동일인물이라는 것은 이외에도 이제설, 형상론, 불생론 등 중요한 사상적 문제와 관련한 『중관론』의 내용이 『이제론』과 『세소』에서 동일하게 전개된다. 따라서 총카파의 별인설은 그 근거가 확실치 않은 것으로, 샨타카르쉬타는 『중관론』의 저술에 앞서 『세소』를 통해 즈냐나가르바의 사상을 충분히 음미한 뒤 『중관론』을 저술하였다고 생각된다.

셋째, 『세소』와 『중관론』과의 내용의 비교, 검토

이제설, 형상론, 자증지 등 『중관론』에 나타나는 중요한 사상적 논의는 이미 『이제론』, 『세소』에서도 동일하게 나타난다. 특히 이제설 가운데 승의의 진리는 일체 희론을 떠나 있는 것으로 그런 의미에서 승의로 인정되는 '불생' 의 개념이 세속이라고 하는 『중관론』의 논술은 이미 『이제론』, 『세소』에도 나타난다. 또 『중관론』에서 보다 상세하게 논의되고 있는 형상에 대한 개념도 『이제론』과 『세소』에서 동일하게 전개되고 있다. 유가행파에서 승의로서 이해하는 자증지에 대해서도 『중관론』, 『이제론』, 『세소』에서는 모두 세속으로서 이해하는 것도 즈냐나가르바나 샨타라크쉬타, 『세소』의 저자가 모두 동일한 사상의 소유자인 것을 의미하는 것이라 생각된다. 따라서 『세소』와 『중관론』의 저자가 동일인물인 것은 분명하며, 샨타라크쉬타는 『세소』에 의해 즈냐나가르바의 사상을 충분히 이해하고 그 후 자신의 주저 『중관론』을 저술하였다고 생각된다.

이상의 연구목적으로 거론한 문제들은 본서에 의해 분명해지리라 생각되며, 아울러 샨타라크쉬타의 주저 『중관론』의 성립에는 『세소』가 중요한 역할을 하였다고 생각한다. 이 『중관론』과 『세소』의 관계가 중요한 것은 인도 후기중관파의 역사에서 절대적인 중요성을 가진 샨타라크쉬타의 사상배경이 『세소』의 존재로서 해명될 수 있는 계기가 되었기 때문이다. 따라서 『세소』를 해명하는 것은 오히려 샨타라크쉬타의 사상을 보다 분명히 하는 일이기도 할 것이다. 그리고 이렇게 샨타라크쉬타의 사상배경을 해명하는 것이 그의 사상적 정체성을 약화시키는 일도 아닐 것이다. 왜냐하면 그는 '이일다성증인' 이라는 불교 역사상 불후(不朽)의 정리를 명확히 제시한 최초의 인물이며, 7-8세기 인도의 모든 사상을 아는데 절대적으로 필요한 『섭진실론』과 같은 방대한 저서를 남기고 있기 때문이다.

또한 그는 티베트에 불교를 전한 최초의 인물로서 따라서 그의 사상은 티베트에서 오랫동안 전승될 수 있었지만, 이런 의미에서 그간 도외시된 『세소』에 대한 연구는 티베트에서 샨타라크쉬타에 대한 전통적 이해에도 적지 않는 도움을 주리라 생각한다. 불교사상의 역사에 있어 찬란한 족적을 남기고 있는 샨타라크쉬타의 사상 이해에 이 『세소』에 대한 연구는 그의 사상 형성을 이해하는 데 중요한 역할을 하리라 생각한다. 따라서 본서는 그와 같이 불교사상 중요한 위상을 갖는 샨타라크쉬타의 사상을 고찰하는 것을 목적으로, 특히 『세소』와 관련한 사상형성 내지 후대의 사상영향 등 다각적인 입장에서 그의 사상을 고찰할 것이다.

샨타라크쉬타의 사상

제1장

제1절 샨타라크쉬타에 대하여

1. 생애

샨타라크쉬타의 생애에 대해서는 티베트문헌을 통해서 상세히 알수 있다. 왜냐하면 그는 티베트에 초청되어 불교를 최초로 도입하는데 크게 공헌했기 때문이다. 티베트문헌에 의하면,[1] 티베트의 티송데첸(Khri srong lde brtsan, 742-797)왕이 불교도입을 결의하여 셀낭(gSal snang, 후에 Ye shes dbang po, 즉 Jñānendra로 알려짐)에 의해 당시 네팔에 체재하고 있던 샨타라크쉬타를 티베트로 초청했다고 전해진다. 이것이 샨타라크쉬타의 제1회 입장(入藏)으로, 그는 룽축(Rlung tshugs)궁전에서 4개월간 10선(善)·18계(界)·12연기(緣起)의 법을 설하였다. 그러나 그 당시 일어난 천재와 역병 등이 본(Bon)교도에 의해 불법(佛法)의 신봉으로 생겨난 것이라고 공격을 받아 샨타라크쉬타는 하는 수없이 네팔로 돌아가게 된다. 그 후 예쉐왕포에 의해 다시 티베트에 들어가(제2회 입장, ca. 771) 이번에는 본교도를 제압하기 위해 파드마삼바바(Padmasaṃbhavam, Pad ma 'byung gnas, 蓮華生)를 티베트에 부르도록 요청하였고, 그에 따라 파드마삼바바가 티베트에 들어가(773) 본교를 제압하게 된다. 775년부

---

1) 샨타라크쉬타의 전기는 대체로 『부톤불교사』에 의거한다[Obermiller, E.(1932) pp.187-191; Bu-ston chos-'byung chen-mo, Sata-Pitaka Series Vol.64, New Delhi, 1971], 샨타라크쉬타 전기와 관련한 연대는 山口瑞鳳의 「吐佛年」에 의거한다.

터 삼예(bSam yas)사원의 건설이 시작되어 샨타라크쉬타가 그것을 주
도하고 파드마삼바바가 보좌했다고 한다. 779년 대본당이 완성되었
을 때 샨타라크쉬타는 날란다 사원으로부터 설일체유부의 계율을 지
닌 12인을 초대하여 셸낭과 상시(Sang shi)를 포함한 티베트인 6인[시범
적인 6인(Sad mi mi drug)][2]에게 샨타라크시쉬타 스스로 계사(戒師)가 되
어 구족계(具足戒)를 주었다고 한다. 여기에서 티베트에 최초의 승단이
성립하게 되고 그 후 범어·한역 불전 등이 티베트어로 번역되어 불교
의 본격적인 보급이 이루어지게 된다. 그러나 샨타라크쉬타는 삼예사
원이 완성되기 전에 죽었다고 전해지며(ca. 783), 그는 유언으로 인도불
교와 중국불교의 대립을 예언하여 그때에는 자신의 제자인 카말라쉴
라(Kamalaṣīla, ca. 740-797)를 부르도록 지시했다고 전해진다.

  이상이 티베트에서의 그의 행적에 대한 요약이지만, 다른 사서에
의하면[3] 그는 동벵갈 자호르(Za hor)왕의 아들로서 태어났고, 즈냐나가
르바로부터 구족계를 받았으며, 후에 날란다 대학의 사장(師匠,
Upādhyāya, mkhan po)으로 활약했다고 한다. 또 그가 티베트에 들어가 티
송데첸 왕을 만나기 전에 왕으로부터 사자가 파견되었다는 에피소드
가 전하고 있다. 즉 샨타라크쉬타가 어떠한 사상을 가진 자인지 걱정
이 된 왕은 대신에게 그가 어떤 인물인지 조사하도록 명령하였다. 그

---

 2) '시험적인 6인' 에 대해서는 『부톤불교사』 『청책사』 등에 '시험적인 7인(sad mi mi
    bdun)' 으로 되어 있지만, 山口瑞鳳의 「吐佛年」에 따른다. 또한 다음 논문 참조. 山口瑞
    鳳(1975), (1982-1) pp.19-21, n.2.
 3) S.C.Das(1908) p.112 ; Chattopadhyaya, A.(1967) pp.230-231.

래서 샨타라크쉬타에게 온 대신이, "당신은 무엇을 가르칩니까?"라고
묻자, 샨타라크쉬타는 "나의 가르침은 정리(正理)에 의해 고찰하여 올
바른 것을 따릅니다. 정리에 맞지 않는 것은 피합니다."라고 대답했다
고 한다.[4] 그리하여 왕은 샨타라크쉬타를 샴예에 초대하고, 샨타라크
쉬타로부터 법을 들었다고 한다. 이 에피소드로부터 이 샨타라크쉬타
가 『섭진실론』, 『중관론』의 저자인 것을 알 수 있다. 곧 이들 저술에서
샨타라크쉬타는 다르마키르티의 사상에 근거하여 정리(正理), 즉 논리
에 의해 자신의 견해를 전개하고 있기 때문이다. 정리를 중시하는 샨
타라크쉬타는 티베트에서 계율(戒律)을 중시한 최초의 학자라고도 전
해진다.[5] 특히 계율을 중시한 것은 인도로부터 설일체유부의 계율을
지키는 승려를 부른 것으로부터도 알 수 있다. 그런 까닭에 그는 티베
트의 구족계에 대한 계보에서 첫 번째에 배속시키고 있다.[6] 또 티베트
에 들어가 설한 가르침이 10선, 18계, 12연기 등 기본적인 불교교리이
었던 것에서 그는 석존의 순수한 교리를 설한 최초의 불교학자이라고
일컬어진다.[7] 또 즈냐나가르바를 스승으로 구족계를 받았다고 하는
것에서 즈냐나가르바의 『이제론』의 주석을 쓸 정도로 즈냐나가르바
는, 샨타라크쉬타에게 있어서 중요한 존재이었던 것을 의미한다고 생

---

4) blon po rnams kyis phyin te/ khyed kyi chos lugs ci yin zhes dris pas/ mkhan po'i
   zhal nas/ kho bo'i chos lugs ni rigs pas legs par brtags nas gang 'thad pa byed/ mi
   'thad pa de mi byed pa yin zer/ [The Blue Annals, Sata-Pitaka Series Vol.212, New
   Delhi, 1976 KA21b4-5; Roerich, G.N.(1988) p.42].
5) Chattopadhyaya, A.(1967) p.243.
6) Roerich, G.N.(1988) p.34.
7) Chattopadhyaya, A.(1967) p.233.

각된다. 더욱이 샨타라크쉬타의 사상적 계보를 보이는 삼예사원의 벽화에 즈냐나가르바가 샨타라크쉬타의 스승으로서 나타나는 것에서도 알 수 있듯이,[8] 즈냐나가르바가 샨타라크쉬타의 사상 형성에 끼친 역할은 컸다고 생각된다. 이 샨타라크쉬타에 의해 교단이 설립되고 역경 등이 시작된 티베트에서는, 794년의 카말라쉴라와 마하연 간의 '삼예의 종론(宗論)'을 거쳐, 814년 「최종결정역어(最終決定譯語)」의 성립,[9] 824년 『덴카르마 목록(目錄)』의 성립 등 불교 확립에로 길을 걷게 된다.

2. 저작

샨타라크쉬타의 저작으로는 다음과 같은 것이 있다.

① 『중관장엄론송(中觀莊嚴論頌, Madhyamakālaṃkāra-kārikā)』(P. No.5284, D. No.3884)

② 『중관장엄론자주(中觀莊嚴論自註, Madhyamakālaṃkāra-vṛtti)』(P. No.5285, D. No.3885)

③ 『이제분별론세소(二諦分別論細疏, Satyadvayavibhaṅga-pañjikā)』(P. No.5283, D. No.3883)

④ 『섭진실론송(攝眞實論頌, Tattvasaṃgraha-kārikā)』(P. No.5764, D. No.4266)

8) Obermiller, E.(1932) p.190; Tucchi, G.(1958) Part II. p.25.
9) 山口瑞鳳(1979) pp.16-18 참조.

⑤『쟁정리주세설의(諍正理註細說義, Vādanyāya-vṛtti-vipañcitārthā)』(P. No.5725,

5738, D. No.4239)

⑥『율의이십주(律儀二十註, Saṃvara-viṃśaka-vṛtti)』(P. No.5583, D. 없음)

⑦『팔여래찬(八如來讚, Aṣṭatathāgata-stotra)』(P. No.2055, D. No.1166)

⑧『바가범찬길상지금강가광석(薄伽梵讚吉祥持金剛歌廣釋, Srī-Vajradharasaṃgīta-

bhagava-stotra-ṭīkā)』(P. No.2052, D. No.1163)

⑨『호금강중소출구라오대우파제사(呼金剛中所出拘囉五大優波提舍, Hevajro

dbhava-kurukullāyāḥ-pañca-mahopadeśa)』(P. No.2447, D. No.1316)

⑩『진성성취론(眞性成就論, Tattva-siddhi-nāma-prakaraṇa)』(P. No.4531, D. No.3708)

이상의 저작 외에 샨타라크쉬타가 번역했다고 하는 책이 1권 있다.

⑪『보리과범참회주(菩提過犯懺悔註, Bodhy-āpatti-deśana-vṛtti)』(P. No.5506, D.

No.4005 : Author, Nāgārjuna)

샨타라크쉬타의 저작 가운데 그의 중관사상이 드러나 있는 것은
①, ②이다. 이것에 대해서 뒤에서 설명하겠지만, 총카파에 의하면 ②
의 쪽이 먼저 성립하고, 그로부터 게송이 따로이 추출되어 ①이 성립
했다고 한다.[10] 그리고 이 ②는 샨타라크쉬타를 유가행중관파로서 이
해하는 근거로서 오랫동안 인정되어진 것이다. ②에는 카말라쉴라에
의한 주석『중관장엄론세소』가 있다. ③은 즈냐나가르바의『이제분별

---

10) Tsong kha pa: dBu ma tgyan gyi zin bris(『中觀莊嚴覺書』) P. No.6141, nga 72a7-
b3; 小林 守(1989) 참조.

론』의 주석으로, 거기에는 주저 ②와 사상적으로 상당히 유사한 점이 보여진다. 그러나 이미 서술했듯이 총카파는 ③의 작자와 ②의 작자가 다른 사람이라고 하고 있다. 이 점은 본서에서 상세히 고찰할 것이다. ④는 인도의 모든 철학을 불교의 입장에서 비판한 것으로, 더욱이 다르마키르티 논리학의 입문서격으로도 이해되는 유명한 저술이다. 전체 26장의 방대한 저서로서 이 책에 의해 샨타라크쉬타는 더욱 유명해졌다고 생각된다. 본서에서는 ②의 성립과 깊은 관계가 있는 것으로 보이는 ④의 제23장 〈외경고찰의 장〉에 대해 살펴본다. ⑤는 다르마키르티의 『쟁정리론(諍正理論, Vāda-nyāya-nāma-prakaraṇa)』에 대한 주석으로, 다르마키르티에 대한 이해를 보이는 책이라 할 수 있다. ⑥은 찬드라고민(Candragomin, ca. 620-680)의 『보살율의이십론(菩薩律儀二十論)』에 대한 주석으로, 계율을 중시한 샨타라크쉬타의 일면을 엿볼 수 있다. 이것에는 보디바드라(Bodhibhadra)에 의한 세소도 남아 있다. ⑦, ⑧은 모두 대장경의 〈찬송부(讚頌部, Bstod tshogs)〉에 속하고, ⑨, ⑩은 〈비밀소부(秘密疏部, rGyud 'grel)〉에 속하고 있다. 그렇지만 샨타라크쉬타가 밀교계통의 저술을 남겼는지 여부에 대해서는 논의가 있다. ②, ⑤와 같은 그의 순수한 불교철학서에 비해 밀교계통의 저작은 그의 이름을 빌린 것이라고도 하여, 2인의 샨타라크쉬타에 대한 설도 제기되고 있다.[11] 그러나 샨타라크쉬타의 전승은 거의가 티베트문헌에 의한 것이기 때문에, 진위(眞僞)를 확인하기는 매우 어렵다고 생각된다. 더욱이

11) Chattopadhyaya, A.(1967) p.229; 山口瑞鳳(1988) p.206 참조.

⑧, ⑨는 이미 전전기의 토번왕국 시기에 번역된 것이기 때문에[12] 샨타라크쉬타의 것일 가능성이 높다고 보여진다. 티베트에서의 저작에 대해서는 샨타라크쉬타가 두 번째로 티베트에 들어가 죽기까지 거의 10년 이상 티베트에 체재하였기 때문에 저술의 시간이 어느 정도 있었던 것을 감안하면, 저술의 가능성은 높다고 생각된다. 거기에 샨타라크쉬타는 티베트에 불교교단을 설립했을 정도로 유명한 사람이었기 때문에 적어도 토번왕국시기에 그의 이름으로 번역된 것은 상당히 신빙성이 있다고 생각된다. 그런 의미에서 824년 성립했다고 하는 『덴카르마 목록』에 실려 있는 ①, ②, ③은[13] 거의 틀림없이 샨타라크쉬타의 저작일 것이다. 그런 까닭에 ②와 ③을 다른 사람의 저작으로 간주하는 총카파의 의도는 더욱 궁금해지는 것이다. 특히 이 문제는 즈냐나가르바와 샨타라크쉬타를 경량행중관파와 유가행중관파로 구분하여 생각하는 티베트의 전통에서는 중요한 문제라고 생각된다. 이것에 대해서는 뒤에서 고찰하기로 한다. ⑩은 성적(性的) 실천에 의한 수습법을 취하는 탄트라불교를 옹호하는 것으로, 명확히 샨타라크쉬타의 것이 아닌 것이 지적된다.[14] 아무튼 진작 위작의 결정은 충분한 문헌 연구를 기반으로 해야 하는 것으로, 이런 면에서 본서에서는 ③의 연구를 통해 주저 ①, ②의 사상적 배경을 찾아볼 것이다.

---

12) 山口瑞鳳(1982) p.4.

13) 『덴카르마目錄』 No.579 dBu ma rgyan gyi tshig le'ur byas pa, No.580 dBu ma rgyan gyi 'grel pa, No.581 dBu ma rgyan gyi dka' 'grel, No.584 bden pa gnyis rnam par 'byed pa'i dka' 'grel, 芳村修基(1974) pp.115-199.

14) 山口瑞鳳(1988) p.206.

상기의 저술 이외에도 ②의 가운데 『승의결택론(勝義決擇論, Paramār
thaviniścaya)』이라는 책이 언급되었지만,[15] 현재 알려지지 않는다. 또 ⑪
도 샨타라크쉬타가 번역했다고 대장경에 실려 있다. 그것은 제목상
그의 번역일 가능성은 있다고 보이지만, 현재로서는 그 이상은 알려
지지 않는다.

제2절 『중관장엄론』의 내용 고찰

1. 사상적 위치

『중관론』은 오랜기간 티베트 불교의 전통에 의해 유가행중관파(瑜伽
行中觀派)의 근거로 간주되어 왔다. 여기에서 티베트불교의 전통이란
주로 총카파를 개조로 하는 게룩파를 가리킨다. 18세기 게룩파의 학
승 챵캬(lCang skya Rol pa'i rdo rje, 1717-1786)에 의한 『종의규정(宗義規定)』에
는 다음과 같이 중관파가 구분되어 있다.

거기에서 중관파의 구분은 언설(言說)을 인정하는 방식에 있어서, 외계의
대상을 인정하는 자와 그렇지 않은 자의 둘이 확실히 존재한다. 전자는

---

15) 一鄕(上) p.193; 一鄕(下) p.330.

청변과 월칭 그리고 양자를 따르는 사람들이고, 후자는 샨타라크쉬타 부자(父子)이다. 또 마음의 상속(相續)에 있어서 생기는 승의(勝義)의 공성(空性)을 확인하는 방법에 의해 생각하면, 자립논증파와 귀류파의 둘이 확실히 존재한다. 자립논증파에는 경행중관자립파와 유가행중관자립파의 둘이 있다. 전자는 청변 부자이며, 후자는 샨타라크쉬타 부자이다.[16]

이와 같이 샨타라크쉬타는 창캬에 의하면 유가행중관자립파로 분류되며, 그 근거로서 『중관론』의 제91게송이 거론되고 있다. 그 『중관론』 제91게송과 관련하여 총카파의 『선설심수』로부터 다음의 구절이 인용되어 그것의 방증이 되고 있다.[17]

따라서 이와 같은 견해(=세속으로서 유식을 인정하더라도 승의로서 그것을 버리는 것)도 [샨타라크쉬타 이전에는] 단지 하나, 둘 정도만이 나타났지만, [『중관장엄론』 등의] 전적을 널리 저작하고 나서 언설에 있어서 외경이 無라고 하는 방식의 중관교의가 아사리 샨타라크쉬타에 의해 세워진

---

16) lCang skya Rol pa'i rdo rje : Grub mtha' rnam par bzhag pa (=CGN), Sata-Pitaka Series, Vol.233, Edited by L.Chandra, New Delhi, 1977 : des na dbu ma pa'i dbye ba ni tha snyad 'dod tshul gyi dbang du byas na phyi rol gyi don 'dod pa dang mi 'dod pa gnyis su nges te/ de'i snga ma ni legs ldan 'byed dang zla ba'i zhabs rjes 'brang dang bcas pa'o// phyi ma ni zhi 'tsho yab sras sogs so don dam pa stong pa nyid nges pa'i lta ba rgyud la skyed tshul gyi sgo nas phye na rang rgyud pa dang thal 'gyur pa gnyis su nges so//rang rgyud pa la mdo sde spyod pa'i dbu ma rang rgyud pa dang mal 'byor spyod pa;i dbu ma rang rgyud su yod de/de'i snga ma ni legs sdan yab sras dang phyi ma ni zhi 'tsho yab sras so//(Kha 10a1-4). Lopez, D.S.Jr.(1987) p.256.

17) CGN. Kha 46a3-4 ; Lopez, D. S. Jr.(1987) p.295.

것은 아사리 예쉐데가 주장한 것과 같이 그것으로 좋은 것이다.[18]

총카파가 설명하는 『선설심수』의 이곳은 『중관론』의 제 91, 92, 93 게송의 설명에 해당하는 곳이지만, 이 총카파의 기술이 후에 티베트 교학의 중심이 되는 게룩파의 일반적인 견해로 정착되는 것이다. 곧 샨타라크쉬타가 언설에 있어서, 즉 세속에 있어서 외경의 무를 주장한다고 하는 것이 된 것이다. 그러면 총카파가 승인하는 예쉐데의 주장이란 무엇일까?

예쉐데(Ye shes sde)는 9세기 초두 티베트에 있어서 대교열번역사(大校閱飜譯師, Zhu chen gyi lo tsā ba ban de)로서 248점에 달하는 불전의 번역에 관계하였다고 전해진다.[19] 그가 남긴 『견차별(見差別, lTa ba'i khyad par)』은 샨타라크쉬타를 유가행중관으로서 분류한 최초의 것으로, 이것은 유가행중관파를 논할 때에 그 근거로서 언급되는 것이다.[20] 이 『견차별』에 의하면, 유가행중관파란 아상가(Asaṅga)의 『유가사지론(瑜伽師地論)』에 의존하여, 세속에 있어서는 『유가사지론』과 일치하여 유식을 주장하고, 승의에 있어서는 식(識)도 무자성이라는 것을 기본교의로 하고 있

---

18) des na 'di 'dra ba'i lugs kyang re re tsam byung yod(CGN mod) kyang gzhung rgyas par brtsams nas tha snyad du phyi rol med pa'i tshul gyi dbu ma'i grub mtha' ni slob dpon zhi ba 'tshos srol phye bar slob dpon ye shes sde bzhad pa ltar legs so//(LNY, Pha 55b2-3; CGN, Kha 46b1-2) Lopez, D. S. Jr.(1987) p.296. 번역에 대해서는 다음 논문 참조. 片野道雄(1986) pp.19-20.
19) 上山大峻(1977) p.22
20) 『見差別』에 대해서는 上山大峻(1977) 이외에 다음의 논문 참조. 芳村修基(1953), 上山大峻(1981), 原田 悟(1977), 松本史朗(1981-6) 등.

다. 그리고 그 유가행중관이란 유가행중관파라고 하는 학파(學派)의 의미가 아니라 샨타라크쉬타의 저서인 『중관장엄론』을 유가행중관이라 이름붙인 것이라고 한다. 그러나 후에 유가행중관이란 명칭은 샨타라크쉬타와 카말라쉴라를 중심으로 하는 학파의 이름으로 이해된 것이다.

그러면 그 유가행중관파의 특징으로 세속에 있어서 외경이 무인 것, 즉 달리 말하면 유식만을 인정하고 승의에 있어서는 그 식도 무자성이라는 것은 과연 올바른 것일까? 그 유가행중관파의 교리가 서술되고 있다고 말해지는 『중관론』의 제91, 92, 93게송을 살펴보기로 한다. 이것은 다음과 같다.

> 인(因)과 과(果)의 관계에 있는 것도, 단지 지(知)에 지나지 않는다. 스스로 성립하고 있는 것은 지로서 존재하는 것이다.(K.91)

> 유심(唯心)에 의존하여 외경이 무인 것을 알아야 한다. 이 방식에 의거하여 그것[=유심]도 무아(無我)인 것을 알아야 한다.(K.92)

> 두 가지 방규(方規)라는 마차를 타고 정리(正理)라는 고삐를 단단히 쥐고 있는 자는, 그런 까닭에 생각하는 그대로 대승교도의 지위에 도달한다.(K.93)[21]

이 세 개의 게송 가운데 제91게송과 그것에 대한 샨타라크쉬타의 주(註)가 예쉐데 이래 샨타라크쉬타를 유가행중관파로서 이해하는 근거가 된 것이다. 즉 인과관계의 것, 이것은 『중관론』에 있어서 세속의 성질을 의미하지만, 이것이 지에 지나지 않는다고 하며, 따라서 세속이란 결국 자증지(自證知), 즉 지의 자기인식·유식으로서 이해된 것이다. 그러나 이와 같은 이해에 대하여, 이것은 『중관론』에서 세속의 정의인 제64게송과 모순되고 또 제91게송의 직전에 보이는 샨타라크쉬타의 주에 대한 불충분한 이해에 근거하고 있다는 반론이 제기되고 있다.[22] 그 세속의 정의로 간주되는 제64게송에 대해서는 샨타라크쉬타의 이 제설에 대한 논의 부분에서 다루기로 하고, 지금은 이 제91게송이 설해진 연유에 대해 고찰하기로 한다. 이 제91게송의 전후는 다음과 같다.

어떤 것이 인과 과의 관계라고 주장하는 것에 의해, 나쁜 질문자에게 모두 답해야 하는 세속의 사물이란 무엇인가, 그것을 고찰해야 한다. 심(心)과 심소(心所)만을 본성으로 하는가 아니면 외경을 본성으로 하는가 라고 한다면, 그것에 대해 어떤 자는, 후자에 의존하여 "논서에서 유심이라고 설해진 것은 작자(作者)와 수자(受者)를 부정하기 위함이다"

---

21) 『중관론』의 텍스트는 기본적으로 一鄕(下)를 사용한다. 번역에 대해서는 필자의 이해에 의거하여 번역하지만, 해당되는 부분과 관련해서는 一鄕(上)의 부분을 제시하기로 한다.
　(K.91) rgyu dang 'bras bur gyur pa yang// shes pa 'ba' zhig kho na ste//
　　　　 rang gis grub pa gang yin pa// de ni shes par gnas pa yin//
　(K.92) sems tsam la ni brten nas su// phyi rol dngos med shes par bya//
　　　　 tshul 'dir brten nas de la yang// shin tu bdag med shes par bya//
　(K.93) tshul gnyis shing rta zhon nas su// rigs pa'i srab skyogs 'ju byed pa//
　　　　 de dag de phyir ji bzhin don// theg pa chen po pa nyid 'thob//
　　　　 [一鄕(上) p.183,184,185-186; 一鄕(下) p.292, 294, 302]
22) 『중관론』과 관련한 유가행중관파의 교리에 대하여 치밀한 반론을 제기한 사람은 松本史朗 씨일 것이다. 松本史朗(1984-2) 참조.

라고 말한다. 다른 자의 생각은, 인과 과의 관계에…….(K.91)

스스로 성립하고 있는 형상(形象)을 버리고, 다른 지(知)의 형상을 상정하는 일은 없다. 스스로 성립하고 있는 것의 자성도, 꿈과 환상 등의 색과 같은 것이다. (1) 색 등 외경으로 인정되는 것과 식이 별개로 있다고 한다면, 눈 등과 같이 동시(同時)·이시(異時)에 근접인(近接因)이 없기 때문에, 인식하는 것은 성립하지 않는다. 따라서 그것들의 지각은 [지와] 다르지 않은 청 등의 형상의 지각이다. (2) 만약 지의 형상을 일으키는 다른 대상이 과[인 형상]과 달리 있다고 추론된다면, 그것은 직접지각으로서 성립하고 있는 것이 아니라 추론에 지나지 않는다. 그렇더라도 이것(=대상)은 없는 것이 성립한다. 등무간연(等無間緣)은 확실히 있고, 극미 등은 부정되기 때문이다. 그래서 『밀엄경(密嚴經)』과 『해심밀경(解深密經)』 등에 나오는 것과 모두 일치한다. 『능가경(楞伽經)』에서 "외경의 색은 존재하지 않는다. 자기의 마음이 외계에 나타난다"라고 하는 이 가르침도 선설(善說)이라고 생각한다.[23] (방선:저자)

---

23) gang dag gis rgyu dang 'bras bu'i dngos por dam bcas rgol ba ngan pa thams cad
kyi lan btab par 'dod pa'i kun rdzob kyi sngos po de dag gang yin pa de dpyad
par bya'o// ci sems dang sems las byung ba tsam gyi bdag nyid kho na'am/ ci
phyi'i bdag nyid kyang yin zhe na/ de la kha cig ni phyogs phyi ma la brten te
　　bstan bcos las sems tsam mo zhes gsungs pa ni
　　byed pa po dang za ba po dgag pa'i phyir ro
zhes ji skad du smra ba lta bu'o// gzan dag sems pa ni
　　(K.91) ……
rang gis grub pa'i ngo bo bor nas shes pa'i ngo bo gzhan rtog pa med do// rang
gis grub pa'i rang bzhin yang rmi lam dang sgyu ma la sogs pa'i gzugs bzhin no//
(1) gzugs la sogs pa phyi rol tu 'dod pa rnam shes pa las gud na yod par gzugs na
yang mig la sogs pa bzhin du dus mnyam pa dang mi mnyam pa'i tshe rab tu nye
ba'i rgyu med pas rig par mi 'grub bo// de lta bas na de dag myong ba ni tha dad

어떤 것이 인과 과의 관계에 있다. 즉 연기(緣起)하고 있다는 것은 세속의 성질을 말하는 것으로, 거기에 세속의 사물에 대해 두 가지 견해가 소개되고 있다. 후자란 바비베카의 『중관심론(中觀心論)』(V-28cd) 가운데에서 전거가 확인되기 때문에 문제가 없지만,[24] 문제가 되는 것은 이 '다른 자의 생각'이라는 전자이다. 이 전자의 주장을 샨타라크쉬타 본인의 주장이라고 보는 것이 총카파의 주장이며,[25] 이것에 의해 샨타라크쉬타가 세속에 있어서 유식을 인정했다고 하는 설도 성립하게 된 것이다. 그러나 실제로 『중관론』의 내용을 읽어보면 그것은 보통의 유식설을 소개하고 있는 것에 지나지 않는다고 생각된다. 전자의 주장이라 하는 것은 샨타라크쉬타의 주장이라기보다는 단지 유식

---

pa ma yin pa'i sngon po la sngon po la sogs pa'i rnam pa myong ba ste/ myong ba'i ngo bo yin pas rmi lam dang sgyu ma la sogs pa'i gzugs myong ba bzhin no// (2) gal te shes pa'i rnam pa bskyed pa'i don gzhan zhig 'bras bu las gud na yod par rjes su dpag na/ de lta na yang mngon sum du grub par ma gyur gyi rjes su dpag par zad do// de lta na yang 'di med par grub ste/ de ma thag pa'i rkyen nges par yod pa dang/ rdul phra mo la sogs pa bkag pa'i phyir ro// de lta byas na stug bo bkod pa dang/ dgongs pa nges par 'grel ba la sogs pa las 'byung ba thams cad dang 'thun pa yin no// lang kar gshegs pa las
phyi rol gzugs ni yod ma yin//
rang gi sems ni phyi rol snang//
zhes bstan pa 'di yang legs par bshad pa yin no snyam du sems so//
　[一鄕(上) pp.182-183, 一鄕(下) p.290, 292].

24) mdo las sems tsam gsungs pa ni// byed po za po dgag phyir ro// [Madhyamaka -hṛdaya-kārikā, D.ed.No.3855, Dza 21a4; 山口 益(1975) p.12; Mimaki, BSGT (460)]『中觀心論』에는 '경으로부터'라고 되어 있지만, 『중관론』과 BSGT에는 '논으로부터'라고 되어 있다.

25) "'다른 사람의 생각'이란 [샨타라크쉬타] 자신의 생각이다."(gzhan dag sems zhes ni rang rang gi bzhed pa'o//)(LNY, Pha 55b6) 이 부분의 중요성에 대해서는 이미 다음의 논문에서 지적하고 있다. 松本史朗(1978-1) p.126.

설을 훌륭한 가르침, 즉 선설(善說)로서 소개하고 있는 것이다. 유식설에 대해서는 『중관론』에서도 유식설을 "한량없는 유외경론자의 나쁜 집착을 고치는 것이기도 하기 때문에 대단히 좋은 것이다"[26]라고 인정하고 있으며, 그리고 제92게송에서 나타나듯 외경이 무(無)라는 것을 유심, 즉 유식에 의해 안다고 말하고 있다. 따라서 유식설이 유외경설(有外境說)보다 뛰어나다는 뜻에서 선설이라는 의미가 담겨져 있는 까닭에 여기에서 전자의 주장으로서 '선설' 이란 샨타라크쉬타 자신의 입장과는 관계없는 유식설을 가리키고 있는 것이다. 이것은 샨타라크쉬타가 유식설을 자신의 견해라기보다는 유외경론자의 집착을 부정하는 선설로서 인정하면서 또 그것도 무아이며, 더욱이 일(一)과 다(多)의 자성을 떠난 무자성인 것을 서술하는 『중관론』의 다른 곳과 비교해보아도 알 수 있다. 이것에 대한 구체적인 고찰은 뒤에서 할 예정이지만, 샨타라크쉬타가 유식설을 선설로서 생각한 것은 제93게송에서도 나타난다. 곧 그것은 제93게송의 '두 가지 방규' 를 카말라쉴라가 '중관과 유가행' 이라고 주석하고 있듯이,[27] 대승불교철학상 중관과 더불어 유식은 중요한 철학적 기반을 차지하고 있기 때문이다.

하지만 이렇게 유식설을 '선설' 로 인정했다하더라도 그것이 샨타

---

26) "이 견해 [유식설]는 인식수단[正理]과 聖敎에 의해 알려져야 한다. 한량없는 유외경론자
의 나쁜 집착을 고치는 것이기도 하기 때문에 대단히 좋은 것이다."(lugs 'di ni tshad
ma dang lung shin tu gsal bas shes par bya ba dang/ dmigs pa can mtha' yas
dag gi mngon par zhen pa ngan pa'i gnyen po yang yin pas shin tu dkar ba
ste// [一鄕(上) p.144, 一鄕(下) p.124].

27) tshul gnyis shes bya ba ni dBu ma dang rnal 'byor spyod pa zhes bya 'o// [一鄕
(下) p.303].

라크쉬타의 입장을 반영하고 있는 것은 아니다. 왜냐하면 샨타라크쉬
타는 『중관론』 제64게송에서 인과관계를 특징으로 하는 세속에 대하
여 설하고 있고, 더욱이 자증지의 의미에 대해서도 설명하고 있기 때
문이다. 따라서 이러한 설명이 이루어지는 부분과 비교하여 그 내용
이 일치하는지 어떤지를 고찰하는 것은 당연히 필요할 것이다. 이러
한 검토는 뒤에서 할 예정이지만, 이곳의 제93게송과 관련하여 주의
해야할 것은 이 게송의 설명에서 나타나는 '실재(實在)하는 것의 힘에
의해 생긴 추론(vastubalapravrttānumāna)' 이라는 말이다. 곧 이 말은 『중
관론』의 저작 목적을 서술하는 곳에 다음과 같이 나오고 있다.

> '실재하는 것의 힘에 의해 생긴 추론' 을 떠나 있는 거룩한 가르침이란
> 신앙을 가지고 생활하는 사람들도 기뻐하지 않는 것이기 때문에 먼저
> 정리(正理)가 설해져야 한다.[29]

이와 같이 거룩한 가르침이 설해지는 것도 '실재하는 것의 힘에 의해
생긴 추론' 이 반드시 뒤따라야 하는 것이라고 설하지만, 이 제93게송에

---

28) "實在하는 것의 힘에 의해 생긴 推論" 을 행하는 사람들은 두 가지의 방규를 설하는 것
으로 요약되며, 모든 여래가 타고 온 대승에 의해 일체가 무자성인 것을 이해한
다.[dngos po'i stobs kyis zhugs pa'i rjes su dpag pa la 'jug pa rnams tshul gnyis
brjod pas bsdus pa/ de bzhin gshegs pa rnams gshegs shing rjes su gshegs pa'i
theg pa chen pos dngos po mtha' dag rang bzhin med par khong du chud par
byed de/ [一鄉(上) p.186, 一鄉(下) p.304].

29) de la lung dngos po'i stobs kyis zhugs pa'i rjes su dpag pa dang bral ba ni dad
pas rjes su 'brang ba rnams kyang shin tu yongs su tshim par mi 'gyur bas rigs
pa je brjod par bya'o//[一鄉(上) p.119, 一鄉(下) p.20].

있어서 그러한 추론을 따르는 것으로 두 가지 방규가 설해지고 있다. 따라서 이와 같이 『중관론』을 통해 보면 샨타라크쉬타는 유가행파의 교설, 즉 유식설을 잘 생각해야 할 선설로서 인정하지만 그것을 자신의 교설로서 주장하고 있지는 않다. 이것은 그가 주장하는 이일다성의 중인에 의한 논리적 고찰에서 유식설을 어떻게 고찰하고 있는지를 살펴보면 좀 더 명확하게 알 수 있다. 따라서 이상의 내용을 정리하면『중관론』에서 유가행중관파의 근거가 되는 제91, 92, 93게송을 지금까지의 통념대로 "샨타라크쉬타가 세속에 있어서 유식을 인정했다"라는 설의 근거로 삼는 것은 옳지 못하다고 생각된다. 그렇다면 샨타라크쉬타는 세속을 어떻게 설하고 있는지를 그의 이제설을 통해서 살펴보기로 한다.

2. 이제설

『중관론』은 그 과문(科文)에서도 나타나듯이[30) 이제(二諦)에 관한 저작이다. 즉 『중관론』은 샨타라크쉬타가 중관사상의 핵심적인 개념인 이제에 관하여 자신의 견해를 서술한 책인 것이다. 그리고 그 과문에 의하면 전체 내용은 승의에 있어서 무(無)인 것,(K.1-62)[31) 세속에 있어

---

30) 저자는 『중관론』의 내용을 전체적으로 일목요연하게 보여주는 科文(sa bcad)을 만든 적이 있고, 실제 저자의 박사학위 논문 부록에는 「중관장엄론과문」이 실려 있지만, 본 서에서는 생략한다. 특히 다르마린체의 과문에 대해서는 李泰昇(1993-2) 참조.

31) 『중관론』은 샨타라크쉬타가 자신의 이제설을 설한 것이지만, 승의에 있어서 무인 것을 증명하는 이일다성의 증인에 의한 승의를, 『세소』에서는 '勝義에 隨順하는 勝義 (paramārthānukūla-paramārtha)'라 부르고 있다. 그리고 그것은 세속을 성질로 하고 있다고 말한다. 정리가 세속을 본성으로 하고 있다고 하는 것은 『이제론』에서도 설해지

서 유(有)인 것,(K.63-66) 이러한 이제의 설정방식에 대한 비난의 배제
(K.67-97)의 세 부분으로 구성되어 있다. 승의에 있어서 무인 것의 증명
이란 『중관론』 제1게송에서 나타나듯 '이일다성의 증인' 에 의해 일체
법이 무자성이라는 것을 증명하는 것이다. 그 제1게송은 다음과 같다.

자파와 타파가 설하는 이들 실재하는 것은 진실(眞實)에 있어서, 일(一)과
다(多)의 자성을 떠나 있기 때문에 무자성이다. 영상(影像)과 같이.[32]

즉 『중관론』은 이 이일다성의 증인에 의해 타파로서 상캬 등의 인도
제학파와 자파로서는 같은 불교 내부의 유부(有部, 즉 毘婆沙師), 경량부(經
量部), 유식파 등의 설을 거론해 검토, 비판하고 있다. 『중관론』에서 승
의제는 이 이일다성의 증인, 그리고 형상설(形象說)과 밀접한 관련을 가
지기 때문에 다음의 절에서 고찰하기로 하고, 여기에서는 먼저 그의
이제 가운데 세속제에 대한 견해를 고찰하기로 한다. 샨타라크쉬타의
세속제에 대한 정의는 『중관론』 제64게송에서 명확히 나타난다. 그 제
64게송과 그것과 관련한 샨타라크쉬타 자신의 주석은 다음과 같다.

는 것이지만, 『중관론』에서도 그것은 동일하다고 생각된다. 『중관론』의 주석문헌의 과
문에 따라 여기에서도 승의와 세속의 용어를 사용하지만, 승의는 '승의에 수순하는 승
의' 이며, 세속을 본성으로 한다는 의미로 사용한다. 제2장 註38), 제3장 註19) 참조.
32) bdag dang gzhan smra'i dngos 'di dag// yang dag tu na gcig pa dang//
du ma'i rang bzhin bral ba'i phyir// rang bzhin med de szugs brnyan bzhin//
[一鄕(上) p.120, 一鄕(下) p.22]
niḥsvabhāvā amī bhāvās tattvataḥ svaparoditāḥ/
ekānekasvabhāvena viyogāt pratibimbavat// Mimaki, BSGT(553)

(K.64) 고찰하지 않는 한 매력적인 것이며, 생멸의 성질을 가지며, 효과
적 작용능력을 본성상 갖는 것이 세속이라고 알려진다.

이 세속은 말의 언설만을 본성으로 하는 것이 아니라 지각되고 승인되
며 연기한 것으로, 고찰을 견뎌내지 못하는 까닭에 진실세속이다.[33]

여기에서 보듯이 샨타라크쉬타는 세속을 '고찰(考察)하지 않는 한
매력적인 것(avicāraikaraṇanīya)', '생멸(生滅)의 성질을 갖는 것', '효과적
(效果的) 작용능력을 갖는 것(arthakriyāsamartha)'으로 정의하고 있다. 먼
저 '고찰하지 않는 한 매력적인 것'이란 고찰을 견뎌내지 못한다는 것
과 동일한 의미다. 곧 이일다성의 증인에 의해 고찰하면 일체가 무자
성인 것으로 되어, 따라서 존재하는 것은 그 존재성을 잃어버리기 때
문에 단지 고찰하지 않는 한에 있어서 매력적인 것으로 즐겁게 받아
들일 수 있는 것으로 성립한다는 의미이다. 이 세속의 정의는 『이제
론』에서 정의하는 '현현하는 대로의 것(yathābhāsa)'과 상통하는 것으로
세간 일반의 사람들 이해에 근거한 것, 또 그런 의미에서 세간극성(世
間極成, lokapratīti)이라고도 표현된다.[34] 세속을 세간 일반 사람들의 이해
라고 정의하는 것은, 바비베카가 "세간의 세속이란 세간의 언설로서

---

33)(K.64) ma brtags gcig pu nyams dga' zhing// skye dang 'jig pa'i chos can pa//
　　　　don byed pa dag nus rnams kyi// rang bzhin kun rdzob pa yin rtogs//
　　kun rdzob 'di ni sgra'i tha snyad tsam gyi bdag nyid ma yin gyi/ mthong ba
　　dang 'dod pa'i dngos po rten cing 'brel par 'byung ba rnams ni brtag mi bzod
　　pas yang dag pa'i kun rdzob ste/[一鄕(上) p.162, 一鄕(下) p.202, p.204].
34) 이 世間極成이란 『이제론』에서 세속의 정의이기도 하다. 제2장 註27) 참조. 더욱이 松
　　本史朗(1984-2) pp.144-145 참조.

색등의 갖가지 사물이 생기고, 머물며, 소멸한다는 것이며, 또 데바닷타(Devadatta)는 간다, 비슈누미트라(Viṣṇumitra)는 먹는다, 소마닷타(Somadatta)는 수습(修習)한다, 브라흐마(Brahma)는 해탈한다는 것은 세간의 언설로 부전도(不顚倒)이기 때문에 그것이 세간 세속의 진실이다.”[35]라고 하거나, 또 찬드라키르티가 “세간 언설의 진실은 고찰해서는 안 된다”(『入中論』 VI-35)[36]라고 말하듯이 중관파에 있어서는 일반적인 것이었다고 생각된다.

또 생멸의 성질로서 세속이란 인과관계에 있다는 의미로서, 곧 연기(緣起)하는 것을 말한다. 그것도 앞서의 ‘고찰하지 않는 한 매력적인 것’과 동일시된다. 그것은 제65게송에 있어서 “고찰하지 않는 한 매력적인 것도 앞의 원인에 의해 각각 후의 결과가 그와 같이 생긴다.”[37]라

---

35) ’jig rten pa’i kun rdzob ni ’jig rten gyi tha snyad de/ ’di lta ste/ gzugs la sogs pa
   dngos po rnams skye’o// gnas so// ’gag go zhes bya ba dang/ lhas byin ’gro’o//
   khyab ’jug bshes gnyen za’o// zla bas byin bsgom mo// tshangs pas grol lo zhes
   bya ba dag ’jig rten gyi tha snyad kyi phyir phyin ci ma log pas/ de ni ’jig rten pa’i
   kun rdzob kyi bden pa yin no//(Prajñāpradīpa, D.No.3853, Tsha 228a2-3).
   본서의 청변 이름을 사용할 때는 江島 박사 논증에 따라 『중관심론』 『반야등론』의 저자를
   가리키며, 범어 이름은 바비베카(Bhāviveka)로 통일하기로 한다. 江島惠教(1990) 참조.
36) ’jig rten gyi// tha snyad bden la rnam par dbyad mi bya//(Madhyamakāvatāra,
   D. No.3861, Ha 205b7).
37) brtags pa ma byas nyams dga’ ba’ang// bdag rgyu snga ma snga ma la//
   brten nas phyi ma phyi ma yi// ’bras bu de ’dra ’byung ba yin//
   [一鄕(上) p.163, 一鄕(下) p.210].
   후기대승불교에 있어 인과관계는 다르마키르티 인식론의 영향으로 우리들 인식에 있어
   그 인식주체와 인식대상의 관계를 전제로 논의되는 경우가 많다. 이 제65게송도 인식하
   는 것에 있어서, 앞의 원인에 의해 다음 인식이 생기는 것을 인과관계로서 표현하고 있
   는 것으로, 그런 의미에서는 유식파의 자기인식과 유사하다고 생각된다. 그러나 샨타라

고 하여, 세속이 인과관계에 있는 것을 나타내고 있기 때문이다. 그리고 마지막 세속의 정의인 '효과적 작용능력'이란 다르마키르티가 그의 『양평석(量評釋)』에서 "효과적 작용능력을 가진 것이 여기에서 승의유(勝義有)이다"[38]라고 말한 이래 유식파 사이에 그 의미의 이해를 둘러싸고 논쟁이 반복되었던 것으로, 샨타라크쉬타는 다르마키르티의 개념을 세속으로서 받아들이고 있다.

이상의 것이 샨타라크쉬타의 세속의 정의이지만, 실제로 이것은 그가 말하듯 진실세속의 정의이다. 즉 샨타라크쉬타는 세속을 진실세속(眞實世俗, tathya-saṃvṛti)과 그렇지 않은 비진실세속(非眞實世俗, atathya-saṃvṛti)으로 구분하고 있다. 그는 다음과 같이 말한다.

고찰을 견뎌내지 못하는 것으로 효과적 작용능력을 가진 것을 진실세속이라 하고, 푸드갈라와 같이 언어만의 것은 그렇지 않은 것이라 말해진다.[39]

크쉬타는 세간일반에서 효과적 작용능력을 갖는 것의 여부에 따라 세속을 진실, 비진실로 구분하고 있기 때문에 그런 의미에서는 자기인식과는 다르다고 생각된다.

38) "여기에서 효과적 작용능력을 갖는 것은 勝義有이며, 그렇지 않은 것은 世俗有이다. 이 둘은 [전자가] 自相, [후자가] 共相이라고 일컬어진다."[arthakriyāsamarthaṃ yat tad atra param ārthasat anyat saṃvṛtisat proktaṃ te svasāmānyalakṣaṇe(現量章 제3게송)// 戶崎宏正(1979-1) p.61] 다르마키르티에 의해 승의유와 세속유로 정의되던 것이 샨타라크쉬타에서는 진실세속, 비진실세속으로 정의된다. 이 다르마키르티의 정의와 관련한 중관파와 유가행파의 논쟁은 松本史朗(1980-4), (1981-1), (1981-2) 참조.

39) brtag mi bzod la don byed nus pa'i dngos po nyid ni yang dag pa'i kun rdzob ces bya ste/ gang zag la sogs pa ltar sgra tsam ni ma yin no zhes bya ba//[一鄕(上) p.164, 一鄕(下) p.210]

즉 '비진실세속' 이란 효과적 작용능력을 가지지 않는 것으로[40] 푸드갈라와 같이 단지 언어만의 것을 말한다. 이와 같이 세속을 '진실세속' 과 '비진실세속' 으로 나누어 생각하는 샨타라크쉬타는, 진실세속으로서의 세속은 부정해서는 안 된다고 반복해 말하고 있다. 곧 "범부로부터 일체지자(一切智者)에 이르기까지 지각되는 것, 즉 고찰하지 않는 한 매력적인 것을 나는 부정하는 것은 아니다."[41] 또는 "인과관계는 세속에 있어서는 부정되지 않기 때문에 잡염(雜染)과 청정(清淨) 등의 안립(安立)에 혼란은 없다."[42]라고 말해 진실세속으로서 세속을 인정하고 있다.[43]

40) 샨타라크쉬타는 다르마키르티 인식론의 영향으로 인식대상과 인식주체와의 관계를 상세히 고찰하여 세속의 인과관계도 인식과정에 있어서의 원인과 결과의 관계와 같이 곧 지의 자기인식과 같이 고찰된다고 설하지만(註37) 참조), 그렇더라도 효과적 작용능력의 유무에 대한 논의에서와 같이 세속이 단지 인식의 문제만은 아니라고 말하고 있다. 비진실세속의 예로서 거론되는 푸드갈라는 실재하는 것이 아니며, 즈냐나가르바에 의하면 단지 분별된 것에 지나지 않지만, 샨타라크쉬타도 그것을 실재하지 않는 것, 언어만의 것, 효과적 작용능력을 갖지 않는 것이라고 설하고 있다. 곧 효과적 작용능력이란 세간일반과 실제로 관련을 갖는 것으로 샨타라크쉬타는 그것을 부정해서는 안 된다고 말하고 있다.
41) byis pa'i gnas skabs nas bzung ste/ thams cad mkhyen pa'i ye shes kyi bar du myong ba gang ma brtags gcig pu na yid du 'ong ba'i rang bzhin la ni kho bos bkag pa med de/ [一鄕(上) p.165, 一鄕(下) p.220].
42) 'di ltar rgyu dang 'bras bu yi// chos 'di rnam par gzhag pas na//
   tshogs rnams dri ma med pa yang// gzhung 'di nyid la rung ba yin//
   [一鄕(上) p.178, 一鄕(下) p.282].
   인과관계를 세속으로서 부정하지 않는다는 의미는 다르마키르티의 인식론과 관련시켜 생각하면, 우리들의 인식 상 문제가 없는 한 부정하지 않는다는 의미라고 생각된다. 그것은 『이제론』에서 세속의 정의인 '현현하는 대로의 것' 을 샨타라크쉬타가 『세소』에서 '직접 지각되는 것' 으로 주석하고 있듯이, 우리들의 인식상 현현하는 대로의 것으로서는 부정하지 않는다는 의미일 것이다. 그렇지만 인식의 문제만이라면 유식파의 자기인식과 같이 일체가 식의 현현이 될지도 모르겠지만, 샨타라크쉬타의 세속의 정의는 좀더 일반적인 의미로 이해해야 되리라 생각된다. 그런 의미에서 "자기인식을 세속으로서 인정한다." 라고 하는 것도 세속의 정의에 합치하는 한 일체가 용인되는 것을 말하는 것은 아닐까 생각된다.
43) 우리들이 인식하는 인식대상, 이것을 경량부와 유식파는 '형상' 이라 부르지만, 그 인식대상이 인식주체와 동일하게 식에 의거한다는 것이 식의 자기인식이다. 다르마키르티의 인식론

이상과 같이 『중관론』에서의 세속에 관한 설명을 보면, 유가행중관파의 특징이라고 하는 "세속이 유식이다" 혹은 "세속에 있어서 외경의 무" 등과 같은 설명은 보이지 않는다. 다시 말해 유가행중관파의 특징이라고 하는 세속의 설명은 존재하지 않는다. 더욱이 샨타라크쉬타가 "유가행의 달인(達人)은 무구(無垢)의 지혜로 내외의 것이 고찰하지 않으면 매력적인 것이라고 이해한다"[44]라고 말하여 분별을 떠난 진실세속을 이와 같이 표현하고 있다. 따라서 이러한 『중관론』에서의 세속의 정의를 종합해 보면, 세속을 유식으로서 인정했다고 하는 의미에서의 유가행중관파의 특징은[45] 샨타라크쉬타의 세속정의와는 일치하지 않는데, 그것은 아마도 『중관론』 제91게송에만 의거한 오해가 아닐까 생각된다. 샨타라크쉬타는 확실히 유외경론보다 유식설을 뛰어난 것

에서는 "일체가 식의 자기인식이다"는 것이 증명되고, 샨타라크쉬타의 세속 정의에는 앞의 원인에 의해 생기는 결과인 인식작용도 포함되어 있지만, 그것만이 아니라 좀더 넓은 의미에서의 세속이 설명되고 있다.

44) "유가행자는 일체법의 자성이 평등하다고 자각하는 삼매로부터 생기는 지혜, 그것은 분별의 때를 떠나 있지만, 그것에 의해 내·외에 실재하는 것이 고찰하지 않으면 매력적인 것이며, 핵심이 없는 파초와 같이 일체를, 증익된 종자가 후에는 생기지 않듯이 그와 같이 이해하는 것이다."(rnal 'byor pa'i dbang phyug rnams ni chos thams cad kyi rang bzhin mnyam pa nyid du rnam par phye ba'i ting nge 'dzin la sogs pa las byung ba'i ye shes rnam par rtog pa'i dri ma dang bral ba nyid kyis nang dang phyi'i dngos po ma brtags na dga' ba snying po med pa chu shing gi sdong po lta bu thams cad ji ltar sgro 'dogs pa'i sa bon yang phyis mi skye ba de ltar thugs su chud de/ [一鄕(上) p.172, 一鄕(下) p.250]).

45) "유가행중관파는 세속이 유식이다"라고 인정했다고 하는 것은 『중관론』 제91게송에 대한 총카파의 이해에 근거하는 것으로, 그것은 근년에 이르기까지 그대로 인정되고 있다. 一鄕正道(1982), (1988)참조. 하지만 샨타라크쉬타가 외경을 인정하고 있다고 하는 견해는 이미 티베트의 사캬촉덴(Sākya mchog ldan, 1428-1507)에 의해 이루어졌다고 하는 것이 지적되고 있다. 松本史朗(1984-2) p.157 참조.

이라고 인정하지만, 세속이 유식의 세계라고는 말하지 않으며, 중관학파의 역사적 전통에 의거해 진실세속으로서 세속을 인정하고 있다.

이 진실세속과 관련하여 한 가지 중요한 것은 그의 '불생(不生, anutpāda)'에 관한 견해일 것이다. 생겨남이 없다는 불생의 개념은 생긴다는 생(生)의 관념과 대비되는 이렇게 상대적인 개념으로서 '불생'을 '승의에 수순하는 것'으로 간주하는 샨타라크쉬타의 입장은 바비베카의 견해를 염두에 둔 것이라고 생각되지만,[46] 샨타라크쉬타는 그것을 세속의 것이라고 명확히 밝히고 있다. 즉

생 등은 없기 때문에 불생 등도 있을 수 없다. 그것의 본성이 부정되기 때문에 그것을 나타내는 말도 있을 수 없다.(K.71)

대상이 없는 곳에 부정을 적용하는 것은 올바르지 않다. 만약 분별에 의한 것이라면 세속이 될 것이며, 승의는 되지 않는다.(K.72)[47]

---

46) 이하 『중관론』 제71, 72게송의 인용에 앞서 샨타라크쉬타는 바비베카의 게송을 인용하여 불생 등을 승의제라고 말하는 사람의 견해로서 거론하고 있다.
"진실의 궁전이라는 정상에 오르는 데는 진실세속이라는 사다리가 없으면 불가능하다. (tattvaprāsādaśikharārohaṇam na hi yujyate/ tathyasamvṛtisopānam antareṇa yatas tataḥ// [Madhyamakahṛdaya-kārikā, III-12; 江島惠敎(1980) p.270])" 그러나 샨타라크쉬타는 승의에서는 생·불생 모두 없다고 말하고 있다.[一鄕(上) p.168, 一鄕(下) p.232].

47)(K.71)skye ba la sogs med pa'i phyir// skye ba med la sogs mi srid//
de yi ngo bo bkag pa'i phyir// de yi tshig gi sgra mi srid//
(K.72)yul med pa la dgag pa yi// sbyor ba legs pa yod ma yin//
rnam par rtog la brten na yang// kun rdzob par 'gyur yang dag min//
[一鄕(上) p.168, 一鄕(下) p.234].

라고 말해, 승의에 있어서는 생·불생도 일체 없기 때문에 그것은 세속의 것이라 말하고 있다. 이 불생이 세속을 본성으로 하는 것은 이미 『이제론』에서 상세히 논해지고 있는 것으로『중관론』에서의 논의는 『이제론』과 깊이 관련되어 있는 것이라 생각된다. 이 문제는 다음의 장에서 상세히 고찰하기로 한다.

3. 이일다성증인

『중관론』의 제1게송에 나타나는 이일다성증인에 의한 일체법무자성의 증명은[48] 매우 유명하다. 샨타라크쉬타는 이 이일다성증인을 이용하여 다른 파와 자신의 파가 설하는 일체의 것이 자성(自性, svabhāva)을 가지지 않는다는 것을 증명해 간다. 자성이라는 것은 '연기하는 것' 과는 모순하는 '연기하지 않는 것'으로서의 '자립적 존재' '실체' '실재' 등으로 정의되듯 타자의 존재를 필요로 하지 않는 고정적인 실체라고 말해진다.[49] 그리고 샨타라크쉬타는 그 '실재하는 것' 이 하나

---

48)『중관론』에서 이일다성증인에 의한 고찰을 행하는 승의도, 『세소』와 같이 '승의에 수순하는 승의' 라는 의미에서 세속을 그 성질로 하고 있는 것을 앞서 말했지만[前註31) 참조], 그렇다면 『중관론』에서 진정한 의미에서 승의란 생·불생 등의 일체를 떠난다고 말하고 있다. 그러한 승의의 개념에 대해 『중관론』에서는 다음과 같이 표현하고 있다. "승의는 유·무, 생·불생, 공·불공 등 일체 희론의 그물을 떠나 있다"[don dam pa ni dngos po dang dngos po med pa dang/ skye ba dang mi skye ba dang/ stong pa dang mi stong pa la sogs pa spros pa'i dra ba mtha' dag spangs pa'o// 一鄉(上) p.168, 一鄉(下) p.230, 232] 이와 같은 승의에 대한 정의는 『이제론』, 『세소』에서의 승의의 개념과 일치하고 있다[제2장 註35), 제3장 註20) 참조].

49) 松本史朗(1988) pp.228-229.

인 자성을 떠나는 것을 증명하기 위하여 먼저 타파와 자파가 상정하는 '영원한 것'이 단일성의 자성을 갖지 않는 것을 증명하고, 그것을 부정한다. 또 푸드갈라가 일과 다의 자성을 갖지 않는 것을 설명한 뒤 '변재(遍在)하는 것'(K.10ab)과 '변재하지 않는 것' 등이 단일성의 자성을 갖지 않는 것을 증명하고, 나아가 단일성의 자성이 없다면 다수인 복수성의 자성도 없다고 말한다. 그리고 그 일과 다인 자성 이외에 제3의 방식은 없기 때문에 일체가 무자성이라고 말하고 있다. 그 이일다성의 증인에 의한 논증이 타당한 것을 그는 다음과 같이 말하고 있다.

찰나·비찰나로 푸드갈라를 설시(說示)하는 것은 있을 수 없기 때문에 일과 다의 자성을 떠나 있는 것이 명확하게 잘 알려진다.(K.9)
반론자가 인정하는 푸드갈라라는 명제의 주어는 근본증인인 일과 다의 자성을 떠나는 것이 용이하게 성립한다. 찰나의 것이라면 다수의 자성이 된다. 각각의 찰나마다 별개의 자성이 생기기 때문이다. 찰나가 아니라면 영원히 나타나는 하나의 본성이기 때문에 하나인 자성이 된다. 두 가지의 경우 어느 쪽도 말할 수 없기 때문에 용이하게 일과 다의 자성이 없는 것이 성립한다.[50)]

50)(K.9)skad cig skad cig ma yin par// gang zag bstan du mi rung bas//
gcig dang du ma'i rang bzhin dang// bral bar gsal bar rab tu shes//
skad cig par gyur na ni du ma'i rang bzhin du 'gyur te/ skad cig re re la yang
rang bzhin gzhan 'byung ba'i phyir ro// skad cig ma yin na ni rtag tu bstan pa
gcig pu'i ngo bo yin pa'i phyir gcig pu'i rang bzhin du 'gyur ro// gnyi ga ltar
yang brjod du med na ni tshegs med par gcig dang du ma'i rang bzhin gyis
stong pa nyid du 'grub po//[一鄕(上) p.124, 一鄕(下) p.42].

즉 푸드갈라는 찰나·비찰나 어느 경우에도 성립하지 않는 것이기 때문에 그 자성이 일과 다를 떠나는 것이 용이하게 이해된다는 의미이다. 이와 같이 일과 다의 자성을 떠나는 증인을 근거로 하여 샨타라크쉬타는 자파의 무위법(無爲法), 극미(極微) 등의 이론 및 유부, 경량부 등의 유외경론, 나아가 유식학파의 이론을 비판해 간다. 타파로서는 인도의 여러 학파들의 견해가 일과 다의 관점에서 비판되고 있다. 따라서 자파와 타파의 일체의 견해는 이일다성증인을 벗어나지 못하기 때문에 일체는 무자성인 것이 증명된다. 일체법무자성의 설시는 불교의 기본적인 교의이기도 하지만, 이것을 증명하기 위해 『중관론』이 유부, 경량부, 유식설 등을 비판하는 것은 이 『중관론』이 사상적인 입장에서 중관학파의 입장을 나타내고 있는 것이라 생각된다. 그리고 이 이일다성의 증인은 앞에서도 서술했듯이 승의의 입장에서 설명하고 있는 것으로 곧 승의에 있어서 일체법이 무자성인 것을 증명해가는 것이다.[51] 이러한 승의의 입장에서 일체가 성립하지 않는 것을 샨타라크쉬타는 다음과 같이 말하고 있다.

진실에 있어서, 사물은 극미조차도 성립하는 일은 옳지 않다. 위에서

---

51) '진실에 있어서(yang dag par, tattvatas)' 라는 말이 '승의에 있어서' 와 동의어인 것은 松本史朗(1988) p.230 참조. 본고에서도 '승의에 있어서' 는 '진실에 있어서' 와 같은 의미로 사용하지만, 그러나 그 경우 승의는 진정한 의미의 승의가 아니라 '승의에 수순하는 승의' 로서 세속을 본성으로 한다는 의미에서의 승의라고 생각된다[註31), 48) 참조. 『이제론』에서 "정리는 승의에 수순하지만 세속을 본성으로 한다."라는 것도 이 『중관론』의 설과 동일한 것이라 생각된다. 제2장 註38) 참조.

설시했듯이 일과 다의 자성을 떠나기 때문이다. 그런 까닭에 진실에 있어서는 생(生)도, 그것에 근거하는 주(住)도, 무상도, 그것에 의존하는 다른 속성도 어떻게 성립하는 일이 있겠는가.[52]

그리고 또 "진실에 있어서 일체사물은 일과 다의 자성에 있어서 성립하지 않음으로써 존재하는 것을 거척(拒斥)하는 인식방법은 이미 이전에 설하였다."[53]라고도 말하고 있다. 이와 같이 '진실에 있어서', 즉 승의의 입장에서는 이일다성의 증인을 벗어나지 못하기 때문에 일체는 무자성인 것이 증명되는 것이다. 이처럼 샨타라크쉬타는 증인을 사용한 논리적인 방법으로서 일체가 무자성인 것을 증명하여 실체적 견해의 입장을 비판하고 있지만, 세속의 입장에서는 특히 진실세속으로서 사물이 성립하는 것을 인정하고 있다.

그러면 이와 같은 이일다성증인은 샨타라크쉬타가 처음으로 사용한 것일까? 이 문제와 관련해서는 같은 이일다성증인에 의한 일체법 무자성을 증명하는 슈리굽타(Śrīgupta, 8세기 후반)의 『입진실론(入眞實論)』이 주목된다.[54] 슈리굽타는 일반적으로 티베트 사서에는 즈냐나가르

<hr>

52) yang dag par na dngos po phra rab kyang yongs su grub par mi 'thad de/ ji ltar bstan pa'i tshul gyis gcig dang du ma'i rang bzhin dang bral ba'i phyir ro// de'i phyir yang dag par na gang gi skye ba dang/ de sngon du 'gro ba'i gnas pa dang/ mi rtag pa dang/ de la brten pa'i dngos po'i chos gzhan yang yod par 'gyur ram/[一鄉(上) p.166, 一鄉(下) p.222].

53) yang dag par na dngos po thams cad ni gcig dang du ma'i rang bzhin du mi 'thad pas yod pa la gnod pa'i tshad ma ni sngar bshad zin to//[一鄉(上) p.180, 一鄉(下) p.284].

54) 江島惠教(1980) pp.217-223[원 논문 江島惠教(1974)].

바의 스승으로 알려지며, 이일다성중인에 관해서는 샨타라크쉬타에 선행한다고 전해진다.[55] 그렇지만 슈리굽타, 즈냐나가르바, 샨타라크쉬타의 3인에 대해서는 '고찰하지 않는 한 매력적인 것' 등의 중요술어상의 비교를 통해 이 슈리굽타가 샨타라크쉬타 이후의 인물이라는 견해도 제시되고 있다.[56] 만약 슈리굽타가 샨타라크쉬타 이후의 인물이라고 한다면 이일다성중인에 의해 일체법무자성을 논증한 최초로 사람은 샨타라크쉬타가 된다. 물론 무자성 논증에서 일과 다의 개념을 사용하고 있는 것은 『중관론』의 인용문헌으로도 나타나는 『공칠십론』『사백론』『양평석』 등과 같은 문헌에도 나타나고 있다.[57] 또한 더욱이 이 이일다성중인을 사용하여 극미설, 형상설 등을 비판한 것은 이미 『섭진실론』에서도 보여져, 샨타라크쉬타도 이른 시기부터 이 중인을 잘 알고 있었던 것으로 생각된다. 특히 『유식이십론』 가운데 일과 다에 의해 극미설이 비판되고 있는 것은 유명하며, 또 형상에 관하여 다르마키르티의 『양평석』에서 일과 다의 관점에서 논란되고 있는 것도 유명하다.[58] 이렇듯 일과 다

55) 江島惠教(1980) p.222.
56) 松本史朗(1978-1) pp.112-113.
57) 『중관론』에 인용되는 문헌과 관련해 주의를 끄는 것은 다수의 인용경론 가운데 유식계의 경론이 거의 없다는 것이다. 적어도 『唯識二十論』 등과 같이 그 내용상 일과 다의 논란이 나타나는 논조차도 인용되지 않는다. 특히 극미설 비판 등은 『유식이십론』의 반복이라고 해도 좋을 정도로 동일한 형태이지만, 그 논서명은 나타나지 않는다. 이러한 사실은 샨타라크쉬타가 일부러 인용하지 않은 것같이도 생각된다. 그것은 아마도 유가행파의 교의를 인정하는 입장이었다면 당연히 몇몇 경론을 인용하였을 것이다. 이러한 인용경론으로부터 보아도 그는 다르마키르티 등 불교논리학자의 영향으로 이일다성중인에 의해 유식파가 논란하는 극미설 등을 고찰하지만, 그의 입장은 언제나 중관의 입장을 견지하였다고 생각된다. 이러한 의미에서도 그를 유가행파와 일치시키는 것은 무리가 있는 것이라 생각된다.

의 개념은 다양한 불교적 논의에 사용되고 있지만, 샨타라크쉬타가
제시한 이일다성중인이 후대 무자성 논증의 4대 이유 중의 하나로 거
론될 정도로 중요시된 것은 역시 『중관론』에서 그것이 체계적으로 정
리된 것에 연유하고 있는 것이다.[59] 그런 의미에서 불교사상사에 있
어서 『중관론』이 지니는 의미는 크다고 생각된다.

4. 형상론

샨타라크쉬타의 형상설(形象說)에 관해서는 이미 많은 논의가 이루어
져 왔다.[60] 곧 형상론은 『중관론』에서 나타나듯 자파인 불교학파를 일
종의 단계로 체계화하고, 각각의 체계를 비판해 갈 때 사용되던 근본 이
론이다. 즉 샨타라크쉬타는 인식의 주체로서 지(知, 혹은 識, 知識)와 인식대
상으로서의 형상과의 관계를 앞에서 논술한 이일다성중인을 통하여 고
찰해 간다. 이러한 고찰에 있어 그는 형상의 논의와 관련해 하나의 전제
를 세우고 있다. 그것이 자증지(自證知, svasaṃvedana) 곧 자기인식으로
서,[61] 자증지란 하나의 동일한 식이 인식대상과 인식주체의 둘로 2분화

---

58) 『唯識二十論』에 관해서는 山口 益(1953) pp.70-90, 梶山雄一(1981-2) pp.17-22, PV에
　　관해서는 戶崎宏正(1979-1) pp.298-319 참조.
59) 江島惠教(1980) pp.240-246 참조.
60) 李泰昇(1991-1) 참조.
61) 형상설 논의의 기본이 되는 것은 형상의 다수성과 지의 일자성 사이에 모순을 피할 수 없
　　다는 것이다. 샨타라크쉬타의 형상설에 있어서도 그와 같이 논의가 전개된다. 여기에서
　　필자는 그가 자증지를 앞에 내세운 것이 이 형상설에 들어가는 전제가 되고 있는 것이라

되어, 인식이라는 것은 결국 식이 동일한 식을 인식한다고 하는 것이다. 따라서 그 자증지는 본래 능소(能所)의 구별을 가질 수 없다. 이 능소의 구별을 가지지 않는 것을 샨타라크쉬타는 다음과 같이 말하고 있다.

> 부분을 가지지 않는 하나인 자성에 [능취·소취·인식이란] 세 가지의 자성이란 옳지 않기 때문에 그 자증지는 능소의 관계의 것이 아니다.(K.17)[62]

『중관론』에서 이렇게 능·소의 구분을 떠난 자증지를 전제로 형상론을 전개시키는 것은 샨타라크쉬타 사상적 특색을 보여주는 것이라 생각된다. 곧 이러한 형상론의 전개에 있어 형상의 다수성에 대해 능소의 구분이 없는 자증지가 본래 하나라는 성질을 보증해주기 때문이다. 즉 형상설 논의에 있어서 기본적인 문제는 다수인 형상과 하나인 지 사이의 모순인 것으로, 그때 하나인 지로서 보증되는 것이 이 능소의 구분이 없는 자증지인 것이다. 이러한 자증지의 단일성과 형상의 다수성을 전제로 인식론을 전개하여 샨타라크쉬타는 무형상지식론(無形象知識論, anākārajñānavāda, K.16-21), 유형상지식론(有形象知識論, sākārajñānavāda, K.22-

---

생각된다. 다르마키르티에게 있어서도 중대한 테마로서 논증된 자증지를 샨타라크쉬타가 세속으로서 밖에 인정하지 않은 것은 그가 자신의 정리를 전개하는 하나의 전제로서 자증지를 사용한 것을 말해주는 것이라 생각된다.

62)(K.17)gcig pa cha med rang bzhin la// gsum gyi rang bzhin mi 'thad phyir//
de yi rang gi rig pa ni// bya dang byed pa'i dngos por min//
[一鄕(上) p.131, 一鄕(下) p.70].

34), 유식설(唯識說, K.44-60)을 전개, 논란하며 유식설도 형상의 인정여부
에 따라 형상진실론(形象眞實論, satyākāravāda, K.46-51), 형상허위론(形象虛僞
論, alīkāravāda, K.52-60)으로 나누어 검토하고 있다.

이 가운데 무형상지식론과 유형상지식론이란 각각 불교내부에 있
어서 외경(外境)을 인정하는 유부(有部)와 경량부(經量部)를 가리키지만,
샨타라크쉬타는 무형상지식론보다 유형상지식론을 보다 높게 평가하
고 있다.

또 이 무형상지식론은 유형상지식론에서 [설해진 것과 같은 인과성 등
의] 관계가 전혀 없기 때문에 매우 낮은 차원의 것임이 보여진다.[63]

즉 유형상지식론에서는 적어도 인식되는 성질로서 형상의 존재를
인정하기 때문에 그런 의미에서 지각은 가능해진다. 그러나 형상을
인정하지 않는 무형상지식론에서는 대상과 지의 사이에 경량부가 주
장하는 인과성(因果性, tadutpatti) 등이 존재하지 않기 때문에[64] 지각은 성

---

63) gzhan yang shes pa rnam pa med pa'i phyogs 'di ni shes pa rnam pa dang bcas
   pa'i phyogs shin tu 'brel pa med pas kyang ches dman par bstan pa/ [一鄕(上)
   p.133, 一鄕(下) p.80].
64) 인과성이란 다르마키르티가 사용하는 말로서, 경량부의 입장에서 대상을 인식하는 두가
   자 조건 가운데 하나로 형상이 그 지의 원인이 되는 것을 의미한다. 또 하나는 동일성으
   로서 동일한 형상을 의미하는 sārūpya, tādrūpya, 그리고 지의 본질을 의미하는 tādātmya
   등의 말로 표현된다. 곧 이것은 지에 부여된 형상이 지와 동일한 성질을 가진다는 의미이
   다. 戶崎宏正(1974) p.161 참조. 그렇지만 tādātmya를 동일성으로 번역하는 것에 대하
   여 문제가 있다는 것이 지적되고 있다[松本史朗(1984-3) p.407]. 그러나 본고에서는 경
   량부의 외경인식의 조건을 일단 인과성, 동일성의 용어로서 사용하기로 한다.

립하지 않게 된다.(K.19) 그러나 유형상지식론에도 과실은 있다. 곧 지각되는 형상은 다양한 성질이며, 그것을 지각하는 지는 하나의 성질을 갖는 존재이다. 따라서 인식된다고 하는 것은 다양한 형상에 따라 지가 다(多)인 것으로 되든가, 아니면 지의 하나인 성질에 따라 형상이 하나인 것이 되든가의 어느 쪽이 되어야 한다.(K.22-23) 그리고 만약 지의 다수성을 주장하는 사람들이, 지각이란 사물이 매순간 생기는 것을 순차적으로 지각하는 것으로 예를 들면 선화륜(旋火輪)을 보는 것과 같은 경우라고 주장하는 것(K.24)에 대하여, 샨타라크쉬타는 문자(K.25)와 의분별(意分別, K.26)의 경우를 예로 들어, 지각이란 그와 같이 순차적으로 지각되는 것이 아니라 다양한 채로 동시에 그 형상이 현현하는 것이라고 답하고 있다.(K.27) 따라서 그 선화륜의 비유도 옳지 않다고 설명한다.(K.28-30) 그러나 그와 같이 동시에 지각된다고 하더라도, 형상의 다성(多性)과 지의 일성(一性) 사이의 모순은 해결할 수 없다고 말한다.(K.31-33) 이렇게 하여 샨타라크쉬타는 경량부의 유형상지식론이 성립하지 않는 것을 증명하지만, 이 경우 형상이 다수성이라는 것은 경량부가 인정하는 극미의 집합으로서 외경을 의미할 것이다. 왜냐하면 경량부는 외경은 추리되어지는 존재로서,[65] 더욱이 그 외경을 극미의 집합으로 인정했다고 하기 때문이다.[66] 따라서 다수인 극미의 반영이라고도 할 수 있는 형상과 하나의 성질인 자증지와는 항상 모순된 성질을 가지고 있다고 해도 좋을 것이다. 따라서 샨타라크쉬타

---

65) 戸崎宏正(1985-1) p.73.
66) 御牧克己(1988) pp.236-237.

는 외경을 인정하지 않는 유식설을 유외경론자의 설보다 뛰어난 것이라고 인정하면서도,[67] 더욱이 고찰의 여지가 있다고 다음과 같이 말하고 있다.

> 또 여기에 약간의 고찰해야 할 것이 있다. 그것들 형상이 진실된 것인가, 아니면 영상 등과 같이 고찰하지 않으면 매력적인 것인가 하는 것이다.[68]

이것은 형상을 인정하지 않고, 형상만을 승인하는 유식파에서 그 형상이 진실된 것인가 아니면 단지 고찰하지 않는 한에 있어서 인정되는 세속의 것인가를 묻고 있는 것이다. 따라서 그 형상을 진실로서 인정하는 유식파, 즉 형상진실파에 대한 고찰이 이루어진다. 유식파의 형상설 비판도 앞서 유형상지식론 비판과 동일하게 형상의 다수인 성질과 지의 하나인 성질간의 모순이 지적된다. 그 형상이 진실이라면, 형상은 다수인 성질이기 때문에 지도 다수인 것이 되어야만 한다. 그러나 지는 하나인 성질의 것이기 때문에 형상이 하나인 것이 되어야만 한다. 형상을 진실로서 인정한다면 이와 같은 모순을 벗어날 수 없다고 논하고 있다.(K.46-51)

그러나 그 형상이 실재하지 않는 것으로 진실에 있어서는 단지 미란

---

67) 前註26) 참조.

68) 'on kyang 'di la dpyad par bya ba cung zad tsam 'di yod de/ ci rnam pa de dag de kho na nyid yin nam 'on te ci gzugs brnyan la sogs pa ltar ma brtags pa gcig pu na dga' ba zhig yin/ [一鄕(上) p.145, 一鄕(下) p.128].

(迷亂)에 의해 생긴 것에 지나지 않는다(K.52)고 주장하는 유식파, 즉 형상허위파에 대해서는 형상이 없는데 어떻게 사물이 명확히 지각되는가 등을 묻고 있다.(K.53-59) 그리고 만약 형상이 미란의 습기에 의한 것이더라도 그것은 미란에 의한 것이기 때문에 의타기(依他起)인 것이 되고 유인 것이 되기 때문에 결국 형상을 유로서 인정하는 것이 되어 버린다(K.60)고 말한다. 이렇게 하여 유식설에 대한 비판을 마무리한 뒤 샨타라크쉬타는 계속하여 결론으로서 사물에 있어 하나인 자성이 성립하지 않는 까닭에 다인 것도 성립하지 않고,(K.61) 일과 다 이외에 다른 방식은 없다(K.62)고 결론을 내리고 있다. 이렇듯 샨타라크쉬타는 자중지를 전제로 자중지와 대상을 검토하여 유부의 설과 또 극미의 집합인 외경의 형상과 지를 검토하여 경량부를 비판하고, 나아가 형상이 진실인가 아닌가를 고찰하여 형상진실파와 형상허위파의 유식설을 비판하고 있다.

이상과 같은 샨타라크쉬타의 형상론에 대해서는 후대 더욱이 근년에 이르기까지 갖가지 논의가 이루어져 왔다.[69] 곧 샨타라크쉬타의 중심사상이 무엇인가를 둘러싸고 인도, 티베트에서는 유형상중관파 혹은 형상진실론자로서 정의되어졌고, 또 근년의 학자들에 의해서는 유형상론자, 무형상론자 등 다양하게 정의되어졌다. 그러나 앞에서

---

69) 인도의 논자 사하자바즈라(Sahajavajra)는 샨타라크쉬타를 유형상중관파의 대표로서 거론하고 있다. 松本史朗(1980-2) p.164 참조. 총카파는 '언설로서 형상진실파와 같이 인정하는 중관파'로 정의하고 있는 듯하다. 片野道雄(1986) p.22. 근래 학자들의 견해에 대해서는 李泰昇(1991-1) 참조.

고찰한 바와 같이 샨타라크쉬타의 형상설 논의는 정리에 의한 고찰 즉 승의에 있어서 무자성의 증명과 그 궤를 함께 하고 있는 것이다. 따라서 일체는 일과 다에 의한 고찰을 벗어날 수 없고, 따라서 자성에 의한 일체는 성립하지 않기 때문에 이 형상에 의한 논의 자체도 성립하지 않게 된다. 따라서 승의에 있어서는 형상론도 성립하지 않는 것이다. 그것을 샨타라크쉬타는 다음과 같이 말하고 있다.

> 나도 눈 등의 지에 현현하는 성질의 것[=형상]은 부정하지 않지만, 반야지혜와 지식에 의해 고찰한다면, 파초의 줄기와 같이 조금의 알맹이도 현현하지 않기 때문에 승의로서는 주장하지 않는 것이다.[70]

즉 샨타라크쉬타는 현현하는 것인 형상을 일반적으로 세속에 있어서는 부정하지 않지만, 승의로서는 인정하지 않는다고 말하고 있다.[71] 따라서 이와 같은 샨타라크쉬타의 입장은 결코 유형상론자, 혹은 형상 진실론자로 간주될 수는 없다고 생각한다. 샨타라크쉬타의 형상설은

---

[70] kho bo yang mig la sogs pa'i shes pa la snang ba'i ngang can gyi dngos po ni mi sel mod kyi/ shes rab dang ye shes kyis dpyad na chu shing gi sdong po bzhin du snying po bag tsam yang mi snang bas don dam par mi 'dod do// [一鄕(上) pp.173-174, 一鄕(下) p.256].

[71] 형상을 현현하는 성질의 것(snang ba'i ngang can gyi dngos po)으로 규정하는 것은 『이제론』에서 세속을 '현현하는 대로의 것(ji ltar snang ba)'으로 정의하는 것과 상통할 것이다. 현현하는 것으로 고찰하지 않는 한 매력적인 것은 세속의 것인 까닭에 형상도 세속에서는 인정되지만, 승의에서는 인정되지 않는다. 승의는 일체의 희론을 떠나 있기 때문이다. 따라서 정리로서의 고찰을 승의에서 행하는 것은 진정한 의미의 승의가 아니라 '승의에 수순하는 승의'이다. 前註31), 48) 참조.

앞서 고찰한 제91게송의 유식설과 동일시되어 유형상론자 등으로 분류되는 것이 많지만, 그러나 그 제91게송은 단지 유식설을 소개하는 것으로,『중관론』전체에서는 이제설이 논해져, 그 형상도 세속에 있어서는 부정되지 않는 것으로 간주되고 있다. 그리고 이 형상은 제64게송에 나타나는 세속의 정의에 비추어 보는 한 인정되고 있는 것이다.

5. 자증지

자증지(自證知)에 대해서는 디그나가의『관소연론(觀所緣論)』등에 이미 나오고 있지만,[72] 보다 체계적으로 정리되어 나타나는 것은 그의『집량론(集量論)』이다. 인식결과가 자증지라는 것을 디그나가는 다음과 같이 말하고 있다.

(K.9A) 더욱이 또 그 경우 자증지가 [인식]결과이다.

그 지는 두 종류로 현현하여 생긴다. 곧 스스로의 현현과 외경으로서

---

72) 디그나가의『集量論』은 그의 마지막 작품일 가능성이 높기 때문에[服部正明(1968) p.3],『觀所緣論』등은 물론 그 이전의 것이 될 것이다. 이『관소연론』에도 다음과 같이 자증지를 생각하게 하는 내용이 포함되어 있다. "내소지(內所知)의 것이 외경과 같이 현현하는 것 그것이 경계이다.(K.6abc) 외경은 무이지만 외계와 같이 현현하는 것은 단지 내소지만 있는 것으로 곧 소연연이다. 그것은 식의 성질인 까닭이며, 그 연성도 있기 때문이다(K.6cd)." [nang gi shes bya'i ngo bo ni/ phyi rol ltar snang gang yin de/ don yin(K.6abc) phyi rol gyi don med bzhin du phyi rol lta bur snang ba nang na yod pa kho na dmigs pa'i rkyen yin no// rnam shes ngo bo'i phyir/ de rkyen nyid kyang yin phyir ro//(K,6cd)Tola, F. and Dragonetti, C.(1982) p.122] 山口 益 (1953) pp.462-463 참조.

의 현현이다.

그 둘의 현현에 있어 자증지는 결과가 된다. 왜냐하면

(K.9B) 그것의[=자증지] 본성이 대상을 결정하기 때문이다.[73]

이와 같이 인식주체[=能取形象]와 인식대상의 외경[=所取形象]이 동일한 지의 현현이며, 그리고 인식의 결과란 인식주체로서의 지가 동일한 지의 현현인 외경을 인식하는 것으로, 그 인식이 곧 자증지라 불리어진다. 그리고 디그나가는 인식대상과 인식수단[=인식주체], 인식결과의 셋이 다른 것이 아니라고 하며,[74] 나아가 '지의 이상성(二相性)'인 인식주체와 인식대상이 어떻게 인식되는지 곧 어떻게 자증지로서 알려지는가를 고찰하고 있다.[75] 이 디그나가의 자증지 이론은 인도불교의 인식론, 논리학 등을 거의 완성시킨 인물로 간주되는 다르마키르티에게로 이어져, 『집량론(集量論)』의 주석서인 『양평석』에서 보다 상세하게 논해지게 된다. 『양평석』에서는 다음과 같이 자증지에 대해 주석하고 있다.

73) (K.9a)yang na rang rig 'dir 'bras bu
    shes pa ni gnyis su snang bar skyes te/ rang gi snang ba dang yul gyi snang ba'o//
    snang ba de gnyis la gang rang rig pa de ni 'bras bur 'gyur ro// ci'i phyir she na
    (K.9b)de yi ngo bo las don nges
    [The Pramāṇasamuccayavṛtti, Tibetan Tr. by Kanakavarman and Dad pa'i Shes rab;
    服部正明(1968) p.28, n.183; 戸崎宏正(1985-1) p.1].
74) 服部正明(1968) p.29, 戸崎宏正(1985-1) pp.39-40.
75) 服部正明(1968) pp.29-30, 戸崎宏正(1985-1) p.52.

그것[=지]의 자체는, 그 [=청 등의 상을 지닌] 영납(領納)으로, 결코 다른 [=외경]의 그것[=영납]은 아니다. 더욱이 또 그것[=지]은 각기 직접 지각 되지만, 그것도 그것[=영납]의 본성에 의한 것이다.(K.326)

그런 까닭에 [지와는 달리] 별개로 영납되어야 할 [대상은] 존재하지 않는다. 또 그것[=지]을 영납하는 것과 다르지 않다. 왜냐하면 동일하게 비판되는 까닭이다. 실로 스스로 나타나며, [다른 것에 의해 나타나는 것이 아니다.](K.327)[76]

이와 같이 대상의 상, 즉 형상이 영납(anubhava)되어 지는 것으로, 그것은 지와 다르지 않으며, 그 지 자신이 나타나는 것이라고 말하고 있다. 이것은 "외경의 청 등을 인식한다."라고 하는 외경실재론자에 대한 반론으로서 실은 청등의 형상이 인식되는 것이고, 그 형상도 지의 성질로 인식이라는 것은 자기 스스로를 인식하는 자기인식, 즉 자증지라고 주장하는 것이다. 또 다르마키르티는 지 자체에는 인식대상, 인식주체, 자증지의 구별은 없지만, 잘못된 견해를 지닌 자에 의해 3분화된다고 말하고 있다. 이 지 자체의 무구별성에 대해서는 후대의 주석자에 의해서 승의의 입장에 의한 설이라고 주석되기도 하며,[77] 또 그무구별의 지를 셋으로 구별하여 보는 것은 무명에 의해 미혹된 것이

---

76) 번역은 戶崎宏正(1985-1) p.10에서 인용.
77) 戶崎宏正(1985-1) p.40. PV에 관한 Manorathanandin과 Devendrabuddhi의 주석서가 거론되고 있다.

라고 말하기도 한다.[78] 즉 승의에 있어서 하나인 지를 무명에 사로잡힌 사람들은 소취·능취·인식의 셋으로 생각한다는 것이다. 그리고 다르마키르티는 더욱이 디그나가에 따라서 '지의 이상성', 즉 인식주체[=능취형상]와 인식대상[=소취형상]이 어떻게 성립하는가를 증명하지만, 그것은 곧 지란 결국 자증지라는 것을 증명하는 것이다. 이와 같은 자증지의 이론에 대하여 중관파로부터 비판이 있었던 것은 물론이지만,[79] 그렇다면 『중관론』에서는 어떻게 기술하고 있는 것인가?

이미 앞에서 보았듯이, 샨타라크쉬타는 제17게송에서 자증지란 3분화되지 않는 것이며 능소의 관계를 갖지 않는 것이라고 설했지만, 이것은 디그나가, 다르마키르티의 이론을 그대로 받아들인 것이라 생각된다. 그리고 제16게송에서는[80] 지식이 자증지이라는 것을 서술한 뒤 다음과 같이 설명하고 있다.

그것[=지식]은 스스로의 본성이 지각되는 것이기 때문에 청 등과 같이 다른 지각에 의존하지 않고 지각한다는 의미에서 자증지라 말해진다.[81]

---

78) 戶崎宏正(1985-1) p.44.

79) 山口 益(1975) pp.273-363, 松本史朗(1980-1) 참조.

80) 제16게송은 다음과 같다. "지는 무감각한 것이 아니다. 감각의 자성 그것이 자체를 아는 것이다."(rnam shes bems po'i rang bzhin las// bzlog pa rab tu skye ba ste// bems min rang bzhin gang yin pa// de 'di i bdag nyid shes pa yin// [一鄕(上) p.130, 一鄕(下) p.70]) 지는 인식하는 성질이란 의미에서 자기인식, 즉 자증지라 불리는 것이다.

81) de ni rang gi ngo bo rig par bya ba'i phyir sngon po la sogs pa bzhin du rig par byed pa gzhan la mi bltos pas te/ rig pa med pa ma yin pa zhes bya ba'i don 'di ni rang rig pa zhes bya bar brjod do// [一鄕(上) pp.130-131, 一鄕(下) p.70].

이와 같이 샨타라크쉬타의 자증지 이론은 디그나가와 다르마키르티의 이론과 동일한 것으로 생각할 수 있지만, 만약 그렇다면 샨타라크쉬타는 자증지를 진정 인정하고 있었던 것인가? 곧 그 자증지가 승의에 있어서 일체법 무자성을 논증하는데 전제가 되고 있다는 것은 무엇을 의미하는 것인가? 이에 대하여 샨타라크쉬타는 다음과 같이 말하고 있다.

> 자증지도 세속제에 속하는 성질인 것은 일과 다의 자성의 고찰을 견뎌내지 못하는 까닭이라고 하는 것은 이미 결정된 것이다.[82]

곧 샨타라크쉬타는 자증지도 세속의 성질이며, 승의에 있어서는 성립하지 않는 것이라고 말하고 있다. 이것은 그가 자증지의 이론을 진정한 의미에서 자신의 입장으로 인정하지 않았던 것을 의미한다.[83] 다시 말해 자파와 타파의 교리를 비판해가기 위해 디그나가, 다르마키르티에 의해 체계화된 자증지의 이론을 전제로 하였던 것뿐이라 생각된다. 그리고 이와 같은 세속으로서의 승인은 앞서 서술한 형상에 관한 설명과 동일한 것이라 생각된다. 곧 승의로서는 성립하지 않지만

---

82) rang gi rig pa yang kun rdzob kyi bden par gtogs pa nyid de gcig dang du ma'i rang bzhin du brtag mi bzod pa'i phyir ro zhes bya bas gtan la phab zin to// [一鄉(上) p.182, 一鄉(下) p.290].

83) 다르마키르티의 인식론에 있어서 일반적으로 승의로 이해되는 자증지를 샨타라크쉬타가 세속으로서 파악한 것 그리고 '자증지도 이일다성의 증인에 의한 고찰을 면할 수 없다'라고 서술하고 있는 것은, 샨타라크쉬타에게 있어 자증지가 그렇게 큰 의미를 가지고 있지 않았던 것을 말해주고 있다. 그에게 있어 자증지는 정리에 의한 고찰을 전개시키기 위한 하나의 전제로서 역할을 한 것이라 생각된다.

세속일반으로서는 부정되지 않는 것, 즉 일반적으로 인정된다는 의미일 것이다. 따라서 샨타라크쉬타에 있어서 세속으로서의 자증지란, 세간의 일반적인 이해 곧 세간으로서는 성립하는 세간극성(世間極成)의 의미를 가지는 것이라 생각된다.

6. 인용문헌

샨타라크쉬타가 유가행중관파로 분류되어, 유식파와 중관파의 통합을 꾀하였다고 평가되고 있는 것은 앞에서 살펴보았다. 여기에서 유가행중관이라는 명칭의 기원이 예쉐데의 『견차별』에 유래하고, 유가행중관이 『유가사지론』에 의존하여 세속에 있어서 유식임을 증명하고, 승의에 있어서 유식도 무자성이라는 교의를 설하는 샨타라크쉬타의 『중관론』을 의미하는 것은 이미 살펴본 대로이다. 하지만 이 『유가사지론』에 의존했다는 근거는 어디에 있는 것일까? 『중관론』에 그 『유가사지론』으로부터의 인용이 있는 것일까? 『중관론』은 정리(正理)와 성교(聖敎)에 의해 이제설을 증명하는 체제이기 때문에 그 증명에 있어 다수의 경론을 인용하고 있다.

따라서 먼저 『중관론』에 인용되는 논서를 보면 ①『근본중송(根本中頌)』, ②『육십송여리론(六十頌如理論)』, ③『공칠십론(空七十論)』, ④『회쟁론(廻諍論)』, ⑤『보행왕정론(寶行王正論)』, ⑥『비야바하라싯디(Vyava-hārasiddhi)』,[84] ⑦『사백론(四百論)』, ⑧『양평석(量評釋)』 등이 인용되는 것을 알 수 있다. 이것에 의해서도 알 수 있듯이 샨타라크쉬타의 인용논

서는 나가르주나, 아리야데바 등의 중관론서와 다르마키르티의 저서
가 주요한 내용을 이루고 있다. 여기에서『유가사지론』등 유식계통의
논서가 전혀 인용되고 있지 않은 점에 주의해야 한다. 물론 샨타라크
쉬타의 사고방식 예를 들면 극미론 비판 등은『유식이십론』에 보이는
논법에 근거한 것이라 생각되지만, 자기 자신의 정리에 대한 근거로서
유식계통의 논서를 한 번도 인용하지 않는 것은 그의 입장이 중관 혹
은 다르마키르티의 사상적 입장에 있었던 것을 보이는 것이라 생각된
다. 이런 의미에서도 그를 유가행중관파라 부르는 것은 적절치 못하다
고 생각된다. 곧 유식계의 논서가 인용될 여지가 충분히 있음에도 불
구하고 중관파, 다르마키르티 저서 등에 한해 인용이 이루어지는 것은
그 나름의 이유가 충분히 있다고 생각되기 때문이다.

　더욱이 그가 인용하는 경전을 보면 ①『입능가경(入楞伽經)』, ②『부자
상견경(父子相見經)』, ③『법집경(法集經)』, ④『보운경(寶雲經)』, ⑤『무진의설
시경(無盡意說示經)』, ⑥『상용경(象勇經)』, ⑦『해의소문경(海意所問經)』, ⑧
『보장경(寶藏經)』, ⑨『해룡왕소문경(海龍王所問經)』, ⑩『월등삼매경(月燈三昧
經)』, ⑪『법집요송경(法集要頌經)』, ⑫『화엄경(華嚴經)』, ⑬『반야경(般若經)』
등이 인용되고 있다. 이와 같이 자신을 생각을 입증하기 위해 다수의
경론이 인용되고 있지만, 유식계통의 경론이 거의 인용되지 않는 것은
중관론자로서 그의 입장이 더욱 분명해지는 것이라 생각된다.

84) 나가르주나의 저술이라고 일컬어진다. [一鄕(上) p.164, pp.200-201, n.40; 一鄕(下)
　　p.212, 214, 216, 218].

제3절 『중관장엄론』과 『섭진실론』

『중관론』에서 샨타라크쉬타는 다음과 같이 말하고 있다.

> 더욱이 또 나는 자파와 타파의 교의에 관하여 상세히 검토하여 일체의
> 희론을 떠난 연기를 『섭진실론』과 『승의의 확정』 등에서 검토했기 때
> 문에 더욱 알고자 하는 사람들은 그것을 참고하길 바란다.[85]

이 문장을 통하여 『섭진실론』은 『중관론』 이전에 성립된 것이 확실하다. 이 샨타라크쉬타의 『섭진실론』은 연기설을 기본교의로 하여 인도 제학파의 사상과 불교교의를 비판적으로 검토한 인도철학사상에 있어서 매우 중요한 문헌으로, 내용도 전 26장(티베트역 31장)에 이르는 방대한 저술이다.[86] 『섭진실론』의 내용에 대해서는 다수의 연구가 이루어졌으며, 그 내용은 주로 다르마키르티의 설을 충실히 계승하고 있다고 전해진다.[87] 이 『섭진실론』에서 『중관론』과 밀접하게 관련되는 것은 제23장의 〈외경고찰(外境考察)의 장(Bahirarthaparīkṣā, K.1964-2083)〉이다. 그것은 『중관론』의 과문(科文)에도 나타나듯이 〈외경고찰의 장〉의

---

85) gzhan yang kho bo bdag cag dang/ gzhan gyi gzhung lugs rgya cher dpyad pas
   rten cing 'brel par 'byung ba spros pa'i tshogs thams cad dang bral ba 'di de
   kho na bsdus pa dang/ don dam pa gtan la dbab pa la sogs par dpyad zin gyis/
   shin tu rgyas par 'dod pa dag gis de dag las khong du chud par gyis shig// [一鄕
   (上) p.193, 一鄕(下) p.330].
86) 渡邊照宏(1967) pp.15-16.
87) 渡邊照宏(1967) p.25.

게송이『중관론』속에 다수 인용되고 있기 때문이다. 이하 이 〈외경고찰의 장〉을 검토하여,『중관론』과의 관계에 대하여 살펴보기로 한다.

1.『섭진실론』의 〈외경고찰의 장〉에 대하여

이 장의 목적은『섭진실론』의 귀경게에도 나와 있듯이 외경이 '영상(影像) 등과 유사한 것(pratibimbādisannibham)' 을 증명하는 것이다.[88] 영상과 유사하다는 것은 외경이 실체로서 실재하는 것이 아니라 영상과 같이 무실체, 즉 무자성의 것이라고 하는 것이다. 따라서 이 장은 먼저 외경의 실체가 존재하지 않는 것을 서술하는 것으로부터 시작한다. 즉 "외경이란 우리들이 현재 보는 것과 같이 명확히 보이는 것이다." 라고 하는 외경실재론자의 주장(K.1964-1965)에 대하여, 샨타라크쉬타는 다음과 같이 반론하고 있다.

> 외경이 현현하더라도 이 자체가 어떻게 현현하는가? 극미로서인가, 아니면 [극미] 부분의 집합을 모습으로 하는 것인가?(K.1966)

> 먼저 여러 극미에 의한 형상은 지각되지 않는다. 왜냐하면 부분을 갖

---

88) 귀경게에 대해서는 渡邊照宏(1967) p.16 참조.『섭진실론』의 주석자 카말라쉴라는 다음과 같이 이 장의 주석을 시작하고 있다. "이 연기가 영상 등과 유사하다고 분별, 증명하기 위해 지금 유식론에 의해……(pratibimbādi sannibham ity etat pratityasamutpādaviśeṣaṇasamarthanārtham idānīm vijñānavādam upakṣiti……, TSP, p.670)"

지 않는 다수의 극미에 의한 형체는 지에 현현하지 않기 때문이

다.(K.1967)

부분의 차별을 떠나 극미가 현현하게 될 것이다. 자신의 형상이 현현

하지 않기 때문에 다른 방법으로 그것을 지각하는 일은 없다.(K.1968)[89]

이와 같이 외경실재론에 대하여, 그 외경실재론자가 인정하는 극미

설에 대하여 반론이 제기되고 있다. 즉 외경이 지각되더라도 그것은

부분을 갖지 않는 극미의 집합체이기 때문에 형체가 없는 것이 된다.

형체가 없는 것이 어떻게 형상으로서 나타날 수 있는가. 곧 극미설이

가지는 모순, 즉 부분을 갖지 않는 것이 부분을 이루는 것을 추구해 가

는 것이 외계실재론 비판의 개요이다. 그리고 이 극미설 비판에 있어

외계실재론자로 언급되는 사람으로, 슈바굽타(Śubhagupta, K.1971), 자이

나교도인 수마티(Sumati, K.1979-1982), 미맘사학파의 쿠마릴라(Kumārila,

K.1985cd-1986) 등의 견해가 소개되고, 그것에 대한 반론이 이루어진다.

특히 슈바굽타, 쿠마릴라 등의 설은 『중관론』에도 그들에 대한 인용

이 있기 때문에[90] 샨타라크쉬타의 대론자로서 중요하다고 생각된다.

89) (K.1966) bhasamānaḥ kim ātmā'yaā bḥhyo'rthaḥ pratibhāsate/
　　　　　paramāṇusvabhāvaḥ kiṃ kiṃ vā'vayavilakṣaṇaḥ//
　(K.1967) na tāvat paramāṇ nām ākāraḥ prativedyate/
　　　　　niraṃ śānekamūrtābhapratyayāprativedanāt//
　　　　　(cd : phra rab cha med du ma dang// lus can shes la mi snang phyir)
　(K.1968) vyapetabhāgabhedā hi bhāseran paramāṇavaḥ/
　　　　　nānyathā'dhyakṣatā teṣām ātmākārāsamarpaṇat//(TS, pp.671-672)

이와 같이 대론자와 논쟁을 벌이면서 샨타라크쉬타는 극미가 올바른 인식수단으로서 성립하지 않는 것을 서술하고,(K.1988) 극미가 하나인 것이 되지 않는다는 것을 다음과 같이 설하고 있다.

중앙에 있는 극미가 어떤 하나의 극미에 면하는 것을 본성으로서 다른 극미와 결합하고 있거나, 또는 떠나 있거나, 혹은 간극없이 접근하고 있다고 분별한다면, 산 등의 것이 [극미의] 집합이라고 하는 것은 불합리할 것이다. 만약 그 본성이 다른 극미와 면하는 것과 관계가 없다면 어떻게 극미가 하나인 것이 되겠는가.(K.1989-1991=『중관론』, K.11-13)[91]

이 세 개의 게송은 『중관론』의 제11, 12, 13게송으로서 나타나고 있다. 즉 사물이 극미의 집합체이라 하더라도 그 극미의 결합관계를 세 가지로 나누어 고찰해보면 극미의 집합체는 성립하지 않는다는 것이 여기에 서술되고 있다. 그리고 극미와 그 면하는 것이 관계가 없다면 극미는 하나인 것이 되지 못한다고 말하고 있다. 여기에서의 논의는 『유식이십론』에 보이는 '방각(方角, digbhāga)을 가진 극미의 부정' 의 논

---

90) 슈바굽타에 관해서는 一鄕(上) p.132, 153, 190; 쿠마릴라에 관해서는 一鄕(上) p.158, 169 참조.
91)(K.1989) saṃyuktaṃ dūradeśasthaṃ nairantaryavyavasthitam/
　　　　　　ekāṇv abhimukhaṃ rūpaṃ yad aṇor madhyavarttina?//
　　(K.1990) aṇv antarābhimukhyena tad eva yadi kalpyate/
　　　　　　pracayo bhūdharādīnām evaṃ sati na yujyate//
　　(K.1991) aṇv antarābhimukhyena rūpaṃ ced anyad iṣyate/
　　　　　　kathaṃ nāma bhaved ekaṃ paramāṇus thatā sati//(TS, pp.677-679).

의와 그 궤를 같이하고 있다.[92] 이것은 샨타라크쉬타가 그 이전의 전통적인 극미설의 부정, 즉 외경실재론 비판을 따르는 것이라 생각한다. 더욱이 '극미가 하나인 것의 부정'에 이어서 다음과 같은 일과 다의 이론을 전개하고 있다.

> 모든 주장에 있어서 하나인 자체는 불합리하다. 하나인 [자체]가 성립하지 않기 때문에 다인 자성도 있을 수 없다.(K.1995)

> 그런 까닭에 현자들에게 극미가 없는 것을 명확히 [아는 지가] 생긴다. 일과 다의 자성이 없기 때문에 공화(空華)와 같이.(K.1996)[93]

여기에서 이미 『중관론』의 이일다성의 증인과 동일한 논증이 나타나고 있음을 알 수 있다. 그리고 그 일과 다가 상호배제관계(相互排除關

---

92) 일과 다의 관점에서 극미설을 논파해 가는 것은 『유식이십론』에서도 매우 유명한 것이다. 『유식이십론』에서는 극미들이 결합해 있는 경우의 고찰을 통하여 그 극미가 결코 하나인 것이 되지 않는다고 설하며, 더욱이 방각을 갖는 극미도 하나인 것이 되지 않는다고 말하고 있다. 곧 "방각의 차별을 갖는 [극미가 있을 때 거기에 동일성(즉 하나인 것)은 불합리하다(digbhāgabhedo yasyāsti tasyaikatvaṃ na yujyate. K.14ab, Viṃśatikākārikā, Levi, S. Ed.)." 등과 같이 외경실재론자의 극미설을 비판하고 있다. 이와 같은 『유식이십론』의 기술은 『섭진실론』『중관론』에도 받아들여졌으리라 생각되지만, 『중관론』의 인용문헌에 『유식이십론』의 이름은 나타나지 않는다. 『유식이십론』에 대해서는 山口 益(1953) p.84 참조.
93) (K.1995) tad evaṃ sarvapakṣeṣu naivaikātmā sa yujyate/
　　　ekāniṣpattito' nekasvabhāvo'pi na sambhavī//
　　(K.1996) asan niścayayogyo' tah paramāṇur vipaścitām/
　　　ekānekasvabhāvena śūnyatvād viyadabjavat//(TS, pp.680-681).

係)에 있는 것도 분명히 의식되어 사용되고 있다. 물론 이와 같은 일과 다의 관계에 근거하는 논증은 나가르주나를 시점으로 하는 오랜 불교 철학의 전통에서 사용되어 온 것이지만, 이미 『섭진실론』에 있어서 그 논증이 명확히 의식되어 쓰여진 것은 『중관론』 저술의 단초가 이 『섭진실론』에 존재하는 것을 보여주는 것이라 생각된다. 『섭진실론』에서 외경실재론을 전통적인 극미론 비판을 통하여 부정한 뒤, 샨타라크쉬타는 지가 외경대상을 지각하지 않는 것, 즉 자기자신을 지각하는 자증지인 것을 증명하여 간다. 그리고 유형상(有形象)·무형상(無形象)·이형상(異形象) 지식론의 어느 것에서도 지가 외경대상을 지각하는 일은 없다(K.1998)고 서술한 뒤 『중관론』과 동일한 게송으로 지란 자증지인 것을 다음과 같이 서술하고 있다.

지는 무감각을 본질로 하는 것을 떠나서 생긴다. 그 감각적인 본질이 지자체의 자증이다.(K.1999=『중관론』 K.16)

불가분의 하나인 자성에는 세 가지의 자성은 성립하지 않기 때문에 이 자증지는 능소의 관계에 의해 있는 것이 아니다.(K.2000=『중관론』 K.17)

그런 까닭에 이 [자증지는] 지를 자성으로 하기 때문에 스스로를 아는 것은 가능하다. 그런데 다른 대상의 본성을 어떻게 알 수 있겠는가.(K.2001=『중관론』 K.18)[94]

이것은 우리들이 지각하는 외경이란 외계의 대상을 본질로 하는 것이 아니라 지를 본질로 하는 형상으로서 인식대상이며, 그것을 인식주체인 지가 지각하는 것이 지가 지를 안다는 자기인식, 즉 자증지인 것을 서술하고 있는 것이다. 이 〈외경고찰의 장〉 후반에서 샨타라크쉬타는 자증지의 증명으로 일관하고 있다고 할 수 있을 정도로 그 논증에 힘을 쏟고 있다. 그리고 이어서 이 자증지의 성립과 관련해 형상과 지의 관계를 고찰하고 있다. 곧 유형상지식론에서는 간접적으로는 지각하는 것은 가능하지만,(K.2004) 무형상지식론에서는 지각은 불가능하다(K.2005)라고 말하듯이 『중관론』과 동일한 게송(K.20, K.21)으로 그것을 설명하고 있다. 이 형상과 지의 관계에 대한 고찰도 이미 『중관론』에서 보았듯이 '지와 형상의 불일치'가 그 주된 테마로 되어 있다. 곧

지와 다르지 않기 때문에 형상은 다수의 것이 되지 않는다. 따라서 그런 까닭에 대상을 인식하는 일은 없다.(K.2036)

형상과 떠나지 않기 때문에 지도 하나인 것이 되지 못한다. 그렇지 않다면 양재[=지와 형상]의 동일성이 어떻게 분별되겠는가.(K.2037)[95]

---

94)(K.1999) vijñānaṃ jaḍarūpebhyo vyāvṛttam upajayate/
　　　　 iyam evātmasaṃvittir asya yā'jaḍarūpaā//
　(K.2000) kriyākārakabhāvena na svasaṃvittir asya tu/
　　　　 ekasyānaṃśarūpasya trairūpyān upapattita?//
　(K.2001) tad asya bodharūpatvād yuktaṃ tāvat svavedanam/
　　　　 parasya tv artharūpasya tena saṃvedanaṃ katham//(TS, p.682).

『중관론』에서는 자증지의 하나인 성질을 전제로 하여 이 '지와 형상의 불일치'가 고찰되고 있지만, 『섭진실론』에서는 『중관론』과 달리 한결 같이 자증지의 증명으로 논술이 일관되고 있다. 그것은 "지란 단지 자증지에 지나지 않는다."(K.2011, K.2016 등)라는 샨타라크쉬타의 말에서도 알 수 있지만, 『중관론』과 『섭진실론』은 전체적인 구조가 다른 것을 의미하는 것이라고 생각된다.[96] 그 자증지의 증명에 있어서도 슈바굽타, 쿠마릴라 그리고 니야야 학파의 웃됴타카라(Uddyotakara) 등의 설을 거론하여 그것에 대해 반론을 제기하고 있다. 이 샨타라크쉬타의 반론도 타파의 사람들이 주장하는 '실재하는 외경의 지'란 결국은 '형상의 지'이며, 따라서 지는 인식주체인 지가 지의 형상을 아는 곧 자증지이라는 것을 설하고 있는 것이다. 이와 같은 샨타라크쉬타의 자증지 성립의 증명은 〈외경고찰의 장〉의 마지막에서 다음과 같이 정리되고 있다.

유식성(唯識性)의 성립은 지혜 있는 자에 의해 청정해진다. 우리들도 그 방법에 의해 승의의 결택(決擇)에 이른 것이다.(K.2083)[97]

---

95) (K.2036) jñānād avyatiriktatvān nākārabahutā bhavet/
    tataś ca tad balenāsti nārthasaṃvedanasthitiḥ//
  (K.2037) ākārāvyatiriktatvāt jñāne vā'nekatā bhavet/
    anyathā katham ekatvam anayoḥ parikalpyate//(TS, p.697).

96) 『섭진실론』은 그 귀경게에도 나타나듯이 연기설을 근본으로 하여 불교 및 인도의 학파들을 비판적으로 고찰하고 있으며, 『중관론』은 샨타라크쉬타의 이제설을 밝힌 책이다.

97) (K.2038) vijñāptimātratāsiddhir dhīmadbhir vimalīkṛtā/
    asmābhis tad diśā yātaṃ paramārthaviniścaye//(TS, p.712).

　이 게송에 의해 이 〈외경고찰의 장〉이 유식성의 성립을 증명하는 것이 목적인 것을 알 수 있다. 그리고 이 유식성의 성립이란 다름 아닌 자증지의 성립이라고 생각되지만, 그것의 성립에 대한 증명도 승의로서 행해진 것임을 알 수 있다. 즉 이것은 승의에 있어서 외경실재론을 부정하고 자증지 곧 유식을 증명하는 것이라고 말할 수 있다. 이와 같은 유식성의 성립은 『섭진실론』 전체의 주제와도 관계가 있는 것이라 생각된다. 곧 『섭진실론』 마지막의 〈초감각적인 인식을 갖는 인물에 대한 고찰 장(atīndriyārthadarśipuruṣa-parṣā)〉에서, "일체지자의 의식을 무분별(無分別)이며, 무미란(無迷亂)이다."(K.3635)라고 서술하는 것은[98] 자증지의 본질을 설하는 K.2000의 기술과 상통하는 것이라 생각되기 때문이다. 또한 "일체지자에게 형상의 논의 등이 무용하다."(K.3645)고 서술하는 것도[99] 유·무의 형상론을 부정하고 유식성만을 증명하려고 하는 샨타라크쉬타의 의도와 일치한다고 생각된다. 어쨌든 〈외경고찰 장〉에서 승의에 있어서 유식성을 증명하기 위해 외경실재론, 유·무 형상론 등을 부정하는 것은, 『중관론』의 근본사상이 이미 『섭진실론』에서 형성되어 있었던 것을 의미하는 것이라고 볼 수 있다.

---

98) "그 뛰어난 유가행자의 의식은 무분별, 무미란이다."(avikalpam avibhrāntaṃ tad yogīśvaramānasam, K.3635ab, TS, p.1128).

99) "일체지자에게 무형상 등의 논의는 무용하다. 그대의 지각에 어떠한 대상이 나타나든 다른 사람에게도 동일하다."(nirākārā dicintā tu sarvajñe nopayujyate/ yathā hi bhavatāṃ jñānaṃ kvacid arthe thatā param// K.3645, TS, p.1130).

2. 『중관장엄론』과 〈외경고찰의 장〉

『섭진실론』의 〈외경고찰의 장〉은 이일다성의 증인에 의해 일체법의 무자성을 증명해 가는 『중관론』 전반부의 '승의의 정리에 의한 고찰'과 매우 유사하다. 곧 이것은 〈외경고찰의 장〉에서 일과 다에 의한 논증이 이루어지고, 그것에 의해 극미를 인정하는 외경실재론 등이 부정되고, 나아가 형상과 지의 관계도 부정되고 있기 때문이다. 이 형상과 지 사이의 모순을 고찰하는데 있어서는 『중관론』과 동일하게 자증지가 그 근본적인 역할을 하고 있다. 이 자증지가 구분이 없는 하나인 것임을 전제로 그 형상과 지를 고찰하는 것은 『중관론』 전반부와 거의 동일한 것으로, 따라서 〈외경고찰의 장〉은 『중관론』 성립에 근본적인 역할을 했다고 생각한다.

그러나 〈외경고찰의 장〉과 『중관론』 사이의 아주 큰 차이점은 그 자증지와 세속에 관한 견해일 것이다. 곧 〈외경고찰의 장〉에서 자증지는 증명되어야 할 대상으로, 따라서 그것의 증명에 의한 유식성의 성립이 그 장의 목적이었던 것이다. 그렇지만 『중관론』에서는 그 자증지는 승의에 있어서는 성립하지 않는 곧 세속의 것으로 인정된 것이었다. 그리고 세속에 대해서는 〈외경고찰의 장〉에 전혀 언급되지 않고, 『섭진실론』 전체에서도 세속에 대한 설명은 거의 없다. 따라서 『중관론』이 자증지를 세속으로서 인정하는 것은 『섭진실론』과 큰 차이라고 생각되지만, 그렇더라도 『섭진실론』의 〈외경고찰의 장〉의 전체 내용이 『중관론』 전반부인 '승의의 정리에 의한 고찰'의 기본이 되었던 것은 분명하다고 생각된다.

이상과 같이『중관론』과 〈외경고찰의 장〉을 대비하여 보면『섭진실론』이『중관론』의 성립에 중요한 역할을 했던 것은 틀림없지만, 중관교학에 있어서 중요한 이제설을 서술하는『중관론』과 비교해 보면『섭진실론』은 특히 세속의 문제 등에 관한 논의가 매우 적음을 알 수 있다. 그렇다면 샨타라크쉬타의 세속 등에 대한 견해는 어떠한 경과를 거쳐 성립한 것일까? 여기에는 샨타라크쉬타의 스승이라고 일컬어지는 즈냐나가르바와의 관계가 주목된다. 이는 곧 즈냐나가르바의『이제론』에 대해 주석을 쓴 샨타라크쉬타에게 끼친 그의 영향은 어떠한 것이었을까 하는 점이다. 샨타라크쉬타의『중관론』과 관련해 그 주석서인『세소』를 고찰하기 전에 다음 장에서 먼저 즈냐나가르바의『이제론』을 통해 그의 사상을 고찰하기로 한다.

즈냐나가르바의 사상

제2장

제1절 즈냐나가르바에 대하여

1. 생애

즈냐나가르바에 대해서는 여러 사람의 인명이 알려져 있지만, 티베트 찬술문헌에 따르면 적어도 세 명의 즈냐나가르바가 존재하고 있는 것을 알 수 있다.[1] 즉 『이제론』의 저자인 즈냐나가르바와 번역가로서의 즈냐나가르바, 그리고 마르파(Mar pa chos kyi blo gros; 1012-1097)에게 비밀집회(Guhyasamāja)를 가르쳤다고 하는 즈냐나가르바가 그 세 명이다. 그 가운데 『이제론』은 이미 824년 성립된 덴카르마 목록에 수록되어 있기 때문에 11세기의 즈냐나가르바는[2] 『이제론』의 저자와는 구별된다. 그러나 문제가 되는 『이제론』의 저자와 번역가 즈냐나가르바 사이에는 조금 어려운 과제가 남아 있다. 그것은 다음과 같은 이유, 즉 샨타라크쉬타의 『세소』를 번역한 사람 가운데 한 명이 즈냐나가르바이기 때문이다. 그렇다면 즈냐나가르바는 『이제론』을 저술한 뒤 티베

---

1) 松本史朗(1978-1) p.109; 塚本啓祥 外編(1990) p.220, 273

2) 즈냐나가르바가 Guhyasamāja를 가르쳤다고 알려진 마르파의 본명은 Mar pa Lho brag pa인 듯하다[Roerich, G. N.(1988) p.400, 417]. 그러나 『吉祥一切如來密大修習最勝平等無二本續王金剛吉祥殊勝第一種試驗(Srī-sarvatathāgata-guhyatantra-yoga-mahārāja-advayasamatā-vijaya-nāma-vajra-śrī-paramamahākalpa-ādi, P. No.88)』의 번역자는 즈냐나가르바(ye shes snying po)와 최키로되([Mar pa] Chos kyi blo gros)이며, 그 최키로되의 연대가 알려져 있기 때문에(1012-1097, 『東洋佛教人名事典』 p.273), 11세기에 같은 이름의 즈냐나가르바가 있었던 것은 사실일 것이다. 그러나 Guhyasamāja를 가르쳤던 마르파의 이름은 『靑冊史』에 의하면 Mar pa Lho brag pa이지만, 이 사람이 Mar pa Chos kyi blo gros와 동일 인물인지는 의문이다.

트에 들어와 자신의 책에 대한 샨타라크쉬타의 주석서를 번역한 것이 된다. 그것은 가능한 것인가. 그런데 좀 더 어려운 것은 두 명의 즈냐나가르바가 동시에 번역을 하고 있는 점이다. 그것은 『성보망소문대승경(聖宝網所問大乘經, Ārya-ratnajāli-paripṛcchā-nāma-mahāyāna-sūtra, P. No.830)』의 번역자로서 두 명의 이름이 동시에 나오고 있는 점이다.[3] 예쉐닝포(Ye shes snying po)가 즈냐나가르바의 티베트 이름이라는 것은 말할 필요도 없지만, 그러면 예쉐닝포와 즈냐나가르바가 동일인물이 아니라 동명이인(同名異人)인가? 확실히 티베트 대장경에서도 번역가로서는 즈냐나가르바와 예쉐닝포라는 이름이 별도로 나타나 있지만,[4] 만일 그 두 사람을 구별한다면 『이제론』의 저자인 즈냐나가르바와는 어떤 관계

3) 그 刊記에는 다음과 같이 되어 있다.
   rgya gar gyi mkhan po jñānagarbha dang/ lo tstsha ba ban de ye shes snying pos bsgyur/ zhu chen gyi lo tstsha ba ban de dpal brtsegs kyis zhus te gtan la phab pa//
   인도의 학자 즈냐나가르바와 번역관 예세닝포가 번역하고, 大校閱飜譯官 펠첵이 교정했다(P. No.830. Phu 168b3-4).
4) 북경판대장경에서 Jñānagarbha와 Ye shes snying po의 각각의 이름으로 번역된 경론의 번호를 들어 보면 다음과 같다. [( )의 번호는 Ye shes snying po의 이름으로 번역되어 있는 것]
  1. bka' 'gyur
    A) 秘密部: (88), 166, 232, (433)
    B) 諸經部: 769, 788, (830), 852, 855, 871, 895, (952), (986)
  2. bsTan 'gyur
    A) 비밀소부: 2772, 3366
    B) 중관부: 5224, 5228, 5229, 5232, 5242, 5253, 5259, 5283
    C) 제경소부: 5515
    D) 書翰部: 5658
    E) 因明部: 5713, 5730, 5735
    F) 般若部: (5217)
    G) 阿毘達磨部: (5602), (5603), (5604)

가 있는 것일까? 만일 관계가 없다고 한다면 즈냐나가르바의 이름을 가진 사람은 총 4명이 될 것이고, 관계가 있다고 한다면 즈냐나가르바는 티베트에 들어와 번역에 참가한 것이 된다. 만약 번역에 참가했다면 즈냐나가르바가 자신의 저서에 대한 주석서인 『세소』를 번역했다는 것도 가능한 일이 될 것이다. 그러나 그렇게 되면 『성보망소문대승경』의 교정자인 펠첵이 9세기 초경의 인물이 되기 때문에,[5] 번역가 즈냐나가르바와 『이제론』의 저자인 즈냐나가르바(ca. 700-760)는 시간적으로 대단히 차이가 있는 것이 된다. 왜냐하면 『이제론』의 저자인 즈냐나가르바는 샨타라크쉬타(ca. 725-783)에 비해 시대적으로 앞서는 것이 확실하다고 생각되기 때문이다. 즉 제1장에서 고찰한 바와 같이 즈냐나가르바는 항상 샨타라크쉬타 이전 인물로서 나타나고 있기 때문이다.[6] 그렇다면 『이제론』의 저자인 즈냐나가르바와 번역자인 즈냐나가르바는 다른 인물인 것인가? 어쨌든 이 문제를 분명히 하는 것은 어렵게 생각되지만, 그러나 현재 고찰의 대상인 『이제론』의 저자 즈냐나가르바에 대해서는 티베트 문헌의 기술을 통해 많이 알려져 있다. 우선 『타라나타불교사』는 다음과 같은 기술을 전하고 있다.

아차리야 즈냐나가르바는 오디비샤 출신으로, 그곳에서 대학자가 되었다. 반가라 지방에서 아차리야 슈리굽타로부터 다르마를 듣고, 바비

---

5) 펠첵(dpal brtsegs)이 대교열번역관(zhu chen gyi lo tsa ba ban de)이 된 것은 814년 이후의 것이라고 알려져 있다. 山口瑞鳳 「吐佛年」 p.19 참조.
6) 제1장 註8) 참조.

야의 교의를 지닌 대(大)중관파로서 유명하게 되었다.[7]

　즈냐나가르바의 스승이라고 언급되는 슈리굽타에 관해서는, 그의 저서 『입진실론(入眞實論)』과 관련된 사상적 관점으로부터 즈냐나가르바→샨타라크쉬타→슈리굽타의 사상적 계보가 제시되어 있는 것은 이미 살펴본 바와 같다.[8] 또한 즈냐나가르바가 바비야(Bhavya), 즉 바비베카의 교의를 따른다고 하는 것은 즈냐나가르바의 사상적 입장을 나타내는 것이겠지만, 그러나 티베트의 종의(宗義, Grub mtha') 문헌에서는 그의 사상적 입장에 대해 다양한 정의가 내려지고 있다. 그것을 정리해보면 다음과 같다.[9]

---

7) slob dpon ye shes snying po ni/ o ḍi vi shar 'khrungs shing/ der paṇḍi ta chen por gyur pa cig bhaṃ ga la'i yul du slob dpon dpal sbas la chos nyan te/ legs ldan gyi srol 'dzin dbu ma pa chen por grags pa yin te/ [Tāranāthae, A. Schiefner Edition, p.152; Chattopadhyaya, D.(1990) p.253].

8) 제1장 註5 6) 참조.

9) 여기서 정리하는 것은 K.MIMAKI, BSGT, pp.27-37에 의한 것이다. 각각의 이름과 그 출전을 들면 다음과 같다. [( )의 번호는 본문의 각파의 번호]

　(1) Sākya mchog ldan(1428-1507): dBu ma rnam par nges pa'i chos kyi bang mdzod lung dang rigs pa' i rgya mtsho

　(1) Chos kyi rgyal mtshan(1469-1546): Grub mtha' rnam gzhag

　(1) 'Jam dbyangs bzhad pa(1648-1722): Grub mtha' chen mo

　(2) Bu ston Rin chen grub(1290-1364): Bu ston chos 'byung

　(3) dBus pa blo gsal(14c.): Blo gsal grub mtha'

　(4) Bo dong paṇ chen phyogs las rnam rgyal(1376-1451): His Collected Works

　(5) Paṇ chen bsod nams grags pa(1478-1554): Grub mtha'i rnam gzhag blo gsal spro ba bskyed pa'i ljon pa phas rgol brag ri 'joms pa'i tho ba

(1) 경량중관파(經量中觀派, Sautrāntika-mādhyamika)로서의 이해 : 샤캬 촉
   덴, 최키 겐첸, 잠양셰파

(2) 유가행중관파(瑜伽行中觀派, Yogācāra-mādhyamika) : 부톤 린첸둡

(3) 세간극성행중관파(世間極成行中觀派, 'Jig rten grags sde spyod pa'i dbu ma
   pa) : 우파 로살

(4) 세간극성상응행파(世間極成相應行派, 'Jig rten grags sde dang mthun par
   spyod pa) : 보동 판첸 촉레 남게

(5) 언설(言說)에 있어서 외경이 있는 것을 인정하는 입장(Tha snyad du
   phyi don yod par khas len pa) : 판첸 소남 닥파

이상과 같이 즈냐나가르바에 대한 사상적 이해는 매우 다양하며,
그 가운데 특히 즈냐나가르바를 샨타라크쉬타로 대표되는 유가행중
관파로 분류하는 것은 그 둘의 사상적 유사성을 가리키는 것은 물론
일 것이다. 하지만 제1장에서 고찰한 바와 같이 샨타라크쉬타는 진실
세속으로서 세속을 인정하고 있는 까닭에 오히려 세간극성행중관파
로서 즈냐나가르바를 파악한 것이 그 둘의 사상적 친연성을 드러내고
있다고 말할 수 있다. 이러한 사실은 『이제론』에 대한 샨타라크쉬타
의 주석인 『세소』의 연구에 의해 한층 더 명확하게 되리라 생각된다.
하지만 즈냐나가르바의 사상을 경량중관파와 유가행중관파라는 일종
의 대비적인 명칭으로서 동시에 나타내고 있는 것은 그의 사상을 이
해하는 것이 매우 곤란하였음을 반영하고 있다고도 말할 수 있다.[10]
이것은 불교사상사의 전통에서 경량부와 유가행파가 분명한 사상적

차이를 보이고 있어 그 사상적 이해가 분명히 구분되고 있기 때문이다. 이렇듯 즈냐나가르바의 사상을 이해하는 데는 많은 어려움이 따르는 일이라 생각되지만, 본서에서 고찰하듯 샨타라크쉬타의 사상의 형성배경과 성립에 대한 고찰을 통해 즈냐나가르바의 사상도 보다 보다 명확히 되리라 생각한다.

2. 저작

티베트 종의문헌에 있어서 즈냐나가르바의 사상적 분류는 그의 『이제론』을 중심으로 이루어진 것이지만, 티베트 대장경에는 그에게 귀속되는 몇 개의 문헌이 남아 있다. 우선 그의 저작이라고 언급되는 문헌을 살펴보면 다음과 같다.

① 『이제분별론송(二諦分別論頌, Satyadvayavibhaṅga-kārikā)』(P. 없음; D. No.
3881 〈중관부〉)

10) 중관파를 자립논증파(Svātantrika)와 귀류논증파(Prāsaṅgika)로 분류하고, 다시 자립논증파를 경량중관파와 유가행중관파로 분류하는 것은, 게룩파를 중심으로 하는 티베트 종교문헌의 일반적 분류이다. 그 중 경량중관파와 유가행중관파라고 하는 명칭은 예쉐데의 『見差別』에서 처음으로 분류되는 것인데 [『見差別』에 대해서는 제1장 註20) 참조], 그 두 가지의 주된 사상적 특징은 세속의 관점에서 외경을 인정한다는 것이다. 유가행중관파의 특징으로서 "세속의 관점에서 식뿐임을 인정한다"라는 것은, 앞장에서 고찰한 대로 오해라고 생각되지만, 경량중관파는 외경을 인정하는 입장으로서, 그 대표로 바비베카, 즈냐나가르바 등을 들 수 있다. 세속에 관한 입장의 차이에 의해 경량중관파와 유가행중관파라는 명칭은 일종의 대비되는 명칭으로서 사용되고 있다고 생각된다. 티베트 종교문헌에서 나타나는 인도불교의 분류에 대해서는 御牧克己(1982-1) 참조. 더욱이 후대에서 宗義의 의미는 티베트인에 의한 저술의 한 양식으로서 설명하고 있다. 立川武藏(1974) pp.10-12 참조.

② 『이제분별론자주(二諦分別論自註, Satyadvayavibhaṅga-vṛtti)』(P. 없음; D. No.3882 〈중관부〉)

③ 『유가수습도(瑜伽修習道, Bhāvanā-yoga-mārga)』(P. No.5350; D. No.3909 〈중관부〉)

④ 『유가수습도(瑜伽修習道, Bhāvanā-yoga-patha)』(P. No.5452; D. No.4538 〈중관부〉)

⑤ 『성해심밀경중성자씨품약소(聖解深密經中聖慈氏品略疏, Arya-saṃdhi-nirmocana-sūtre ārya-maitreya-kevala-parivarta-bhāṣya)』(P. No.5535; D. No.4033 〈유식부〉)

⑥ 『성무변문성취다라니석게(聖無邊門成就陀羅尼釋偈, Arya-anatamukha-nirhāra-dhāraṇī-vyākhyāna-kārikā)』(P. No.3519; D. No.2695 〈비밀소부〉)

⑦ 『성무변문성취다라니광주(聖無邊門成就陀羅尼廣註, Arya-anantamukha-nirhāra-dhāraṇī-ṭīkā)』(P. No.3520; D. No.2696 〈비밀소부〉)

⑧ 『사천녀청문석(四天女請問釋, Caturdevatā-paripṛcchā-ṭīkā)』(P. No.2779; D. No.1916 〈비밀소부〉)

⑨ 『다비의궤(茶毘儀軌, Sava-saṃskāra-vidhi)』(P. No. 2404; D. No.1282 〈비밀소부〉)

이 가운데 즈냐나가르바의 저작은 ① ②이지만, ①은 ②가 성립하고 나서 따로 독립된 것이라고 언급되기 때문에,[11] 실제로 주요 저작은 ②가 될 것이다. 그러나 다른 저술들의 저자가 ②의 저자와 동일인지

---

11) 松本史朗(1978-1) p.135 n.2; 松下了宗(1984-3) pp.12-13.

여부에 대해서는 다수의 논의가 있다. 그 가운데 ②의 저자와 동일인에 의해서 저술되었을 가능성이 있는 것으로서 ③④⑥⑦ 등이 거론되고 있지만,[12] 그러나 ③④⑤ 등의 저자와 ②의 저자와는 다른 사람일 가능성도 있다.[13] ⑧에 대해서도 연구가 있지만,[14] ⑨와 함께 밀교계통이며, 이 문헌들도 역시 ②와 동일 저자에 의한 것인지를 결정하는 것은 어렵다고 생각한다. 여기서 주저 『이제론』의 고찰이 목적이므로 이하에서 즈냐나가르바의 주저 『이제론』에 대하여 고찰하기로 한다.

제2절 『이제분별론』의 내용 고찰

1. 『이제분별론』의 구성

『이제론』은 그 명칭과 같이 이제(二諦)를 분별하는 논서이다. 전체 46게송과 77첨가게(添加偈, antara sloka),[15] 그리고 그 게송에 대한 즈냐나가르바의 주석으로 이루어져 있다. 이 전체적인 구성에 대해 게송을 중심으로 살펴보면 다음과 같다.[16] (괄호 안의 숫자는 첨가게의 수)

---

12) 塚本啓祥 外編(1990) pp.272-273, n.53.

13) Ruegg, D.S.(1981) p.69 n.224.

14) 長澤實導(1969)(「ジュニャーナガルバの密教觀―「四天女請問釋第一章」和譯―」) pp.277-302.

15) 이 『이제론』의 첨가게(중간게라고도 한다)는 같은 저자가 쓴 것으로 지적되고 있다. 御牧克己(1980) p.35.

1) 서론

　　A. 귀경게

　　B. 조론(造論)의 목적 …… 제1게송

　　C. 이제 구별의 공덕 …… 제2게송

2) 본론

　　A. 승의와 세속의 구별 …… 제3, 4게송

　　B. 승의제의 설명 …… 제5, 6, 7(1)게송

　　C. 세속제의 설명

　　　　(1) 2종류의 세속(I) …… 제8게송

　　　　(2) 불생에 대하여(I) …… 제9, 10, 11(5)게송

　　　　(3) 2종류의 세속(II) …… 제12게송

　　　　(4) 세속에 대한 인과의 성립(승의에 대한 인과 관계의 불성립)

　　　　　　…… 제13(6), 14(24)게송

　　　　(5) 세속의 정의 …… 제15(7)게송

　　　　(6) 불생에 대하여(II) …… 제16(1)게송

　　　　(7) 세속진여의 본질 …… 제17게송

　　　　(8) 논쟁의 성립 …… 제18, 19게송

　　　　(9) 세속 불생론 비판(I) …… 제20, 21, 22(1)게송

　　　　(10) 세속 유기반설 비판 …… 제23(1), 24게송

　　　　(11) 세속 불생론 비판(II) …… 제25(10)게송

---

16) 『이제론』 구성의 내용에 대해서는 松下了宗(1984-3), (1983-2)[松下(上)], (1984-2)[松下(下)]; Eckel, M.D.(1987)[Eckel(J)]를 참조.

(12) 세속의 성립(Ⅰ) …… 제26, 27(2), 28게송

(13) 중관파에 있어서 부정대상 …… 제29, 30(2)게송

(14) 업과 과보의 성립 …… 제31게송

(15) 윤회와 해탈 …… 제32, 33게송

(16) 세속의 성립(Ⅱ) …… 제34(1)게송

(17) 언설의 성립 …… 제35(2)게송

D. 중관파 입장의 정당성 …… 제36(2)게송

E. 불신론

(1) 일체지자론 …… 제37, 38, 39, 40게송

(2) 삼신설 …… 제41(1 2)게송

3) 결론 …… 제42, 43, 44, 45, 46게송

그러면 이하에서 『이제론』의 내용에 대하여 고찰하고자 한다.

2. 논의 목적

『이제론』에 있어서 즈냐나가르바는 다음과 같이 논의 목적을 말하고 있다.

이제를 진여(yathā)로 이해하도록 하기 위해서 이 논을 저술한다. 즉 이제는 이미 구별되어 있는 것으로, 대논사들도 어리석은데 하물며 다른 이들의 말에 어떤 목적이 있는 것인가. 그 때문에 나는 [이제를] 구별한

다.(K.1) 이타를 행하는데 숙달된 세존께서는 지혜가 부족한 중생에게 이익을 주기 위해 이제를 다양하게 구별하셨다. 아사리(阿闍梨) 용수 등에 의해서도 명확하게 된 것으로, 자파의 대논사들도 어리석은데 그들을 추종하는 다른 이들의 말은 더욱 그러하다.[17]

이와 같은 목적의 교시에는 중요한 의미가 포함되어 있다고 생각한다. 왜냐하면 이제라는 것은 대승불교, 더욱이 중관파에 있어서 가장 중요한 교리이며, 즈냐나가르바에 이르기 전까지는 이미 바비베카, 찬드라키르티 등의 논사에 의해서 충분히 설명되었기 때문이다. 그리고 왜 재차 이제에 대하여 설명하지 않으면 안 되었던 것인가에 대한 이유가 여기에 서술되어 있다. 여기서 다루어지고 있는 자종(自宗)의 대논사란 『세소』에 의하면 다르마팔라(Dharmapāla, 護法, ca. 510-570)를 가리키고 있지만,[18] 그도 어리석어서 그를 추종하는 사람은 더욱더 그러하다고 말하고 있다. 더욱이 『이제론』의 본론에 있어서는 스티라마티(Sthiramati,

---

17) bden pa gnyis ji lta ba bzhin du chud par bya ba'i phyir/ rab tu byed pa 'di brtsams te/ gang gi phyir/ (K.1) bden pa gnyis po rnam phye yang// shing rta che dag rmongs nyid na/
gzhan rnams smos kyang ci dgos te// de bas bdag gis rnam par dbye//
gzhan gyi don 'byung ba la mkhas pa bcom ldan 'das kyis skye bo blo
chung du la phan gdags pa'i phyir/ bden pa gnyis las mang du rnam par phye la/
slob dpon klu sgrub la sogs pas kyang gsal bar mdzad du zin kyang/ rang gi
sde pa chen po dag kyang rmongs pa nyid yin na/ de dag gi kha na las pas 'jug
pa gzhan rnams lta smos kyang ci dgos/
[SDV. Eckel(J).P.155; SDV(3b5-3b7); 松下(上) p.29].
18) 샨타라크쉬타는 『세소』에서 自宗의 大論者를 護法이라고 주석하고 있다. 여기에 관해서는 제3장 註14) 참조.

ca. 510-561) 및 데벤드라붓디(Devendrabuddhi, ca. 630-690) 등의 유가행파의 설에 대해 비판이 가해지고 있다.[19] 이와 같은 유가행파의 설을 채택해 비판하고 있는 것은 『이제론』이 유가행파에 대한 비판의식을 명확히 가지고 저술된 것을 의미할 것이다. 특히 데벤드라붓디의 비판은 즈냐나가르바가 다르마키르티 이후의 이제설 논쟁에 가담했다는 것을 보여주는 것이며,[20] 또한 그가 디그나가, 다르마키르티에 의한 불교논리학파의 이제설도 알고 있었다는 점을 보여준다. 따라서 그가 이제설에 대하여 새롭게 저술하려고 했던 것은 이와 같은 불교논리학파의 영향이 있었던 것임에 틀림없을 것이다. 그의 이와 같은 비판적 태도는 바비베카, 찬드라키르티 등에게 보였던 중관파와 유가행파 간의 논쟁이 그에게 이르러 다시 새롭게 시작된 것을 의미하는 것이기도 하다.[21] 또한 즈냐나가르바가 이제가 나가르주나에 의해 이미 확립되어 있다고 말하고 있는 것은 그가 유가행파의 모순을 비판하며 나름대로 나가르주나의 이제설을 새롭게 해석하려고 한 점도 있었다고 생각된다. 그것은 나가르주나 이후 즈냐나가르바에 이르기까지의 이제설을 검토하고, 특히 유가행파에 의해 이루어졌던 해석의 부당성을 지적하여 나가

19) 스티라마티, 데벤드라붓디에 대해서는 본장 註79), 85) 참조.
20) 다르마키르티 이후의 이제설의 논쟁에 대해서는 松本史朗(1980-4), (1981-1), (1981-20)(「仏教教論理學派の二諦說」) 참조.
21) 중관파가 유가행파를 비판하는 논점을 요약하면 다음과 같이 말할 수 있다.
　　(1)유가행파가 識이 有임을 주장하는 것, (2)유가행파에서 승의제가 세속 상에 나타나는 것으로, 그 승의제를 無인 것의 有로서 주장하는 것[山口 益(1975) pp.40-41]. 清弁에 의한 유가행파의 삼성설비판에 대해서는 특히 安井廣濟(1970) 참조. 또한 月稱에 의한 자증지 비판에 대해서는 山口 益, 앞의 책, pp.281-303, 松本史朗(1980-1) pp.156-169 참조.

르주나의 이제설에 대해 바르게 해석하고자 하였던 것이다. 그는 이제를 바르게 구별하는 사람에 대해 다음과 같이 말하였다.

이제의 구별을 아는 사람들은 모니(牟尼)의 교설에 대해 어리석지 않으며, 그들은 남김없이 공덕을 쌓아, [자리·이타]를 완성하여 피안에 도달한다.(K.2)[22]

그리고 이 이제를 아는 사람들에게는 다음의 여섯 가지 목적이 완성된다고 말한다. 즉 ①세간에 이익을 일으키는 지혜를 간직하는 것, ②선서(善逝)의 많은 교설에 대하여 지(知)의 광명을 일으킨 사람이 되는 것, ③복덕과 지혜의 자량(資量)을 남김없이 성취하는 것, ④자리이타(自利利他)를 성취하는 것, ⑤평등한 피안에 반드시 잘 도달하는 것, ⑥다른 사람이 생각하는 대로 그 원하는 것을 완성시키는 것이다.[23] 그러면 즈냐나가르바가 설한 이제설이라는 것은 어떤 것이었는가를 이하에서 고찰하기로 한다.

22) (K.2) bden gnyis rnam dbye shes pa dag// thub pa'i bka' la mi rmongs te//
　　　de dag ma lus tshogs bsags nas// phun tshogs pha rol 'gro ba nyid//
　　　[Eckel(J), p.155; SDV(3b7); 松下(上) p.29].
23) ①'gro ba la phan pa 'byung ba bskyed pa'i blo dang ldan pa/ ②bde bar gshegs
　　　pa'i bka' rab 'byamdag la shes pa'i snang ba skyes pa'i 'jig rten ③bsod nams
　　　dang ye shes kyi tshogs ma lus par bsgrubs pa ④bdag dang gzhan gyi don
　　　phun sum tshogs pa ⑤bye brag tu byar med pa'i pha rol tu nges par shin tu
　　　phyin par 'gyur ro// ⑥gzhan ni yid la bsams pa bzhin du re ba yongs su rdzogs
　　　par 'gyur ro// [SDV.Eckel(J), p.155; SDV(3b7-4a2); 松下(上) p.29].

3. 이제설

1) 이제의 구분

즈냐나가르바는 승의와 세속의 구분에 대해 다음과 같이 말하고 있다.

> 모니가 말씀하신 세속과 승의의 이제에 대해 현현하는 대로인 것, 그
> 것이야말로 세속이며, 그렇지 않은 것은 다른 것[승의]이다.(K.3)[24]

즉 즈냐나가르바가 승의와 세속을 구분하는 기준이 되는 것은 '현
현하는 대로인 것(ji ltar snang ba; yathābhāsa, yathādarśana)'이다. 이 '현현
하는 대로인 것'이란 '소치는 여인 등에 이르기까지 지각되는 것'으
로 설명되듯이[25] 세상의 일반 사람들에게 동등하게 지각되는 것이다.
예컨대 물 등과 같이[26] 세상의 일반 사람들에게 동등하게 인식되는
것이 세속으로서 진리라고 설해진다. 그 의미에서 '현현하는 대로인
것'은 세상 일반인의 이해에 기반을 둔 것이기 때문에 '세간극성
(lokapratīti)'이라고도 말할 수 있다.[27] 그러나 승의에 대해서는 그 같

---

24) (K.3) kun rdzob dang ni dam pa'i don// bden gnyis thub pas gsungs pa la//
　　ji ltar snang ba 'di kho na// kun rdzob gzhan ni cig shos yin//
　　[SDV. Eckel(J), p.156; SDV(4a2); 松下(上) pp.29-30].

25) "소치는 여인 등에 이르기까지 지각되는 그러한 것이 세속의 관점에서의 진리라고 안립
　　하지만, 진실로는 그렇지 않다."(ji ltar ba lang rdzi mo la sogs pa yan chad kyis
　　mthong ba de ltar kun rdzob tu bden pa rnam par gnas kyi yang dag par ni ma
　　yin te/)[SDV.Eckel(J), p.156; SDV(4a3); 松下(上) p.30].

26) "물과 환영 따위가 세상 사람들에 의해 진실[세속]과 비진실[세속]으로서 이해된다."(chu
　　la sogs pa dang smig rgyu la sogs pa dag 'jig rten gyis yang dag pa dang yang
　　dag pa ma yin par rtogs so//) [SDV.Eckel(J), p.163; SDV(6b6); 松下(上) p.38].

이 인식할 수 있는 것이 아니다. 왜냐하면 승의에서는 인식되는 것이 하나도 없기 때문이다. 이 같은 승의와 세속의 구분에 대해 즈냐나가르바는 다음과 같이 승의와 세속을 구분하고 있다.

> 속이는 것이 없기 때문에 정리(正理)는 승의이다. 세속은 그렇지 않다. 즉[세속은]속이는 것이 있기 때문에 현현하는 대로인 것은 진리이다.(K.4)[28]

여기에서 '속이는 것이 없다(slu ba med pa; avisaṃvādaka)'라고 하는 것은 다르마키르티에게 있어 바른 인식(pramāṇa)의 정의로서 효과적 작용을 가진 것을 의미한 것으로,[29] 즈냐나가르바는 정리(nyāya), 즉 논리가 지니는 속이는 것이 없는 바른 것을 이 말로 표현하고 있다. 즉 이 정리의 힘에 의한 대상의 결정은 사람을 속이지 않는다는 의미이다. 따라서 그 정리의 삼상(三相)이라는 증인(証因, trirūpaliṅga)에 기반하여 생겨난 이해(adhigama)를 즈냐나가르바는 승의라고 서술하고 있다.[30] 이 같은 정리에 의한 승의를 『세소』에서는 이문승의(異門勝義,

---

27) "세간일반에 인정되고 있는 것(世間極成: lokapratīti)을 세속으로 승인되고 있다."('jig rten na grags pa de lta bu ni kun rdzob tu bzhed de/)[SDV.Eckel(J), p.171; SDV(9a2-3); 松下(上) pp.27].

28) (K.4) slu ba med pas rigs pa ni// don dam yin te kun rdzob min//
de ltar mi slu min phyir te// ji ltar snang ba de nyid bden//
[SDV.Eckel(J), pp.156-157; SDV(4a4-6), p.12; 松下(上) p.30-31].

29) "바른 인식은 속이는 것이 없는 인식이다. 효과적 작용을 가진 것이, 속이는 것이 없는 것이다."[pramāṇam avisaṃvādijñānam arthakriyāsthitiḥ/ avisaṃvādanam ; PV.II-1; 木村俊彦(1981) p.32 참조].

103

paryāya-paramārtha)로서 표현되고 있는 듯하나,[31] 뒤에서 고찰하는 바와 같이 이 정리에 의한 승의는 세속을 본질로 하고 있는 것이다. 세속의 것이란 정리와 같이 속임이 없는 것은 아니지만 '현현하는 대로인 것'을 본질로 하는 세속에서는 눈병에 걸린 사람이 보는 두 개의 달과 같은 것도 현현하는 것인 까닭에, 즈냐나가르바는 분별(kalpita)을 기준으로 진실세속과 비진실세속의 두 종류를 세우고 있다.[32] 또한 다르마키르티에게 있어 중요술어인 '효과적 작용능력(arthakriyāsamartha)'에 의해서도 세속을 두 종류로 구분하고 있는데, 이 세속에 대해서는 후에 고찰하기로 한다.

이상과 같이 즈냐나가르바는 '현현하는 대로인 것'을 기준으로 승의와 세속을 분류하고, 그 승의는 정리와 같이 속이지 않는 것이며, 세속은

30) "그 때문에 삼상의 증인에 의해 생겨난 이해는, 뛰어난 것이며, 義이기 때문에 승의이다."
(de'i phyir tshul gsum pa'i rtags kyis bskyed pa'i rtogs pa gang yin pa de ni dam pa yang yin la/ don yang yin pas don dam pa'o//)[SDV.Eckel(J), p.156; SDV(4a5); 松下(上) p.30].

31) 『세소』에는 이문승의라고 하는 용어가 없지만, 『이제론』의 제5게송을 샨타라크쉬타는 비이문승의(aparyāya-paramārtha)로서 주석되고 있는 것으로부터, 이문승의라고 하는 용어는 충분히 생각할 수 있다. 더욱이 正理에 의한 승의를 『세소』에서는 '승의에 수순하는 승의(paramārthānukūla-paramārtha)'로 주석하고, 그것도 세속을 본질로 하고 있다고 말하고 있다. 제3장 註20) 참조.

32) 『이제론』에는 세속의 지각되는 것을, 유분별인 것과 무분별인 것 두 가지로 나누고 있는데, 이것을 『세소』는 진실세속과 비진실세속이라고 주석하고 있다. 그러나 『이제론』의 제8게송에서 진실세속은 분별을 떠난 것이며, 또한 제12게송에 대한 『세소』의 주석에서는 유분별과 무분별의 것은 비진실세속에 속한다고 말하고 있다. 따라서 이 『이제론』에서의 유분별과 무분별을 『세소』에서와 같이 진실세속과 비진실세속의 구분으로 주석하는 것은 도리에 맞지 않다고 생각한다. 이것은 단지 분별이 진실세속과 비진실세속을 나누는 기준인 것을 보이는 것이라고 생각한다.
본장 註41), 제3장 註29) 참조.

속이는 것이라고 서술하고 있다. 그리하여 그 '현현하는 대로인 것' 인 세속도 진실세속과 비진실세속의 두 가지로 구분된다고 설해진다. 이와 같이 구분되는 승의와 세속에 관해 좀 더 상세하게 살펴보기로 한다.

2) 승의에 대해

정리, 즉 논리를 따르는 승의를 '이문승의' 라고 『세소』에서는 주석 하고 있는 것을 앞서 언급했지만, 『세소』에서는 다음에서 들고 있는 『이제론』의 제5게송을 '비이문승의(非異門勝義, aparyāya-paramārtha)' 라 고 주석하고 있다. 그 제5게송은 다음과 같다.

> [승의에 있어서는] 현현하는 대로인 것으로서 안립하는 것은 있을 수 없다. 일체의 지(知)의 형상으로서는 어떻게 해도 현현하지 않는다.[33]

이와 같이 승의의 관점에서는 세속의 '현현하는 대로인 것' 등은 전 혀 성립하지 않으며, 더욱이 지(知)의 형상으로서 현현하는 것도 전혀 아니다. 이 같은 승의를 즈냐나가르바는 "아무것도 보지 않는 것이 진 실을 보는 것이다"[34] 또는 "공(空)도 아니고, 불공(不空)도 아니며, 유

---

[33] ji ltar snang ba'i dngos por ni// rnam par gnas par mi rung ste//
shes pa'i dngos po thams cad la// ji ltar bur yang snang mi 'gyur//(K.5)
(SDV.Eckel(J), p.157; SDV(4a7); 松下(上) p.31) 원문의 제3, 4게송은 "일체의 知에 있어서 아무리 해도 현현하지 않는다."라고 되어 있지만, 이것은 승의에 있어서 형상이 조금도 현현하지 않는다는 의미라고 이해하여 "일체의 知의 형상으로서는 어떻게 해도 현현하지 않는다."라고 번역했다.

(有)도 아니고 무(無)도 아니며, 불생(不生)도 아니고 생기(生起)도 아니다"35)라는 경전의 말을 빌려 표현하고 있다. 따라서 그 승의란 일체의 희론(戲論, prapañca)이 적멸한 것임을 보이고 있다.36) 이와 같이 승의의 관점에서 일체가 적멸하고 있는 것에 대하여 그 "아무것도 보지 않는다."라는 것은 변계소집성이 없어진 것으로 의타기의 식(識)은 승의로서 존재한다고 주장하는 유식파에 대해,37) 즈냐나가르바는 그 자증지의 설을 들어 비판하고 있다.(K.6) 자증지에 관해서는 뒤에서 고찰하겠지만, 즈냐나가르바는 승의의 관점에서는 일체도 존재하는 것이 아니며, 자기가 자기를 인식하는 자증지도 있을 수 없다고 서술하고 있다.

---

34) 'ga yang mthong ba med pa ni de kho na mthong ba zhes gsungs so//
   [SDV.D.Sa 4b1; SDV(4b1); 松下(上) p.31]. Eckel본에는 ngo bo nyid mi mthong
   ba zhes bya ba kho nar ni de kho na mthong ba zhes gsungs so.라고 되어 있다
   (Eckel(J), p.157). 이 게송은 『般若灯論』, 『중관론』 등에도 인용되어 있는 상당히 유명
   한 게송인 듯하다[松下(上) p.46, n.17 참조]. 『중관론』에는 『法集經(chos yang dag
   par sdud pa)』에서 인용한 것으로 다음과 같이 인용되어 있다.
   bcom ldan 'das chos thams cad mi mthong ba ni yang dag par mthong ba'o//
   [一鄕(上) p.181; 一鄕(下) p.286]
35) de nyid phyir na de stong min// mi stong ma yin yod med min//
   mi skye ma yin skye min zhes// de la sogs pa bcom ldan gsungs//
   [SDV, K.11A-1, Eckel(J), p.162; SDV(6a6); 松下(上) p.37]
   이 게송은 『중관론』에서도 같으며, 승의제의 정의로서 나타난다. 즉 "승의제는 有
   (dngos po) · 無(dngos po med pa), 生起 · 不生, 空 · 不空 등 모든 희론의 그물을 떠
   난 것이다[一鄕(上) p.168; 一鄕(下) pp.230, 232]" 제1장 註48) 참조.
36) "진실에서는 無二이며, 無戲論이다"yang dag nyid du gnyis med de// de ni spros
   pa med pa yin// [SDV, K.11ab, Eckel(J), p.162; SDV(6a5-6); 松下(上) p.37]. 이와
   같이 승의를 無二, 희론적멸로 설명하고 있다.
37) 다르마팔라(護法)의 입장에서는, 세속은 허망분별로서 無이며, 의타기의 識은 勝義有로
   서 있다. [梶山雄一(1963-1) p.151]. 이와 같이 다르마팔라, 즉 유식파는 세속으로서의
   허망분별, 즉 변계소집성이 없게 된 것, 즉 無가 되는 것이 의타기성의 승의로서의 有라
   고 주장하고 있다.

더욱이 그 승의의 관점에서는 일체지자(一切知者)마저도 관조하는 것이 불가능하다고 설하고 있다.(K.7)

이 승의의 관점에서는 조금도 보여지는 것은 없다고 하며, 어떤 형상도 현현하지 않는다고 말하는 것은 중요한 의미가 함축되어 있는 것으로 생각된다. 그것은 이미 고찰한 바와 같이 『중관론』에서 형상에 대한 논의가 진실, 즉 승의의 관점에서 행해지고, 그것에 의해 일체법의 무자성이 증명된다고 말하면서도 승의는 일체의 희론을 떠난다고 설하고 있기 때문이다.[38] 곧 승의에 있어서 형상이 현현하지 않는다는 것은 승의의 관점에서는 확실한 인식이 성립하지 않는다는 것을 의미할 것이다. 즉 즈냐나가르바는 승의의 관점에서 인과관계는 성립하지 않음을 증명할 때 실제로 그 형상이 되는 지(知)와 모순되기 때문에 지각이 성립하지 않으며, 그리하여 그 형상도 바른 인식수단이 아님을 서술하고 있다. 승의에 있어서 형상이 성립하지 않음을 그는 다음과 같이 서술하고 있다.

[승의에 있어서] 존재하는 것의 효과적 작용능력은 제불(諸佛)에 의해서도 관조되는 것은 아니다. 유형상·무형상의 지(知)에 의해, 확정이란 있을 수 없기 때문에 [그 이외의] 다른 확정도 있을 수 없다.[39]

38) 『중관론』에서 형상이 논의되고 있는 승의의 입장에 대해, 제1장 註31) 참조. 『이제론』에서도 형상과 知의 관계를 고찰하는 正理를 승의라고 부르지만,(K.4) 승의 그 자체는 아니며, 세속을 본성으로 하는 세속의 진여 등으로 표현하고 있다.(K.17AB)

이렇게 즈냐나가르바는 승의의 관점에서는 유·무형상론에 의해서도 지가 확정될 수 없기 때문에 인식하는 것도 있을 수 없다고 서술하고 있다. 이 형상논의에 있어서는 『중관론』과 마찬가지로 일(一)과 다(多)에 의한 고찰도 행해지고 있지만, 그 일과 다의 정리에 의한 고찰은 승의라고 해도 진짜 의미로서의 승의는 아니며, 세속을 본질로 하는 것이다. 즉 정리에 의한 고찰을 견딜 수 없는 세속의 것은 정리에 의해 고찰해야할 것은 아니지만, 정리에 의해 고찰한다면 일체는 지각되지 않는 것이 될 것이다. 따라서 이와 같이 승의에 수순해도 실제로 그것은 세속에 속하는 것이라고 하는 것은 바비베카의 세속제와 매우 유사한 것이 지적된다.[40] 더욱이 『세소』에 있어 '불생(不生)' 의 이론도 승의에 수순하지만 실제로는 세속이라고 서술되고 있는 것 역시 『중관론』의 '불생' 의 이론과 동일한 것이라 생각되는데, 이에 대해서는 뒤에서 다시 고찰하고자 한다.

따라서 이상 승의에 관한 내용을 종합해 보면, 진정한 의미에서의 승의인 비이문승의란 일체가 무(無), 공으로 일체의 희론이 적멸한 상태이

---

39) yod pa rnams don byed par nus pa ni sangs rgyas rnams kyis kyang gzigs par mi spyod de/ shes pa rnam pa med pa dang/ rnam pa dang bcas pas yongs sbcod pa mi srid pa'i phyir la/ yongs su gcod par byed pa gzhan yang mi rung ba'i phyir ro//[SDV.Eckel(J),p.184; SDV(13a7-13b1); 松下(下) p.41]

40) 淸弁에 의하면, 세속은 實世俗과 邪世俗으로, 승의는 勝義的 勝義諦와 世間的 勝義諦로 구분된다. 그 가운데 세간적 승의제란 승의를 証悟하는 방편으로서 不顚倒이기 때문에 승의인 無生 등의 교설과 三慧 등을 가리키고 있다. 이 세간적 승의제는 연기의 도리를 감추고 있기 때문에 승의적 세속제와 구별된다고 설해진다[野澤靜證(1955) pp.190-191]. 이 세간적 승의제가 즈냐나가르바에게 있어 正理와 거의 일치하고 있다고도 지적되고 있다[上山大峻(1961) p.124; 松本史朗(1978-1) pp.117-119].

며, 형상이 조금도 현현하지 않는, 즉 인식조차도 성립하지 않는 경지를 말하고 있다. 그런 의미에서 정리 등이 승의라고 하는 것도 실은 이 비이문승의가 아닌 세속을 본성으로 하는 소위 『세소』에서 말하는 '승의에 수순하는 승의' 라고 말할 수 있을 것이다. 그러면 이 세속에 대한 『이제론』의 설명을 보기로 한다.

3) 세속에 대해

즈냐나가르바는 분별과 효과적 작용능력을 기준으로 하여 세속을 진실세속(tathya-saṃvṛti)과 비진실세속(atathya-saṃvṛti)의 두 가지로 나누고 있다. 즉 그는 다음과 같이 이야기하고 있다.

> 분별된 것을 떠나서 실재하는 것만(vastumātra)으로 의존하여 생기는 것, [그것을] 진실세속이라고 알아야 한다. 비진실[세속]은 분별된 것(=변계소집성)이다.(K.8)

> 현현하는 것에서는 유사하지만, 효과적 작용능력의 유·무에 의해 진실세속과 비진실세속이 구분되어진다.(K.12)[41]

---

41) brtags pa'i don gyis dben gyur pa// dngos tsam brten nas gang skyes te// yang dag kun rdzob shes par bya// yang dag min ni kun brtags yin// [SDV, K.8, Eckel(J), p.160; SDV(5b3, 5b6); 松下(上) p.35].
snang du 'dra yang don byed dag// nus pa'i phyir dang mi nus phyir// yang dag yang dag ma yin pas// kun rdzob kyi ni dbye ba byas//[SDV, K.12.Eckel(J), p.163; SDV(6b5); 松下(下) p.38].

먼저 진실세속과 비진실세속의 기준이 되는 '분별된 것(brtags pa'i don, kalpitārtha)'이란, 즈냐나가르바에 의하면 승의에 있어서의 생기(生起), 식의 현현, 근본원인(pradhāna), 원소(大, bhūta)의 작용 등과 같이 승의로서 존재한다고 분별된 것을 의미한다.[42] 이것은 이미 본 대로 승의의 관점에서는 일체는 무(無)이지만, 생기한다던가, 식의 현현이 있다던가 하는 등 분별하는 것이며, 그 같이 분별된 것은 비진실세속으로 분류된다. 여기의 '분별된 것'이란 유식파가 말하는 변계소집성(parikalpita-svabhāva)이겠지만, 이것을 진실세속, 비진실세속의 기준으로 하는 것은 유식파의 삼성설을 이제에 의해 설명하는 것이기도 하다. 즉 유식파가 변계소집성을 무(無)인 것으로서 부정하고, 의타기성을 승의의 유(有)인 것으로서 긍정하는 것에 대해 즈냐나가르바는 변계소집성의 본질인 소취·능취를 직접지각으로서 인정하고,[43] 나아가 의타기성도 진실세속으로서 인정하고 있기 때문이다.[44] 그리고 그 분별된 것은 비진실세속으로서 부정되어, 분별된 것을 떠난 진실세속은 '오직 실재하는 것(vastumātra)'에 의해 생긴 것이며, 더욱이 그 '오직 실재하는 것'이란 현현하는 대로 효과적 작용능력을 지닌 것이라고 설명이

---

42) "분별된 것이란 진실에 있어서 생기 등과 식의 현현과 근본원인과 [사]대 등이다."
brtags pa'i don ni yang dag par skye ba la sogs pa dang/ rnam par shes pa snang ba dang/ gtso bo dang 'byung ba'i yongs su 'gyur ba la sogs pa ste/ [SDV, Eckel(J), p.160; SDV(5b3-4) p.30; 松下(上) p.35].

43) 소취·능취는 분별된 성질이지만 그 두 가지도 단지 직접지각으로서 인정되는 것이다. (gzung ba dang 'dzin pa ni brtags pa'i ngo bo nyid yin la/ de gnyis kyang mngon sum kho nar grags pa de dag yin no//)[SDV, Eckel(J) p.177; SDV(10b7-11a1); 松下(下) p.33].

44) 중관파와 유가행파 간의 이제와 삼성의 관계는 前註37), 後註92) 참조.

되어 있다.[45] 이 효과적 작용능력(arthakriyā sāmarthya)이란,[46] 다르마키르티가 승의와 세속을 구분하는 기준으로 한 것을 즈냐나가르바는 세속의 정의로 받아들이고, 그것의 유·무에 의해 진실세속·비진실세속을 정의하고 있는 것이다. 그리고 그 현현하는 그대로인 것에 있어 진실세속과 비진실세속을 즈냐나가르바는 다음과 같이 설명하고 있다.

> 지(知)가 명료한 형상의 현현을 지니고 있는 바는 유사해도 현현하는 그대로 그 효과적 작용에 대하여 속이는 것과 속이지 않는 것이라고 결정되기 때문에 물 등과 환영 등을 세상 사람은 진실[세속]과 비진실[세속]이라고 이해하는 것이다.[47]

이 같이 세상 사람들의 일반적 이해에서 그것을 속이지 않는, 즉 오류 없이 지각되는 것이 진실 세속이며, 환영 등과 같이 실제로는 없는데도 속아서, 즉 잘못 지각되는 것이 비진실세속이라고 서술하고 있다. 더욱이 이 오류가 없는 진실세속을 즈냐나가르바는 인연이 의존하여 생겨난 것이라고 하며, 그것은 성자에서 범부에 이르기까지 동등하게 지(知)로 현현하는 것이라고 서술하고 있다.[48] 인연에 의한 것이란 연기

---

45) dngos po tsam gang yin pa ni ji ltar snang ba bzhin du don byed nus pa'i phyir ro//[SDV, Eckel(J), p.160; SDV(5b4); 松下(上) p.35].

46) 효과적 작용능력에 대해서는, 제1장 註38) 참조.

47) shes pa gsal ba'i rnam pa snang ba can du 'dra yang/ ji ltar snang ba bzhin du don byed pa la slu ba dang mi slu ba yin par nges par byas nas chu la sogs pa dang smig rgyu la sogs pa dag 'jig rten gyis yang dag pa dang yang dag pa ma yin par rtogs so//[SDV, Eckel(J), p.163 II.25-29; SDV(6b5-6); 松下(上) p.38].

하는 것, 혹은 의타기성과 동일한 의미이지만, 이것을 진실세속으로 간
주하는 것은 즈냐나가르바가 중관파임을 보여주는 것으로, 더욱이 그
것은 『중관론』에서 샨타라크쉬타의 세속의 정의와 일치하는 것이다.[49)]
또한 이와 같이 세상 일반 사람에게 동등하게 현현하는 것을 그 특성으
로 하는 진실세속에 대해 즈냐나가르바는 그것은 고찰해서는 안 되고,
더욱이 그것을 부정하지 않는다고 하며 다음과 같이 말하고 있다.

현현하는 그대로인 것이 본질이기 때문에 거기에 고찰(vicāra)은 작용하
지 않는다. 고찰을 하면 별개의 의미가 되어 거척된다.(K.21)

현현하고 있는 것, 그것은 부정하지 않는다. 현재 지각되고 있는 것을
부정하는 것은 불합리하다.(K.28)[50)]

48) 여러 가지 인연에 의존하여 생기는 것이 진실의 세속제라고 알아야 한다. 즉 범부에 이
르기까지 知와 동등하게 원인에 의해 현현하는 일체의 대상이 진실세속이라는 것이 옳
다. 왜냐하면 知로 현현하는 것에 수순하여 사물이 존속하기 때문이다.(rgyu dang
rkyen rnams la brten nas skyes pa de ni yang dag pa'i kun rdzob kyi bden pa
yin par shes par bya ste/ 'di ltar byis pa yan chad kyi shes pa la mthun par don
ji snyed rgyu las snang ba de ni yang dag pa'i kun rdzub yin par rigs te/ shes
pa la snang ba dang mthun par dngos po gnas pa'i phyir ro//)[SDV, Eckel(J),
p.160 II.11-16; SDV(5b4-5); 松下(上) p.35]
49) 『중관론』에서 세속의 정의에 대해서는 제1장 註34) 참조. 그 중 '생멸의 성질을 갖는
것'이 의타기성을 가리키는 것에 대해서는 松本史朗(1984-2) pp.143-144 참조.
50) ji ltar snang bzhin ngo bo'i phyir// 'di la dpyad pa mi 'jug go// rnam par dpyod
pa byed na don// gzhan du song bas gnod par 'gyur// [SDV,K.21, Eckel(J),
p.175; SDV(10a7); 松下(下) pp.31-32] .
snang ba'i ngo bo gang yin na// de ni 'gog pa ma yin nyid// nyams su myong
ba gang ni// dgag par rigs pa ma yin no// [SDV, K.28, Eckel(J), p.181;
SDV(12a6); 松下(下) p.38].

이 제21게송의 '현현하는 그대로인 것'에 대해, 『세소』에서 샨타라크쉬타는 '고찰하지 않는 한 매력적인 것(avicāraikaramanīya)'으로서 주석하고 있지만, 이 『세소』의 용어가 『중관론』에서 세속의 정의가 되어 있는 것은 주지하는 바와 같다. 이같이 즈냐나가르바는 진실세속인 것을 고찰하면 그것은 별개의 것이 되어버리며, 따라서 그것을 고찰해서는 안 된다고 서술하고 있다. 이는 앞에서도 서술한 것과 같이, 정리에 의해 고찰한다면 무자성인 것이 되며 또한 형상 등도 성립하지 않게 되어 인식하는 수단도 없게 되는 것으로, 진실세속은 성립하지 않게 되는 것을 의미한다. 따라서 고찰하지 않는 한 현현하는 그대로의 진실세속은 인정되어야 하며, 그 의미에서 진실세속을 부정하는 것은 불합리한 것이 된다. 이 같은 진실세속의 입장에서 업, 과보, 그리고 언설의 작용 등이 성립된다고 즈냐나가르바는 말하고 있다.

이상과 같이 즈냐나가르바는 우리의 지(知)에 현현하고, 사람을 속이지 않는 효과적 작용능력이 있는 것을 진실세속이라고 정의한다. 더욱이 그것은 인연에 의한 것이며, 분별을 떠난 것이고, 모든 사람에게 동등하게 지각되는 것이다. 이같은 세속의 정의는 세간 일반의 이해에 기반하는 것이기 때문에 그러한 의미에서 즈냐나가르바가 '세간극성행중관파' 또는 외경을 승인하는 입장으로서의 '경량중관파' 등으로 불리는 것은 옳다고 생각된다.[51] 그리고 그의 세속의 정의는 『중관론』의 그것과 매우 유사하다고 생각되지만 이는 주제를 바꾸어 고찰하기로 한다.

---

51) 「世間極成行中觀派」 등의 분류에 대해서는 前註9) 참조.

4) 불생에 대해

승의에 있어 일체는 무(無)로서 유·무, 생기·불생 등 모든 것을 떠나
며, 더욱이 일체의 희론(prapañca)을 떠난 것은 이미 서술한 대로이다.
그러나 즈냐나가르바는 그 '불생'이라는 개념이 진실에 수순하기 때
문에 승의로서 인정되지만, 실제로 정리에 의해 고찰하면 승의가 아
님을 다음과 같이 서술하고 있다.

> 생기 등의 부정도(K.9A) 진실에 있어서 생기 등이라고 분별하는 것을 부
> 정하는 증인에 의하는 까닭에 진실에 수순하기 때문이라고 인정한
> 다.(K.9B)
> 승의라고 우리들은 인정한다. 다른 사람들은 단지 진실이라고 파악하
> 기 때문이며, '…도'라는 것은 내포의 의미이다. 그것도[=승의불생]도
> 정리에 의해 고찰한다면, 단지 세속이다. 왜냐하면 부정대상(不定對象)이
> 없기 때문에 진실에서는 부정 그 자체도 없는 것이 명확하다.(K.9CD)[52]

이는 정리에 의해 고찰하면 부정되는 대상이 없으므로 부정 그 자

---

[52] (K.9A) skye la sogs pa bkag pa yang
yang dag par skye ba la sogs par rtog pa'i dngos po bkag pa'i gtan tshigs kyis/
(K.9B) yang dag pa dang mthun phyir 'dod
don dam pa yin par kho bo cag 'dod do// gzhan dag ni yang dag pa kho nar
'dzin pa/ yang zhes bya ba ni bsdu ba'i don to// de yang rigs pas dpyad na kun
rdzob kho na ste/ ci'i phyir zhe na/
(K.9CD) dgag bya yod pa ma yin pas// yang da tu na bkag med gsal//
[SDV, Eckel(J), p.161, II.3-12; SDV(6a1-3); 松下(上) p.36].

체도 없다는 것으로, 즉 생기 등의 부정대상이 승의의 관점에서는 없기 때문에 생기의 부정, 결국 불생 그 자체도 없다는 것을 말하는 것이다. 그 '진실에 수순한다' 라는 의미는 "진실의 의미라고 해도 진실 그 자체는 아니다."[53]라고 즈냐나가르바가 설명하듯이 승의 그 자체는 아니며, '승의에 수순하는 것' 으로 실제로는 세속의 것이다. 이와 같이 승의에 수순하는 의미인 불생이 세속이 되는 것은 정리에 의한 고찰을 피할 수 없기 때문인데, 그에 대해 즈냐나가르바는 다음과 같이 말하고 있다.

> 승의불생이라는, 이 언설의 의미는 정리에 의하면, 생기가 없다는 것의 [의미]이다. 다른 경우에 있어서도 그와 같이 적용해야 한다.(K.16)[54]

이 게송의 '다른 경우' 란 예를 들어 "진실에 있어 무이다"라던가 또는 "진실에 있어 공이다"라고 말한 경우로서, 그것도 "정리에 따르면 무이다" 혹은 "정리에 따르면 공이다"라고 적용해야 한다는 것을 서술하고 있다. 즉 이 승의무(勝義無), 승의공(勝義空) 등은 승의에 수순하는 것이, 실제는 정리에 따르는 것을 의미하기 때문에, 결국은 세속의 것을 의미한다. 즉 승의불생에서 승의란, 세속의 진여(tathatā), 즉

---

53) yang dag don yin yang dag min// [SDV, K.10D. Eckel(J), p.161. I .28; SDV(6a5); 松下(上) p.37].

54) dam pa'i don du ma skyes pa// tshig don 'di ni rigs pa yi//
rjes su 'brangs nas skye ba med// gzhang la 'ang de bzhin sbyar bar gyis//
[SDV, K.16, Eckel(J), p.172; SDV(9b2); 松下(下) p.29].

진실세속의 의미이며, 따라서 그 정리도 진실세속이 본질로 하는 것을 의미하는 것이다. 그 정리가 세속을 본성으로 하고 있는 것을 즈냐나가르바는 다음과 같이 서술하고 있다.

정리도 현현하는 그대로인 것을 본성으로 하기 때문에 세속에 지나지 않는다. 정리는 [세속 이외의] 다른 곳에서는 작용하지 않는다.[55]

즉 정리가 작용하는 영역은 세속이며, 그 현현하는 그대로의 세속 이외에서 정리는 작용하지 않는 것을 의미한다. 따라서 정리에 의한 고찰의 대상이 되는 승의불생은 승의에 수순하지만 실제는 세속인 것이 된다. 이 세속인 것이 승의에 수순한다는 것이 바비베카의 이제설과 일치하는 것은 이미 지적한 바와 같으며,[56] 또한 이 승의불생이 세속인 것은 샨타라크쉬타의 『중관론』의 불생의 의미와 완전히 궤를 하나로 하는 것이라고 생각된다. 샨타라크쉬타는 불생이 진실세속에 속하는 것임에도 불구하고 그것을 승의라고 생각하는 자가 있는 것을 지적하고, 승의에 있어서는 모든 희론도 없고 불생도 있을 수 없다고 다음과 같이 말하였다.

---

55) rigs pa yang ji ltar snang ba'i ngo bo yin pa'i phyir kun rdzob kho na yin te/ rigs pa ni gzhan du mi 'jug go// [SDV, Eckel(J), p.173, II.13-14; SDV(9b5); 松下 (上) p.30].
56) 바비베카의 이제설과의 관계는 註40) 참조.

생기 등이 없기 때문에 불생 등도 있을 수 없다. 그 [생기하는] 형상이
부정되기 때문에 그것을 나타내는 말도 있을 수 없다.(K.71)

[부정]대상이 없는데 부정을 적용하는 것은 타당하지 않다. 분별에 의
해서라면 세속에는 되며, 승의에는 할 수 없다.(K.72)[57]

이와 같이 승의에 있어서는 부정대상의 '생기'가 없으므로 부정 그
자체인 '불생'도 있을 수 없다고 설하고 있다. 이렇게 그 '불생' 등의
개념은 세속의 것이며 승의가 아니라고 하는 샨타라크쉬타의 불생론
은 즈냐나가르바의 그것과 완전히 일치하는 것으로, 이것은 샨타라크
쉬타와 즈냐나가르바 사이에 대한 사상적 유사성을 말하는 것이라 생
각된다.

이상과 같이 '불생'으로 설명되는 것은, 실제로는 세속을 본질로 하
는 것이며, 단지 승의에 수순하고 있을 뿐이라고 하는 것과 이러한 의
미에서 샨타라크쉬타와 즈냐나가르바가 완전히 동일한 주장을 펴고
있는 것이 명확해졌다. 이것에 의해 샨타라크쉬타에 대한 즈냐나가르

---

57) (K.71) skye ba la sogs med pa'i phyir// skye ba med la sogs mi srid//
        de yi ngo bo bkag pa'i phyir// de yi tshig gi sgra mi srid//
    (K.72) yul med pa la dgag pa yi// sbyor ba legs pa yod ma yin//
        rnam par rtog la brten na yang// kun rdzob par 'gyur yang dag min//
        [一鄕(上) p.168; 一鄕(下) p.234].
    이 『중관론』의 게송과 『이제론』의 제9, 10게송의 관련성에 대해서는 이미 언급되어 있
    다[一鄕正道(1985-2)(「シャーンタラクシタの解脱論」) p.99]. 그러나 一鄕正道의 견해에
    대해서는 몇몇의 논문[松本史朗(1986-1); 山口瑞鳳(1991-2) p.51] 등에서 논란되는 점
    이 적지 않다.

바의 영향도 이해할 수 있을 것으로 생각된다. 더욱이 『이제론』에는 "승의불생이면 세속도 불생이다."라고 주장하는 유가행파와의 논쟁도 보인다.[58] 그러나 승의에 있어서는 생도 불생도 없기 때문에 그 의미에서 불생이 세속을 본질로 한다고 설명되지만, 세속은 효과적 작용능력을 지니고 현현하며, 인연에 의해 생멸하는 것이기 때문에 불생이란 '정리에 기반한 세속'이라고 하는 것이 타당할 것이다. 세속은 정리에 의한 고찰을 피할 수 없는 것이기 때문에 그 의미로 불생도 세속이지만, 승의에 수순하는 의미를 지닌 것이므로 '승의불생'이라고 설해지는 것이다.

4. 형상론

승의[=비이문승의]에 있어 지각이 성립하지 않는 것은 결국 유형상론·무형상론이 성립하지 않기 때문인 것은 앞에서 언급했지만, 그것에 대해서는 이하 고찰을 진행하기로 한다. 즈냐나가르바는 인연에 의해 생기고, 효과적 작용능력을 지닌 '오직 실재하는 것(vastumātra)'이 세속이라고 하는 것에 대해서는 우리와 대론자 사이에는 다름이

---

58) 잘못된 논쟁가로서 알려져 있지만, 진실의 관점에서 사물이 不生이기 때문에 石女의 아들과 같이 세속의 관점에서도 不生이라고 말하고 있다.
(rtsod ngan grags pa kha cig ni// yang dag par dngos ma skyes pa//
mo gsham bu la sogs bzhin du// kun rdzob tu yang mi skye zer//)[SDV K.25,
Eckel(J), p.178; SDV(11a6-7); 松下(下) p.35] 이 '승의에 있어 불생이기 때문에 세속에 있어서도 불생'이라는, 말하자면 '世俗不生論'에 대해서는 松本史朗(1984-3) 참조.

없다고 말한 후,[59] 그렇다 해도 정리에 의해 고찰하면 모든 것이 혼란스러워진다고 다음과 같이 말하고 있다.

만일 너도 [그 세속이] 정리가 아니고, 현현하는 그대로라고 인정한다면 [서로] 같다. 정리에 의해 [고찰한]다면 일체가 혼란해진다.(K.19)[60]

즉 현현하는 그대로인 것으로서 인정되는 세속도 정리에 의해 고찰한다면 일체가 혼란스러워진다. 왜냐하면 이 정리에 의해서는 세속의 인과관계가 성립하지 않게 되기 때문이다. 이는 정리에 의해서는 세속의 인과관계를 아는 수단이 없게 됨을 의미한다. 어째서 세속에서 성립하는 인과관계가 정리에 의해서는 성립하지 않을까? 그에 대해 즈냐나가르바는 다음과 같이 설명하고 있다.

인과관계를 결정하는 데 있어 너희에게는 [그것을 결정하는] 수단이 없을 뿐이다. 즉 무형상의 지(知)가 외경을 파악하는 것은 불합리하다. 형

---

59) 緣에 의해 생기는 효과적 작용을 내는 것인 '실재하는 것뿐임'은 나와 너에 의해 인정된다. 그것에 대해 우리들에게 어떤 차이도 존재하지 않는다. 그것은 진리이다.
(nrten nas skyes pa don gyi bya ba byed pa dngos po tsam ni kho bo dang khyod kyis kyang khas blangs te/ de la 'u bu cag bye brag ci zhig yod pa ma yin nam/ bden te/[SDV, Eckel(J), p.178; SDV(6b7-7a1); 松下(上) p.39] 이 번역에서 '효과적 작용을 낳는 것(don gyi bya ba byed pa)'이라고 해석한 것을 이미 발표한 글에서는 '사물의 能·所'라고 해석했으나, 여기서 정정한다[李泰昇(1991-2) p.395].

60) gal te khyod kyang rigs min par// ji ltar snang bzhin 'dod na ni//
'u bu cag la de mtshungs nyid// rigs par na ni thams cad 'khrugs//
[SDV, K.13, Eckel(J), p.164; SDV(7a1); 松下(上) p.39].

상은 바른 인식수단이 아니기 때문에, 또한 [그 형상은] 불합리하기 때문에 다른 [유형상의 지(知)가 외경을 파악하는 일은] 없다.(K.13-1)

왜냐하면 다수의 형상의 현현을 가진 하나인 지(知)에 있어 여러 가지 형상이 어떻게 진실이 될까. 왜냐하면 단일성이 손상되기 때문이다.(K.13-2)

그렇다면 직접지각과 비인식에 의해 인과관계는 성립하지 않는다. 다른 방법을 생각하라.(K.13-3)[61]

이와 같이 세속의 인과관계는 정리에 의해 고찰한다면, 그것을 인식하여 결정하는 수단이 있을 수 없기 때문이다. 즉 정리에 의해 고찰하면, 그 인식을 성립시키는 수단인 형상은 성립하지 않으며, 따라서 유형상론·무형상론이 성립하지 않게 되기 때문이다. 그리고 그 형상이 불합리한 것은 지(知)의 일자성과 형상의 다수성이 항상 모순되는 것을 피할 수 없기 때문이다. 이와 같이 즈냐나가르바는 지(知)와 형상이 일(一)과 다(多)의 모순에 떨어지는 것을 지적하고 형상의 불합리성을 말하며, 또한 그것에 의해 유형상론·무형상론이 성립하지 않는 것을 서술하

---

61) 'di ltar rgyu dang 'bras bu'i dngos por nges pa 'di la khyod kyi thabs med pa
kho na yin no// 'di ltar
(K.13-1) rnam pa med pa'i shes pa ni// yul la 'dzin par mi rigs so//
　　　　　rnam pa tshad ma min phyir dang// mi rigs phyir na cig shos min//
(K.13-2) gang phyir sna tshogs ngo bo ru// snang ba can gyi dngos gcig la//
　　　　　rnam pa rnams bden ji ltar 'gyur// de yi gcig nyid nyams phyir ro//
(K.13-3) de lta yin na mngon sum dang// mi dmigs pa yi 'bras bu dang//
　　　　　rgyu nyid du ni mi 'grub bo//　rnam pa gzhan zhig rnam par soms//
　　　　　[SDV,Eckel(J), p.164; SDV(7a2-4); 松下(上) pp.39-40].

고 있다. 그 유형상론·무형상론이 성립하지 않는 것은 인식하는 방법이 없는 것을 의미하며, 따라서 인과관계를 인식하는 것도 불가능하다는 것이다. 여기에서 인식의 불가능이란 직접지각(pratyakṣa)과 비인식(anupalabdhi)에 의해 그 인과관계가 성립하지 않는 것을 의미한다. 이 일과 다의 논의는 이미 『중관론』에서 본대로이지만, 그것과 동일하게 즈냐나가르바도 지와 형상에 대해 일과 다의 논의를 행하고 있다. 또한 이 논의가 승의의 의미에서 행하는 것도 『중관론』과 『이제론』에서 설하는 바가 동일하다.[62] 즉 형상론에 있어서도 샨타라크쉬타와 즈냐나가르바의 사이에는 사상적 유사성이 인정되는 것이다. 나아가 즈냐나가르바는 정리에 의해 인과관계가 성립하지 않음을 다음과 같이 표현하고 있다.

> 다(多)인 것은 일(一)인 사물을 만들지 않는다. 다인 것은 다인 것을 만들지 않는다.
>
> 일인 것은 다인 사물을 만들지 않는다. 일인 것은 일인 것을 만들지 않는다.(K.14)[63]

이 게송에 보이는 부정의 논증은 후세 티벳에서 '사구생기(四句生起)

---

6 2) 『중관론』에서 형상의 논의가 행해지고 있는 승의의 입장에 대해서는, 제1장 註3 1) 참조. 『중관론』에서 진짜 의미의 승의제는 일체의 희론 따위를 떠난 것이기 때문에(본장 註3 5) 참조) 正理에 의해 형상을 고찰하는 승의의 입장은 『이제론』과 마찬가지로 승의 그 자체가 아니라 승의에 수순하는 의미의 세속을 본질로 하는 것일 것이다.

6 3) du mas dngos po gcig mi byed// du mas du ma byed ma yin//
   gcig gis du ma'i dngos mi byed// gcig gis gcig byed pa yang min//
   [SDV, K.14, Eckel(J), p.165; SDV(7a6); 松下(上) p.40].

의 부정(catuṣkotyutpādapratiṣedha)'으로서 알려지며, 그 '이일다성 증인'과 나란히 '4대 무자성논증'의 하나로서 꼽히는 것이다.[64] 이 4구의 각각이 다르마키르티의 설을 그 논란의 상대로서 상정되었다고도 말하지만 다르마키르티 역시 『이제론』 전체에서의 논란의 상대가 아님은 명확하다.[65] 왜냐하면 즈냐나가르바는 다르마키르티와 논란의 상대인 유가행파를 명확히 구별하고 있기 때문이다. 즈냐나가르바는 이 '4구생기의 부정'에 대해서는 1구씩 상세히 논증하고 있으며, 그 결론으로서 "일인 것이 작자(作者)는 아니며, 또한 다인 것이 작자도 아니다. 일과 다 이외에 어떤 작자가 있는가를 말하라."[66] 하며, 인과관계의 불성립을 서술하고 있다. 즈냐나가르바에게 있어서도 일과 다는 '상호배제하면서 존재하는 것을 특징으로 하고 있는 것(parasparapari-hārasthitalakṣaṇatvāt)'이 명확하다.

이상 즈냐나가르바에게 있어서도 형상은 승의에 수순하는 정리에 의해서 형상이 인식수단이 아님을 증명하기 위해 사용되고 있다. 그 형상이 불합리하다는 것은 유형상론·무형상론이 성립하지 않음을 의미하며, 따라서 승의의 관점에서는 인식되는 것은 아무것도 없다고 설해

---

64) '四大無自性論証'에 대해서는, 江島(1980) p.240 참조. 『이제론』의 제14게송이 '四大無自性論証' 속의 하나라는 것은 松本史朗(1984-3) p.29; 一鄕正道(1980) p.98 참조.
65) 즈냐나가르바를 선두로 하는 후기중관파가 다르마키르티를 비판대상으로 간주하는 논문으로는 森山淸徹(1988-1), (1989-1) 참조. 그러나 『이제론』에서 비판대상이 되는 것은 유가행파이며, 디그나가, 다르마키르티가 정리론자가 아니라는 점에 대해서는 松下了宗(1983-1) 참조. 또한 『중관론』에서 정리론자에 대해서는 松本史朗(1986-1) p.196 참조.
66) gcig pu byed po ma yin te// du ma'ang byed po ma yin te//
    gcig dang du ma ma gtogs pa// gzhan gang byed po yin pa smros//
    [SDV, K,14-4-11, Eckel(J), pp.169-170; SDV(8b5); 松下(上) p.44].

진다. 인식되는 것이 없기 때문에 인과관계 따위도 인식되지 않는 것이 된다. 이 같이 세속의 인과관계가 정리에 의해서는 성립하지 않음을 형상론을 통해 증명하고 있지만 그 일과 다에 의한 논의는 샨타라크쉬타의 형상론과 일치하고 있다. 이것도 두 사람 사이의 사상적 유사성을 말하는 것임은 물론이다. 그와 같이 현현하는 그대로의 세속에 있어서도 정리에 의해 고찰하지 않는 한 인과관계는 성립하는 것이다.

5. 자증지

즈냐나가르바의 자증지(svasaṃvedana)에 관한 논의는, 승의(=비이문승의)의 관점에서는, "어떤 것도 보지 않는 것이 진실을 보는 것이다."[67]라는 인용 경문과 관련하여 나타나고 있다. 이 경문을 둘러싸고 다음에서 인용하는 제6게송과 관련하여 그에 대한 대론이 되풀이 되고 있다.

> 만일 분별된 본성을 아무것도 보는 일이 없다면 [그것은] 자증지가 불합리하기 때문이며, 원인의 능력이 부정되기 때문이다.(K.6)[68]

여기에서 중관파가 승의에 있어 일체를 보지 않는 것, 즉 무(無)인 것

---

67) 前註34) 참조.
68) gal te brtags pa'i ngo bo nyid// 'ga'yang mthong ba med ce na//
    rang rig rigs pa ma yin phyir// rgyu yi nus pa bkag phyir ro//
    [SDV, Eckel(J), pp.157-158; SDV(4b1-2, 4b6); 松下(上) pp.31-32].

을 진실이라고 하는 것에 대해, "분별된 본성[(pari) kalpitasvabhāva; 유가행파의 변계소집성]"을 보지 않는 것이 승의라고 주장하는 유가행파의 견해가 거론되고 있다. 이 변계소집성인 분별된 본성이 보여지지 않는다는 것은 유가행파의 견해에 의하면 의타기성에 원성실성이 나타나는 것이다.[69] 즉 중관파에 있어서는 승의의 관점에서 모든 것이 무 혹은 공이지만, 유가행파에게는 의타기성이 승의의 유가 되는 것이다. 즉 중관파가 무라고 인정하는 것에 대해 유가행파는 유라고 인정하는 것이다. 그리고 이것과 관련하여 즈냐나가르바는 자중지의 불합리성을 지적하고 있다. 유가행파가 승의의 관점에서 변계소집성이 없다는 것은 그 변계소집성의 본질인 소취·능취가 없게 된 것을 의미하며, 소취·능취가 없게 되는 것을 그 자중지가 확인하는 것이다. 즉 자중지는 그 두 가지가 무임을 아는 것이 되지만, 이 견해를 비판하여 즈냐나가르바는 다음과 같이 말하고 있다.

[자증]지는 스스로가 스스로를 아는 것이 아니다. 왜냐하면 스스로 현현하는 것이기 때문에 그 의미에서 공(쏜)이기 때문이다. 다른 지(知)와 같이.[70]

---

69) 前註37) 참조. 더욱이 依他起를 圓成實性과 동일시하는 점은 宇井伯壽(1979) pp.132-133 참조. 이와 같이 세속의 근거인 의타기가 오히려 승의의 근거가 되며, 원성실성으로서 나타나는 것은 淸弁에 의한 유가행파 비판에서도 보이는 것이다[能仁正顯(1983) 참조].

70) shes pa ni bdag gis bdag shes pa ma yin te/ rang snang bas stong pa'i phyir shes pa gzhan bzhin no// [SDV, Eckel(J), p.157 II.28-29; SDV(4b3); 松下(上) p.32].

즉 지는 현현하는 것을 그 본질로 하는 것이다. 만일 그렇지 않다면 지 자체와 지에 현현하는 것이 별개의 것이 되며, 그것은 곧 대상이 푸르다는 것과 지각되는 푸름이 별개의 것이 되는 것과 같다.[71] 여기에서도 즈냐나가르바는 그의 일관된 주장, 즉 지의 현현성을 반복하여 주장하고 있다. 지는 현현하는 것을 본질로 하기 때문에 그 의미에 있어서 지 자체는 공이 된다. 만일 대론자가 자증지에 대해 지각을 그 본성으로 한다고 주장한다면, 그 자증지는 스스로가 스스로를 아는 것이기 때문에 모두를 아는 것이든가 아니면 아무것도 아는 것이 없는 것이 되어 그것은 과대적용의 오류(atiprasaṅga)가 된다고 하였다. 더욱이 자증지에 있어서는 근접인(近接因, pratyāsattihetu)이 없는 것을 지적하고 있다. 이와 같이 "승의의 관점에서 변계소집성이 무인 것을 안다." 라는 의미에 있어서의 자증지를 주장하는 유가행파에 대해, 즈냐나가르바는 그 자증지의 불합리성을 지적하여 부정하고 있다. 그리고 그 변계소집성이 무이라면 또 하나의 이유인 직전의 원인의 능력, 즉 소취·능취에 의한 원인의 능력이 부정되기 때문이라고 하여 자증지를 부정하고 있다.

이상 스스로가 스스로를 아는 것을 본질로 하는 자증지에 대해서 즈냐나가르바는 지는 단지 현현하는 것으로 그 의미에서 지 자체는

---

71) "[知의] 스스로의 현현을 인정하지 않으면 별개의 것이 되어 버린다. 푸른색과 그것의 知와 같이."(rang snang bar khas mi len na ni tha dad par thal bar 'gyur te/ sngon po dang de shes pa bzhin no// [SDV, Eckel(J), p.157 II.29-31; SDV(4b3-4); 松下 (上) p.32].

공이라고 서술하여 그 자증지를 부정하고 있다. 이 자증지와 관련하여 여기에서 문제가 되는 것은 즈냐나가르바가 세속이 유식일 뿐이라고 서술했다고 설하는 다음의 문장이다.[72]

분별이라는 과실로 더럽혀지지 않은 의타기성으로 유식의 현현인 색(色) 등의 체(體)를 부정하는 것은 불가능할 뿐만 아니라 부정한다면, 그 부정하는 것이 오히려 직접지각 등에 의해 거부되는 것이다.[73]

이 문장은 "중관파에 있어 부정이란 분별된 것에 대한 부정이며, 그렇지 않은 경우는 오히려 부정하는 자 자신이 거부된다."라는 문장(K.30CD)에 이어지는 것이다. 여기에서 '유식의 현현인 색 등의 체'라고 말하고 있는 까닭에 세속이 유식이라고 주장하는 근거가 되지만, 과연 그러할까? 그렇지 않다고 생각한다. 왜냐하면 세속이란 즈냐나가르바의 세속의 정의에서 본 대로 지로 현현하는 그대로인 것이며, 물과 같이 효과적 작용능력도 지닌 것이기 때문이다. 여기서 유식의 현현으로

---

72) 유가행중관파의 특징이라고 할 점은 세속이 유식이며, 승의의 관점에서는 그 識도 無我라는 점은 앞장에서 서술한 대로이다. 세속이 유식이라는 점에 있어, 즈냐나가르바도 유가행중관파에 속한다고 설해지지만—鄕正道(1982) p.186, pp.194-198 참조], 과연 세속이 유식인지의 여부에 대해서는 의문이 많다. 티베트에서도 즈냐나가르바는 외경을 인정한다는 의미에서 경량중관파, 세간극성행중관 등으로 분류되는 것에서도 즈냐나가르바에게 있어 유식의 의미는 좀 더 다른 관점에서 보아야 할 것 같다.

73) gzugs la sogs pa'i lus rtog pa'i nyes pas ma sbags pa gzhan gyi dbang gi bdag nyid rnam par shes pa tsam snang ba dgag par mi nus pa 'ba' zhig tu ma zad kyi/ byed na byed pa po la mngon sum la sogs pas phyir gnod pa kho na byed do// [SDV, Eckel(J), p.181 II.28-31; SDV(12b2-3); 松下(下) p.39].

서의 색이란 지에서 현현하는 것을 의미하며, 그것이 분별을 떠난 의타기성인 것, 즉 진실세속인 것을 의미하고 있다고 생각된다.[74] "세속이 유식일 뿐이다"라는 설은 샨타라크쉬타를 유가행중관파로서 분류하는 기준이 되는 것도 있지만, 이미 논한 것과 같이 그것은 오해에 의한 것이라고 생각된다. 즈냐나가르바에게 있어서도 그가 "세속을 단지 유식일 뿐"이라고 설했다고 하는 것은 샨타라크쉬타와 마찬가지로 오해일 것이다. 즈냐나가르바에게 있어 색 등이 유식의 현현이라는 것은 분별을 떠나 현현하는 진실세속을 의미하는 것 이외에 아무것도 아니라고 생각된다.

이상과 같이 즈냐나가르바는 승의의 관점에서 자증지를 부정하고 있는 것으로, 이 즈냐나가르바의 견해는 샨타라크쉬타와 어떠한 관계에 있는 것일까? 샨타라크쉬타도 자증지를 전제로 일과 다의 논리를 전개하지만, 그것은 승의의 관점에서는 인정되지 않는다. 정리에 의한 승의의 관점에서 일과 다의 증인에 의한 논리적 고찰을 피할 수 없기 때문이다. 그런 까닭에 샨타라크쉬타는 일반 사람의 상식에 따라 세속으로서 자증지를 승인하고 있는 것이다. 이 자증지를 즈냐나가르바가 승의의 관점에서 인정하지 않았다면, 그렇다면 세속의 관점에서는 어떠할까? 『성무진혜보살경(聖無盡慧菩薩經)』에서 인용되는 "승의제에

---

74) 게다가 여기서의 유식의 의미를 "'유식'은 분별의 無를 의미하는 것이며, 외경의 부정을 의미하지 않음에 주의해야 한다"고 말하고 있다[松本史朗(1978-1) p.125]. 이와 같은 분별의 無로서의 유식의 의미는 분별을 떠난 진실세속을 설하는 『중관론』의 설명과 일치하는 것일 것이다. 제1장 註44) 참조.

서는 마음의 움직임조차 없으므로 문자 등은 더욱 그러하다.”[75]라는 경문에 대해 해석하면서 즈냐나가르바는 “자기를 인식하기 때문에 마음의 활동영역이 되고 있는 지(知)는 [세속이다]”[76]라고 서술하고 있다. 즉 조금이라도 마음의 작용을 동반하는 지라면 그것은 세속이라는 의미이다. 따라서 즈냐나가르바에게도 이 자증지는 세속으로 간주되고 있는 까닭에 샨타라크쉬타와 마찬가지로 자증지를 승의가 아닌 세속으로서 인정하고 있다고 말할 수 있다. 곧 자증지에 대해서도 두 사람 사이에는 사상적 유사성은 나타나고 있다.

6. 유가행파 비판

『이제론』에서 즈냐나가르바는 대론자와 논쟁하는 형태로 자신의 생각을 전개하며, 그 대론자로서 유가행파의 데벤드라붓디와 스티라마티 등의 견해를 인용하고 그것을 비판하고 있다. 이 비판의 쟁점 중의 하나가 자증지를 둘러싼 논쟁으로, 자증지에 대해서는 이전 항목에서 고찰한 대로이다. 그 자증지는 디그나가, 다르마키르티 등에 의해 체계화된

---

75) don dam pa'i bden pa ni gang la sems rgyu ba yang med na/ yi ge rnams lta smos kyang ci dgos zhes gsungs so// [SDV, Eckel(J), p.158 II.27-29; SDV(5a1-2); 松下(上) p.33].

76) bdag nyid rig pa yin pa'i phyir// sems kyi spyod yul gyur pa'i shes//
[SDV, K.7-1AB, Eckel(J), p.159; SDV(5b2); 松下(上) p.34] .
승의제에 있어서는 약간의 마음의 움직임도 없지만, 아마도 知의 움직임에 의해 인식하는 것이라면 그것은 세속으로서 간주된다고 설해진다.

것이지만, 『이제론』에서는 유가행파의 삼성설과 관련하여 비판이 이뤄지고 있다. 그리고 즈냐나가르바도 자중지를 샨타라크쉬타와 마찬가지로 세속으로서 인정하고 있는 것으로 보여진다. 그러나 자중지를 서술하는 디그나가 등은 정리론자(nyāyavādin)에 대해서는 명확한 비판을 보이지 않지만,[77] 유가행파에 관해서는 명확한 형태로 비판을 전개하고 있다. 『이제론』에서 비판되는 사람이 유가행파의 데벤드라붓디 및 스티라마티 등으로 그 유가행파의 비판에 대해 이하 고찰해 보기로 한다.

1) 데벤드라붓디 비판

데벤드라붓디(Devendrabuddhi: ca. 630-690)는 다르마키르티의 직제자이며, 다르마키르티 주석자의 세 부류 가운데 문헌학파로 분류되고 있다.[78] 그는 다르마키르티의 『양평석』에 관해 〈위자비량장(爲自比量章)〉을 제외한 다른 3장에 『양평석세소(量評釋細疏, pramāṇavārttikapañjikā)』라는 주석서를 쓴 것으로 알려져 있다. 즈냐나가르바는 다음과 같이 일곱 가지의 첨가게를 통해 데벤드라붓디의 설을 인용하고, 그것에 대해 비판하고 있다.

(데벤드라붓디의 주장)

세속이 무(無, abhāva)라면, 생기는 유(有, bhāva)이기 때문에 그때 단일의

---

77) 前註65) 참조.
78) Stcherbatsky, Th.(1962)(Vol.1) p.40.

사물이 동시에 유능력·무능력을 가지게 된다.(K.15-1)

세속이 생기라면 [그때] 세속에 있어 생기한다는 학자들의 이 말의 의미는, 생기가 생기하는 것이 되어 이상하다.(K.15-2)

이 생기가 세속이며, 승의의 관점에서는 불생(不生)이라고 한다면 불생이기 때문에 모든 존재도 불생이라면, 그것도(K.15-3)

이미 성립되어 있는 것을 증명하는 것이 된다. 이것에 의해 인정되지 않았던 것이 어느 정도 증명되겠는가. 정리에 따르기 때문에 존속 등도 그와 같이 말해진다.(K.15-4)

(즈냐나가르바의 반론)
그것들은 논리적 필연성을 가지지 않으며, 언설의 대상이 아닌 것을 분별하는 것으로, 그 논란은 [나의] 이 세속의 정의로부터 무너지는 것이라고 이해하라.(K.15-5)

정리에 의해 고찰하면 [존재는] 진리가 아니다. 그 이외 [정리에 의하지 않는 것]이 진리이다. 따라서 단일한 것에 진리·비진리가 어떻게 모순될 수 있겠는가.(K.15-6)

정리에 의해 고찰하면 무이다. 그 이외 [정리에 의하지 않는 것]에 있어

서는 유이다. 따라서 단일한 것에 유와 무가 어떻게 모순될 수 있겠는
가.(K.15-7)[79]

여기서의 데벤드라붓디의 주장에 대해서는 이미 그의 『양평석세
소』에서 전거가 확인되고 있기 때문에[80] 여기서는 데벤드라붓디의 주
장과 그에 대한 즈냐나가르바의 반론의 의미에 대해 고찰하기로 한다.
즈냐나가르바는 이 일곱 가지의 첨가게에 들어가기 전에 "세속의
관점에서 생기하고, 승의의 관점에서는 무자성이다."라는 『입능가경
(入楞伽經)』의 경문을 인용하고 있다.[81] 더욱이 제15게송의 후반에서
"이것(=세속)에 있어서는, 모든 것이 진리이지만, 승의에 있어서는, 진

---

79) (K.15-1) kun rdzob dngos po med yin na// skye ba dngos po yin pa'i phyir//
　　　　　 de tshe dngos po gcig de la// nus dang mi nus cig car 'gyur//
　　(K.15-2) kun rdzob skye ba yin na yang// kun rdzob tu skye zhes bya 'dir//
　　　　　 mkhas pa rnams kyi tshig don ni// skye ba skye bar 'gyur te mtshar//
　　(K.15-3) 'di yi skye ba kun rdzob ste// don dam par ni skye med na//
　　　　　 skye ba med pas dngos po rnams// ma skyes par ni smra na de//
　　(K.15-4) grub pa bsgrub pa smra 'gyur 'dis// mi 'dod ci zhig bsgrub par 'gyur//
　　　　　 rigs pa'i rjes su 'brangs nas 'dis// gnas pa la sogs de bzhin brjod
　　(K.15-5) de la sogs pa ma 'brel la// sgra don ma yin rnam rtog cing//
　　　　　 rgol ba kun rdzob mtshan 'di las// nyams par khong du chud par gyis//
　　(K.15-6) rigs pas brtags na dngos ma yin// de las gzhan du dngos po yin//
　　　　　 des na gcig la bden nyid dang// mi bden par ni ji ltar 'gal//
　　(K.15-7) rigs pas brtags na dngos ma yin// de las gzhan du dngos po yin//
　　　　　 des na gcig la dngos po dang// dngos po med pa ji ltar 'gal//
　　[SDV, Eckel(J), pp.171-172; SDV(9a5-9b2); 松下(下) p.28].
80) 松本史朗(1980-4) pp.102-103.
81) dngos rnams skye ba kun rdzob tu// dam pa'i don du rang bzhin med//
　　[SDV, Eckel(J), p.171; SDV(9a3); 松下(下) p.27]; (bhāvā vidyante saṃvṛtyā
　　paramārthe na bhāvakāḥ; Laṅkāvatārasūtra X-429ab.Nanjio's Ed., p.319) 이 게송
　　에 관해서는 松下(下) p.47 n.2 참조.

리가 아니다."[82]라고 자신의 견해를 서술하고 있다. 이것은 세속에 있어서는 인정되는 것도 승의에 있어서는 인정되지 않음을 의미하는 것이다. 『입능가경』에 의하면, 세속의 관점에서는 모든 생기하는 것도 승의의 관점에서는 불생이며, 더욱이 자성은 있을 수 없는 것이 된다. 데벤드라붓디가 주장하는 것은 그 세속의 생기와 승의의 불생이라는 것에 대한 반론이다. 그는 "어떻게 세속에 의해 생긴다고 인정하며, 다른 방식(승의)에 있어서는 생긴다고 하는 것이 인정되지 않는가?"[83]라고 서술하고 있다. 즉 세속에 있어서 생기한다면 승의에 있어서도 생기해야 한다는 것이 데벤드라붓디의 주장이다. 이 데벤드라붓디의 주장은 다르마키르티의 이제설을 둘러싼 해석에 있어서 유가행파의 입장에 선 것이다. 따라서 그는 세속의 관점에서 생기하는 것을 부정하기 때문에 "만일 세속의 본성이 무(無)라면" 이라는 전제를 세우고 논리를 전개하고 있다. 만일 그 세속이 무를 본성으로 한다면, 세속이란 생기한다고 정의되기 때문에 세속이 무와 유의 본성, 즉 무능력과 유능력을 동시에 가지는 것이 된다. 그러나 그 유와 무는 "상호배제하면서 존재하는 것을 상(相)으로 하는 것(parasparaparihārasthitalakṣaṇa)" 이기 때문에[84] 단일

---

82) des na 'di kun bden pa ste// dam pa'i don du bden ma yin//
   [SDV, K.15CD, Eckel(J), p.171; SDV(9a3); 松下(下) p.27].

83) gzhan yang khyed kyis kun rdzob tu yod pa nyid du 'dod pa'i yang ci yin/
   gang gis na kun rdzob tu skye bar 'dod kyi/ rnam pa gzhan du ma yin/ 또한 그
   대가, 세속으로서 있다고 인정하는 것은 무엇인가? 어째서 세속으로서는 생긴다고 인정
   하는가? 다른 방향(=승의)에서는 [인정되지] 않는 것인가?(PVP, D. No.4217, Che
   124b7-125al). 松本史朗(1980-4) pp.102-103.

84) phan tshun spangs te/ gnas pa'i mtshan nyid(PVP, D. No.4217, Che 125al-2)　松
   本史朗(1980-4) p.103.

한 것으로 동시에 성립하는 것은 있을 수 없다. 또한 세속이 생기를 의미한다면, 세속은 생기하는 것이라는 정의에 있어서, 생기가 생기하는 것이 되기 때문에 이상하게 된다. 따라서 세속은 유·무, 즉 생기·불생기가 함께 성립하지 않는다는 것이 데벤드라붓디의 주장이다.

이 데벤드라붓디의 주장에 대해 즈냐나가르바의 반론은 첨가게에 나타난 대로이다. 이 즈냐나가르바의 반론에 관한 샨타라크쉬타의 주석에 의하면 다르마팔라, 즉 호법의 설로서 곧 단일한 것이 동시에 진실이자 비진실이 된다는 설이 소개되며, 그것을 종합하여 즈냐나가르바가 반론을 하는 형태로 되어 있다.[85] 이 다르마팔라의 설과 데벤드라붓디의 설은 매우 닮아 있는 것을 알 수 있다. 데벤드라붓디가 다르마팔라(530-561)의 영향을 받았는지 어떤지는 의문이지만,[86] 데벤드라붓디가 유가행파의 인물인 것은 이에 의해 좀 더 명확해진다. 그리고 즈냐나가르바의 반론에는 정리에 따른 경우와 그렇지 않은 경우가 명확히 구별되고 있기 때문에 모순은 없다고 서술되고 있다. 이것은 정리에 따르면 무가 된다고 해도 그렇지 않은 경우에는 유이며, 모순은 없다는 것이다. 그리고 이 첨가게에 이어서 이미 고찰한 '승의불생'의 의미, 즉 승의불생이란 정리에 따르면 불생이라는 것이 설명된다.

이상의 논쟁을 종합해보면 다음과 같다. 중관파가 세속에 있어서의 생기와 승의에 있어서의 불생을 주장하는 것에 대해서 유가행파의 데

---

85) 제3장 註62)-(2) 참조.
86) 데벤드라붓디는 자신의 견해를 서술할 때 다르마팔라의 견해를 의식하지 않았다고 한다[松本史朗(1980-4) pp.110-113 참조].

벤드라붓디는 세속이 생기라면 승의도 생기가 되어야 한다고 주장하고 있다. 따라서 데벤드라붓디는 세속이 생기도 아니고 불생도 아니라는 논리를 전개하며, 그 '세속생기설'을 비판하고 있다. 이에 대해 즈냐나가르바는 정리에 의하면 불생이고, 그렇지 않으면 생기라고 대답하고 있는 것이다. 더욱이 이어서 승의불생이란 정리에 따르면 불생이라는 의미로, 그것도 본질적으로는 세속의 성질이며, 정리는 세속에 수순하기 때문에 승의불생이라고 서술되고 있는 것이다.

2) 스티라마티 비판

즈냐나가르바는 바수반두(Vasubandhu)의 『유식삼십송』에 대한 스티라마티(Sthiramati: ca. 510-570)의 주석서 『유식삼십송석』의 "이것[=세속]은, 기반이 없다는 것은 있을 수 없다."[87]라는 문장을 인용하고, 그것에 대해 비판을 더하고 있다. 여기서 그 스티라마티가 의도한 것이 무엇인지를 먼저 고찰하기로 한다. 스티라마티는 『유식삼십송석』을 지은 목적의 하나로 다음과 같이 말하고 있다.

> 어떤 사람은 식(識)과 동일하게 소식(所識)도 실체라고 생각한다. 또한 어떤 사람은 소식과 동일하게 식도 세속성이며, 승의성이 아니라고 생각한다. 이 두 종류의 극단설을 대치하기 위해 이 논을 저술한다.[88]

---

87) 'di ni gzhi med par mi rung ngo[SDV, Eckel(J), p.176 I.10; SDV(10b4); 松下(下) p.33; na hi saṃ vṛtir nirupā dā nā yujyate; TVB p.16 1.13].

그리고 이 대치해야 하는 두 가지의 극단설에 대해 스티라마티는
다음과 같이 설명하고, 그것을 비판하고 있다.

그와 같이 아(我)와 법(法)은 식 그 자체에 있어서도, 또한 외경에 있어서
도 존재하지 않기 때문에 아와 법은 소분별(所分別)이며, 승의성이 아니
다. 그래서 "식과 동일하게 소식(所識)도 [실체]이다"라는 이 극단설은
허용해서는 안 된다. 또한 기반을 지니지 않은 가설은 불가능하기 때
문에 필연적으로 아와 법의 가설이 전개되는데 있어 식의 전변이 실제
로 있다면 지각해야 한다. 그 때문에 "식도 소식과 마찬가지로 세속성
이며, 승의성이 아니다."라고 하는 이 주장도 불합리하다. 세속성도 또
한 비존재라는 과실에 떨어지기 때문이다. 왜냐하면 세속이 기반을 가
지지 않는다는 것은 불합리하기 때문이다.[89]

즉 "세속은 기반이 없을 수 없다"란 스티라마티가 상정하는 두 가지
의 극단설을 비판하는 가운데 나타나고 있다. 구체적으로 말하면, 식을

---

[88] atha vā vijñānavad vijñeyam api dravyata eveti kecin manyante/ vijñeyavad
vijñānam api saṃvṛtita eva na paramārthata ity asya dviprakārasyāpy ekāntavād
asya pratiṣedhārthaḥ prakaraṇārambhaḥ//(TVB, p.15 II.13-16).

[89] evaṃ vijñānasvarāpe bahiś cātmadharmābhāvāt parikalpita evātmā dharmāś ca na tu
paramārthataḥ santīti vijñānavad vijñeyam apy ucyate evety ayam ekāntavādo
nābhyupeyaḥ/ upacārasya ca nirādhārasyāsaṃbhavād avaśyaṃ vijñānapariṇāmo
vastuto 'sty upagantavyo yatrātmadharmopacāraḥ pravarte/ ataś cāyam upagamo
na yuktikṣamo vijñānam api vijñeyavat saṃvṛtita eva na paramārthata iti/ saṃvṛtito
'py abhāvaprasaṅgān na hi saṃvṛtir nirupādānā yujyate/ (TVB, p.16 II.8-14).

승의로서 인정하지 않는 중관파의 주장에는 세속을 성립시키는 기반이 없기 때문에 그것은 있을 수 없다는 것이다. 이 스티라마티의 견해에 대해 즈냐나가르바는 다음과 같이 반론하고 있다.

> 기반을 가진 가설의 존재는 어떤 것이라도, 어디에서도 현현하지 않는다.
> 나무 등의 이 [가설인 것]도 기반에 의존하지 않는 성질이다.(K.23)[90]

즈냐나가르바는 그 기반을 지닌 가설의 존재가 있을 수 없음을 명확히 하기 위해 나무를 예로 들어 가설된 나무의 기반으로서의 원인에 대해 추구하고 있다. 즉 나무의 원인으로서의 가지, 그 가지의 원인으로서의 좀 더 근본적인 것, 그리고 더 계속해서는 원자에 이르지만, 그 원자도 방각(方角)을 지닌 것으로 근본원인으로는 되지 않는다. 따라서 세속의 것에는 근본원인과 같은 기반은 없다고 하는 것이다. 즉 세속은 '현현하는 그대로인 것'이며, 기반 등의 원인을 필요로 하지 않는 것이라고 말하고 있는 것이다.

이와 같은 즈냐나가르바의 반론은 식(識)을 근본원인으로서 생각하며, 세속인 것은 식을 그 기반으로 한다고 주장하는 스티라마티, 즉 유식론자에게 향하는 것을 알 수 있다. 이것은 식을 승의로서 인정하는 유식론자에 대해 승의로서는 인정되는 것은 어떠한 것도 있을 수 없다

---

90) btags pa gzhi dang bcas pa ni// 'ga 'yang gang la'ang mi snang ngo//
   shing la sogs pa 'di yang ni// gzhi la ltos pa ma yin nyid//
   [SDV, K.23, Eckel(J), p.176; SDV(10b4-5); 松下(下) p.33].

는 중관론자로서 즈냐나가르바가 대답하고 있는 것이라고 생각된다.[91)

이러한 논의로부터 승의에서는 일체가 무이지만, 세속으로서는 유라고 주장하는 즈냐나가르바의 기본입장이 더욱 분명히 나타나고 있다.

그리고 제24게송과 그 첨가게에서는 유가행파의 삼성설에 대해 비판이 가해지고 있다. 그것은 분별된 본성의 변계소집성이 원인에 의존하지 않는 존재하지 않는 것이지만, 식은 실체로서, 승의로서 존재한다는 유가행파의 견해에 대한 즈냐나가르바의 비판이다. 즉 소취·능취를 본질로 하는 변계소집성이 없어지는 것이 연기로서의 의타기성이 나타나는 것이며, 그것이 식의 현현이라고 주장하는 유가행파의 견해에 대해 즈냐나가르바는 소취·능취란 직접지각이며, 그것이 없어지는 일은 있을 수 없다고 서술하고 있다.[92) 그렇기 때문에 어떻게 의타기성 또는 식의 현현 등이 있는가 하고 반론하는 것이다. 더욱이 그 소

---

91) 중관파에 의해 비판되는 유식파의 교의에 대해서는 註21) 참조.

92) 즈냐나가르바는 다음과 같이 비판하고 있다.

"만일 無인 것이기 때문에 의존하지 않는다고 한다면, 직접지각과의 다름이 모든 것에 있어 행해진다. 소취·능취는 분별된 것이지만, 그 두 가지도 단지 직접지각이라고 인정되는 것이다."(gal te med pa'i phyir mi ltos so zhe na/ mngon sum dang 'gal ba kun rdzob tu spyod de/ gzung ba dang 'dzin pa ni brtags pa'i ngo bo nyid yin la/ de gnyis kyang mngon sum kho nar grags pa de dag yin no//)[SDV, Eckel(J), p.177, 3-6; SDV(10b7-11a1); 松下(下) p.33].

여기서 '無인 것' 이란, SDP에 의하면, 유가행파의 三無性 중 제1인 相無性(lakṣaṇa-niḥsvahāvatā)를 의미한다(SDP 4ob3). 곧 所取·能取를 특성으로 하는 변계소집성이 없어지는 것이 의타기성으로서 원성실성이 현현한다고 하는 유가행파의 견해에 대하여, 즈냐나가르바는 소취·능취란 직접지각의 성실이 인정되어 부정되는 것이 아니라고 말하고 있다. 이 二取는 유가행파가 말하듯 '분별된 것'이 아니라 분별을 떠난 직접지각을 특성으로 한다는 것이다. 이 직접지각이 분별을 떠난다고 하는 것은 디그나가, 다르마키르티 등의 불교논리학파에 있어서 직접지각의 정의이기도 하다.

취·능취를 없애는 것으로서, 그것을 부정해야 할 집착으로 생각하는 것은 유가행파의 무지에 의한 것이라고 비판하고 있다.[93]

이처럼 즈냐나가르바는 소취·능취를 분별된 것으로 인정하고, 나아가 승의의 관점에서는 의타기성이 있거나 혹은 승의의 관점에서 식이 있다고 주장하는 유가행파에 대해 비판하고 있는 것이다. 이러한 비판과 관련하여 즈냐나가르바는 다음과 같이 중관파에 있어 부정대상에 대해 서술하고 있다.

> 생기 등 현현하는 것이 없어야 하는 본연의 존재방식에 있어, '진실로서'라고 하는 등 다른 자가 분별하는 것을 부정한다. (K.29)[94]

이와 같이 즈냐나가르바는 진실, 즉 '승의로서'라고 분별된 것을 부정하고 있으며, 유가행파에 대한 비판의 초점도 그 "승의에 있어서 식 등이 있다"고 인정하는 것, 즉 승의유의 입장을 부정하는 데 있다.

---

93) 즈냐나가르바의 삼성설 비판은 변계소집성의 특성인 二取가 유가행파가 말하는 것과 같은 분별임이 아니라 분별을 떠난 직접지각인 것이라는 점이 된다. 따라서 그 이취는 분별을 떠나 현현하는 것이며, 그 의미에서 그것은 부정되는 것이 아닌 것이 된다. 『이제론』에서는 다음과 같이 말하고 있다.
"그것들(=인연)에 의해 생기하는 것과 같이 현현할 뿐이다. 만일 그와 같이 생기한다고 한다면, 두 가지(=이취)를 떠난 것이 아니다."(gal te de lta bu kho nar bskyed do zhe na/ 'o na ni gnyis kyis dben pa can gyi ngo bo ma yin te/)[Eckel(J), p.177, II.31-33; SDV(11a5); 松下(下) p.35].

94) skye la sogs pa'i rnam pa gang// snang ba min la de yang ni//
yang dag par zhes bya sogs par// gzhan gyis yongs su brtags pa 'gog//
[SDV. Eckel(J), p.181; SDV(12a7); 松下(下) p.38].

7. 인용문헌

먼저 『이제론』에 있어서는 다음의 ①『유마힐소설경(維摩詰所說經)』,
②『입능가경(入楞伽經)』, ③『법집경(法集經)』, ④『성무진혜보살경(聖無盡慧
菩薩經)』, ⑤『대품반야경(大品般若經)』, ⑥『지광명장엄경(智光明莊嚴經)』, ⑦
『양결택(量決擇)』 등의 경론이 인용되고 있다. 그 가운데 ①에서 설해지
는 유명한 유마거사의 침묵이 즈냐나가르바의 승의(=비이문승의)로 비유
되고 있다. 즉 승의의 관점에서는 말로 표현되는 것이 없음을 유마거
사가 침묵으로 표현하고 있는 것으로 즈냐나가르바는 다음과 같이 말
하고 있다.

> 거기[승의]에서는 말로 표현되는 것이 조금도 없기 때문에 질문을 받아
> 도 의미를 말하지 않고, 침묵하는 것에 의해 크게 설한 것이다.(K.11-4)[95]

이렇게 즈냐나가르바는 승의에서는 언어의 표현도 없고, 마음 작용
도 있을 수 없다는 것을 유마거사의 침묵에 비유하고 있다.

『이제론』의 인용 문헌 중 좀 더 중요한 것은 ④일 것이다. 그것은 ④
로부터의 인용 경문에 대해 즈냐나가르바가 자세히 해설을 하고 있으
며, 그 인용 경문은 샨타라크쉬타의 『중관론』에도 똑같이 나타나고
있기 때문이다.[96] 여기서는 이 ④의 경문에 관해, 『중관론』과 『이제론』

---

95) gang phyir kho na de la ni// brjod bya'i bag kyang ci yang med//
   de yi phyir na dris kyang don// mi gsung bzhugs pas rgya cher bshad//
   [SDV, K.11-4, Eckel(J), p.163; SDV(6b3-4); 松下(上) p.38].

을 비교하는 것으로 하겠다. 먼저 ④에서의 인용 경문은 다음과 같다.

> 세속제란 무엇인가 하면, 세간의 언설에 의해, 말하자면 시설(施設)과 문자, 음성, 기호에 의해 [말하자면] 설시(說示)이다. 승의제는, 거기에서는 마음의 움직임도 없는 것으로, 문자들에 의해 표현은 더욱 없다.[97]

이 인용 경문은 이제설에 관한 중요한 경문이듯이,[98] 『중관론』에서도 인용되고 있다. 더욱이 『이제론』과 『중관론』에서 이 경문을 둘러싼 해석을 보면, 특히 그 세속제에 관한 설명은 매우 유사한 것을 알 수 있다. 그것을 원문을 통해 살펴보기로 한다.

『이제론』 Sa 5a2-4

ji snyed ces bya ba'i tshig ni mtha' dag ces bya ba'i don to// des na rnam par rtog pa med pa'i mngon sum gyi shes pas yong su bcad pa'i ngo bo'i dngos po gzugs la sogs pa dang bde ba la sogs par rig par grub pa rnams ni kun rdzob kyi bden pa kho na yin no// de ni 'og tu yang sbyar bar bya'o// de'i phyir mdo las 'byung ba

---

96) 一鄕(上) p.162; 一鄕(下) p.204.

97) de la kun rdzob kyi bden pa gang zhe na/ ji snyed 'jig rten gyi tha snyad gdags pa dang/ yi ge dang skad dang brda bstan pa dag go// don dam pa'i bden pa ni gang la gang la sems rgyu ba yang med na/ yi ge rnams lta smos kyang ci dgos zhes gsungs so// [SDV, Eckel(J), p.158 II.25-29; SDV(5a1-2); 松下(上) p.33].

98) 이 경문은 『般若灯論』『究竟一乘寶性論』『大乘莊嚴經論』 등에도 인용되어 있다. 松下(上) p.47 n.24 참조.

dang/ yi ge dang skad dang brda bstan pa gzhan pa gzhan dag
kyang gzung ngo//

『이제론』의 번역

'모든'이라는 말은 전부라는 의미이다. 그 때문에 무분별의 직접지각
에 의한 지(知)에 의해 결정되는 성질의 색 등을 인식하여 성립하는 것
이 세속제에 지나지 않는다. 그것[=모든 것]이란, 뒤의 것과 결부되어
야 하는 것이다. 그 때문에 경전에서 나타나는 것과 문자, 음성, 기호로
설시되는 여타의 것도 [세속에] 포함된다.

『중관론』 Sa 71a3-4

ji snyed pa zhes bya ba ni ma lus pa'i don yin par bstan te/ de'i
phyir rnam pa mi rtog pa'i shes pas rtogs pa'i bdag nyid gzugs la
sogs pa dang/ bde ba la sogs pa ni kun rdzob kyi bden pa nyid las
mi 'da' 'o// de'i rjes su 'brel pa'i phyir yi ge la sogs pa yang sbyar
ro// de'i phyir lung las byung ba dang 'jig rten pa yang bsdu ste/

『중관론』의 번역

'모든'이라는 것은 '남김없이'라는 의미라고 보여지며, 그 때문에 무분
별지에 의해 지각되는 자체인 색·락 등은 세속제의 성질을 넘어서는 것
이 아니다. 그것[=모든]과 결부되기 때문에 문자 등에서도 결부되는 것
이다. 그에 성전의 가르침에서 나타나는 것과 세간도 [세속에] 포함된다.

이 『이제론』과 『중관론』의 논술은 거의 일치하는 것을 알 수 있다. 더욱이 『중관론』의 첫행인 " '모든'이라는 것은 '남김없이'라는 의미라고 보여지고 있다."에서 이 '보여지고 있는 곳'이란 이 『이제론』의 해당 개소가 언급되고 있는 것은 이미 지적되고 있는 대로이다.[99] 따라서 이것에 의해서도 샨타라크쉬타는 『중관론』의 저술에 있어서 즈냐나가르바의 『이제론』을 참조한 것이 방증된다고 생각한다.

④에서의 인용 경문은 언설 표현되는 세속제에 대해, 승의제에 있어서는 마음의 움직임조차도 없다고 말하고 있다. 그리고 이미 고찰한 대로 자증지도 그것이 마음의 활동인 이상, 세속에 속한다고 설해지는 것이다. 이 인용 경문에 의해 즈냐나가르바는 승의에 있어서는 무(無)인 상태, 즉 말도, 마음의 움직임도 없는 삼매와 같은 상태로 세속에 있어서는 말 등에 의해 언설표현이 성립하는 것을 설하고 있다고 생각된다. 즈냐나가르바의 인용 문헌 중 ③도 『중관론』에 인용되고 있는 것은 지적한 대로이다.[100] 이와 같이 인용 경문에서도 샨타라크쉬타와 즈냐나가르바의 사상은 매우 일치하고 있다. 그러면 지금까지 고찰한 『이제론』을 기초로 『중관론』과의 관계를 다음 항목에서 정리해보기로 한다.

99) 松本史朗(1978-1) p.112
100) 前註34) 참조.

제3절 『이제분별론』과 『중관장엄론』

1. 『이제분별론』의 요약

먼저 『이제론』의 이제설 내용을 요약해 보면 아래 〈표 1〉과 같다고 할 수 있다.

이 즈냐나가르바의 이제설에서 좀더 특징적인 것은 그가 승의불생과 정리를 승의에 수순한다고 해도, 실제로는 세속을 본질로 하는 것이라고 규정하고 있다고 생각한다. 그에게 있어 진짜 승의란 무분별·무희론의 비이문승의 밖에 없었다는 것이다. 따라서 그 승의에서는 자증지도 성립하지 않고, 이미 마음의 움직임에 의한 것은 승의가 되지 않는다. 일체법불생 등도 승의의 진실로서 인정된다 해도, 승의에서는 생·불생이 대립하는 것이 있을 수 없기 때문에 그것도 세속으로 간주

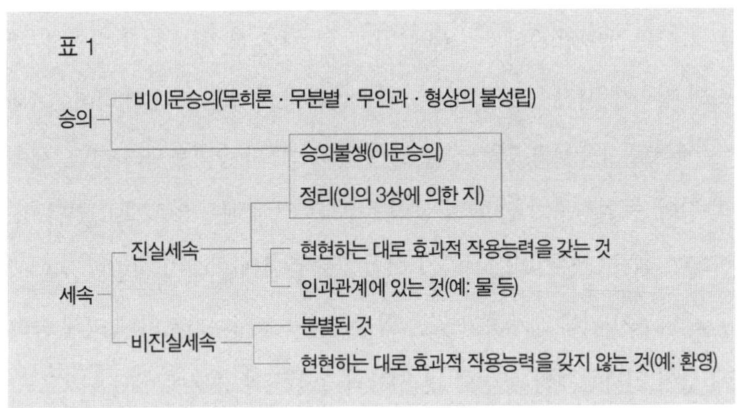

하는 것이다. 그리고 정리도, 속이는 것이 없기 때문에 승의로 인정되지만, 정리가 행해지는 것은 어디까지나 세속에서이기 때문에 세속을 본성으로 하는 것이라고 한다. 그리고 세속은 다르마키르티에게 있어 승의와 세속의 정의로서 사용된 것이다. 이 진실세속과 비진실의 세속은 샨타라크쉬타에게도 그대로 계승되고 있다. 또한 형상에 관해서도, 즈냐나가르바는 승의에 있어서 지각이 불가능함은 형상의 불성립에 의한 것이라고 설명하고 있다. 그 형상의 불성립→지각의 불성립은 승의에 있어서도 인과관계의 불성립과 관련하여 서술되고 있다. 더욱이 그 인과관계의 부정을 논증하는 '사구생기부정'의 증인은 일(一)과 다(多)의 정리 및 이제설도 샨타라크쉬타의 『중관론』의 내용과 매우 유사한 것을 알 수 있다.

2. 『이제분별론』과 『중관장엄론』의 관계

전장에서 고찰한 대로 『섭진실론』의 〈외경고찰의 장〉과 『중관론』의 큰 차이는 세속에 관한 논술에 있지만, 『이제론』을 통해 고찰한 결과, 세속의 정의를 시작으로 『중관론』에서 설해지고 있는 모든 개념이 『이제론』에서도 사용되고 있는 것을 알 수 있다. 특히 승의불생의 개념, 세속의 정의, 동일경문의 인용 및 설명 등 모든 것이 매우 일치하고 있다. 또한 승의에서도 샨타라크쉬타가 이일다성 증인에 의해 일체법의 무자성을 증명하기 위해 전개하고 있는 형상논의가 즈냐나가르바에 의해 승의에 있어 인과관계의 불성립 및 지각의 불성립의 증명에서 사용되고 있다. 이와 같은 일과 다의 논리에 의한 형상설부정은 즈냐나가르바와 샨타라크쉬타가 거의 같은 사상을 지니고 있다는 것을 의미하는 것이다. 더욱이 이제설에 관해서도 거의 같을 정도로 동일하게 전개되고 있다. 그 『중관론』에서의 이제설은 다음과 같이 정리할 수 있을 것이다.

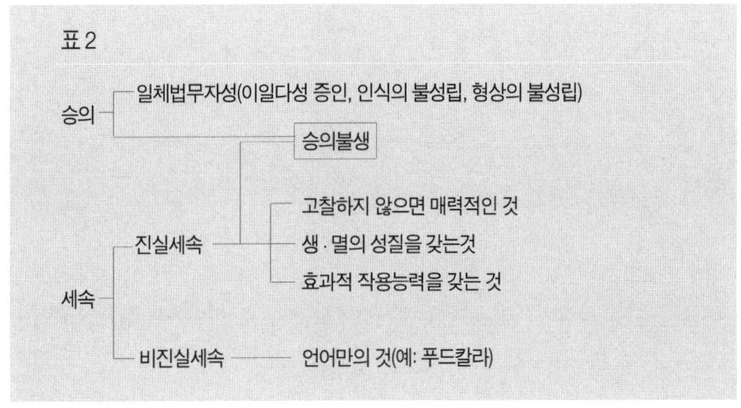

〈표 2〉와 같은 이제설의 구성은 『이제론』과 거의 일치하는 것을 알 수 있다. 따라서 이상의 것을 종합하여 보면, 샨타라크쉬타의 『중관론』의 성립에는 이 『이제론』이 큰 역할을 했다고 생각된다. 따라서 샨타라크쉬타가 이 『이제론』에 대해 주석서를 쓴 것을 생각해보면, 그는 자신의 『세소』에서 즈냐나가르바의 사상을 충분히 음미하고 나아가 그것에 의해 주된 저서인 『중관론』을 성립시킨 것이라고 할 수 있을 것이다.

샨타라크쉬타 사상의 형성

제3장

제1절 『이제분별론세소』의 저자[1]

『세소』의 저자는 샨타라크쉬타라고 하지만, 그는 티베트 게룩파의 전통에서는 『중관론』의 저자인 샨타라크쉬타와는 다른 인물로 생각되고 있다. 이것은 게룩파의 개조 총카파가 자신의 저서 『선설심수』에서 명확히 서술한 이래 오랜 기간 게룩파의 전통이 되어 온 것으로, 여기에서는 이 총카파의 견해를 고찰하여 그 타당성을 검토하기로 한다. 먼저 총카파는 『선설심수』에서 다음과 같이 말하고 있다.

『이제분별론자주』에 "다른 사람에 의해 승의로 간주된 것이 [바로] 다른 사람의 세속이다. 다른 사람의 어머니로 인정된 사람이 [바로] 다른 사람의 부인으로 인정된 것과 같다."라는 전거를 인용하고 있고, 그것은 용수의 것이라고 『세소』 속에서 설하고 있지만, 그렇지 않은 것이 『입[중론]주』에 의해 알려진다. 그 『세소』를 지은 사람은 샨타라크쉬타라고 하지만, 동명인이든가 차명으로 『중관장엄론』 등의 작자는 아니다. 이 [세소]의 조론 목적을 설하는데 있어서 『섭진실론세소』의 [카말라쉴라가] 부정하고 있고 또 소취·능취가 현현하는 그대로는 없다고 말하는 것은 직접지각과 모순되며, 일반적으로 인정되고 있는 것에 의해 거척된다고 『이제분별론자주』 속에서 설하고 있는 것은 언어 그대로의 의

---

1) 이 『세소』의 저자에 대한 고찰은 필자의 논문 李泰昇(1993-1)에 의거한다.

미로, 올바르다고 해설되기 때문이다.[2]

여기에서 총카파는 『중관론』과 『세소』의 작자가 동명 혹은 차명의 다른 인물이라고 거론하고 있는데 그것을 정리하면 다음과 같다.

1) 『세소』의 저자가 『이제론』에서의 인용게송을 나가르주나의 것이라고 생각한 것에 대하여 그것은 찬드라키르티의 『입중론』에 의해 명확히 틀리다고 하는 것.

2) 샨타라크쉬타의 직제자라고 하는 카말라쉴라가 『섭진실론세소』에서 『세소』의 조론 목적을 부정하고 있는 것.

3) 즈냐나가르바가 『이제론』에서 유가행파의 견해를 부정하고 있는 것은 올바르지만, 『세소』에서 샨타라크쉬타가 그것을 그대로 주석하여 유가행파의 견해를 부정하고 있는 것.

이것들이 『중관론』과 『세소』의 저자가 별개의 사람이라고 총카파가

---

2) bden gnyis rang 'grel las/ gzhan gyis don dam byas gang yin// de ni gzhan gyi kun rdzob ste// gzhan gyi mar 'dod gang yin pa// gzhan gyi chung mar yang 'dod bzhin/ zhes khungs su drangs pa de klu sgrub kyi yin zhes 'grel bshad las 'chad mod kyang de min par 'jug 'grel gyis shes so// 'grel bshad de rtsom pa po zhi ba 'tsho yin zhes pa yang ming mthun pa'am kha gwar ba yin gyi dbu ma rgyan la sogs pa rtsom mkhan ni min te/ 'dis bstan bcos rtsom pa'i dgos pa bshad tshad ma'i de kho na nyid bsdus pa'i 'grel par bkag pa'i phyir dang/ gzung 'dzin ji ltar snang ba bzhin du med par smra ma mngon sum dang 'grel zhing grags pas kyang gnod par bden gnyis rang 'grel las bshad pa sgra sor bzhag gi don 'thad phyogs su 'grel pa'i phyir ro//(LNY, Pha 65b3-6) 번역에 대해서는 ツルチム・ケルサン(출팀껠상)(1987) pp.32-33 참조.

거론하는 이유라고 생각되지만, 이하 그 이유를 검토해 보기로 한다.

　1) 『이제론』에서의 인용 게송이 찬드라키르티의 『입중론』에 의해 알려진다고 하는 것이 어느 곳을 가리키는 것인지 확인하기 어렵지만, 분명히 상기 『선설심수』의 인용 부분 앞에 『입중론』에서 "어떤 자는 경량부의 사람들이 승의라고 말하는 그 견해를 중관파에게 있어서는 세속으로 인정되고 있다.……"[3]라고 말하고 있다. 이것은 찬드라키르티에 의한 바비베카 비판으로서 총카파가 인용하고 있는 것으로 찬드라키르티는 자신의 사고방식이 다른 중관론자와 다른 것을 여기에서 서술하고 있다. 이 『입중론』의 문장은 확실히 『이제론』의 게송과 내용적으로 일치하지만, 그러나 게송 그 자체가 『입중론』에 인용되고 있는 것은 아니다. 여기에서 인용 게송을 나가르주나의 것이라고 간주하는 『세소』의 부분을 보면 다음과 같다.

　　'그렇더라도' 라는 것은 그와 같이 승의에 의존하여도 [라는 의미이며], 더욱이 "세간의 세속과 달리 다른 승의가 있는 것은 아니다"라는 '이 경전의 말은 잘 인용된 것으로' 곧잘 이해해야 할 것이다. 그것은 앞에서도 "부정되는 것이 존재하지 않기 때문에 진실에 있어서는 부정도 없는 것이 분명하다(K.9CD)"라고 증명한 것이다. 그것과 동일한 것이 아

---

3) de'i phyir kha cig gis mdo sde pa rnams kyi lugs don dam par smras pa de nyid dbu ma pa rnams kyis kun rdzob tu 'dod do//(LNY, Pha 65a3; MAB, D. No.3862 ḥa 347a5) ツルチム・ケルサン(출팀껠상)(1987) p.32 참조.

차리야 용수에 의해 설해지고 있다. '다른 사람', 즉 유가행파에 있어서 '승의로서' 확립되고 있는 생 등의 부정은 '다른 사람', 즉 중관파에게 는 '세속'이다.[4] (방선: 『이제론』)

이 『세소』의 부분에는 승의에 있어서 불생이라는 것도 실은 세속을 그 본성으로 한다라는 것이 설명되고 있다. 즉 불생이라는 것은 생기의 반대이며, 승의에 있어서는 생기·불생 등이 전혀 없기 때문에 불생이라는 것은 세속을 본성으로서 단지 승의에 의존하고 있다고 말하는 것이다. 그러면 여기의 『세소』의 부분이 총카파가 말하듯이 『이제론』의 인용 게송을 나가르주나의 것으로 간주하고 있는 것일까? 왜냐하면 여기에서 나가르주나에 의해 설해졌다라고 하는 것은 『이제론』로부터의 인용 게송이라기보다는 그 직전에 인용되고 있는 『이제론』의 제9게송을 가리키고 있는 것으로 보이기 때문이다. 또 총카파에 의해 경량부와 중관파로서 상정되고 있는 인용 게송의 의미는 『세소』에 있어서는 유가행파와 중관파로서 나타나고 있고, 『세소』의 전체 내용으로부터 보아도 그 의도하는 바가 총카파의 의도와는 약간 다르다고 할 수 있다. 즉

---

4) de ltar na yang zhes bya ba ni de lta bu'i don dam pa la brten na yang ste/ mdo'i tshig 'di 'jig rten gyi kun rdzob kyang gzhan la/don dam pa yang gzhan pa ni ma yin no zhes bya ba 'di legs par drangs te/ legs par go bar byas ba yin te/ de la ni skye ba la sogs pa bkag pa yang kun rdzob kyi ngo bo yin pa'i phyir ro// 'di ni sngar yang/ dgag bya yod pa ma yin pas// yang dag tu na bkag med gsal// zhes bsgrubs zin te// dngos po de nyid slob dpon klu sgrub kyis bshad pa/ gzhan rnal 'byor spyod pa'i don dam par byas pa rnam par gzhag pa skye ba la sogs pa bkag pa gang yin pa de ni/ gzhan gyi zhes bya ba dbu ma pa'i kun rdzob yin no// [SDP(37b3-5)].

『세소』의 주된 저술목적의 하나가 승의에 있어서 유인 것을 인정하는 유가행파의 사고방식을 논파하는데 있는 것을 생각하면, 총카파의 의도와는 다르기 때문이다. 하지만 티베트어의 독해방식으로서는 나가르주나에 의해 설해졌다고 하는 것이 『이제론』의 인용 게송을 가리키는 것도 부정할 수 없는 것으로 생각된다. 그러나 생기·불생 등의 부정을 다수 설하고 있는 나가르주나의 저작에서 보더라도,[5] 나가르주나에 의해 설해졌다고 하는 『세소』 저자의 의도는 『이제론』의 인용 게송이 아니라 『세소』의 제9게송과 동일한 의미가 나가르주나에 의해 설해지고 있는 것을 의미하고 있다고 생각된다. 따라서 이 1)은 『중관론』과 『세소』의 저자가 별개의 사람이라고 하는 이유로서는 충분치 않다고 생각된다.

2) 샨타라크쉬타의 직제자인 카말라쉴라에 의해 부정되고 있다고 하는 TSP의 개소도 어디인가가 실제로는 명확치 않지만, 엑켈 씨가 상정하는 곳은 다음과 같다.

---

5) 나가르주나가 연기, 공 등을 설명할 때 그것이 생·멸, 유·무 등의 상대적인 개념을 떠나 있다고 말하고 있는 것은 주지하는 바이다. 곧 불생·불멸, 불상·부단, 불일·불이, 불래·불거의 팔불로 설명되는 연기는 물론 "유가 없으면 무는 생기지 않는다(dngos med dngos po med mi 'gyur: 『空七十論』 K.19)"로서 공을 설명하는 경우에도 상호 대립하는 개념의 해소가 주목된다. 이런 의미에서 "진실에 있어서는 생기·불생의 대립하는 것은 없다."라고 하는 『이제론』 제9게송의 의미를 『세소』의 저자가 나가르주나에게 돌리고 있는 것은 당연한 것이라 생각된다. 총카파가 말하듯이 '다른 사람에 의해……' 운운이라고 하는 게송을 『세소』의 저자가 중관파, 유가행파 운운 하면서 나가르주나의 것으로 간주했다라고 하는 것은 나가르주나가 중관파, 유가행파로 분화되기 이전의 인물인 것을 감안하면 있을 수 없는 일이라 생각된다. 따라서 『세소』의 의도는 『이제론』 제9게송의 의미를 나가르주나에게 돌리고 있는 것이라 생각된다.

단지 진실을 이해하는 것만(tattvāvabodhamātra)이 [논의 저술에서의] 과보는 아니다. 그렇다면 과거의 아사리들에 의해 진실은 이미 보여졌기 때문에 논을 저술하는 의미도 없어질 것이다.[6]

그러나 이곳은 엑켈 씨 자신도 말하고 있듯이,[7] TS의 저술목적이 나쁜 견해를 구별하는 것보다는 다수의 견해를 적집하는 것에 있다고 하는 것뿐으로 『세소』의 목적을 부정하고 있는 곳은 아니라고 생각된다. 오히려 TSP의 다음의 곳은 『세소』의 목적과 관련하여 의미가 있는 곳이라 생각된다.

따라서 만약 이들 주제가 설해지지 않는다면, 이 경우에는 광인 등의 언설과 같이 무용하게 될 것이며, 분별력을 가진 사람은 들으려고 하지 않기 때문에 그 주제는 반드시 설해져야 한다. 더욱이 주제가 있더라도 까마귀의 이빨을 고찰하는 논서와 같이 의도된 목적을 가지 않는 논서의 경우에도 분별력을 가진 사람은 또 들으려고 하지 않기 때문에 그런 까닭에 그것을 행하기 위해서는 먼저 목적이 설해져야 한다.[8]

즉 카말라쉴라는 설해져야 할 주제에도 의도된 목적이 없으면 안

---

6) na tu tattvāvabodhamātram asya phalam: evaṃ hi śastrasya praṇayanavaiyarthyaṃ syāt, pūrvācāryair eva tattvaniścayasya kṛtatvāt/[TSP, p.11,8-10; TS(Jha) p.13].

7) Eckel(J), p.28

8) tathā hi-yady abhidheyam asya na kathyeta, tadonamattādivakyavad ānarthakyaṃ sambhāvayan prekṣāvān na pravarttetāpi śrotum ity abhidheyam asyāvaśyavacanīyaṃ tathā saty abhidheye kākadanādiparṣkāśāstravad abhimataprayojanarahitaṃ śāstraṃ prekṣāvantaḥ śrotum api nādriyanta iti tatas tat pravṛttyartham ādau prayojanam abhidhānīyam[TSP p.2,5-8; TS(Jha) p.3].

된다고 말하고, 그 목적이 없는 논서를 까마귀의 이빨을 고찰하는 것에 비유하고 있다. 이와 같이 목적이 설해져야만 하는 것을 『세소』에서도 다음과 같이 말하고 있다.

> 이 논은 목적이 없기 때문에 저작해서는 안 된다. 까마귀의 이빨을 고찰하는 것과 같다는 반론의 증인이 성립하지 않는 것을 보이기 위해 이제를 여실히 이해시키기 위함이다라고 말한 것이다. '여실'이라는 말은 다른 사람들에 의해서도 이제의 분별이 설해지지만, 그것은 진실이 아니라는 것을 보이기 위한 까닭이다.[9] (방선: 『이제론』)

이와 같이 『세소』에 있어서도, 동일한 까마귀 이빨의 비유에 의해 목적이 설해져야 한다고 하지만, TSP의 그것과 의미상 거의 다르지 않다고 생각된다. 즉 총카파가 이유로서 거론하고 있는 TSP에 있어서 『세소』의 조론 목적의 부정은 확증할 수 없는 것은 아닌가 생각된다. 따라서 이 두 번째의 이유도 불충분한 것이라고 생각된다.

3) 즈냐나가르바가 유가행파의 3무자성설 가운데 변계소집성의 상

---

9) rab tu byed pa 'di ni dgos pa med pa'i phyir brtsam par bya ba ma yin te/ bya rog gi so brtag pa dang 'dra'o snyam du dogs pa'i gtan tshigs ma grub pa nyid du bstan pa'i phyir/ bden pa gnyis ji lta ba bzhin du khong du chud par bya'i phyir zhes bya ba smos te/ ji lta ba bzhin zhes bya ba'i tshig ni/ gzhan dag gis kyang bden pa gnyis rnam par byed pa bstan mod kyi/de ni yang dag pa ma yin no zhes bstan pa'i phyir ro//[SDP(16a7-16b1)].

무자성설을 부정하고 있는 것은 제2장의 "스티라마티 비판"에서 본 바와 같다.[10] 변계소집성의 본질인 소취·능취의 상이 없어지는 것이 진실인 의타기(즉 연기)가 승의로서 나타난다고 하는 유가행파의 교리에 대하여 즈냐나가르바는 소취·능취의 부정은 우리들의 직접지각과 상위하는 것이라고 하여 유가행파를 비판하고 있는 것이다. 총카파는 이 즈냐나가르바의 설명이 올바르다고 말하면서 『중관론』과 『세소』의 저자 별인설을 3번째의 이유로 들고 있는 것은 이 저자가 다른 사고방식을 가진 사람이라고 전제했기 때문이라고 생각된다. 이것은 제1장에서 고찰한 바와 같이 예쉐데 이래 『중관론』에 기초하여 샨타라크쉬타가 유가행중관파로 분류되며, 더욱이 총카파에 의해 샨타라크쉬타는 "세속을 유식으로서 인정한 자"로서 위상이 부여된 것이다.[11] 이와 같이 세속을 유식으로서 인정하는 유가행중관파인 샨타라크쉬타가 유가행파의 교리를 비판하는 즈냐나가르바의 저술을 주석할 이유가 없다고 생각한 것이 이 세 번째의 이유가 아닐까 생각된다. 그러나 이미 고찰한 바와 같이 샨타라크쉬타는 결코 세속이 유식이라고 인정한 일도 없고, 그런 의미에서 유가행중관파도 아닌 것이 분명하다. 오히려 제2장에서 보았던 대로 그는 즈냐나가르바와 동일한 사고방식을 가지고 있었다고 생각된다. 따라서 지금까지의 고찰을 종합하여 보면, 『중관론』의 성립에 있어서 『이제론』이 중요한 역할을 한 것은 틀림없고, 더욱이 그 증거가 『이제론』의 주석인 『세소』에서 나타난다고 생각된다. 즈냐나가르바

10) 제2장 註9 2) 참조.
11) 제1장 註1 8) 참조.

와 샨타라크쉬타를 다른 사상을 가진 사람으로 생각하여, 나아가『중관론』과『세소』의 저자를 구별하는 총카파의 3번째 기술도 그다지 증거가 없는 것이라 생각된다. 하지만 그것을 더욱 확실히 하기 위해서는 이『세소』에 대한 연구가 보다 더 필요할 것이라 생각된다.

이상 총카파가 설하고 있는『중관론』과『세소』저자 별인설에 대하여 검토해보았지만, 그 총카파가 거론하고 있는 이유는 충분한 설득력을 가지지 않는다고 생각된다.『중관론』과『이제론』의 고찰에서 보아도『중관론』과『세소』의 저자는 동일인물이라고 생각된다. 이와 더불어 오랜 기간 인정되어온 유가행중관파로서의 샨타라크쉬타라는 허상도 파괴되어져야 할 것이다. 이런 의미에서『세소』는 중요한 가치가 있으며, 그것에 대한 해명도 당연히 필요할 것이다. 그러면 샨타라크쉬타는 어떻게『이제론』을 주석하고 있는 지를 이하에서 고찰하기로 한다.

제2절 『이제분별론세소』 연구

1. 구성

『세소』는 전 3품(bam po)으로 구성되어 있다. 게송 별로 보면 제1게송부터 12게송까지가 제1품, 제13게송부터 22게송까지가 제2품, 제23게송부터 마지막 46게송까지가 제3품으로 되어 있다.『세소』의 주석내용과 샨타라크쉬타의 설명에 따라 전체구성을 보면 다음과 같다.

제1품

1) 서론

　A) 귀경게에 대한 주석

　B) 조론(造論)의 목적……제1게송

　C) 이제 분별의 공덕……제2게송

2) 본론

　A) 이제의 분별

　　(1) 이제 구별의 기준……제3게송

　　(2) 정리에 의한 구별……제4게송

　B) 승의제에 대하여

　　(1) 비이문승의(非異門勝義)……제5게송

　　(2) 변계소집성의 무(無)에 관한 논란……제6게송

　　(3) 승의비현현……제7게송

　C) 세속제에 대하여

　　(1) 2종류의 세속(Ⅰ)……제8게송

　　(2) 진실세속[승의불생의 의미]……제9, 10, 11게송

　　(3) 2종류의 세속(Ⅱ)……제1 2게송

제2품

　　(4) 정리에 의한 고찰

　　　① 인과관계의 불확정……제1 3게송

② 인과관계의 불합리······제14게송

(5) 세속의 정의······제15게송

① 데벤드라붓디와의 논란

② 다르마팔라에 대한 논란

(6) 승의불생의 의미

① 정리에 의해 불생······제16게송

② 세속성······제17게송

③ 논쟁의 성립 ······제18, 19게송

(7) 세속불생설비판(I)······제20게송

(8) 세속의 성질······제21, 22게송

제3품

(9) 스티라마티에 대한 논란······제23게송

(10) 유가행파비판······제24게송

(11) 세속불생설비판(II)······제25게송

(12) 세속의 성립(I)······제26, 27, 28게송

(13) 중관파에서의 부정······제29, 30게송

(14) 행위와 과보······제31게송

(15) 윤회와 해탈······제32게송

(16) 윤회의 원인······제33게송

(17) 세속의 성립(II)······제34게송

(18) 언설의 성립근거······제35게송

D) 중관파 입장의 정당성······제36게송

E) 불신론

  (1) 일체지자론

    ① 일체지자의 정의……제37게송

    ② 식론자(識論者) 견해의 비판……제38게송

    ③ 삼매에 안립(安立)……제39게송

    ④ 불위(佛位)의 찬탄……제40게송

  (2) 삼신의 찬탄……제41게송

    ① 법신의 찬탄

    ② 수용신의 찬탄

    ③ 화신의 찬탄

3) 결론

  A) 이타의 서원……제42게송

  B) 자비의 발생……제43, 44, 45게송

  C) 회향……제46게송

이상과 같이 샨타라크쉬타의 설명에 의해 전체내용이 구성된다고 생각되며, 따라서 이하에서 『이제론』, 『중관론』과 관련된 문제점에 대해 고찰하기로 한다.

2. 저술의도 및 주석태도

먼저 『세소』의 서두에 이를 저술한 이유를 다음과 같이 말하고 있다.

지혜가 적은 자의 지를 증진시키기 위해 이제의 분별에 관한 이 세소를 간략히 저술한다.[12]

곧 지혜가 적은 자의 지를 증진시키는 것이 『세소』의 저술 이유로 나타나지만, 여기에서 지혜가 적다는 의미는 말할 것도 없이 이제에 관한 지, 즉 지혜를 의미한다. 이 이제에 관해서는 불교의 오랜 전통에 있어서 다수의 학자들에 의해 설명되어 온 중요한 교설인 것은 앞에서도 서술하였지만, 샨타라크쉬타는 왜 『세소』의 서두에 지혜가 적은 자라고 일부러 거론한 것일까? 그것에 대한 답은 『이제론』의 제1게송을 전후로 하는 『세소』의 주석에 나타나고 있다고 생각된다. 그 『이제론』과 『세소』의 개소를 보면 다음 〈표 3〉과 같다.

여기에서 보듯이 이제의 설시는 지혜가 적은 자에게 이익을 주기 위함인 것이 명확히 서술되고 있다. 그리고 이미 세존이나 나가르주나에 의해 올바로 이제가 분별되어졌는데도 불구하고 대논사들도 어리석고 미혹하며, 다른 자들은 말할 필요도 없다고 하지만, 그 어리석은 대논사로 샨타라크쉬타는 구체적으로 다르마팔라의 이름을 거론하고 있다. 다르마팔라는 말할 것도 없이 『성유식론』,[13] 『대승광백론석론』 등

---

12) blo chung rnams kyi shes rab dag// rab tu rgyas par bya ba'i phyir//
   bden gnyis rnam par dbye ba yis// dka' 'grel 'di ni mdor bsdu bya//
   [SDP(15b2-3)].
13) 『唯識三十頌』의 주석서인 『成唯識論』(大正 31, No.1585)은 엄밀한 의미에서는 다르마팔라, 즉 護法의 저술이 아니라 다르마팔라의 주석을 주로 정설로 하여 현장에 의해 편집, 한역된 것이다. 하지만 다르마팔라의 사상을 아는 데는 매우 중요하며, 오랜 기간 전승되어 온 것이기 때문에 여기에서도 일단 다르마팔라의 저작으로 간주하여 취급한다.

표 3

『이제론』	『세소』
이제를 여실히 이해시키기 위해 이 논을 저술한다. 즉	세존에 의해 이제가 여실히 분별되고, 또 아사리 용수에 의해서도 명확히 된 것이 아닌가. 그런데도 왜 이제 분별을 여실히 이해시키기 위해서라고 하여, 이 논을 저작하는가. [그것에 대하여] 즉
(K.1)　이제는 이미 구별되어 있는데도, 대논사들조차 어리석은데, 하물며 다른 자의 설에 어떤 목적이 있겠는가. 그런 까닭에 나는 [이제를] 구별한다.	(K.1) 이제는 이미 구별되어 있는데도 대논사들 조차 어리석은 데, 하물며 다른 자의 설에 어떤 목적이 있겠는가. 그런 까닭에 나는 [이제를] 구별한다.
이타를 일으키는데 숙달하신 세존은 지혜가 적은 자에게 이익을 주기 위해 이제를 상당수 구별하시고 계시며, 아사리 용수 등에 의해서도 명확히 되어 졌음에도 불구하고, 자파의 대논사도 어리석고 그들을 따르는 다른 자들은 말할 필요도 없다	라고 말한 것이다. 이타란 지복과 구제를 가져오는 성질의 것으로, 그것을 일으키는데 숙달하신이라는 말과 결합한다. 세존은 네 가지의 악마를 퇴치하기 때문에 혹은 자재신의 덕을 가지기 때문이다. 지혜가 적은 자란 지혜가 명확치 않은 자이다. 자파란, 아사리 호법 등을 가리킨다. 그들을 따르는 자란, 아사리 호법 등의 견해를 따르는 자로, 그들은 정말로 우매하며, 다른 자들은 말할 필요도 없다라고 한 것은 당연하다.[14]_(방선: 『이제론』)

으로 유명한 유식파의 논사이지만, 샨타라크쉬타가 그의 이름을 일부러 거론하는 것은 『세소』의 저술에 다르마팔라 등의 유가행파를 비판하는 의도가 있었음을 보이는 것이라 생각된다. 실제로 『세소』 가운데 다르마팔라를 비롯한 유가행파에 대한 비판이 서술되고 있는 것도 그러한 의도를 알 수 있는 증거가 되고 있다. 따라서 『세소』의 저작의도에는 그와 같은 유가행파의 교설 중에서도 특히 이제에 대한 논설을 비판하고자 하는 의도가 담겨져 있다고 생각한다. 곧 유가행파의 이제에 대

한 논의를 비판하는 것은 세존 혹은 나가르주나에 의해 올바로 확립되어 있는 이제설을 분명히 하는 것이며, 또 지혜가 적은 자에게 이익을 준다는 본래의 의미에 있어서 이제의 분별이라는 의미가 담겨져 있다. 이 유가행파의 이제설은 후에 고찰하기로 하며, 여기에서는 상기 인용문에 나타난 『세소』의 저작태도에 대해 간략히 살펴보기로 한다.

상기 『세소』의 인용문에서도 알 수 있듯이 『세소』의 주석태도는 매우 자유스럽다고 해도 좋을 것이다. 곧 『세소』는 『이제론』에 따라 주

14) (SDV)
   bden pa gnyis ji ltar ba bzhin du khong du chud par bya bali phyir/ rab tu byed pa ’di brtsams te/ gang gi phyir/
   (K.1) bden pa gnyis po rnam phye yang// shing rta che dag rmongs nyid na//
         gzhan rnams smos kyang ci dgos te// de bas bdag gis rnam par dbye//
   gzhan gyi don ’byung ba la mkhas pa bcom ldan ’das kyis skye bo blo chung du la phan gdags pa’i phyir/ bden pa gnyis las mang du rnam par phye la slob dpon klu sgrub la sogs pas kyang gsal bar mdzad du zin kyang/ rang gi sde pa chen po dag kyang rmongs pa nyid yin na/ de dag gi kha na las pas ’jug pa gzhan rnams lta smos kyang ci dgos/[松下(上) p.29; Eckel(J) p.155; SDV(3b5-7)].
   (SDP)
   bcom ldan ’das kyis bden pa gnyis ji lta ba bzhin du rnam par phye la/ slob dpon klu sgrub kyi zhal snga nas kyis kyang gsal bar mdzad zin pa ma yin nam/ ci’i phyir bden pa gnyis rnam par dbye ba ji lta ba bzhin du khong du chud par bya ba’i phyir rab tu byed pa ’di brtsams she na/ gang gi phyir/
   (K.1) bden pa gnyis po rnam phye yang// shing rta che dag rmongs nyid na//
         gzhan rnams smos kyang ci dgos te// de bas bdag gis rnam par dbye//
   zhes bya ba smos so// gzhan gyi don ni mngon par mtho ba dang nges par legs pa’i mtshan nyid de/ de ’byung ba de la mkhas zhes bya bar tshig rnam par sbyar bar bya’o// bcom ldan ’das zhes bya ba ni bdud bzhi bcom pa’i phyir ram/ dbang phyug la sogs pa’i yon tan dang ldan pa’i phyir ro// skye bo blo chung du ni blo mi gsal ba’o// rang gi sde pa ni slob dpon chos skyong la sogs pa’o// de dag gi kha na las pas ’jug pa gang dag slob dpon chos skyong la sogs pa’i lta ba’i rjes su ’brang bas zhugs pa de dag ni shin tu rmongs pa kho na yin pa’i phyir/ gzhan rnams lta smos kyang ci dgos zhes bya ba smos so//
   [SDP(16b5-17a1)].

163

석하고 있지만, 반드시 문장을 일치시켜 주석하지는 않는다. 상기 인용문에서도 세존과 나가르주나 운운의 곳은 실제『이제론』에 있어서는 제1게송의 뒤에 오지만,『세소』에서는 전체적 의미를 중시한 것인지 제1게송의 앞에 두고 주석을 하고 있다. 이와 같은 태도는『세소』전체에 걸쳐 보여진다. 그것은 때때로『이제론』의 문장이 주석되지 않은 것 같은 오해를 갖게 하지만, 대부분의 경우 앞뒤에서 주석이 이루어지고 있다. 더욱이 또 눈에 띄는 것은 매우 세밀하게 주석하고 있는 점이다.『이제론』의 문장 한 줄 한 줄 나아가 단어 하나하나가 무엇을 의미하는지 상세하게 설명하고 있다. 이와 같은 태도로 인해『이제론』을 해독하는 경우『세소』의 참조가 절대적으로 필요하지만, 반대로 오히려『세소』자체가 무엇을 말하려고 하는가를 파악하는 것이 어려워지는 경우도 있다. 그러나『세소』의 주석은 전체적 내용에 있어서는『이제론』본래의 내용을 벗어나지 않는다고 생각되며, 그런 의미에서 제2장에서 고찰한『이제론』과『중관론』의 유사성으로부터 보아『이제론』의 주석을 쓴 사람이라면『중관론』과 같은 저술을 짓는 것은 당연하다고 생각된다. 그러면 이하에 있어서 이제설이 어떻게 주석되고 있는가를 구체적으로 살펴보기로 한다.

3. 이제설에 대한 주석

1) 이제의 구분

『세소』에 있어서 이제에 관한 주석도 대체로『이제론』의 내용에 충실히 따르고 있다. 먼저 승의와 세속의 구분에 대하여는, 『이제론』
과 동일하게, '현현하는 대로의 것' 이 그 기준이 되고 있다. 이 구분에
대하여 『세소』는 다음과 같이 주석하고 있다.

> '이제를 구별하는 의미도 설명되어야 할 것이라는 설시에 대하여,
> (K.3C) 현현하는 대로의 것, 그것이야말로' 라고 말해 강조한 것은, 정
> 리에 의하면, 그대로가 아닌 것을 보이기 때문이다. 세속이라고 한 것
> 은 세속제로, 마지막 말이 생략되어 있기 때문이다. 다른 것이란, 현현
> 하는 대로의 것과는 다른 별개의 것이다. 그런 까닭에 이것에 의해 정
> 리 그대로의 성질이 승의제인 것을 보인다.[15] (방선: 『이제론』)

이와 같이 이제를 구분하는 기준이 되는 것은 현현하는 대로의 것
으로, 그것은 곧 세속의 정의이기도 하다. 그리고 승의제는 현현하는
대로의 것이 아니라 정리에 따르는 것이라 하고 있다. 왜냐하면 정리
에 따른다면 현현하는 것으로서 성립하지 않기 때문이다. 이와 같은
설명은 『이제론』에 따른 주석이지만, 『세소』에 있어서 샨타라크쉬타
는 정리에 따르는 승의에 대하여 상당히 상세하게 설명하고 있다. 그

---

15) bden pa gnyis rnam par dbye ba'i don kyang bya'o ston pa la/
   (K.3C) ji ltar snang ba 'di kho na
   zhes bya ba bsnang pa ni rigs pa ji lta ba bzhin du ma yin no zhes bstan pa'i
   phyir ro// kun rdzob smos pa ni kun rdzob kyi bden pa ste tshig tha ma khong
   nas dbyung ba'i phyir ro// gzhan ni zhes bya ba ni/ ji ltar snang ba las gzhan
   pa'o// de'i phyir 'dis ni rigs pa ji lta ba bzhin nyid ni don dam pa'i bden pa'o
   zhes ston to// [SDP(17b3-4)].

정리와 관련하여 "속이는 것이 없기 때문에 정리는 승의이다"라고 하는 『이제론』 제4게송에 대하여 샨타라크쉬타는 "정리의 힘이란 동일성과 인과성의 관계를 갖는 것의 힘"이라고 주석하고 있다.[16] 이 동일성과 인과성은 다르마키르티의 중요술어로서, 다르마키르티의 경량부설에 있어서 외경과 인식관계가 성립하는 것을 나타내는 것이다. 샨타라크쉬타가 이와 같이 다르마키르티의 용어를 사용해 주석하고 있는 것은 그가 다르마키르티의 지식론에 정통하고 있음을 말하고 있는 것이라 생각된다.[17] 이것은 샨타라크쉬타가 다르마키르티의 PV에서 거론되는 동일한 예, 즉 연기와 불, 종자와 싹으로서 『이제론』을 주석하는 것에서도 그가 다르마키르티에 조예가 깊었음을 보여준다.[18] 이러

---

16) rigs pa'i stobs ni de'i bdag nyid dang de las byung ba'i mtshan nyid kyi 'brel pa dang ldan pa'i dngos po'i stobs so//[SDP(18a3)]. 여기에서의 동일성과 인과성의 관계는 『세소』의 곳곳에서 그 논리가 전개되고 있다. 그리고 이러한 동일성과 인과성을 갖는 것은 세속의 것이라 말하고 있다. SDP(A) p.97 참조. 이 동일성, 인과성의 의미는 이미 디그나가의 『관소연론』 제6게송에서도 보이는 것이지만[山口 益 外(1953) p.463], 인식론, 논리학의 장에서 본격적으로 사용하기 시작한 사람이 다르마키르티일 것이다. 더욱이 다르마키르티에게서도 동일성, 인과성에 의한 외경의 인식이 세속의 의미로 사용되고 있는 것으로부터[戶崎宏正(1985) p.35], 샨타라크쉬타가 동일성, 인과성을 세속으로 간주하는 것은 다르마키르티와 일치하는 것이라 생각된다. 이 동일성, 인과성의 개념은 『중관론』에도 나타난다. 제1장 註64) 참조.

17) 『세소』의 저자인 샨타라크쉬타가 다르마키르티의 지식론에 정통하고 있었던 것은 중요한 의미를 가질 것이다. 그것은 『섭진실론』, 『중관론』의 저자인 샨타라크쉬타도 다르마키르티 사상에 정통하고 있기 때문이다. 이것으로 보아 『세소』의 저자도 『섭진실론』, 『중관론』의 저자와 동일하게 다르마키르티의 이론을 잘 알고 있고, 따라서 『세소』의 저자도 샨타라크쉬타일 가능성이 높다고 생각된다.

18) 다르마키르티의 『양평석』에 자주 나타나는 비유인 종자, 연기, 불 등의 예(PV III-K.392 등)는 『세소』에서도 자주 사용되고 있다. 유례가 논증식을 구성하는 한 부분인 까닭에 이 종자, 연기 등의 비유도 다르마키르티 이전부터 자주 사용되어진 것이라 생각되지만, 『세소』의 저자가 곳곳에서 동일한 유례로서 논리를 전개시키는 것은 적어도 다르마키르티 사상의 흐름 속에 있다는 것을 알려 주는 반증이라 생각된다.

한 예와 관련해 그는 정리가 승의인 경우, 승의라고 인정되는 불생이 어떠한 것인가를 『세소』에서 다음과 같이 설명하고 있다.

> 승의에 의해 확정되는 대상인 불생 등도 승의라고 설해진다. 만약 3상의 증인에 의해 생긴 지가 승의라고 한다면, 그렇다면 이 연기가 있기 때문에 불이 있다고 하는 지도 승의가 된다. 그러나 그와 같이 그것에 의해 확정되는 대상도 승의가 된다고 한다면, 그와 같이는 알려지지 않는다. 왜냐하면 연기 등은 처음부터 불생의 것으로, 없었던 것이었기 때문에 그것에 의해 생긴 지 혹은 그것에 의해 알려지는 대상이 있으면 어떻게 그와 같이 되는가. 또 보여지는 것인 연기 등의 증인에 의해 불등의 대상이 성립한다면, 그대로 인정되기 때문에 그것에는 과실이 없다. 즉 불 등을 없다고 결정하여 증명하는 것은 승의에 수순하기 때문에 승의성이라고 인정하는 것이다. 승의는 분별의 망을 남김없이 떠나는 성질의 것이다.[19](방선: 『이제론』)

19) don dam pas gtan la phab pa'i don/ skye ba med pa la sogs pa yang don dam pa zhes brjod do// gal te tshul gsum pa'i rtags kyis bskyed pa'i shes pa don dam pa yin na/ de lta na ni 'di na du ba yod pa'i phyir me yod do zhes bya ba'i shes pa yang don dam par 'gyur te/ de lta na des gtan la phab pa'i don kyang don dam par 'gyur ro zhe na/ de ltar ni shes par mi bya ste/ du ba la sogs pa ni gzod ma nas ma skyes pas med pa'i phyir des bskyed pa'i shes pa'am/ des gzhal pa'i rtags kyis me la sogs pa'i don sgrub na/ de lta na ni 'dod pa yin pa'i phyir de nyes pa med de/ 'di ltar me la sogs pa med pa gcod par sgrub pa de ni don dam pa dang mthun pa'i phyir/ don dam pa nyid ces bya bar 'dod pa nyid de/ don dam pa ni rtog pa'i dra ba ma lus pa rnam par gcod pa'i mtshan nyid yin pa'i phyir ro//[SDP(18a4-7)].

여기에서 보듯이 샨타라크쉬타는 정리에 따르는 지란 승의 그자체
가 아니라 승의에 수순하는 것이라고 주석하고 있다. 그리고 승의란
일체의 분별을 떠나기 때문에 소위 승의불생이라는 것도 승의에 수순
하는 것이지 결코 승의는 아니라고 말하고 있다. 이 승의에 수순하는
승의란 『세소』 전체에서 강조되고 있는 것처럼 생각되지만, 그것은
이미 고찰한 『중관론』에서도 상세하게 서술되고 있듯이 샨타라크쉬
타에게 있어서는 매우 중요한 개념으로 나타나고 있다.[20] 승의불생과
관련된 승의에 대한 개념은 뒤에서 좀 더 구체적으로 고찰하기로 한
다. 그리고 세속이란 정리에 의한 고찰에 의하지 않고, 단지 보이는 그
대로의 것으로, 어떠한 과실도 없는 것, 즉 현현하는 그대로의 것이 세
속의 것에 대한 기준이 되고 있다.

샨타라크쉬타의 이제의 구분은 즈냐나가르바의 그것과 거의 차이
가 없다고 생각되지만, 위에서 보았듯 다르마키르티의 용어를 사용해
주석하고 있는 것은 그가 TS, 『중관론』을 저술한 샨타라크쉬타와 다
르지 않음을 보여주는 것이라 생각한다. 이러한 입장을 고려하며 샨
타라크쉬타의 이제에 대한 보다 구체적인 고찰을 하기로 한다.

---

20) 예를 들면 MAV K.71, 72. 제1장 註48) 참조. 『중관론』에서도 불생의 개념은 승의가 아
　　니라 세속인 것이 논증되고 있다. 그 이유는 이미 고찰한 바와 같이 승의에 있어서는 생
　　기, 불생 등 일체의 희론을 떠나기 때문이다. 따라서 일체법무자성을 논증하기 위해 이
　　일다성의 증인을 사용한 정리에 의한 고찰도 실제로는 세속인 것을 그 대상으로 하는 것
　　이다. 승의의 것이란 일체 고찰의 영역을 떠나 있기 때문이다. 제1장 註47), 48) 참조.

2) 승의에 대하여

앞 절에서 이미 보았듯이 승의란, 일체 분별의 망을 떠난 성질로서, 그것을 샨타라크쉬타는 비이문승의라고 부르고 있다. 이 비이문승의라는 용어가 바비베카의 『중관의집』에 나오는 것은 이미 지적되고 있는 바와 같다.[21] 따라서 만약 이 용어를 샨타라크쉬타가 의식하여 사용했다고 한다면 정리 등과 같은 승의에 수순하는 승의는 이문승의가 될 것이지만, 그러나 이문승의라는 말은 『세소』에는 보이지 않는다. 샨타라크쉬타는 다음과 같이 비이문승의를 표현하고 있다.

그런데 비이문승의란 무엇인가? 즉

---

21) 바비베카의 『중관의집』과 『이제론』, 『세소』와의 관계에 대해서는 이미 언급되고 있다[長澤實導(1969) pp.191-198]. 그 가운데 長澤 박사는 『중관의집』의 저자인 바비베카와 『반야등론』, 『중관심론송』의 저자인 바비베카를 구별하고, 더욱이 『중관의집』과 『이제론』, 『세소』의 밀접한 관계를 지적하고 있다. 이것에 대하여 『중관의집』의 저자와 『반야등론』, 『중관심론송』 등의 저자를 구별하면서도 『중관의집』과 『이제론』, 『세소』의 관계에 대하여 다른 견해를 보인 사람이 江島 박사이다[江島惠敎(1980) pp.18-33]. 江島박사는 『세소』에 비이문승의라는 말이 있고 샨타라크쉬타의 『중관론』에는 전혀 그것이 나타나지 않는 것, 그리고 카말라쉴라가 『중관론세소』에서 『중관의집』을 전혀 인용하지 않지만 바비베카의 다른 저작으로부터의 인용이 있는 점에서 『중관의집』은 적어도 『이제론』 이후의 것으로 간주한다. 저자도 江島 박사의 견해에 크게 異論은 없지만, 단지 마음에 걸리는 것은 江島 박사의 논리 전개가 비이문승의에 집중되어있고 세속에 대해서는 전혀 말씀이 없는 점이다. 왜냐하면 『세소』에서 샨타라크쉬타가 비진실세속을 유분별과 무분별로 나누고 있는 것은[SDP(A) p.45] 『중관의집』의 비진실세속의 분류와 동일하기 때문이다. 『이제론』에서는 세속을 유분별·무분별로 나누고 있는 것을 알 수 있지만[松下(上) p.30], 그것은 『세소』의 입장과는 다르다. 『중관의집』과 『이제론』은 유사한 점이 많기 때문에 샨타라크쉬타가 『세소』를 쓸 때 『중관의집』을 참고한 것 같이 생각되지만, 그렇지만 『세소』 이후 즈냐나가르바, 샨타라크쉬타의 저서를 요약하여 『중관의집』과 같이 정리했을 가능성도 있다. 여기에서는 비이문승의 혹은 비진실세속을 유분별·무분별로 구분하는 것에 대해서는 『중관의집』과 『세소』 사이에 밀접한 유사성이 있는 것만은 틀림없는 것이라 생각된다.

(K.5) '현현하는 대로의 것으로서 안립하는 것은 있을 수 없다. 일체의 지의 형상이 아무리 하여도 현현하지 않는다' 고 말한 것이 그것을 간결이 표현한 것이다.[22] (방선: 필자)

곧 현현하는 것이 일체 없는 상태가 비이문승의로서 이 상태는 『이제론』에서 "승의제는 거기에서는 마음의 움직임조차도 없다. 하물며 갖가지 문자에 의한 견해의 표현은 말할 것도 없다."[23]라고 나타는 것과 같은 마음의 미동조차 없는 상태를 가리킨다. 더욱이 그런 상태를 동일한 곳에서는 공·불공, 유·무, 생·불생 등의 일체가 성립되지 않는다고 표현하고 있다.[24] 이러한 비이문승의를 『이제론』에서는 '일체 희론을 떠난 것' 이라고 표현하며, 그것을 승자의 아들로서 『유마경』에 나타나는 유마거사 침묵에 비유하고 있다. 이 『이제론』의 내용에 대해 샨타라크쉬타는 『세소』에서 다음과 같이 주석하고 있다.

왜 진실에 있어서 둘은 없는가 하면,

22) da ni rnam grangs ma yin pa'i don dam pa gang yin pa de/
(K.5) ji ltar snang ba'i dngos por ni// rnam par gnas par mi rung ste//
shes pa'i dngos pa thams cad la// ji ltar bur yang snang mi 'gyur//
zhes bya ba smos pa la sogs pa mdo tsam zhig byed do// [SDP(18b4-5)].
23) don dam pa'i bden pa ni gang la sems rgyu ba yang med na/ yi ge rnams lta
smos kyang ci dngos zhes gsungs so//[SDP(20b6)] 이곳의 『이제론』 문장이 『중관론』에서도 동일하게 나타나고 있는 것은 앞에서 지적했다. 제2장 註97), 98) 참조.
24) de nyid phyir na de stong min/ mi stong ma yin yod med min/ mi skye ma yin
skye min zhes// de la sogs pa bcom ldan gsungs[SDV.K.11A-1(6a6), SDP(25b3-4)] 여기의 『이제론』의 문장도 『중관론』에 동일하게 나타나고 있다. 後註26), 제2장 註35) 참조.

(K.11B) '그것은 희론이 없는 것이다' 라고 말한 것이다. 진실이라는 말이 보충어이다. 그 진실은 일체 분별의 망을 떠난다고 하기 때문에 해설한다. 그런 까닭에 여기에서 희론은 분별의 망이라고 설명된다. 한편으로 희론은 언설의 원인이다. 그것도 분별의 망에 의해 생기된 것이다. 그런 까닭에 생기시키는 것이 없으면 생기하는 희론도 없다고 설시된다. 그와 같이 언설의 경계를 초월한 것이 진실이기 때문에 (K.11CD) '문수가 진실을 물었을 때 승자의 아들이 침묵하신 것이다' 라고 한 것으로, 쉽게 이해할 수 있는 것이다. 법문에 있어서 생기와 불생의 둘이 없는 것이 무이이다.[25] (방선: 『이제론』)

샨타라크쉬타의 이와 같은 주석은 그의 『중관론』에 있어서 승의제의 설명과 매우 일치한다. 곧 샨타라크쉬타는 불생과 관련하여 『중관론』 가운데 승의제를 다음과 같이 서술하고 있기 때문이다.

불생 등도 진실의 세속에 이미 포함되었는데

25) ci'i phyir yang dag par na gnyis med ce na/
(K.11B) de ni spros pa med pa yin//
zhes bya ba smos te/ de kho na zhes bya ba lhag ma'o// de ni de kho na ni rtog
pa'i dra ba thams cad dang bral ba'o zhes bya bas rnam par 'grel to// de'i phyir 'dir
spros pa ni rtog pa'i dra ba yin no zhes brjod do// rnam pa gcig tu na spros pa ni
ngag gi rgyu ba ste/ de yang rtog pa'i dra bas kun nas bslang ba yin no// de'i phyir
kun nas slong ba po med na/ bslang bar bya ba'i spros pa yang med par ston te/
gang gi phyir de ltar ngag gi spyod yul las 'das pa yang dag pa yin pa de'i phyir/
(K.11CD) 'jam dpal gyis ni yang dag dris// rgyal ba'i sras po mi gsung bzhugs//
zhes bya ba smos te go sla'o// chos kyi sgo gang la skye ba dang mi skye ba la
sogs pa gnyis med pa de ni gnyis med pa'o//[SDP(25b5-7)].

(K.70) 승의에 수순하기 때문에 이것은 승의라고 말하는 [사람이 있다].
[그러나] 진실에 있어서는 일체 희론의 덩어리를 떠난 것이다.
승의는 유·무, 생·불생, 공·불공 등 일체 희론의 망을 끊어 버린 것이
다.[26](방선: 필자)

이와 같이 일체 희론을 떠난 승의에 대한 설명은 『세소』와 『중관
론』이 거의 일치하고 있는 것을 알 수 있다. 더욱이 승의를 유·무, 생·
불생, 공·불공 등을 떠난다는 설명은 이미 『이제론』에도 동일하게 나
오고 있으므로,[27] 이것은 『중관론』의 저술에 있어서 샨타라크쉬타가
『이제론』을 충분히 숙지하고 있었던 증거라고 생각된다. 이와 같이
『세소』를 통하여 충분히 음미한 결과가 아닐까 생각된다.

이렇듯 여기서 승의는 『이제론』과 동일하게 전적으로 비이문승의를
의미하고 있다. 그리고 그것은 일체 희론을 떠난 마음의 움직임조차도
없는 상태이며, 그와 같은 상태가 『유마경』에 나타나는 유마거사의 침
묵에 비유되고 있다. 그러면 이러한 승의의 경계에 대하여 우리들의 언
설세계로서 세속의 경계는 어떻게 설명되고 있는지 보기로 한다.

---

26) skye ba med pa la sogs pa yang yang dag pa'i kun rdzob tu gtogs pa yin du zin
kyang/
(K.70) dam pa'i don dang mthun pa'i phyir// 'di ni dam pa'i don zhes bya//
        yang dag tu na spros pa yi// tshogs rnams kun las de grol yin//
don dam pa ni dngos po dang dngos po med pa dang/ skye ba dang mi skye
ba dang/ stong pa dang mi stong pa la sogs pa spros pa'i dra ba mtha' dag
spangs p'o//[一鄕(上) p.168; 一鄕(下) p.230, 232].
27) 前註24) 참조.

3) 세속에 대하여

먼저 『세소』의 세속에 대한 설명을 보기 전에, 『이제론』과 『중관론』
의 세속에 관한 정의를 정리해보기로 한다. 곧 세속은 진실과 비진실의
2종류로 구분되며, 각기 정의된 성질의 내용을 정리하면 다음과 같다.

『이제론』에서의 세속정의

진실세속 : 현현하는 대로의 것, 분별을 떠난 것,

　　　　　유사(唯事)에 의존하는 것, 인연에 의해 생긴 것,

　　　　　효과적 작용능력에 있어서 속임이 없는 것(예: 물 등)

비진실세속 : 분별된 것(현현되었다고 분별된 것),

　　　　　효과적 작용능력에 있어서 속임이 있는 것(예: 환영, 진실에 있

　　　　　어서 생기 등의 분별)

『중관론』에서의 세속정의

진실세속 : 고찰하지 않는 한 매력적인 것, 생멸의 성질을 갖는 것, 효과적

　　　　　작용능력을 가지는 것, 고찰을 견뎌내지 못하는 것(예: 마차 등)

비진실세속 : 단지 언어만의 것(예: 푸드갈라 등)

이상의 『이제론』과 『중관론』의 세속정의를 바탕으로 하여 『세소』
에 있어서 세속의 정의에 대해 살펴보기로 한다.

먼저 『세소』에 있어서 세속에 대한 설명은 대체로 『이제론』의 세속
정의를 그대로 답습하고 있다고 생각되지만, 그러나 『이제론』의 설명

과 다른 점이 몇 가지 있다. 가장 그 차이를 보이는 것은 『세소』에서 세속을 세 가지로 구분하고 있는 것는데, 다음과 같이 구분하고 있다.

세속이란 3종류로 나타난다. 곧 진실의 세속이 첫 번째이다. 비진실의 세속에는 2종류가 있다. 곧 유분별과 무분별의 [세속으로] 구별되기 때문이다.[28]

세속을 이와 같이 셋으로 구분하는 것은 『이제론』과 『중관론』에는 보이지 않는 것이지만,[29] 그것은 바비베카의 『중관의집』에 동일하게 나타나는 것이기에,[30] 『세소』와 『중관의집』 사이에 어떠한 관계가 있

---

28) de ltar na kun rdzob ni rnam pa gsum du bstan te/ yang dag pa'i kun rdzob ni rnam pa gcig go// yang dag pa ma yin pa'i kun rdzob la ni rnam pa gnyis te/ rnam par rtog pa dang bcas pa dang/ rnam par mi rtog pa'i bye brag gi phyir ro// [SDP(27a7)].

29) 『세소』에서는 비진실세속을 유분별 세속과 무분별 세속의 두 종류로 나누고 있지만, 실제 『이제론』에서도 유분별과 무분별의 세속을 세속의 두 종류로 거론하고 있다[松下(上) p.30, p.46 n.11 ; SDV(A) p.10 참조]. 이것을 보면 다음과 같은 차이가 나타난다.
　SDV － 진실세속 : 유분별, 비진실세속: 무분별
　SDP － 진실세속, 비진실세속 : 유분별, 무분별
이것을 보면 그 차이가 분명하지만, 그러나 『이제론』에서의 유분별, 무분별에 의한 세속의 정의는 『이제론』전체의 내용과 비교하면 약간 다르다고 생각된다. 왜냐하면 『이제론』에서 진실세속의 정의는 분별을 떠난 것이기 때문이다. 이 『이제론』의 유분별, 무분별에 의한 세속이 진실세속, 비진실세속이라고 하는 것은 『세소』의 주석에 의한 것이지만, 그것도 『세소』의 정의와 다르기 때문에 이해하기가 쉽지 않다. 『세소』의 구체적 기술로부터 『세소』의 저자는 세속을 세 종류로 나누었다고 생각되지만, 그렇다면 그것은 바비베카의 MAS의 논술과 같은 것이라 생각된다[前註21) 참조]. 더욱이 『중관론』에도 분별에 의한 세속에 대해 언급은 하지만, 그것을 유분별, 무분별로 나누어 생각했는지 여부는 분명치 않다.

30) 前註21) 참조.

는 것으로 생각된다. 그렇지만 3종류의 세속을 서술하는 곳은 이곳뿐이며, 그리고 분별된 것으로 비진실세속을 유분별·무분별로 구분하는 것은 『세소』 전체에서 그다지 명확치 않기 때문에 이렇게 3종류의 세속에 대한 설명은 샨타라크쉬타에게 있어 크게 중요한 의미를 가지지 않는 것으로 생각된다. 이에 반하여 '현현하는 대로의 것'으로서 세속정의에 대해서는 상당수 분량으로 주석되고 있다. 특히 『세소』에는 『중관론』의 세속정의를 생각케 하는 설명이 다음과 같이 있다.

(K.21A) '현현하는 대로의 성질이기 때문에'

라고 하는 것은 고찰하지 않는 한 매력적인 것이기 때문이다.

(K.21B) '이 세속에 대하여 고찰한다. 그러나 고찰은 작용하지 않는다.'

여기에서 전에 설명한 고찰, 즉 '어찌하여 인연관계는 세속인가', 또 '유형상지에 의해 어떻게 알려지는가' 라는 것을 인정한 대로 다수인 것이 하나인 것을 만드는가 아니면 다수인 것을 만드는가 하는 등의 그것은 확립되지 않고, 또 그것은 무연인 것이다. 왜냐하면 앞에서 설명한 대로

(K.21C) '고찰하면, 거척되고, 부정되어진다.' [31] (방선: 『이제론』)

---

31) (K.21A) ji ltar snang bzhin ngo ba'i phyir//
   zhes bya ba ni/ ma brtags na nyams dga' ba yin pa'i phyir ro//
   (K.21B) kun rdzob 'di la dpyad pa ste// brtag pa mi 'jug go//
   'di la ji skad bshad pa'i dpyad pa/ ci rgyu dang 'bras bu'i dngos po kun rdzob
   pa/ shes pa rnam pa dang bcas pas shes sam zhes bya ba dang/ de bzhin du
   'di ji ltar 'dod/ ci du mas gcig byas sam/ 'on te du ma byas zhes bya ba la sogs
   pa de ni gnas med de rten med do// ci'i phyir zhe na/ 'di ltar ji skad bshad pa'i
   (K.21C) rnam par dpyod par byed pa yin na ni/
   gnod pa de tshar gcad pa'i gnas su 'gyur ro// [SDP(38b6-39a1)].

이 '현현하는 대로의 성질의 것' 을 『중관론』에서의 세속정의와 동일하게 '고찰하지 않으면 매력적인 것' 이라고 주석하고 있는 것은 매우 중요한 의미라고 생각한다.[32] 그리고 고찰하면 거부되고 부정되어진다고 하는 것도 『중관론』의 세속에 대한 설명과 동일하다. 이 세속과 관련된『세소』의 설명을 좀 더 보면,

> 진리로서는, 꿈 등도 식에는 없는 것이다. 색 등이 현현하는 대로 보이는데 나쁜 집착에 의해 그대가 식의 성질이 그와 같이 분별한다고 나쁘게 지각하지만, 눈뜨고 있는 경우에 그와 같이 고찰한다면 외경의 색 등은 단지 현현하는 대로 있는 것이다. 만약 정리에 의하기 때문에 옳지 않다고 한다면, 그런 까닭에 고찰하지 않는 한 매력적인 것이고, 또 고찰을 견뎌내지 못하기 때문에 세속이라 불려진다.[33] (방선:『이제론』)

---

32) 여기의 『이제론』 제21게송은 BSGT에 의하면(pp.171-172), 즈냐나가르바가 '世間極成行中觀派('jig rten grags sde spyod pa'i dbu ma pa)' 라 불리는 근거가 되고 있다. 이것을『세소』의 저자가 '고찰하지 않는 한 매력적인 것' 으로 『중관론』에서의 세속 정의와 동일하게 주석하고 있는 것은 이 『세소』의 저자가 『중관론』의 저자인 것을 말해주는 것이라 생각된다. 더욱이 세간 일반의 이해에 근거하여 세간을 인정한다는 의미에서 '세간 극성행중관파' 의 근거를『세소』와 『중관론』저자인 샨타라크쉬타가 그대로 자신의 세속 정의로 사용하고 있는 것은 샨타라크쉬타도 세간 일반의 이해에 기초하여 세간을 인정하고 있는 것을 말하고 있다. BSGT에서도 샨타라크쉬타는 유가행중관파로 분류되고 있지만, 그 근거도 역시『중관론』의 제91, 92게송이다(BSGT p.166). 이것은 예쉐데 이래 『중관론』 제91, 92게송이 유가행중관파의 근거가 된 것을 강하게 나타내 보이는 것이지만, 그렇지만 즈냐나가르바와 샨타라크쉬타가 세속에 관하여 동일한 입장을 취하고 있었던 것은 이것에 의해 증명된다고 생각된다. 이곳의 중요성에 대해서는 이미 松本史朗 (1978-1)에서 지적하고 있다.

33) bden na rmi lam la sogs pa na yang rnam par shes pa la ma gtogs pa de/ gzugs la sogs pa ji ltar snang ba bzhin mthong bzhin du yang mngon par zhen pa ngan pas khyod la rnam par shes pa nyid de ltar rtogs so snyam du log par

이렇듯 '고찰하지 않는 한 매력적인 것' 혹은 '고찰을 견뎌내지 못하는 것' 으로서 『세소』의 진실세속의 설명은 『이제론』에는 나타나지 않는 『세소』 독자의 것이라고 생각되지만,[34) 그것은 『중관론』의 진실세속 정의와 완전히 일치하는 것을 알 수 있다. 이와 같이 『세소』 독자의 진실세속의 설명은 『중관론』의 진실세속과 일치하는 것으로,[35) 나아가 『이제론』의 세속 정의를 고려하여 생각해보면 『세소』와 『중관론』의 진실세속의 정의는 완전히 일치한다고 할 수 있다. 즉 『이제론』의 세속정의를 고려하면, 인연에 의해 생긴 것=생멸의 성질을 갖는 것, 효과적 작용능력에 있어서 속임이 없는 것=효과적 작용능력을 갖는 것으로서 『중관론』의 정의와 일치하기 때문이다. 그렇다면 비진실세속은 어떻게 설명되고 있을까?

『이제론』에 있어서 비진실세속은 효과적 작용능력을 갖지 않고, 단지 분별에 의해 현현되어진 것이다. 곧 환영과 같이 인연에 의한 것이 아니라 단지 분별된 것에 지나지 않는 것이다. 그것을 『중관론』에서

---

snang gi/ gnyid kyis ma log pa'i gnas skabs bzhin du/ de na yang de ltar rtogs pa na/ phyi rol gyi gzugs la sogs pa ji ltar snang ba bzhin ni yod pa kho na'o// gal te rigs pas mi 'thad do zhe na/ de nyid kyi phyir ma brtags na nyams dga' ba'i phyir dang/ brtag pa'i dpyod pa mi bzod pa'i phyir kun rdzob pa zhes bya ste/ [SDP(41a6-41b1)].

34) 『세소』에서 사용하고 있는 '고찰하지 않는 한 매력적인 것' 혹은 '고찰을 견뎌내지 못하는 것(brtags pa'i dpyad pa mi bzod pa)' 등의 말은 『이제론』에는 보이지 않는 『세소』의 독자적인 용어로 생각되지만, 그렇지만 세속에 대하여 고찰해서는 안 된다는 사고는 『이제론』에서도 나타나고 있다. 『이제론』에서 "그것(=세속)에 대한 고찰은 이루어지지 않는다.(K.21b)" 와 같은 말은 그것을 잘 보여준다. 그리고 '고찰에 견디지 못한다' 라는 말도 『중관론』에서 자주 사용되고 있다. 이러한 점에 의해서도 『세소』와 『중관론』의 사상적 유사성은 한층 높다고 생각된다.

35) 『중관론』에서의 세속정의에 대해서는 제1장 註33) 참조.

는 효과적 작용능력을 갖지 않는 언어만의 것이라 표현하고 있다. 『세소』에서도 『이제론』과 동일하게 분별에 의해 현현된 것을 비진실세속이라고 말하고 있다.

> (K.30A) 따라서 정리에 의해 말한 견해는 여기에서는 그와 같이
> 말해진 것과 같이
> (K.30B) 분별되어진 것뿐이다.
> 현현하지 않는데 진실로서 생기한다고 분별에 의해 증익된 것, 그것을
> (K.30B) 부정하는 것은 합리적이다.[36] (방선: 『이제론』)

이와 같이 『세소』에서도 분별로서 현현된 것, 예를 들면 진실로서의 생기 등과 같이 분별된 것은 부정되어야 할 비진실세속으로 거론되고 있다. 곧 진실로서는 생기나 불생 등은 있을 수 없기 때문이다. 이 비진실세속에 관한 『세소』의 설명은 『이제론』과 거의 차이가 없으며, 더욱이 『중관론』의 설명과도 거의 같다고 생각된다.

위와 같이 『이제론』과 『중관론』의 세속 정의를 기초로 『세소』에서의 세속을 살펴보았고, 이어서 승의불생이 세속의 성질이라고 하는 『이제론』의 설명을 어떻게 『세소』가 주석하고 있는가를 보기로 한다. 이것은 앞의 장에서 『이제론』과 『중관론』의 관계를 보이는 중요한 문제라고

---

36) (K.30A) de bas rigs pas smra ba'i lta ba/ 'dir ni de lta bu ji skad smos pa'i rnam pas (K.30B) brtags pa kho na ste/ mi snang ba la yang dag par skye ba la sogs par rtog pas sgro btags pa kho na/ (K.30B) dgag par rigs te [SDP(45a4-5)].

지적하였지만, 만약 『세소』에서도 그 설명이 『이제론』과 동일하다면, 이것은 곧 『세소』와 『중관론』이 사상적으로 유사함을 보이는 것이라고 할 수 있을 것이다.

4) 불생에 대하여

승의에 있어서 불생 등은 승의가 아니라 '승의에 수순하는 것' 의 의미인 것은 앞에서 서술하였다. 그러나 '승의에 수순하는 것' 이란 결국 세속을 그 본성으로 하고 있다는 것도 앞 장에서 살펴본 바와 같다. 이 '승의불생' 에 관한 『세소』의 주석은 다음과 같다.

다른 쪽은 진실의 세속이라는 것을 보이기 위한 까닭에 '도' 라고 말한 것이다. 왜 그런가 하면, 즉

(K.9A) 생기 등의 부정도,

승의라고 우리들은 주장한다는 것이 따른다. 왜냐하면

(K.9B) 진실에 수순하기 때문에

라고 말한 것이다. 어떻게 진실에 수순하는가 하면 진실로서의 생기 등 소분별성의 부정이라는 증인에 의해서라고 말한 것이다. 다른 자인 유가행파에 의해 생기 등의 부정은 단지 진실인 승의로서 파악되기 때문이다. '도' 라는 것은 내포의 의미이다. 정리론자는 왜 그와 같이 주장하지 않는가 하면, 생기 등의 부정은 단지 세속이기 때문이다. 왜냐하면 정리로 고찰하면이라고 한 것이다. 왜 세속인가 하면,

(K.9CD) 부정되는 것이 없기 때문에 진실에 있어서는 부정도 없는 것이

명확하다

라고 말한 것이다.[37](방선: 『이제론』)

여기에서 보듯이 『세소』에 있어서 불생을 단지 진실의 승의라고 인정하는 것은 유가행파이며, 세속으로서 인정하는 것은 정리론자라고 주석하고 있다. 물론 『세소』 저자 자신 스스로 중관파인 것을 밝히고 있고,[38] 그 중관파도 불생은 세속으로서 인정한다고 말하고 있다.

유가행파에 있어서 승의로서 안립하는 생기 등의 부정은 다른 자, 즉 중관파에 있어서는 세속이다.[39](방선: 『이제론』)

37) phyogs gzhan la ni yang dag pa'i kun rdzob kho na yin zhes bstan pa'i phyir/
yang zhes bya ba smos so// ci'i phyir de lta yin zhe na/ gang gi phyir/
(K.9A) skye la sogs pa bkag pa yang//
don dam pa yin par kho bo cag 'dod do zhes bya bar sbyar ro// ci lta zhe na
(K.9B) yang dag pa dang mthun pa'i phyir//
zhes bya ba smos so// ji ltar na yang dag pa dang mthun pa kho na yin zhe na/
yang dag par skye ba la sogs par rtog pa'i dngos po bkag pa'i gtan tshigs kyis
zhes bya ba smos so// gzhan dag ni rnal 'byor spyod pa dag gis skye ba la sogs
pa bkag pa ni/ yang dag pa kho nar don dam par 'dzin pas yang zhes bya ba
ni bsdu ba'i don to// rigs pa smra ba yang ci'i phyir de ltar mi 'dod ce na/ gang
gi phyir skye ba la sogs pa bkag pa kun rdzob kho na yin pa'i phyir ro// ci'i
phyir zhe na/ rigs pas dpyad na zhes bya ba smos so// ci'i phyir kun rdzob kho
na yin zhe na/
(K.9CD) dgag bya yod pa ma yin pas// yang dag tu na bkag med bsal//
zhes bya ba smos so//[SDP(24b5-25a1)].
38) 『세소』에서 샨타라크쉬타는 스스로를 중관파라고 말하고 있다. 예를 들면 "중관파인
우리들은"(dbu ma pa kho bo cag : SDP(39a2).

이 『세소』에 있어서 유가행파는 실재론자로서, 더욱이 실재론자는 적자로서 중관파의 입장에서는 논란의 대상이 되고 있지만, 정리론자는 거의 중관파와 동등하게 취급되고 있는 것같이 생각된다.[40] 샨타라크쉬타가 그 정리론자를 동등하게 취급하고 있는 것은 그가 이 정리론자의 견해에 영향을 받고 있는 것을 의미하는 것이다. 그것은 『세소』에 있어서 가장 중요한 개념인 '정리에 의한 고찰' 등이 다르마키르티의 지식론에 영향을 받고 있는 것으로부터도 충분히 생각할 수 있다. 그리고 그 불생이라는 것도 승의가 아니라 실은 세속을 본성으로 한다는 것은 그 정리에 의한 고찰에 의해 분명하게 되는 것을 의미한다. 곧 그 정리에 의해 고찰하면 "부정되는 것이 없기 때문에 진실로는 부정도 없는 것이 명확하다.(K.9CD)"는 것이 되어 곧 생기가 없기 때문에 진실에서는 불생도 없는 것이다. 이 정리에 의해 나중에 고찰할 '인식의 불성립', 즉 인식수단으로서 '형상의 부당성', '인과론의 불성립' 등이 증명되는 것이다.

---

39) gzhan rnal 'byor spyod pa'i don dam par byas pa rnam par gzhag pa skye ba la sogs pa bkag pa gang yin pa de ni/ gzhan gyi zhes bya ba dbu ma pa'i kun rdzob yin no//[SDP(37b4-5)].

40) 유가행파가 실재론자이며, 그 실재론자가 적자라고 하는 것을 다음과 같이 표현하고 있다. A)실재론자인 유가행파 그대의 경우에도(rnal 'byor spyod pa dngos por smra ba khyod kyi ltar na yang : SDP(40b2), B)적자인 실재론자들에 의해(pha rol po dngos por smra ba rnams kyis: SDP(35a6) 등) 이 유가행파인 실재론자들이 『세소』에서 논난의 대상이 되지만, 정리론자(rigs pa smra ba, nyāya-vādin)도 실재론자라 불리기도 한다["정리론자는 중관파이거나 실재론자이다"(rigs pa smra ba ni dbu ma pa'am dngos po smra ba'o): SDP(37a4)]. 그렇지만 정리론자가 중관론자와 동등하게 취급되는 것에는 불분명한 점이 있지만, 적어도 『세소』의 저자는 다르마키르티 등의 정리론자의 이론에 크게 영향 받고 있음은 틀림없다.

그렇지만 '승의불생' 이 정리에 의하면 세속이라는 것은 구체적으로 어떠한 의미일까? 그것은 이미 『이제론』에서 서술되고 있듯이, 정리가 현현하는 대로의 것인 세속의 것을 그 대상으로 한다는 의미일 것이다. 이를 정리로서 고찰하면, 세속의 것은 정리에 의해 고찰을 하지 않는 한 매력적이라고 인정되며, 그 고찰에 견디지 못하고 세속의 것으로서 성립하지 않게 된다. 그렇지만 단지 세간에서 인정되는 것, 즉 세간극성이 세속이라면, 그 세속을 그 본성으로 하는 정리란 어떠한 의미의 세속일까? 그것에 대해 『세소』는 다음과 같이 주석하고 있다.

> 그와 같이 그 정리도 현현하는 대로에 있어서 일체가 안립하는 것이기 때문에 그런 까닭에 경전에서 세간세속과 다른 승의는 없다고 설하는 것이다. 그것은 옳다. 왜 그 둘이 다른 것이 아닌가 하면, 즉 세간세속의 여실성인 것은 현현하는 대로의 것이란 의미이다. 그것은 승의의 여실성이다. 왜냐하면 정리도 현현하는 대로의 세속에 있어서 안립하기 때문이다.[41] (방선: 『이제론』)

이렇듯 정리는 현현하는 대로의 것에 있어서 안립하기 때문에 그것

---

41) rigs pa de yang ji ltar snang ba bzhin du kun tu gnas pa de nyid kyi phyir mdo las/ 'jig rten gyi kun rdzob kyang gzhan la/ don dam pa yang gzhan pa ni ma yin zhes bya ba gsungs te rigs pa *ma*(P.om.) yin no// ci'i phyir de gnyis gzhan ma yin zhe na/ 'di ltar 'jig rten gyi kun rdzob kyi de bzhin nyid kyi ngo bo nyid gang yin pa ji ltar snang ba'i ngo bo nyid ces bya ba'i tha tshig ste/ de nyid don dam pa'i de bzhin nyid kyang yin te/ rigs pa yang ji ltar snang ba bzhin kun rdzob tu gnas pa'i phyir ro//[** P.본에 따라 읽음: SDP(37a6-7)].

은 승의의 여실성이라고도 말하고 있다. 즉 정리는 현현하는 대로의 세속을 본성으로 하면서 실은 승의의 여실성을 드러내고 있는 것이다. 이 정리에 의한 논증은 이일다성증인에 의해 일체법의 무자성을 증명하는 『중관론』에서도 매우 중요시되는 것이며, 『이제론』·『세소』 모두에서도 중요시되고 있다. 곧 이와 같은 정리는 승의성을 보이면서도 실은 세속의 성질인 것이다. 따라서 본래의 의미에서 승의란 그 정리의 영역을 떠난 곧 일체희론을 떠난 비이문승의를 의미하는 것이 될 것이다. 이런 면에서 승의불생의 개념은 결국 세속을 본성으로 하는 것이다.

4. 형상에 대한 주석

이일다성의 증인에 의한 일체법 무자성을 증명하는 『중관론』에서의 정리의 전개는 형상의 다수성과 지의 일자성인 것이 모순을 면할 수 없다는 것에 그 요점이 있다. 곧 형상을 진실로서 인정하는가, 안 하는가에 의한 형상진실론·형상허위론에 있어서 이일다성증인의 정리에 의해 그 형상론의 불성립이 증명되고 있다. 이와 같은 형상에 관한 논의는 샨타라크쉬타사상의 특징이라고 할 수 있을 만큼 유명한 것이지만, 이 『중관론』의 형상론은 과연 어떠한 경과를 거쳐 형성된 것일까? 이미 TS의 <외경고찰의 장>에서 이일다성의 정리가 나타나는 것을 보았지만, 그러나 그 TS의 경우는 『중관론』에 비해 그다지 세련되지 않은 것은 앞서 고찰한 바와 같다. 이 형상에 관한 논의는 즈냐나가르바의 『이제론』에서도 『중관론』에서와 동일한 형상론이 전개되어, 형상의 다성과 지의 일성 간의 모순이 지적되고 있다. 곧 형상과 지가 그 모순을 벗어나지 못하기 때문에 인식을 성립하지 않고, 나아가 정리에 의해서는 인과관계도 확정할 수 없다고 말하고 있다. 이와 같은 『이제론』의 내용을 『세소』는 어떻게 주석하고 있을까? 『세소』의 샨타라크쉬타가 『이제론』의 형상과 지의 논리를 어떻게 주석하는가에 의해 『중관론』과의 관계도 더욱 분명해지리라 생각한다. 이 『이제론』의 형상론의 전개는 『이제론』의 제13게송과 관련해 행해지고 있었던 것을 이미 보았지만, 다시 한 번 그 게송을 살펴보면 다음과 같다.

> (K.13) 만약 너도 정리가 아니라 현현하는 대로라고 주장한다면 우리들과 일치한다. 그러나 정리에 의해 고찰한다면 일체가 혼란스러워진다.[42)]

곧 정리에 의하지 않으면 세속의 것을 현현하는 대로의 것으로서 인정하는데 대해 우리들과 일치하지만, 정리에 의해 고찰한다면 일체가 혼란스러워져 무엇 하나 인정되는 것이 없어진다는 것이다. 이 일체가 혼란스러워 진다는 것은 『이제론』에 의하면 결국 세속으로 인과관계가 성립하지 않는다는 것으로,[43)] 곧 정리에 의해서는 그 인과관

---

42) gal te khyod kyang rigs min par// ji ltar snang bzhin 'dod na ni//
　　'u bu cag la de mtshungs nyid// rigs par na ni thams cad 'khrugs//
　　[SDV. K.13; Eckel(J) p.164; SDV(7a1); 松下(上) p.39] 이 『이제론』 제13게송을 둘러싼 형상논의에 대해서는 제2장 註61) 참조.

표 4

『이제론』	『세소』
(K.13-1) 무형상의 지가 외경을 파악하는 것은 불합리하다. 형상은 인식수단이 아니기 때문에, 또 불합리하기 때문에 다른 것도 외경을 파악하는 일은 없다.	[K.13-1] 무형상의 지에는 이 인식이 청이다, 이것은 황이 아니다라는 결정은 성립하지 않는다. 근법인이 없기 때문이다. 그런 까닭에 이것에 의해 외경을 파악하는 것이 어디에 있겠는가. 다른 것이란 유형상이며, 외경을 파악하는 것은 불합리하다와 연결된다. 왜냐하면 형상은 인식수단이 아니기 때문이다. 실재하는 것은 형상을 변충하지 않는다. 무상성이 인식대상을 변충하지 않듯이. 곧 꿈등에 청등은 없지만, 지에는 청등의 현현이 있기 때문이다. 그런 까닭에 그 형상을 정리로서 어떻게 실재하는 것으로 분별할 수 있겠는가. 만약 분별한다면, 무상성이 인식대상에 의해 분별되는 것과 같다. 불합리하다는 것은 형상이다. 외경을 파악하는 것은 불합리하다. 왜 불합리한가 하면, 곧
(K.13-2) 왜냐하면 다수인 형상의 현현을 갖는 하나인 지에 갖가지 형상이 어떻게 진실이 되는가. 그 단일성이 훼손되기 때문이다.	[K.13-2] 다수인 형상의 현현을 갖는 하나인 지라는 것에 있어서 형상이란 지의 체이다. 갖가지 형상이 어떻게 진실이 되는가. 왜 진실이 되지 않는가 하면, 그 단일성이 훼손되기 때문이라고 말한 것이 그 이유이다. 그렇다면 [종] 지의 체인 것이 단일성인 것은 있을 수 없다. [인] 갖가지 형상과 다른 것이 아니기 때문에 [유] 형상의 체와 같이, 또 [종] 갖가지 형상이 다르지 않게 된다. [인] 지의 단일한 체와 다르지 않기 때문에 [유] 지의 자성과 같이, 곧 무형상 혹은 유형상의 지가 외경을 파악하지 않는다면, 이 인과도 있을 수 없다는 말이 보충어이다.[44](방선: 『이제론』)

계를 결정하는 방법이 완전히 있을 수 없다는 것이다. 그리고 그 인과

관계를 결정하는 방법이 없다는 것은 인식수단인 형상이 성립하지 않

43) 정리에 의해서는 일체가 혼란스럽게 된다라고 말한 뒤 그 이유로서 정리에 의해서는 인과관계를 결정하는 방법이 없다라고 다음과 같이 말하고 있다. "즉 여기에서는(=정리에 의한 경우) 인과관계를 결정하는 방법이 너에게는 없을 뿐이다['di ltar rgyu dang 'bras bu'i dngos por nges pa 'di la khyod yi thabs med pa kho na yin no// Eckel(J) p.164; SDV(7a2); 松下(上) p.39]" 이것에 이어서 인과관계를 결정하는 구체적인 방법으로서 형상론이 거론되고 있다.

는 것, 다시 말해 형상에 의한 인식이 성립하지 않는 것이다. 이 인식
수단인 형상이 성립하지 않기 때문에 정리에 의해서는 세속의 인과관
계도 성립하지 않는다고 하는 것이 『이제론』의 논의이다. 이 『이제론』
에서 형상이 올바른 인식수단이 아니라는 것을 설하는 부분에 대해
『세소』의 주석을 비교하여 살펴보면 〈표 4〉와 같다.

이 『세소』의 주석에서 나타나듯이 샨타라크쉬타는 형상과 지의 관

44) (SDV)
  (K.13-1) rnam pa med pa'i shes pa ni// yul la 'dzin par mi rigs so//
          rnam pa tshad ma min phyir dang// mi rigs phyir na cig shos min//
  (K.13-2) gang phyir sna tshogs ngo bo ru// snang ba can gyi dngos gcig la//
          rnam pa rnams bden ji ltar 'gyur// de yi gcig nyid nyams phyir ro//
  [Eckel(J) p.164; SDV(7a2-3); 松下(上) p.39].
  (SDP)
  (K.13-1) rnam pa med pa'i shes pa ni rigs pa 'di sngon po yin gyi/ 'di ser po ni ma
  yin no zhes rnam par gzhag par mi 'grub ste/ nye ba'i rgyu med pa'i phyir ro//
  de'i phyir des yul la 'dzin par ga la 'gyur/ cig shos zhes bya ba ni rnam pa dang
  bcas pa ste/ yul la 'dzin par mi rigs so zhes bya bar bsnyegs so// ci'i phyir zhe na/
  rnam pa tshad ma min pa'i phyir ro// dngos pos ni rnam pa la ma khyab ste/ mi
  rtag pa nyid kyis gzhal bya nyid la ma khyab pa bzhin te/ 'di ltar rmi lam la sogs
  pa la sngon po la sogs pa med kyang/ blo la sngon po la sogs par snang ba yod
  pa'i phyir ro// de'i phyir rnam pa de rigs pa ji ltar dngos po rtogs par byed par
  'gyur/ gal te rtogs par byed na ni mi rtag pa nyid kyang gzhal bya nyid kyis rtogs
  par byed par 'gyur ro// mi rigs pa'i phyir zhes bya ba ni rnam pa'o// yul la 'dzin
  par mi rigs so// ci'i phyir mi rigs she na/ 'di ltar (K.13-2) gang phyir sna tshogs
  ngo bo ru/ snang ba can gyi dngos gcig la/ zhes bya ba la/ ngo bo ni shes pa'i
  bdag nyid la ste/ rnam pa rnams bden ji ltar 'gyur// ci'i phyir bden par mi 'gyur
  snyam pa la/ de yi gcig nyid nyams phyir ro// zhes bya ba smos te de'i phyir ro//
  de lta na ni shes pa'i bdag nyid kyi dngos po de gcig bu nyid du mi rung ste/
  rnam pa dag dang tha tha dad pa ma yin pa'i phyir te/ rnam pa'i bdag nyid bzhin
  no// yang na rnam pa rnams tha dad par mi 'gyur te/ shes pa'i rang gi ngo bo
  bzhin no// de ltar rnam pa med pa'am rnam pa dang bcas pa'i shes pa yul la mi
  'dzin na 'bras bu dang rgyu nyid 'di ni mi rung ngo zhes bya ba lhag ma'o//
  [SDP(27b4-28a2)]. 여기의 『세소』 K.13-1,2에 대해서는 저자도 『중관론』의 형상론과 비
  교하여 논한 바가 있다. 李泰昇(1991-2) 참조.

계를 명확하게 파악하고 있다. 곧 형상이 가지는 차별성에 의한 다수성과 지의 동질성에 의거한 일자성과의 모순된 관계를 삼지작법 등에 의해 증명하고 있다. 이러한 주석의 방식은 그가 형상과 지에 대한 논의에 정통하고 있는 것을 말하고 있다고 생각한다. 물론 다르마키르티의 사상에 정통한 샨타라크쉬타에게 있어 이러한 형상론의 전개는 당연하다고 생각되지만, 그러나 『중관론』의 형상론과 완전히 일치하는 논의로부터 생각해보면 샨타라크쉬타는 이렇게 『이제론』을 주석한 뒤 『중관론』을 통하여 더욱 완전한 형태로 자신의 생각을 정리한 것이라 생각된다. 『이제론』에서는 계속하여 이 유·무형상이 성립하지 않는 것은 직접지각과 비인식에 의해 알려진다고 말하고 있다(K.13-3). 이것에 대해 『세소』는 "유형상 혹은 무형상의 직접지각에 의해 대상을 확정하는 것은 불합리하다"[45], 그리고 "비인식이란 항아리 등이 떠나 있는 기반인 땅 등을 인식하기 때문에 직접지각이다"[46] 등으로 말하여 직접지각인 형상에 의해서는 인식은 성립하지 않는, 곧 비인식에 의한 것이라고 설명하고 있다.[47]

---

45) rnam pa dang bcas pa'am/ rnam pa med pa'i mngon sum gyis don yongs su gcod par mi rigs so//[SDP(28a2-3)].

46) mi dmigs pa ni bum pa la sogs pas dben pa'i sa gzhi la sogs pa dmigs pas mngon sum nyid do//[SDP(28a3)].

47) 비인식(anupalabdhi)이란 인식되는 조건을 갖추고 있으면서도 현재 인식되고 있지 않는 경우의 원인을 말하는 것으로, 인도 논리학에서 능증의 하나로 간주되고 있다. 예를 들면 "인식되는 조건이 갖추어져 있는데도 항아리가 현재 인식되지 않기 때문에 그 항아리는 없다"라고 말했을 때 '인식되지 않는다'라는 것이 비인식이다. 따라서 형상논의와 관련시켜보면 "인식되는 조건이 갖추어져 있는데도 형상에 의한 인식은 성립하지 않기 때문에 형상은 없다."라고 말할 수 있을 것이다. 梶山雄一(1983) pp.110-111 참조.

이와 같은 정리에 의해 형상론이 성립하지 않는 것이 설해지고 있지만, 『이제론』에는 보다 중요한 정리로서 인과관계의 불성립을 증명하고 있다. 곧 4구생기의 부정이다.[48] 이것도 역시 인과관계가 성립하지 않는 것을 증명하는 정리이지만, 『중관론』의 이일다성의 증인과 함께 티베트 문헌에서는 일체법무자성을 증명하는 4대증인의 하나로 간주되고 있다. 이 '형상에 관한 정리' 와 '4구생기 부정에 의한 정리' 가 『세소』에서 대표적인 정리로서 자주 거론되어 다음과 같이 말하고 있다.

'있을 수 없다' 라는 것은 무형상 등에 의해 그 정리를 설명한 것이다. 거척한다는 것은 다자인 것은 일자인 것을 만들지 않는다는 등의 정리에 의해 설명한 것이다.[49]

이와 같이 『세소』에서는 형상과 4구생기의 부정 논리가 중요한 정리의 증인으로 사용되고 있다. 그리고 '정리' 그 자체에 대해서는 『이제론』과 『세소』는 '승의에 수순하는 것' 으로서, 그 본성은 세속의 것이라 말하고 있다. 그러나 세속은 정리에 의해 고찰되어지지 않는 한 성립하는 것으로, 정리에 의해 고찰하면 성립되지 않는 것이다. 곧 세

---

48) 『이제론』 제14게송을 가리킨다. 이 게송은 티베트불교에 큰 영향을 끼친 아티샤에 의해 무자성논증의 '4대 이유' 중의 하나로 거론된다. 江島惠敎(1980) pp.240-241, 松本史朗(1984-3) p.29 n.10 참조.

49) mi rung bar ni rnam pa med pa zhes bya ba la sogs pas rigs pa bshad zin to// gnod par ni/ du mas dngos po gcig mi byed// ces bya ba la sogs pas rigs pas bshad zin to//[SDP(48a6)].

속의 인과관계는 정리에 의한 고찰에 의해서는 결정되지 않기 때문이다. 이렇게 정리에 의해서는 인식이 성립하지 않는다는 것은 형상과 지의 관계, 즉 다자와 일자 사이의 모순을 면하지 못한다는 것을 의미한다. 이와 같은 『이제론』과 『세소』에서의 형상론은 그 논의내용이 『중관론』과 거의 동일한 것으로 생각된다. 『중관론』에서의 정리의 전개도 지와 형상 간의 일자와 다자의 관계를 고찰하는 것이 중심으로, 그 뜻하는 바는 『이제론』이나 『세소』와 동일하다고 생각된다. 또한 승의에 있어서 일체 희론을 떠난다고 서술한 『중관론』에서의 정리에 대한 논의도, 승의에 수순한다는 의미로서, 세속을 본성으로 한다는 의미가 담겨있는 것이라 생각된다. 따라서 정리에 의거한 세속이라는 입장에서는 일체가 성립하지 않지만, 고찰하지 않는 한의 세속, 즉 진실세속에서는 일체가 인과관계대로 곧 현현하는 그대로 성립하는 것이 된다. 이와 같이 형상론에 관해 『중관론』과 『세소』가 동일한 정리를 전개하고 있는 것은 『중관론』과 『세소』의 저자가 동일인물인 것을 말하고 있는 것이라 생각된다.

5. 자증지에 대한 주석

『이제론』에서 자증지는 변계소집성의 특성인 소취·능취의 2취와 관련하여 논의되었던 것은 앞서 살펴본 바와 같다. 곧 자증지를 통하여 2취가 없어진 것, 즉 변계소집성의 무가 의타기성의 유인 것을 아는 것이라는 유가행파의 견해에 대하여 "지는 자체에 의해 자체를 아는 것이 아니다. 왜냐하면 스스로의 현현에 있어서 공이기 때문에”[50] 라고 하여 그 자증지를 부정하고 있는 것이다. 곧 실재하는 것이 지에 현현하는데 있어서 그 현현 자체가 이미 지이며, 그런 의미에서 지는 현현에 있어서 공이라고 말하는 것이다. 그리고 유가행파에 있어서 부정되어야 할 능취·소취에 대하여 즈냐나가르바는 그것은 직접지각으로, 그것에 의해 우리들이 지각하는 것이라고 말하고 있다.[51] 이와 같이 자증지의 논란이 변계소집성의 무인 것과 관련하여 논의되는 것은 변계소집성의 무가 승의로서 의타기성의 유를 주장하는 유가행파에 대한 비판이라고 생각되지만, 그러면 『세소』에서는 어떻게 자증지를 주석하고 있는지 살펴보기로 한다.

먼저 승의에서는 약간의 지의 현현도 없다는 것을 “어떠한 것도 보지 않는 것이 진실을 보는 것이다”라는 경전으로서 방증을 삼는 『이제론』(K.6)에 대한 『세소』의 주석을 살펴보면 다음과 같다.

> (K.5CD) ‘일체의 지의 형상이 아무리하여도 현현하지 않는다’
> 라는 이것은 성교와 상응하기 때문에 ‘그런 까닭에 경전으로부터’ 라고 말한 것이다. ‘어떠한 것도’ 라는 것은 존재하는 것과 존재하지 않는 것을 가리킨다. ‘보지 않는다’ 는 것은 ‘보이는 것이 없다’ 고 부정하는 것이다. 소취·능취를 떠나며, 각각 스스로를 인식하는 지인(자증지)인 연기(의타기

성)는 단지 존재하는 것이다. '어떤 것도 보지 않는다' 라는 이 말로 나타

내는 것은 변계소집성에 대하여 실제 서술한 것이라고 한 것에 대하여,

(K.6AB) 만약 변계소집성의 것을 '무엇으로도 보는 일이 없다'

라고 한다면이라고 말한 것이다.[52] (방선: 『이제론』)

[『이제론』의 K.6C '자증지가 불합리하기 때문에' 라는 문장에 대해 『세

소』는 단지 '불합리하기 때문에' 라는 문장에 대해 '소취·능취의 둘이

없는 지' 를 보충하여 읽어야 할 것이라고 설명하고 있다.]

곧 승의에 있어서 '어떠한 것도 보지 않는다' 라는 것은 보이는 것

이 없기 때문이지만, 『세소』의 주석에서 말하듯이 자증지는 변계소집

성의 무에 의해 나타나는 연기인 의타기성과 동일시되며, 그것이 유

라고 하는 것이 서술되고 있다. 그러나 이 문장은 유가행파가 말하는

변계소집성의 무에 대한 반론을 하기 위한 도입부로서 유가행파의 설

을 나타내고 있는 것을 생각하면 샨타라크쉬타는 이 자증지가 유가행

파에서 승의로서 사용되고 있는 것을 명확히 의식하고 있다고 생각된

---

52) (K.5CD) shes pa'i dngos po thams cad la// ji ltar bur yang mi snang 'gyur//
zhes bya ba 'di lung dang sbyar bar bya pa'i phyir/ de nyid kyi phyir mdo sde las
zhes bya ba smos so// 'ga' yang zhes bya ba ni dngos po dang dngos po med
pa la sogs pa'i ngo bo la bya'o// mthong ba med pa zhes bya ba ni med pa
dgag pa yin no// rten cing 'brel par 'byung ba gzung ba dang 'dzin pa dang
bral ba so so rang gis rig pa'i shes pa ni yod pa kho na yin te/ 'ga' yang
mthong ba med pa ni zhes de skad gang gsungs pa de ni/ kun brtags pa'i ngo
bo nyid la dgongs nas gsungs pa yin no zhes zer pa la/
(K.6AB) gal te brtags pa'i ngo bo nyid// 'ga' yang mthong ba med ce na/
 zhes bya ba smos te/[SDP(18b5-19a2)].

다. 그러나 승의에 있어서는 무분별·무희론이며, 약간의 현현 혹은
마음의 작용조차 인정되지 않는 것인 까닭에 그런 의미에서 자증지는
세속의 것이 되는 것이다. 자증지가 세속이라고 하는 것에 대해 『세
소』는 다음과 같이 말하고 있다.

> 일체 마음의 행경은 세속제이지 승의제가 아니라는 의미이다.
>
> (K.7-1CD) 청정하다든가 진실에 있어서라든가, 정리와는 다르다고 생각하라
>
> 는 것은 단지 불합리하다라는 의미이다. 왜냐하면 그런 까닭에
>
> (K.7-1B) 마음의 행경이 된다
>
> 고 한 것이다. 왜냐하면 그런 까닭에
>
> (K.7-1A) 자기를 인식하는 것이기 때문에라고 한 것이다. 만약 그것은 작
> 용과 행위와 소작의 성질에 의해 자기를 인식하는 것이 아니라고 한다
> 면, 지의 성질이 되는 것이다. 만약 인식의 성질이라고 해서 그렇지 않
> 다고 한다면, 그것은 일체에 실재하는 것을 인식하는 것이 된다. 이것
> 이 자기인식의 성질이라고 한다면, 마음의 행경인 까닭에 그것은 세속
> 제라고 인정되는 것이 일단 안립하는 것이다.[53] (방선: 『이제론』)

---

53) sems spyod yul ji snyed pa de ni kun rdzob kyi bden pa ste/ don dam pa'i
bden pa ma yin pa'o zhes bya ba'i tha tshig go[P./] zhe *na/*(P.om.)
 (K.7-1CD) rnam par dag pa'ang yang dag tu// rigs sam' o na te min zhes soms//
zhes bya ba ni rigs pa ma yin pa kho na'o zhes bsams pa'o// ci'i phyir zhe na/ de'i phyir
(K.7-1B) sems spyod yul du gyur pa'o
zhes smos so// ci'i phyir snyam pa la/
(K.7-1A) bdag nyid rig pa yin pa'i phyir/
zhes bya ba smos so// gal te de ni byed pa dang las dang bya ba'i ngo bos
bdag nyid rig pa ni ma yin no zhe na/ gal te de lta na ni shes pa'i ngo bor 'gyur

이와 같이 『세소』에서 자증지는 마음의 행경이며, 세속제라고 주석되고 있다. 이 자증지를 세속제라고 간주하고 있는 것은 이미 고찰한 『중관론』에서의 자증지 개념과 일치하는 것이다. 곧 『중관론』에서는 "자증지도 세속제에 속하는 것은 일과 다의 자성에 있어서 고찰을 견뎌내지 못하는 까닭에"[54]라고 말해 자증지를 세속으로 인정하고 있다. 이와 같이 『세소』와 『중관론』이 동일하게 자증지를 세속제로 인정하고 있듯이 세속제로서의 자증지란 어떠한 의미일까? 세속이 자증지, 즉 유식뿐이라는 것은 이미 앞에서 고찰했듯이 유가행중관파의 특징으로서 오랫동안 승인되어 온 것이지만, 현현하는 대로의 것 혹은 효과적 작용 능력을 갖는 것 등의 다른 세속의 정의와는 어떠한 관련을 가지는 것일까? 이것은 색 등이 유식의 현현이라고 설명하는 『이제론』의 내용과 관련된 『세소』의 주석에 그 해답이 숨겨져 있는 것으로 생각된다.

인연에 의존하여 생기는 까닭에 의타기성이다. 왜 색 등의 체는 분별이라는 과실에 의해 더럽혀지지 않는가라는 것을 설명한다. 유식의 현현이며, 분별을 떠나는 지가 현현한다는 의미이다. 유라고 한 것은 분별을 동반하는 것을 부정하는 것이다. 색 등과 같이 그것은 자증지이

ro// gal te rig pa'i ngo bo nyid yin pa'i phyir de lta ma yin no zhe na/ 'o na ni de dngos po thams cad rig par 'gyur ro// 'di ni bdag nyid rig pa'i ngo bo nyid yin no zhes smra na ni// sems kyi spyod yul yin pas de kun rdzob bden pa nyid du khas blangs bas re zhig gzhag go// [SDP(23a5-23b1)].

54) rang gi rig pa yang kun rdzob kyi bden par gtogs pa nyid de gcig dang du ma'i rang bzhin du brtag mi bzod pa'i phyir ro … [MAV, 一鄕(上) p.182; 一鄕(下) p.290] 제1장 註8 2) 참조.

기 때문에 부정되지 않을 뿐 아니라 부정한다면 자신이 부정의 주체이기 때문에 단지 거척되는 것이 따르게 된다. 무엇에 의해서 인가하면 설명한다. 직접지각 등으로부터이다. 등이라고 한 것은 추론 등이 그 속에 포함되기 때문이다. 만약 색 등을 현현에 있어서 진실로서 생기한다 등으로 분별하는 것은 부정되는 것은 올바르다.[55] (방선: 『이제론』)

여기에서 보듯이 분별을 떠나 색 등의 세속의 것으로 현현하는 것이 유식의 현현이라 일컬어진다. 그리고 그와 같이 분별을 떠난 현현, 즉 유식이란 자증지이기 때문에 직접지각에 의해 부정되지 않는다고 하며, 이 분별을 떠난 현현이란 『이제론』에서는 진실세속의 정의로 사용되고 있다.[56] 따라서 『세소』에서의 자증지는 『중관론』과 동일하게 세속제를 의미하지만, 좀 더 정확히 말하면 분별을 떠난 진실세속

---

55) rgyu dang rkyen la rag las te skye bas gzhan gyi dbang gi bdag nyid do// ci'i phyir lus rtog pa'i nyes pas ma sbags pa can yin snyam pa la/ bshad pa/ rnam par shes pa tsam snang ba yin te rtog pas dben pa'i shes pa snang ba zhes bya ba'i tha tshig go// tsam smos pa ni rtog pa dang lhan cig pa rnam par gcod par byed pa'o// gzugs la sogs pa de lta bu de ni rang rig pa'i phyir/ dgag par bya mi nus pa 'ba' zhig tu ma zad kyi/ 'gog par byed na byed pa po la phyir gnod pa kho na yed do zhes bya bar sbyar ro// gang gis she na/ bshad pa/ mngon sum la sogs pas so// sogs pa smos pa ni/ rjes su dpag pa la sogs pa nang du bsdu bar bya'o// gal te gzugs la sogs pa snang ba la yang dag par skye ba la sogs par brtags pa gang yin pa de ni dgag par rigs kyi/SDP(45a7-45b2)].

56) '유식'이라는 의미가 분별의 무라고 하는 것으로, 그것이 외경을 부정하는 의미가 아니라는 것은 이미 지적된 바 있다[松本史朗(1978-1) p.125 참조]. 또 '자증지'도 '분별을 떠난 직접지각'으로 설명되고 있다[松本史朗(1986-1) pp.192-193]. 여기에서 그와 같이 유식의 현현인 색 등을 자증지라고 하며 직접지각에 의해 부정되지 않는다고 하는 것은 분별을 떠난 직접지각이기 때문일 것이다. 그런 의미에서 이 자증지도 분별을 떠나 지각되는 진실세속의 의미를 갖는 것이 된다.

을 의미하는 것이라 생각된다. 따라서 유가행파에 있어서 승의로서
간주되는 자증지의 개념이 이『세소』에서도 세속의 것으로 이해되는
것은 분명하다고 생각된다.

6. 유가행파 비판

1) 비판의 기본적 태도

『이제론』에서 부정되어야 할 비진실세속으로서 거론된 것이 '진실로
서의 생기', '진실로서의 식의 현현' 등 어떤 것을 '진실로서'라고 분별
하는 것이었다.『이제론』에서는 이 '진실로서'인 것을 인정하려고 하는
입장은 대체로 유가행파에게 향해 있다. 곧 변계소집성의 무인 것은 의
타기성, 즉 연기가 승의로서 유라고 인정하는 유가행파에 대하여 중관
파는 변계소집성의 특징인 소취·능취를 직접지각으로 인정하고 또 그
의타기성을 진실세속으로서 인정한다. 곧 중관파에 있어 세속인 의타
기성이 유가행파에 있어서는 승의이다. 따라서 중관파는 유가행파를 진
실, 즉 승의로서 무엇인가를 인정하는 자라고 비판하고 있다.[57] 이와 같
이 자신의 논리로 타파를 비판하는 것으로 인해 즈냐나가르바는 중관자
립논증파로 분류되고 있다. 그리고 이일다성 증인에 의해 일체법의 무
자성을 증명하는『중관론』의 샨타라크쉬타도 동일하게 자립논증파로

---

57) 삼성에 있어서 의타기성을 승의유로 인정하는가의 여부에 따라 유가행파와 중관파로
  나뉘어지는 것은 이미 앞에서 지적한 바 있다. 제2장 註37) 참조.

분류된다.[58] 그러면 『세소』의 샨타라크쉬타는 어떠한 태도로 타파를 비판하는 것일까? 『세소』는 타파에 대해 다음과 같이 비판하고 있다.

이와 같이 중관파는 논증하여 부정을 말하는 것이 아니다. 오히려 적자에 의해 인정된 주장에 대해서만 부정을 말하는 것이다. 적자가 어떠한 주장도 인정하지 않는다면, 중관파는 어떠한 주장도 말하지 않을 것이다. 따라서 스스로부터의 생기, 타자로부터의 생기라는 것은 단지 적자에 의해 주장된 것으로, 아사리에 의한 것은 아니다.[59]

이러한 『세소』의 기술은 중관파가 타파에 의해 주장된 것에 대해서만 부정을 말하는 것으로, 이와 같은 태도는 이일다성의 증인을 사용해 타파를 비판하는 『중관론』에서도 동일하다. 『중관론』에서는 다음과 같이 말하고 있다

---

58) 티베트의 학설강요서에서는 즈냐나가르바, 샨타라크쉬타 등은 자립논증파(Rang rgyud pa, Svātantrika)로 분류되고 있다. 이 자립논증파란 말은 찬드라키르티를 중심으로 하는 귀류논증파(Thal 'gyur ba, Prāsaṅgika)와 대립하는 의미로서 티베트불교 후기전파기(Phyi dar)에 찬드라키르티의 저술들을 번역한 니마닥(Pa tshab Nyi ma grags, 1055-?)에 의해 처음 사용되어졌다고 한다[御牧克己(1982-1) p.187]. 공성논증에 관한 방법론적 상위에 의한 분류라고도 하지만, 실제로는 존재론의 상위 나아가 논리학에 대한 입장의 상위 등을 포함하고 있다고 한다[松本史朗(1981-3) p.144]. 유가행파 등 타학파를 비판하는데 있어서 자신의 논리를 세워 비판하는 것으로 샨타라크쉬타의 『중관론』은 그 전형을 보이고 있다. 하지만 샨타라크쉬타도 일방적인 자기주장이 아니라 타파에 의해 주장된 것에 대하여 부정을 말함으로써 중관론자로서 입장을 견지하기도 한다. 다음의 註 참조.

59) 'di skad du dbu ma pa ni byas shing 'gog pa smra ni ma yin gyi/ 'on kyang pha rol pos phyogs gang khas len pa de kho na 'gog pa smra'o// ji ste pha rol phyogs 'ga' yang khas mi len na ni/ dbu ma pa 'gog pa yang ci yang mi smra ba nyid do// de lta yin na bdag las skye gzhan las skye zhes bya ba de lta bu ni pha rol po kho nas smras kyi/ slob dpon gyis ni ma yin no// [SDP(33b2-3)].

(K.67) 정리의 도에 따라, 다른 자가 주장하는 일체의 것의 자성을 부정하는 것이다. 그런 까닭에 [우리들에게는 주장하는 것이 없기 때문에] 비판받는 일은 없다.

(K.68) 유·무, 유와 무로서 인정하지 않는 [우리들에게] 대하여 아무리 노력하여도 어떻게 하여도 비판할 수는 없다.[60]

곧 타파가 주장하는 것을 부정할 뿐으로 스스로는 주장하지 않는다고 하는 이 『중관론』의 기술은 『세소』의 설명과 동일한 것이라 생각된다. 따라서 이것도 『세소』의 저자와 『중관론』의 저자가 타파에 대하여 동일한 비판의식을 가지고 있었던 것을 볼 수 있다. 이렇듯 자립논증파라 하더라도 샨타라크쉬타의 비판은 타파가 주장하는 것에 한하여 정리에 의해 부정하는 것으로 스스로 무엇인가를 주장하기 위한 것이 아닌 것이 『세소』와 『중관론』에 나타나고 있다고 생각된다.[61] 그렇다면 『세소』에서는 구체적으로 누구의 견해를 비판하고 있는 지를 살펴보기로 한다.

---

60) (K.67) dngos po kun gyi rang bzhin ni// rigs pa'i lam gyi rjes 'brang ba//
　　　gzhan dag 'dod pa sel bar byed// de phyir rgol ba'i gnas med do//
　　(K.68) yod dang med dang yod med ces// khas mi len pa gang yin pa//
　　　de la nan tan ldan pas kyang// cir yang klan ka bya mi nus//
　　[一鄕(上) p.165; 一鄕(下) p.220].

61) 중관파가 다른 사람의 주장을 부정할 뿐 스스로의 주장을 세우지 않는다고 하는 것은 나가르주나 이래의 전통일 것이다. 나가르주나는 "나에게는 주장이라는 것이 없기 때문에 과실도 나에게는 없다[廻諍論 K.29cd; 梶山雄一(1974-2) p.157 참조]"라고 하는 등 스스로의 주장을 세우지 않음을 반복해 말하고 있다. 특히 『세소』에서 샨타라크쉬타는 그 주석의 태도에 있어 나가르주나를 충실히 따르고 있는 것을 엿볼 수 있다.

2) 다르마팔라 비판

『이제론』에서는 이미 고찰한 바와 같이 데벤드라붓디와 스티라마티 등의 견해를 인용, 비판하고 있지만, 『세소』는 어떠한지 살펴보면 이『세소』의 전체에 걸쳐 비판의 대상이 되고 있는 사람은 앞의 '저작의도 및 주석태도'에서 말한 바와 같이 다르마팔라(Dharmapala, 護法, 530-561)라고 생각된다. 그것은 『세소』의 저자가 이제에 대하여 어리석은 자파의 인물로서 일부러 다르마팔라의 이름을 거론하는 것 외에도『세소』안에서 다르마팔라의 견해를 인용, 비판하고 있기 때문이다. 이 다르마팔라는 앞서 『이제론』의 데벤드라붓디와 스티라마타와 더불어 『세소』자체에서 이름이 확인되는 몇 안 되는 유가행파논사라고 생각되지만, 그러면 어떻게 인용되는지 그의 견해를 먼저 살펴보기로 한다.

(1) 그것 등이라는 것은 아사리 호법에 의해, 이 세속이란 무엇인가, 비진실의 이명인가라는 등으로 말해진 것으로, 또 다른 자가 세속에 관해 말한 것이 포함된다.

(2) 아사리 호법이 동일한 사물이 동시에 진실이기도 하고 비진실이기도 하다고 말한 모순을 완전히 배재하기 위해 설명한다.

(3) 아사리 호법에 의해 승의로서 불생이라는 이것에 대하여 승의라는 말의 의미는 무엇인가라는 등으로 거척을 말한 것이, 이것에 대해서는 있을 수 없다는 것으로부터 무엇을 거척하는가라고 말한 것이다.[62](방선: 『이제론』)

여기의 (2)에 나타나는 호법의 견해는 이미 확인되고 있지만,[63] (1)
과 (3)의 개소는 그 출전을 확인하기 어렵다. 그러나 (3)에 대해서는
불생을 단지 진실의 승의로 간주하는 것은 유가행파에 의한 것이라고
『세소』안에서 지적하고 있는 것으로부터,[64] 또 (1)에 대해서는 "세속
이 비진실의 이명인가"라고 의문을 제기하는 것은 (2)의 논증 개소에
서 이미 동일한 의미가 서술되고 있는 것에서,[65] 이들의 것은 유가행
파인 다르마팔라의 것으로 간주해도 지장이 없을 것이다. 세속을 비
진실의 허위로 간주하는 것은 유가행파의 삼성설이 등장하는 계기가
된 것으로도 지적하고 있지만,[66] 그러나 세속을 모두 비진실로 보는
견해에 대해서는 이미 고찰한 바와 같이 『이제론』, 『세소』, 또 『중관
론』 모두에서 세속을 진실세속과 비진실세속으로 나누고 있고 불생

---

62) (1)(K.15-5a) de la sogs pa zhes smos pa ni slob dpon chos skyong gis ji ste kun
rdzob ces bya ba 'di ci zhig yin/ mi bden pa'i rnam grangs yin nam zhes bya ba
la sogs pa smras pa'am/ gzhan 'ga' zhig gis kun rdzob kyi bden pa las brtsams
nas smras pa/ gang yin pa bsdus te [SDP(35b5-6)].
(2) slob dpon chos skyong gis dngos po gcig la cig car bden par yang 'gyur/ mi
bden par yang 'gyur zhes 'gal ba smras pa yongs su spang ba'i phyir bshad pa/
[SDP(36a1)].
(3) de lta yin na slob dpon chos skyong gis dam par ma skyes zhe bya ba 'di
la/ don dam pa zhes bya ba'i sgra'i don ci yin zhes bya ba la sogs pas gnod pa
smras pa gang yin pa de 'di la mi srid do snyam nas/ ci zhig gnod ces bya ba
smos te/[SDP(36b3-4)].
63) 松本史朗(1980-4) pp.110-111.
64) "다른 부류인 유가행파에 있어서는 생기 등의 부정이 단지 진실인 승의로서 파악되고
있기 때문이다(gzhan dag ni rnal 'byor spyod pa dag gis skye ba la sogs pa bkag
pa ni/ yang dag pa kho nar don dam par 'dzin pas yang zhes bya ba ni bsdus
ba'i don to//[SDP(24b6-7)]."
65) 松本史朗(1980-4) p.111.

의 개념이 세속을 본성으로 하는 것과 관련해 함께 논해지고 있다.

그러면 이 다르마팔라의 견해에 대하여 『세소』의 저자가 일부러 그의 이름을 거론할 정도로 그의 견해에 반대한 것은 무슨 까닭이었을까? 그것도 역시 이제와 삼성설의 관계에서 특히 유가행파가 승의에 있어서 의타기성을 인정하려고 한 것에 있었다고 할 수 있다. 이것은 다르마팔라의 이제설을 보아도,[67] 그는 의타기성을 승의유로서 인정하고 있는 것을 알 수 있다. 그는 의타기성에 대해 다음과 같이 말하고 있다.

> 응당 변계소집성은 무라고 알아야 하며, 이 일체 세간의 망정에 의거하는 까닭에 의타기성은 인연으로부터 생기며 망정에 의한 것이 아닌 것으로 실로 이것은 유라고 알아야 한다.[68]

이와 같이 다르마팔라 승의로서 인정하는 의타기성은 중관파에 있어서는 당연히 세속이며, 더욱이 『이제론』, 『세소』에서는 이 승의로서 무엇인가 인정된 것을 분별되어진 것으로서 비진실세속으로 간주하고 있는 것이다. 곧 승의에서는 무엇인가를 인정하려고 하는 그런 마음의 움직임조차도 없기 때문이다.

다르마키르티의 사상에 정통한 『세소』의 저자가 다르마키르티 이

---

66) 工藤成樹(1982) pp.217-218 참조.
67) 松本史朗(1979-1) 참조.
68) "應信遍計所執性無 是諸世間妄情立故 依他起性從因緣生 非妄情爲應信是有"[大乘廣百
　　論釋論 卷10(大正 30, No. 1572, p.247c)].

전의 인물인 유가행파의 다르마팔라를 깊이 의식하고 있었던 것은 무슨 까닭이었을까? 이것에 대해서는 분명한 해답은 어려울 듯하지만, 그러나 『이제론』에서 즈냐나가르바가 다르마팔라와 동시대의 인물이자 동일한 유가행파인 스티라마티를 비판한 것과 어떠한 관련이 있지 않을까 생각한다. 그것은 스티라마티에 대한 비판에서도 중심이 되는 것은 역시 이제와 삼성설의 관계이기 때문이다. 따라서 『세소』의 저자는 『이제론』의 스티라마티의 논술을 주석함에 있어 다르마팔라의 동일한 논술을 염두에 두고 『세소』에서 함께 비판한 것이 아닐까 생각한다. 그러나 『세소』에는 다르마팔라뿐만 아니라 다르마키르티 이후의 인물인 샤캬붓디에 대한 비판도 분명히 나타나고 있어, 이 샤캬붓디에 대해서도 아래에서 살펴보기로 한다.

3) 샤캬붓디 비판

샤캬붓디는 다르마키르티의 PV에 대하여 PVT를 지은 불교논리학자로서, 다르마키르티의 제자 가운데 데벤드라붓디와 함께 문헌학파로 분류되고 있다.[69] 그의 PVT는 다르마키르티의 PV 제1장 〈위자비량장〉에 대한 PV(A)와 다른 3장에 대한 데벤드라붓디의 PVP에 대한 주석이다. 샤캬붓디가 데벤드라붓디의 PVP에 대해 주석한 데서도 알 수 있듯이 샤캬붓디도 역시 다르마키르티 이후 불교논리학파의 이제설 논쟁에 참가하고 있는 것이다.

곧 즈냐나가르바가 『이제론』에서 데벤드라붓디를 비판하고 있는 것은 앞에서 고찰했지만, 그 논쟁의 원인이 된 PV의 제3장 〈현량장〉

의 제3, 4게송에 대하여 샤캬붓디도 자신의 견해를 서술하고 있다. 이 샤캬붓디의 설명내용은 이미 밝혀져 있기 때문에[70] 여기서는 그 요점을 기술하기로 한다.

곧 데벤드라붓디의 PVP 제4게에 관한 샤캬붓디의 주석에는 데벤드라붓디의 주석에는 보이지 않는 것이 나타난다. 그것은 샤캬붓디가 인과관계의 불성립에 관하여 논증하는 것이다. 즉 샤캬붓디는 전 주장으로서 "먼저 찰나멸이 아닌 상주인 것은 과를 생기게 하는 능력을 갖지 않는다. 그것이 순차적으로 동시에 과를 생기게 한다는 것은 모순이기 때문이다"[71] 등의 〈인을 중심으로 하는 고찰〉과 "이미 존재하고 있는 과는 생기지 않는다. 이미 존재하고 있는 것이 생긴다는 것은 모순이기 때문이다"[72] 등의 〈과를 중심으로 하는 고찰〉의 인과 양쪽 측면에서 고찰이 행해지고 있다. 이러한 전 주장에 이어서 샤캬붓디에 의한 후 주장의 고찰이 이루어지지만, 이 샤캬붓디가 전 주장으로서 드는 것이 『이제론』에서 거론하고 있는 다음의 첨가게이다.

(A) 아직 멸하고 있지 않은 것으로부터 과가 생긴다면 그때 어찌하여 과는 없는 것일까. 멸하고 나서 과가 생긴다고 한다면 그때 어디에

---

70) 松本史朗(1981-1) pp.38-45, 松本史朗(1981-2) pp.44-46.

71) re zhig rtag pa skad cig ma ma yin pa de ni don byed par nus pa ma yin te/ rim dang cig car dag gis don byed par 'gal ba'i phyir ro//[松本 역, PVT, D. No.4220, Nye, 153a4; 松本史朗(1981-1) p.39].

72) re zhig 'bras bu yang yod pa skye ba ma yin te/ yod pa nyid skye ba 'gal ba'i phyir ro//[松本 역, PVT, D. No.4220, Nye 153a5; 松本史朗(1981-1) p.39].

서 과가 생기는가.(K.14-4-9)

(B) 유와 무가 생긴다는 것은 부정되기 때문이다.(K.25-6b)[73]

즉 『이제론』에서는 승의에 있어서 인과관계를 고찰하는 경우 그 과는 소멸한 것으로부터도 또 소멸하지 않은 것으로부터도 생기지 않기 때문에 인과관계는 성립하지 않는다고 말한다. 따라서 인과가 성립하지 않기 때문에 유라든가 무등의 과도 부정되어지는 것이다. 이 『이제론』의 견해에 대한 샤캬붓디의 답은 "과는 제1찰나에서 소멸하고 있지 않은 것으로부터 생긴다.", 또 "무인 과가 생긴다."라고 말한 것이다.[74] 그리고 결론으로서 "인과관계는 성립한다.", 나아가 "승의에 있어서 과를 생기게 하는 능력은 존재한다."[75]라고 대답하고 있는 것이다. 이와 같은 샤캬붓디의 논증에 대하여 샨타라크쉬타는 『세소』에서 그것을 재반론하고 있다.[76] 이 샨타라크쉬타의 반론에 대해서는 여기에서는 그 요점을 정리해 두기로 한다.

즉 "과라는 것은 소멸하고 있지 않은 것으로부터 생긴다."라고 하는 샤캬붓디의 견해에 대하여 샨타라크쉬타는 "제1찰나에 없는 것은

73) (A) ma zhig pa las 'bras skye na// de tshe ci phyir 'bras bu med//
　　　 zhig nas 'bras bu skye na ni// de tshe gang las 'bras bu yang//
　　　 [SDV, K.14-4-9, Eckel(J) p.169; SDV(8b4-5); 松下(上) p.44].
　　(B) yod med skye ba bkag pa'i phyir//[SDV, K.25-6b, Eckel(J) p.179;
　　　 SDV(11b3); 松下(下) p.36].
74) 松本史朗(1981-1) p.42 참조.
75) 松本史朗(1981-1) pp.42-43 참조.
76) "소멸하지 않은 인으로부터 과가 생긴다"에 대한 반론[SDP(33b4)], "無인 과가 생긴다"에 대한 반론[SDP(43a7) 이하].

제2찰나에도 없고, 제2찰나에 있는 것은 제1찰나에는 없다."라고 제1찰나와 제2찰나는 완전히 별개의 것으로 서술하고 있다.[77] 그리고 "무인 과가 생긴다."라고 하는 샤캬붓디의 견해에 대하여 샨타라크쉬타는 "싹이나 토끼뿔은 무인 것에 있어서 유구별인가, 무구별인가?" 등으로 반문하며, 또 샤캬붓디가 "동일성과 별이성은 유에만 속하고 무에는 속하지 않는다."라고 말한 것에 대해 "별이성은 무에 속하지 않지만, 동일성은 무에 속한다."라고 샨타라크쉬타는 답하고 있다.[78]

이와 같이 『세소』에서 샨타라크쉬타가 샤캬붓디의 견해에 대해 답하고 있기 때문에, 따라서 즈냐나가르바 이후 불교논리학파의 논쟁을 담고 있는 역사적인 일면을 보이고 있다고 할 수 있다. 즉 그 논쟁은 데벤드라붓디 ← 즈냐나가르바 ← 샤캬붓디 ← 샨타라크쉬타, 카말라쉴라 등의 순서로 비판을 가하고 있는 것으로,[79] 이와 같은 논쟁의 역사를 보이는 것도 『세소』의 문헌연구가 지니는 의미의 하나라고 생각한다.

---

77) 松本史朗(1981-1) p.44 참조.
78) 松本史朗(1981-2) pp.45-46 참조. 샤카붓디가 제기한 문제는 "무구별이란 동일성을 의미하는가 아니면 단지 구별의 부정을 의미하는가"라는 것이었는데 반해 샨타라크쉬타는 그것에 답하지 않고 "싹이나 토끼의 뿔은 무에 있어서 유구별인가 무구별인가"로서 반문하고 있다고 한다. 곧 싹과 토끼의 뿔이 구별이 있다고 한다면(유구별, 별이성) 그 둘은 무인 것이 아니게 되며, 구별이 없다고 한다면(무구별, 동일성) 싹의 원인인 종자로부터도 토끼의 뿔이 생길 수 있게 되는 것이다. 더욱이 그 무구별의 경우는 그 원인인 것에 있어서도 그 본성을 구별할 수 없게 되기 때문에 본성상 무로서 평등하게 된다. 따라서 샨타라크쉬타는 그 무구별의 동일성이 무에 속한다고 말하고 있는 것이다.
79) 카말라쉴라에 의한 샤카붓디에 대한 비판은 松本史朗(1981-1), (1981-2)에 상세히 논술되고 있다.

7. 인용문헌에 대하여

『세소』의 내용을 검토해 보면 인용문헌이 적은 것도 하나의 특징이라고 말할 수 있을 것 같다. 이러한 것은 주석의 근본이 되는 『이제론』에서 인용되는 문헌에 대해서도 그 문헌의 이름을 분명히 밝히고 있는 것은 단 한 군데에 지나지 않는다.[80] 또 이『세소』가 독자적으로 이름을 거론하고 있는 문헌은 귀경게를 주석하며 세존의 뛰어난 신·구·의의 3업을 찬탄하는 곳에 나타나는 『여래부사의비밀경』뿐이다.[81] 또 이름을 밝히지 않고 단지 게송만이 인용되고 있는 것으로서는 PV 〈양성취장〉 제16게송,[82] 『인연심론송』 제7게송 정도로,[83] 인

---

80) 『이제론』에 인용되고 있는 문헌 가운데 주석자가 분명히 밝히고 있는 것은 『入一切諸佛境界智光明莊嚴經(Sarvabuddhaviṣayāvatāra-Jñānālokālaṃkārasūtra, 大正 12, No.357, 358, 359)』 단 하나뿐이라고 생각된다[SDP(38a6): sangs rgyas thams cad kyi yul la 'jung pa ye shes snang ba'i rgyan la sogs pa'i mdo]. 이 경전에 대한 구체적인 내용은 松下 (下) pp.48-49 n.15 참조.

81) 『如來不思議秘密大乘經(Tathāgata-acintya-guhya-nirdeśa-nāma-mahāyāna-sūtra, de bzhin gshegs pa'i gsang ba'i mdo, 大正 11, No.312, P. No.760-3)』의 제7, 8, 9 각각의 품이 여래의 身密(sku'i gsang ba), 語密(gsung gi gsang ba), 心密(thugs kyi gsang ba)의 부사의한 것에 대해 설하고 있다.[SDP(16a2)]

82) 언설은 언표하고자 하는 것에 의존하는 까닭에 어디에도 없는 것은 아니다. 그것이 있기 때문에 의미가 성립한다고 한다면 일체에 일체가 성립하는 것이 된다.
brjod par 'dod pa'i gzhan dbang phyir// sgra rnams gang *la'ang med* ma yin//
de yod pas ni don 'grub na// thams cad kyi ni thams cad 'grub//
[SDP ** D. la yod ; SDP(34b7)].
vivakṣāparatantratvān na śabdāḥ santi kutra vā /
tadbhāvād arthasiddhau tu sarvaṃ sarvasya sidhyati//
[PV II-K.16(Miyasaka Ed. PV. I-K.16)] 번역에 대해서는 木村俊彦(1981) p.48 참조.

83) 여기에서는 어떠한 부정도 없다. 안립되는 어떠한 것도 없다. 진실성에 있어서 진실을 관찰하고 진실을 보는 것이 해탈이다.['di la bsal ba ci yang med// gzhag par bya ba ci yang med// yang dag nyid la yang dag lta// yang dag mthong na rnam par 'grol// SDP(38b2-3)].
『因緣心論頌(Pratītyasamutpāda-hṛdaya-kārikā)』의 제7게송에 관한 티베트문과 한역은

용문헌은 상당히 적은 편이다. 그리고 인용문헌인지 분명치 않은 "brgya" "zhig"이라는 말도 상당수 등장한다.[84] 그러나 이렇게 실제 인용되는 것은 매우 적지만, 이렇게 적은 것은 『세소』의 주석태도에 기인한 것이라 생각된다. 앞에서 본 샤캬붓디 견해에 대한 비판에서 도 볼 수 있듯이 문제가 되는 부분에 대해서는 직접적으로 그 문제점 을 구체적으로 논하고 있는 까닭이다. 이것은 그 근거가 되는 문헌을 밝히지 않아 이해하기 어려운 점도 있지만, 주석자로서는 문제점의 내용을 충분히 음미한 뒤에 주석한 것을 나타내고 있다. 이러한 태도 는 샨타라크쉬타가 『세소』를 쓴 것은 그가 『이제론』의 내용을 충분히 소화하였다는 의미로서, 그러한 이유로 『중관론』에서와 같이 『이제 론』의 내용과 유사한 내용의 것이 쓰여진 것은 당연한 것이라 생각된

다음과 같다.
    (A) 'di la bsal bya gang yang med// gzhag par bya ba ci yang med//
        yang dag nyid la yang dag blta// yang dag mthong na rnam par grol//
                        (P. No.5236, Tsa 166a5-6)
    (B)'di la gsal bya gang yang med// gzhag par bya ba ci yang med//
        yang dag nyid la yang dag blta// yang dag mthong na rnam par grol//
                        (D. No.3836, Tsa 146b6)
    (C) 此中無可見 亦無少安立 於眞以觀眞 見眞而解脫(大正 32, No.1654 p.490b)
    이 『因緣心論』은 돈황의 한문, 티베트 문헌 가운데 상당히 중요시 된 문헌으로 주목받
    고 있다. 上山大峻(1984) 참조.
84) Brgya zhig 에 대해서는 저자도 확실한 답을 가지고 있지 않다. 하지만 이 말은 『세소』
    에서만 15군데 이상 나타나고 있어 상당히 중요한 말이라 생각하지만, 현재로서는 확실
    히 알기 어렵다. 長澤박사에 의하면 『百論』, 특히 찬드라키르티의 주석서일 것이라 추정
    하고 있지만[長澤實導(1969) p.105], 저자가 확인한 바로는 『百論』에는 나오지 않는다.
    찬드라키르티의 주석서에 대해서는 장래 검토하기로 하고 여기에서의 고찰은 생략한다.
    단 Jäschke의 『藏英辭典』에서 brgya라는 말은 의문을 표하면서도 noisy conversation
    등으로 설명하는 부분이 나타나는데 그것과 어떤 관계가 있지 않을까 생각된다.

다. 따라서 『세소』에 있어서 그 인용문헌이 적은 것은 주석자의 태도에 의한 것이며, 나아가 그 주석자는 『이제론』 본문의 내용 이해에 중점을 두고 주석한 것이라 생각된다.

제3절 『이제분별론세소』와 『중관장엄론』

총카파는 『세소』의 저자와 『중관론』의 저자가 다른 인물이라고 밝히고 있지만, 이상 『세소』의 내용에 대해 검토한 결과 이 둘은 다른 사람이 아니라 동일 인물이라는 것이 거의 확실시된다고 생각한다. 이 두 사람이 동일인물인 이유를 지금까지 검토한 『세소』의 내용을 중심으로 샨타라크쉬타의 주저 『중관론』과 비교하여 정리하기로 한다.

1) 이제설

『중관론』의 핵심적인 주요내용은 이제설에 관한 것임은 이미 보았지만, 그 내용상 보다 구체적으로 중요한 내용은 '정리에 의한 고찰'이다. 곧 이일다성의 증인에 의해 일체법무자성을 증명하는 '정리에 의한 고찰'이 진실에 있어서 행해지고 있지만, 『중관론』에 있어서 그 진실, 즉 승의란 일체 희론을 떠난 것이기 때문에 진실로서의 무자성을 논증하는 정리에 의한 고찰은 결국 세속인 것을 대상으로 하고 있는 것이다. 그런 의미에서 『중관론』에 있어서 '승의불생' 이라는 개념도 승에 수순하는 것이긴해도 실제는 세속을 본성으로 하고 있다. 이러한 성격은 『중관론』 내용상 특징이라고도 할 수 있지만, 이것은 『이제론』은 물론 『세소』에도 동일하게 나타난다. 『이제론』, 『세소』에서도 그 정리의 본성은 세속이며, 더욱이 승의로 간주되는 불생의 개념도 세속이라는 것이 상세하게 논증되고 있다. 따라서 『이제론』에서 설해지는 '정리에 의한 고찰' 및 '불생 등에 대한 고찰' 을 샨타라크쉬타는 이 『세소』를 통하여 더욱 깊이 논구한 뒤 자신의 주저인 『중관론』에서 그것을 논술한 것이 아닌가 생각된다. 특히 이 세속에 관한 논술에서 『세소』와 『중관론』이 완전히 일치하는 것은 이 저술이 동일인물에 의해 지어진 것을 말하는 것이라 생각한다. 따라서 이 세속에 관하여 예쉐데 혹은 총카파가 세속을 유식으로서 인정한다는 의미로 샨타라크쉬타를 '유가행중관파' 라고 부른 것은 충분한 근거가 없는 것이라 생각된다. 왜냐하면 샨타라크쉬타도 세속을 세속일반의 이해에 근거하여 인정하고 있기 때문이다. 결론적으로 이 이제설에 관하여 『세소』와 『중관론』의 저자는 동일한 사상을 가지고 있다고 생각된다.

　2) 형상

　『중관론』에 있어서 '정리에 의한 고찰' 이란 실제로는 형상과 지 사이의 모순관계를 고찰하는 것이다. 이 형상과 지의 고찰은 다르마키르티의 지식론에 유래하는 것으로 『중관론』에서 가장 특징적인 것이지만, 『세소』의 저자도 다르마키르티의 지식론에 정통하고 있는 것을 엿볼 수 있고, 더욱이 이 형상에 대해서는 『중관론』과 동일한 논조의 내용이 전개되고 있다. 이 형상에 관하여 동일한 내용의 논의가 전개되는 것도 이 두 사람이 동일한 인물인 것을 나타내고 있다고 생각한다. 더욱이 샨타라크쉬타의 TS도 역시 다르마키르티의 지식론을 충실히 따르고 있는 것을 고려하면, 다르마키르티의 지식론에 충실한 『세소』의 저자는 TS, 『중관론』의 저자인 것이 분명하다고 생각된다.

3) 자증지

『중관론』에서도 자증지는 세속의 것으로 인정되지만, 『세소』에서도 동일하게 자증지는 세속의 것으로 간주된다. 더욱이 『이제론』, 『세소』에서 자증지는 '분별을 가지지 않는 직접지각' 으로서 유식의 의미와 동일하게 사용되고 있어 『중관론』의 저자가 무분별의 삼매를 실천하는 유가행에 대하여 높게 평가하는 점에 비추어 보아 『세소』와 『중관론』은 상호 유사성을 가지고 있다고 생각된다. 더욱이 『세소』에서 유가행파의 삼성설과 관련하여 승의의 의타기성과 동일시되는 자증지를 중관파인 『세소』의 저자가 세속으로서 인정하고 있는 것도 『세소』와 『중관론』의 저자가 동일인물인 것을 증명하는 것이라 생각한다.

이상 『중관론』의 중요한 특징이라고 할 수 있는 내용을 지금까지 고찰한 『세소』와 비교, 정리하였지만, 『중관론』의 내용은 『세소』의 그 것과 거의 동일하다고 해도 좋을 것 같다. 따라서 이것은 『세소』의 저자와 『중관론』의 저자가 동일인물인 것을 의미하는 것이라고 생각된다. 곧 『세소』의 샨타라크쉬타는 즈냐나가르바의 『이제론』을 충분히 연구 검토한 뒤 주석서 『세소』를 쓰고, 이후 본격적으로 주저인 『중관론』을 쓰게 된 것으로 생각된다. 그러나 『중관론』에 있어 이일다성증인을 명확히 제시하고 있는 점은 샨타라크쉬타의 위대한 업적으로 생각되며, 이러한 점도 『세소』를 통해 자신의 생각을 충분히 연마한 뒤 자신의 주저 『중관론』에서 확립, 제시한 것이라 생각한다.

샨타라크쉬타의 사상의 전개

제4장

제1절 샨타라크쉬타 사상의 전승

1. 인도에서의 전승

샨타라크쉬타의 사상이라는 것은 그의 주저인 『중관론』에 유래하는 것으로, 후대 전승이라는 면에서 보면 다음과 같은 점이 중시되고 있다.

> (1) '이일다성증인'에 의해 일체법무자성을 논증하는 것으로, 지식의 하나인 성질과 형상의 다수인 성질간의 모순을 설하는 소위 형상론이 전개되고 있는 것.
>
> (2) 불교의 모든 학파를 유부, 경량부, 유식파의 순서로 단계적으로 배치하고 비판하면서 중관의 입장을 최상에 두는 것.
>
> (3) 유식 등의 이론을 유정을 윤회로부터 해탈로 이끄는 방편으로서 높게 평가하고 있는 것.

이러한 점들을 염두에 두면서 그의 사상의 후대 전승을 살펴보기로 한다.

먼저 샨타라크쉬타의 사상이 인도 및 티베트에서 전승되는 가장 중요한 계기는 그의 제자인 카말라쉴라(Kamalaśīla, ca. 740-797)가 매우 중요한 역할을 하고 있다. 카말라쉴라는 샨타라크쉬타의 『섭진실론송』과 『중관장엄론』에 대한 주석서인 『섭진실론세소(攝眞實論細疏, Tattvasaṃgraha-pañjikā)』와 『중관장엄론세소(中觀莊嚴論細疏, Madhyamakālaṃkāra-pañjikā)』

를 저술한 것에서도 샨타라크쉬타와의 관계를 엿볼 수 있지만, 그러나 인도에 있어서 그의 행적은 그다지 알려져 있지 않다. 그가 샨타라크쉬타 사후 티베트에 초청되어 중국의 선승 마하연(摩訶衍)과 티베트 불교의 운명을 건 '삼예(Bsam yas)의 논쟁'을 벌인 것은 너무나 유명한 일이지만, 실제로 그가 샨타라크쉬타와 어떠한 관계에 있었는지는 불분명하다.[1] 하지만 그가 샨타라크쉬타의 주석서를 쓴 것과 또 그의 다른 저술을 통해 보면 그가 샨타라크쉬타와 비슷한 시기에 살았던 것은 물론 사상적으로도 유사한 면을 가지고 있었던 것을 알 수 있다. 그의 저서로서는 『중관명(中觀明, Madhyamakāloka)』, 『진실명론(眞實明論, Tattvālokanāmaprakaraṇa)』, 『일체법무자성논증(一切法無自性論證, Sarva-dharmaniḥsvabhāvasiddhi)』 등이 있으며, 특히 그의 『중관명』은 즈냐나가르바의 『이제론』, 샨타라크쉬타의 『중관론』과 더불어 후기중관파의 3대 논서로 간주되고 있다.[2] 이것을 통해서도 그가 샨타라크쉬타와 사상적으로 동일한 계통임을 알 수 있으며, 또한 이 카말라쉴라보다 조금 늦은 하리바드라(Haribhadra, ca. 800)도 같은 계통임을 알 수 있다. 그는 『현관장엄론광명(現觀莊嚴論光明, Abhisamayālaṃkārālokā)』이라고 하는 저서를 남기고 있으며, 그 속에서 그는 샨타라크쉬타의 『중관론』에서와 같이 '이일다성증인'에 의해 유부, 경량부, 형상진실론 유가행파, 형상허위론 유가행파를 비판하며 중관의 입장에서 일체법무자성을 논증하

---

1) 카말라쉴라의 인도에서의 행적은 거의 알려져 있지 않은 듯하다[芳村修基(1974) p.6].
2) 이 세 저술은 티베트에서 '東方自立派의 三論'(rang rgyud shar gsum)이라 불려진다
   [袴谷憲昭(1976-1) p.200, Lopez, D.S.Jr.(1987) p.251].

고 있다.[3] 더욱이 즈냐나가르바의 『이제론』에 기원하고, 카말라쉴라
에 의해서도 논해지는 '사구생기(四句生起)의 부정중인' 도 이 하리바드
라의 저서에 계승되고 있다.[4] 따라서 후기중관파에 있어서 즈냐나가
르바, 샨타라크쉬타, 카말라쉴라, 하리바드라는 같은 사상을 지닌 일
군(一群)으로 분리해도 괜찮다고 생각된다.

하지만 티베트의 '종의문헌(宗義文獻, Grub mtha')'인 둡타 문헌에 의하
면, 형상에 관하여 샨타라크쉬타와 카말라쉴라는 형상진실파, 하리바
드라는 형상허위파로 분류되어 나뉘며, 또 형상허위파도 유구파(有垢
派)와 무구파(無垢派)로 나뉘어져 지타리(Jitāri)와 캄발라(Kambala)가 각각
배당되며,[5] 또 지타리는 형상진실파로도 분류되기도 한다.[6] 지타리

---

3) 梶山雄一(1982) pp.21-22, 森山淸徹(1989-1) pp.3-4.

4) 森山淸徹(1989-1) p.4.

5) 梶山雄一(1982) p.28, 御牧克己(1982-1) 참조. 티베트의 전승에 의하면, 형상의 관점에
　서 형상진실론(rnam bden pa)과 형상허위론(rnam rdzun pa)으로 구분되며, 또 각각은
　다음과 같이 나뉘어 진다.
　(A)형상진실론
　　(1)主客同數論(gzung 'dzin grangs mnyam)--八識身 (rnam shes tshogs brgyad)을
　　　　인정하는 자와 六識身(rnam shes tshogs drug)을 인정하는 자로 나뉨.
　　(2)一卵半塊論(sgo nga phyed tshal)
　　(3)多樣不二論(sna tshogs gnyis med,citrādvaita)--육식신을 설하는 자와 一識
　　　　(rnam shes gcig bu)을 설하는 자로 나뉨.
　(B)형상허위론
　　(1)有垢論(dri bcas)
　　(2)無垢論(dri med)
　잠양셰파('Jam dbyang bshad pa 1648-1722)의 『宗義解說(Grub mtha'i rnam
　bzhad)』에 나타난 분류[袴谷憲昭(1976-2) pp.3-4]. 이와 같은 형상에 관한 구분은, 다르
　마키르티의 『프라마나바르티카』의 해석을 둘러싸고 이루어진 것같이 보이지만[袴谷憲昭
　(1976-2) pp.16-17], 위와 같이 정리된 분류는 언제부터 시작되었는지는 명확치 않다. 하
　지만 샨타라크쉬타의 『중관론』에 대한 다르마린첸의 주석인 『중관장엄론 비망록』에서도
　형상과 관련해 정리된 분류가 나타나는 까닭에 다르마린첸의 시기에 이미 형상에 관한
　정리가 어느 정도 이루어졌음을 추측할 수 있다. 李泰昇(1993-2) 참조.

에게도 유부, 경량부, 유가행파, 중관파의 중심 교의를 설한 『선서종
의분별(善逝宗義分別, Sugatamatavibhaṅga)』과 그것에 대한 자신의 주소(註
疏)가 남아 있으며, 그 속에서 불교의 4학파를 동일하게 배열하는 방식
과 중관을 가장 높게 평가하는 것은[7] 샨타라크쉬타의 『중관론』과 유
사성을 보이는 것이라 할 수 있다. 캄발라에게도 중관에 관한 『반야바
라밀다구송정의론(般若波羅密多九頌情義論, Prajñāpāramitā-navaśloka)』, 『명만
(明鬘, Ālokamālā)』 등과 같은 저술이 있지만, 그의 대부분의 저술은 탄트
라부에 속하고 있다.[8]

　　인도의 불교를 유부, 경량부, 유가행파, 중관파의 4파로 분류하여
그 교의를 논술해 가는 문헌을 티베트에서는 일반적으로 '종의문헌
(Grub mtha)'[9]이라 불려 '학설강요서(學說綱要書)', '불교강요서' 등으로
표현하고 있지만, 이와 같이 인도의 불교를 단계적으로 배열하는 문
헌도 샨타라크쉬타의 『중관론』의 영향이 아닐까 생각된다. 이 '학설
강요서'의 원형으로서는 예쉐데(Ye shes sde)의 『견차별(見差別, lTa ba'i
khyad par)』이 거론되며, 그 저서에서도 불교의 교의가 체계적으로 기술
되고 있다. 이 예쉐데의 생존시기가 카말라쉴라와 거의 동시대이고 또
티베트불교 초전시대의 샨타라크쉬타의 영향을 고려하면, 이 예쉐데

---

6) 지타리가 유형상론자인지 무형상론자인지에 대한 논란은 塚本啓祥 外編(1990) p.296
　　n.109 참조.
7) 塚本啓祥 外編(1990) p.295.
8) 캄바라는 밀교의 학승이라고 전해진다. 塚本啓祥 外編(1990) pp.289-294.
9) 종의문헌(Grub mtha')이란 후대 티베트에서는 티베트인에 의한 저작의 한 양식으로 간
　　주되고 있지만, 그와 같은 양식의 원형은 역시 예쉐데의 『견차별』에 있다고 한다. 立川武
　　藏(1974) pp.10-12, 御牧克己(1982-1) p.186 참조.

의 학설강요서에도 『중관론』의 사상이 반영되고 있음을 짐작할 수 있다.[10] 더욱이 인도에서 제작된 '학설강요서'에는 이러한 샨타라크쉬타의 영향이 더욱 남아 있으리라 생각된다.[11] 그러한 영향을 보이는 대표적인 것으로서는 앞서 언급한 지타리의 『선서종의분별』과 보디바드라(Bodhibhadra, ca. 1000)의 『지심수집주(智心髓集注, Jñānasārasamuccayanibhandhana)』,[12] 아드바야바즈라(Advayavajra, 11세기)의 『진리의 보환(眞理寶環, Tattvaratnāvalī)』[13] 등을 들 수 있다. 아티샤의 스승으로 일컬어지는 아드바야바즈라에게는 『십종진리(十種眞理, Tattvadaśaka)』라는 또 다른 저서가 있고, 이것에 대한 사하자바즈라(Sahajavajra)의 주석서인 『십종진리주(十種眞理注, Tattva-daśakaṭīkā)』에도 학설강요서적인 기술이 보인다.[14] 이렇게 중관을 최상위에 두는 논술은 '학설강요서' 뿐만 아니라 논리학서에서도 보여지며 그 대표적인 것으로서 모크샤카라굽타(Mokṣākaragupta, 11-12세기)의 『사택설론(思擇說論, Tarkabhāṣā)을 들 수 있다.[15] 이 『사택설론』의 제3장 말미에는 불교의 4학파가 차례로 해설되고 있으며, 그 가운데 중관파로서 샨

<hr>

10) 예쉐데의 『견차별』에는 카말라쉴라의 사상을 우위에 두는 것이 눈에 띄지만, 그것은 가 카말라쉴라와 직접 접촉했을 가능성을 말해주는 것이라 할 수 있다. 松本史朗(1981-3) p.142 참조.
11) 인도의 학설강요서는 예쉐데의 견차별이 지어진 9세기 보다 훨씬 이후인 11세기 경의 저술로 추측된다. 松本史朗(1981-3) p.153 n.11 참조. 또 인도와 티베트의 학설강요서에 나타나는 차이에 대해서는 松本史朗(1985) pp.265-309 참조.
12) 『智心髓集注』에 대한 연구는, 山口 益(1938-1)(1938-2) 참조.
13) 이 『眞理의 寶環』의 특징 중의 하나는, 경량부가 대승에 속하고 있는 것이다. 연구로는 宇井伯壽(1952) 참조.
14) 松本史朗(1980-2) p.164.
15) 梶山雄一(1975) 참조.

타라크쉬타의 견해가 가장 높게 평가되고 있다. 이렇게 학설강요서, 논리학서 속에서 불교의 4학파가 체계적으로 서술 검토되고 있는 것에서도 샨타라크쉬타 사상의 영향을 엿볼 수 있다라 생각된다.

그리고 샨타라크쉬타의 영향으로 보여지는 형상에 관한 논의도 후대 유식파에서 보다 명확하고 구체화 되어간다.[16] 즉 유상유식파(有相唯識派, Sākāravijñānavādin)와 무상유식파(無相唯識派, Nirākāravijñānavādin)에서 논의되는 것이 샨타라크쉬타의 『중관론』의 내용과 유사하기 때문이다. 이 샨타라크쉬타의 형상론은 티베트에서는 형상진실론과 형상허위론으로 구분되고, 전자는 일란반괴론, 주객동수론, 다양불이론 등 세밀하게 분류되고 고찰된다.[17] 이러한 형상에 관한 논의는 이후에도 전개되어 인도불교 말미(末尾)를 장식하는 대논쟁으로 발전하는데, 형상진실론을 주장한 즈냐나슈리미트라(Jñānaśrīmitra, ca.980-1030)와 라트나키르티(Ratnakīrti, 11세기), 그리고 형상허위론을 주장한 라트나카라샨티(Ratnākaraśānti, 11세기)와의 논쟁이 바로 그것이다. 즉 라트나카라샨티는 『반야바라밀다론(般若波羅密多論, Prajñāpāramitopadeśa)』에서 형상허위론을 거의 완성시키지만, 즈냐나슈리미트라는 『유형상논증론(有形象論證論, Sākārasiddhiśāstra)』, 라트나키르티는 『다양불이론(多樣不二論, Citrādvaitaprakāśavāda)』으로 형상허위론을 비판하였다.[18] 이 유식파의 형상에 대한 논쟁은 인도불교 말미의 기

---

16) 유형상론·무형상론에 대해서는 梶山雄一(1965) 참조.
17) 前註5) 참조.
18) 인도 후기유식파에서 유상·무상에 관한 구체적 논의는 沖和史(1982) 참조.
19) 梶山雄一(1982) pp.23-24.

넘비로서 간주될 정도로 유명하지만,[19] 실제 이와 같은 논쟁으로 발전할 수 있었던 것도 그 형상론이 『중관론』에서 이미 정리되었기 때문이라 생각된다. 곧 다르마키르티 등에 의해 인식론상의 문제로서 크게 다루어진 이 형상론을 샨타라크쉬타는 '이일다성증인' 에 의거해 본격적인 논리를 전개시켰으며, 그러한 논리에 의거한 논의가 후대 유식파 대논쟁의 근저를 이루게 된 것이라고 할 수 있다. 그리고 샨타라크쉬타의 사상에서 보이는 다양한 논의는 당연히 인도뿐만 아니라 티베트에서도 계속 전승되고 있다.

2. 티베트에서의 전승

티베트에서 샨타라크쉬타 사상의 전승도 그의 제자 카말라쉴라에 크게 기인한다고 할 수 있다. 카말라쉴라는 샨타라크쉬타의 유언에 의해 티베트에 들어가 중국의 선승 마하연과 삼예사원에서 논쟁하였는, 이 논쟁에서 승리함으로써 티베트불교의 방향은 거의 결정되었다고 볼 수 있다. 이것은 당시 인도불교를 대표하는 샨타라크쉬타, 카말라쉴라에 의해 도입된 중관불교(中觀佛敎)가 이 논쟁을 거쳐 비로소 정당한 지위를 확보하기에 이른 것이다. 이 논쟁을 통하여 인도불교가 공인된 이후 다수의 경전이 번역되고 불교서가 저술되기에 이르지만, 그 중에서도 특히 전기(前期) 불교홍포 시기(snga dar)에 티베트인 자신의 불교 이해를 보이는 중요한 저술이 앞에서도 언급한 예쉐데의 『견차별』이다.[20] 예쉐데는 250점에 달하는 경론의 번역에 관계한 당대 최고의 지식인으로 번역의 중심적 존재인 대교열번역관(大校閱飜譯官, Zhu chen gyi lo tsa ba ban de)을 역임한 인물이기도 하다. 그의 생존 연대로 보아 그가 카말라쉴라와 만났을 가능성도 제기되고 있으며,[21] 아울러 그의『견차별』은 샨타라크쉬타, 카말라쉴라에 대한 티베트인 최초의 이해를 보이는 것으로도 중요하다. 이『견차별』에서 샨타라크쉬타의 사상이 유가행중관(瑜伽行中觀)으로 정의되고 있는 것은 이미 살펴본 바이지만, 카말라쉴라에 대해서 예쉐데는 "중관 두 학파의 견해는 세속에 있어서는 일치하지 않지만, 승의에서는 일치한다."고 하여, 샨타라크쉬타의 유가행중관파와 구별하여 취급하고 있다.[22] 카말라쉴라를 샨타라크쉬타의 유가행중관파와 구별하여 서술하고 있는 것은 이 둘의 사상적 차이를 말하는 것으로 주목받을 수 있다고 생각된다.[23] 그렇지만 이미 고찰한 바와 같이 샨타라크쉬타를 유가행중관파로 정의하는 것은 잘못된 것이라 생각되는 까닭에, 예쉐데의 견해에도 재고(再考)의 여지가 남아 있다고 생각된다. 그리고 이『견차별』은 돈황(敦煌)에서 발견된 학설강요서에도 그 영향을 미치고 있으며,[24] 더욱 크게 영향력을

---

20) 티베트불교의 전전기에 있어 티베트인 자신에 의한 가장 큰 성과물로서 다음의 두 저술, 즉『번역명의대집』과『견차별』의 둘이 거론되고 있다. 松本史朗(1981-3) pp.137-138.

21) 카말라쉴라가 죽은 것은 대체로 797년경이라 전해지고 있는 것에서(『吐佛研』 p.12), 예쉐데가 활동한 시기가 9세기 초이기 때문에 두 사람이 만났을 가능성은 있다고 보여진다. 松本史朗(1981-3) 참조. 예쉐데의 구체적 활동에 대해서는 上山大峻(1977) pp.20-27 참조.

22) 松本史朗(1981-6) p.97.

23) 松本史朗(1981-3) 참조.

24) 돈황에서 출토된 학설강요서에 대해서는 松本史朗(1985) 참조.

발휘하고 있는 것은 총카파(Tsong kha pa, 1357-1419)를 개조(開祖)로 하는 게룩파(dGe lugs pa)에서이다. 즉 샨타라크쉬타를 유가행중관파로 규정한 예쉐데의 이해는 그대로 총카파에 이어지고, 더욱이 그것이 게룩파의 일반적 이해로 확정되었던 것이다. 이러한 이해는 15세기 이후 게룩파가 티베트를 정치적으로 지배하면서 더욱 공고히 되었다.

산타라크쉬타를 유가행중관파로 정의하는 티베트의 일반적인 이해에 명확히 이의를 제기한 것은 오늘날 불교학자의 공적으로 생각되지만,[25] 동시에 그것은 샨타라크쉬타 사상에 관한 올바른 이해를 구하는 것이라 생각된다. 그런 의미에서 총카파와 예쉐데 이래 전통적인 샨타라크쉬타의 이해에 대하여 비판을 가한 사캬파(Sa skya pa) 출신의 학자 사캬촉덴(Shākya mchog ldan, 1428-1507)의 견해는 주의를 기울여야 할 것이다.[26] 그리고 예쉐데, 총카파 등에 의해 제기된 유가행중관파의 정의로서 '세속유식설'에 대한 카말라쉴라의 견해도[27] 샨타라크쉬타가 유가행중관파가 아닌 것을 드러내 보이는데 충분하다고 생각된다. 또 본서의 연구 테마인 『세소』도 총카파에 의해 도외시되었다고 생각하

---

25) 이 '유가행중관파' 로서의 샨타라크쉬타에 대하여 의문을 던지고, 그와 더불어 커다란 학문적 업적을 올린 사람은 松本史朗 씨일 것이다. 李泰昇(1991-1) 참조.

26) "샨타라크쉬타도 세속진리의 설정방식은 앞의 두 사람(즉 찬드라키르티와 쥬냐나가르바)과 조금의 차이도 없다. 왜냐하면 학설에 극성하고 있는 것을 세속의 진실이라 설정하고 있기 때문이다. 즉 『중관장엄론』에 '고찰하지 않는 한 매력적인……(제64게송)' 운운 등 자세히 설하고 있기 때문이다."[샤캬촉덴의 『中觀決擇』으로부터, 松本史朗(1984-2) p.157].

27) 유가행중관파는 세속을 유식으로서 인정하는 소위 '세속유식설(松本 씨의 용어)' 을 그 주요 내용으로 하고 있지만, 카말라쉴라는 샨타라크쉬타에 대해 전혀 그와 같이 생각하고 있지 않았다고 한다. 松本史朗(1984-2) p.156 참조.

지만, 본 연구에 의해 『세소』도 『중관론』과 동일하게 세속으로서 외
경은 인정되고 있다고 생각된다. 그와 같이 샨타라크쉬타를 '세속으
로서 유식만을 인정하는' 유가행중관파로서 정의하는 것은 분명한
오해라고 생각되지만, 샨타라크쉬타 사상의 중요한 특색으로 생각되
는 교설상의 차제를 인정하는 것은 티베트에서도 후대에 이르기까지
계속 전승되고 있다.[28] 그것은 카말라쉴라의 『수습차제(修習次第)』 3편
에 보다 명확히 나타나는데, 카말라쉴라에 대하여 총카파가 그의『보
리도차제광론(菩提道次第廣論)』에서 감사의 표현을 남기고 있는 것에서
도 엿볼 수 있다고 생각된다.[29] 수행의 한 차제로서 유식사상을 인정
했다고 하여 그것이 확실한 자신의 주장이 되는 것은 아니라고 생각
되지만, 적어도 샨타라크쉬타는 자신의 논리인 이일다성중인에 의한
일체법무자성의 논증을 통해 다양한 불교사상을 비판적으로 정리하
며, 동시에 그러한 불교사상을 세존의 교설로서 수습의 차제로서 인
정하고 있는 것은 분명하다고 생각된다.

이와 같이 샨타라크쉬타의 사상은 한편에서 유가행중관파로 전승
되고, 또 다른 한편에서는 중관파에 있어 자립논증파(自立論證派)에 속
한 유가행중관파로 분류되어 전승된다. 티베트에서 자립논증파와 귀
류논증파가 구분되는 것은 찬드라키르티(Candrakīrti, ca. 600-650)의 모든

---

28) 유식설을 교설상 차제로서 인정하는 것을 '방편유식' 이라 부르고 있다. 松本史朗
    (1984-2) pp.151-158.
29) "중국의 궤범사, 화상이 아직 그 요체에 도달하지 않은 공성의 이해에 의지하여 方便分
    을 손감하고, 모든 作意를 그쳐 그 교리를 어둡게 한 것을 궤범사 카말라쉴라는 잘 막고
    불타의 근본뜻을 결택하였기에 고로 그 은혜는 극히 크다." 芳村修基(1974) p.293 참조.

저서를 번역한 니마닥(Nyi ma grags, 1055-?) 이후의 일로 일컬어지며,[30] 이 니마탁의 번역 이후 티베트에서 비로서 바비베카와 찬드라키르티의 논쟁이 알려지게 되고, 그리고 총카파에 이르러서는 찬드라키르티의 설이 가장 높게 평가받게 된다. 따라서 게룩파가 성립하는 15세기 이후에는 찬드라키르티를 중심으로 하는 귀류논증파의 교설이 최고의 교설로서 확립된다. 하지만 중관의 전통 내에서 바비베카의 자립논증파의 전통을 이어받는 샨타라크쉬타의 사상은 20세기 초에 이르기까지 그 연구는 계속되고 있다.[31]

제2절 인도 후기중관파의 전개

1. 후기중관파의 구분

샨타라크쉬타의 사상을 중심으로 하는 중관파를 인도에서는 일반적으로 후기중관파라 부르고 있다.[32] 그러나 앞에서 고찰했듯이 샨타

---

30) 御牧克己(1982-1) p.187 참조.

31) 19세기 티베트에서 소위 종교절충운동(ris med 운동)에 가담했다고 전해지는 미팜 걈초('Jam mgon 'ju Mi Pham rgya mtsho, 1846-1912)는 『중관장엄론 해설』을 저술하였다. 미팜의 행적에 대해서는 御牧克己(1978-1) 참조.

32) 梶山 박사는 "후기중관파는 샨타라크쉬타로부터 시작된다"라고 서술한 뒤 즈냐나가르바를 후기중관파에 귀속시키고 있다. 梶山雄一(1982) pp.18-19 참조.

라크쉬타 사상의 형성에 있어서는 즈냐나가르바의 영향이 적지 않기 때문에 실제 후기중관파의 출발점은 즈냐나가르바에게 두어야 할 것이다. 더욱이 사상적으로도 자립논증파에 속하는 즈냐나가르바는 바비베카와 샨타라크쉬타의 중간에 위치하며, 샨타라크쉬타의 교학형성에 중요한 역할을 하였다.[33] 이와 같이 즈냐나가르바로부터 출발하는 인도의 후기중관파는 시기적으로는 즈냐나가르바의 생몰연대(ca. 700-760)에 해당하는 8세기가 그 시점이 된다. 그리고 일반적인 후기중관파의 계보에 따르면 비크라마쉴라 승원의 대학자이었던 아티샤를 그 하한선으로 잡는다.[34] 아티샤는 샨타라크쉬타와 동일하게 티베트에 초빙되어 티베트불교에 큰 족적을 남긴 인물이며, 또한 중관계통의 중요한 논서도 남겼다. 이렇듯 아티샤를 후기중관파의 하한선으로 잡으면 그 시점은 대체로 11세기가 되어, 후기중관파의 전개는 시기적으로 8-11세기가 된다. 이 시기에 후기중관파에 속하는 인물로서 거론되는 사람들을 즈냐나가르바를 포함해 살펴보면 다음과 같다.[35]

① 즈냐나가르바(Jñānagarbha, 智藏, ca. 700-760)

---

33) 塚本啓祥 外編(1990) p.270.
34) 梶山雄一(1982) p.24, 塚本啓祥 外編(1990) p.299.
35) 후기중관파에 속하는 인물로서 塚本啓祥 外編(1990)에서는 샨티데바(Śāntideva, 寂天, ca. 650-700)가 거론되고 있지만, 梶山雄一(1982)와 『インド 佛敎人名辭典(三枝充悳 編)』에 그는 중기중관파로 분류되고 있는 것에서 여기에서는 거론하지 않았다. 또 梶山雄一(1982)에서는 비무크티세나, 라트나카라샨티도 후기중관파의 인물로 거론하고 있지만, 塚本啓祥 外編(1990) 및 라트나카라샨티가 유식파인 것을 분명히 했다고 생각되는 다음의 논문에 의해 그 둘은 생략했다. 松本史朗(1980-1), (1980-2).

② 샨타라크쉬타(Śāntarakṣita, 寂護, ca. 725-783)

③ 슈리굽타(Śrīgupta, 8세기 후기)

④ 카말라쉴라(Kamalaśīla, 蓮華戒, ca. 740-797)

⑤ 하리바드라(Haribhadra, 師子賢, ca. 800)

⑥ 캄발라(Kambala, 赤衣, 연대미상)

⑦ 지타리(Jitāri, 10세기 후반-11세기 전반)

⑧ 아티샤(Atīśa, Dīpaṃkaraśrījñāna, ca. 982-1054)

이상의 인물들이 일반적으로 후기중관파에 속하는 사람들로 거론되지만, 그러나 샨타라크쉬타의 사상은 중관파뿐만 아니라 유가행파, 논리학파에게도 큰 영향을 끼쳤다. 이러한 샨타라크쉬타의 사상적 영향은 그의 사상을 중심으로 한 후기중관파의 사상적 특색에서도 잘 나타나고 있다.

2. 후기중관파 사상의 특색

일반적으로 후기중관파의 사상적 특색으로 다음의 몇 가지가 거론되고 있다.

(1) 나가르주나를 사상적 기준으로 삼고 있는 것은 물론 그것에 못지않게 다르마키르티의 지식론의 영향을 결정적으로 받고 있는 점.

(2) 대다수의 사상가가 자립논증파의 계보에 속하는 점.

(3) 유가행파와 대결하기보다도 그 학설을 유부나 경량부의 것보다도 높이 평가하고 중관의 체계 속에 흡수하려 한 것으로, 즉 후기중관파는 유가행중관파라고도 할 수 있는 종합학파가 되었다고 하는 점.[36]

이러한 점들이 후기중관파의 특색으로 거론되는데, 이에 덧붙여 또 하나 들 수 있는 것은 후기중관파의 종교적 실천론이 수행의 단계적 수습을 중시하는 소위 점오(漸悟)에 있다고 하는 점이다.[37] 이것은 794년경 티베트의 삼예사원에서 일어난 인도불교와 중국불교 사이의 논쟁에서도 인도불교의 특색으로 더욱 분명히 된 점이기도 하지만, 여기에는 샨타라크쉬타 카말라쉴라로 대표되는 인도 후기중관파의 실천론이 잘 나타나 있다. 삼예의 논쟁에서 인도불교의 대표로서 참가한 카말라쉴라는 『수습차제』 3편 등을 남겨 그의 종교적 실천론을 엿볼 수 있지만,[38] 샨타라크쉬타에게 있어서는 어떠한지 여기에서 잠시 고찰해 보기로 한다.

위의 사상적 특색 (3)에서도 나타나고 있듯이, 샨타라크쉬타는 그의 『중관론』에서 유가행의 이론을 높게 평가하면서도 그 교리상에서도 하나의 성질로서의 지식과 다수의 성질을 갖는 형상 간의 모순은 해결할 수 없는 점을 지적하고 있다.[39] 곧 일과 다의 정리에 의한 고찰

---

36) 梶山雄一(1982) p.18.
37) 梶山雄一(1979) p.396.
38) 카말라쉴라의 삼예논쟁 및 『수습차제』 3편에 관해서는 주로 芳村修基(1974) 참조.
39) 제1장 註26), 68) 참조.

의 입장에서 무엇 하나 자성으로서 인정되는 것은 없지만, 그러나 교리상에 있어서 유가행의 우수성을 다음과 같이 말하고 있다.

> 유심에 의존하여 외경이 무인 것을 알아야 한다. 이 방식에 의존하여 그것(=유심)도 무아인 것을 알아야 한다.[40](MAV K.92)

이 게송에서 일체법의 공성을 깨닫기 위한 수습의 일차제로서 유심, 즉 유식설이 방편상 설해지고 있는 점은 이미 언급한 대로이다.[41] 곧 샨타라크쉬타는 유외경론을 논파함에 있어 보다 높은 차원의 교설로서 유심, 즉 유식의 이론에 의거해야 할 것을 말하며, 나아가 그 유심도 실제로는 실체가 없는 무아인 것을 설하고 있다. 곧 불교의 근본교리인 무아설, 공사상은 물론 중관파에 있어서도 근본적인 교리이지만 그것을 최고에 두고, 외경에 집착하는 바의 견해를 고치기 위해 수행의 단계로서 유가행의 이론을 인정하고 있는 것이다. 이와 같이 유식의 이론을 수행의 단계로서 인정하고 있는 것은 샨타라크쉬타의 선배인 즈냐나가르바에게 있어서도 잘 나타나고 있는 것으로, 그는 다음과 같이 말하고 있다.

---

40) (K.92) sems tsam la ni brten nas su// phyi rol dngos med shes par bya//
　　　　tshul 'dir brten nas de la yang// shin tu bdag med shes par bya//
　　　　[一鄕(上) p.184, 一鄕(下) p.294].
41) 松本史朗(1984-2) p.152.

행위와 과보를 잘 아시고 대비심을 그 본성의 체로 하고 계시는 세존
은 윤회의 감옥에서 유정이 분별이라는 철책에 속박되고 있는 것을 관
조하시고, 그들의 의욕에 따라 온·계·처·유심·일체법무아를 순차적
으로 설하시며, 실재하는 것에 집착하는 것을 남김없이 제거하셔서 유
정에게 속박으로부터의 해탈을 드러내 보이신 것이다.[42)]

여기에서 유심, 즉 유식의 이론도 유정을 속박에서 해탈시키기 위해
세존이 설하신 것으로, 분별에 사로잡힌 유정을 관조하시고 그들의 근
기에 맞춰 설한 소위 순수한 세존의 교설로서 나타나고 있다.[43)] 세존
에 의해 드러난 교설의 단계는 수습의 차제로서 유식설이 설해졌다고
하는 것이다. 이처럼 교설의 단계적 설시를 중요시하는 것은 즈냐나가
르바, 샨타라크쉬타 모두에게 공통적으로 보이는 것으로, 그들은 유식
의 교설도 세존의 교설로서 중시하고 있던 것을 보여준다. 따라서 후
기중관파는 이러한 전통에 의거하여 다른 한편의 '논리에 의한 고찰'
과는 별도로 실천론으로서 유식설도 중시하고 있었다고 생각된다. 이

---

42) bcom ldan 'das las dang 'bras bu mkhyen pa thugs rje'i rang bzhin gyi sku can
   de nyid kyis 'khor ba'i bston par 'gro ba rtog pa'i lcags sgrog gis bcings pa la
   gzigs nas/ bsam pa ji lta ba bzhin du phung po dang khams dang skye mched
   dang/ sems tsam dang/   chos thams cad bdag med par bstan pa'i rim gyis
   dngos por 'dzin pa ma lus par sel bar mdzad cing/ 'gro ba la bcings pa dang
   thar pa bstan pa mdzad do//[SDV, Eckel(J) p.183; SDV(13a3-4); 松下(下) p.40].
43) 세존은 분별에 속박되어 있는 유정을 해탈로 이끄는 수습의 단계로서 유심 등의 교설을
   설했다고 하지만, 여기에서도 『이제론』에서 나타나는 중요한 술어인 분별(Kalpita)과 관
   련해 설명이 이뤄지고 있다. 분별된 것, 즉 비진실세속의 것에 사로잡혀 있는 유정을 세존
   은 관조하고, 그들을 해탈로 이끌기 위해 교설을 설하셨다는 의미일 것이다. 여기에서 분
   별이라는 말도 『이제론』의 주요한 내용이 이제설인 것을 알려주는 말이라 할 수 있다.

렇게 후기중관파가 세존의 교설로서 더욱이 수습의 차제로서 유식설을 인정한 것은 샨타라크쉬타가 "세속을 유식으로서 주장했다"라는 의미로서의 유가행중관파는 다른 의미를 가지는 것이라 할 수 있다. 위와 같은 의미에서의 유가행중관파는 티베트의 게룩파를 중심으로 일반적으로 받아들여진 이해로서, 여기에서 후기중관파는 그러한 유가행중관파와 구별하여 생각할 필요가 있을 것이라 생각된다.

　이상에서 후기중관파의 사상적 특색으로서 유식설 등도 세존의 교설로서 중시되고 있는 점을 보았지만, 그러나 즈냐나가르바, 샨타라크쉬타에게 있어서는 항상 중관의 기본교의인 이제설(二諦說)을 중심으로 하여 그들은 이러한 핵심교의로부터 이탈하는 일은 없었다고 생각된다. 따라서 후기중관파는 불교 및 인도의 모든 교설을 이제설 위에 재건축하고, 또 수행의 면에서도 불교의 모든 교설을 수습의 차제로서 인정하며 유외경론을 부정하기 위해 유식을 인정하고, 그 유식의 교의도 결국 일체법무자성의 공으로 귀결시키고 있다. 이러한 교학의 체계적인 정리로 인해 불교는 인도불교 말기에 이르기까지 그 생명력을 지속시키는 계기가 되었던 것은 말할 필요도 없다.

제5장

후기중관파의 정의에 관하여

제1절 유가행중관파 명칭 재고

일반적으로 인도불교사에 있어 중관파의 전개는 초기, 중기, 후기의 3기로 나누어 그 역사적 전개를 더듬어 볼 수 있다.[1] 나가르주나(Nāgārjuna, 龍樹)에 의한 중관파의 성립을 초기중관파라 한다면, 나가르주나의 『근본중송(Mūlamadhyamaka-kārikā)』을 해석한 주석가들이 활약하여 소위 자립논증파(自立論證派, Svātantrika)와 귀류논증파(歸謬論證派, Prāsaṅgika)로 구분되는 중기중관파, 그리고 즈냐나가르바(Jñānagarbha, 智藏)와 샨타라크쉬타(Śāntarakṣita, 寂護) 등에 의해 전개되는 후기중관파가 그것이다. 이와 같은 중관파의 역사적 전개 가운데 본고에서의 고찰 대상인 후기중관파는 불교역사상 유가행중관파(瑜伽行中觀派, Yogācāra-mādhyamika, rNal 'byor spyod pa'i dbu ma pa)라고도 불리워져 최근에 이르기까지 후기중관파를 가리키는 명칭으로 사용되어 왔다. 유가행중관파의 명칭은 특히 샨타라크쉬타를 중심으로 하는 중관파를 지칭하는 말로서 티베트 문헌에 연원하고 있지만, 이 유가행중관파라는 명칭은 또한 일본불교학계에서 크게 논란을 불러일으킨 말이기도 하다. 저자도 이미 유가행중관파와 관련한 일본불교학계에서의 논쟁에 대해 간략하나마 고찰을 해본 적이 있지만,[2] 당시의 고찰에 미진한 점

---

1) 梶山雄一(1982), 塚本啓祥 外編(1990) 참조.
2) 李泰昇(1991-1) 참조.

을 이곳에서 보완하고자 한다. 따라서 이 글은 유가행중관파에 관한 논쟁을 재정리하고, 또 그 명칭에 대한 연원을 티베트 문헌을 통해 고찰하며, 이러한 고찰을 통해 후기중관파의 의미를 보다 명확히 하여 그 이해에 도움이 되고자 하는 것이 목적이다.

제2절 유가행중관파에 대한 일본불교학계의 논쟁

일본불교학계에서의 유가행중관파에 대한 논쟁은 실은 샨타라크쉬타 사상의 이해를 둘러싼 논쟁이라 해도 과언은 아니다. 이 샨타라크쉬타의 사상에 대한 논쟁이란 주로 그의 형상론(形象論)과 관련된 것으로,[3] 그가 형상(ākāra)의 진실성을 인정한 형상진실론자(形象眞實論者, Satyākāravādin)인지 아니면 형상의 허위를 주장한 형상허위론자(形象虛僞論者, Alīkākāravādin)인지에 관한 것이다. 샨타라크쉬타에 대한 견해의

---

3) 形象(ākāra, rnam pa : 表象, 知覺像, 直觀像, 槪念, 相 등으로 번역)에 관한 논의는 Dharmakīrti 이후 본격적으로 되며, 가장 정리된 형태로 나타나는 것은 11세기 경의 Ratnākarasānti와 Jñānasrīmītra에 의해서다. 無形象唯識論者의 대표로서 라트나카라샨티의 *Prajñāpāramitopadeśa*(『般若波羅蜜多教誡論』)와 有形象唯識論者의 대표로서 즈냐나슈리미트의 *Sākārasiddhiśāstra*(『有形象論證論』) 속에서 각각 정리된 형태로 나타나고 있다. 하지만 형상설에 대한 기본틀은 이미 샨타라크시타의 『中觀莊嚴論』에 나타나고 있으며 그 속에서 논의되고 있는 형상설은 후대 형상론의 원형을 이루고 있다. 그렇지만 『中觀莊嚴論』에서의 형상론은 勝義에 있어서 一切法無自性을 증명하기 위한 과정상의 논의이지 형상에 대한 논의가 주목적은 아니다. 李泰昇(1991-1) p.412 참조.

차이는 일찍부터 나타나고 있지만,[4] 이러한 일반적인 견해에 관해 총체적인 결론을 내리고 있는 사람이 가지야마 유이치(梶山雄一)이다. 가지야마는 중관파의 역사와 사상을 다룬 연구논문「중관사상의 역사와 문헌」속에서 샨타라크쉬타를 형상허위론자로 보던 종래의 견해에 대하여 티베트 문헌에 의한 성과를 통해 새로운 견해를 제시한 마츠모토 시로(松本史朗)의 견해를 인용, 비판하면서 다음과 같이 말하고 있다.

> 그러나 이와 같은 소수의 단서만으로는 샨타라크쉬타를 형상진실론자로 단정하는 것은 위험하다. 현 단계에서는 이 문제를 샨타라크쉬타 자신의 말로부터도 결정할 수 없고, 티베트의 학설강요서의 기술을 오해라고 결정할 수도 없다고 하는 이외에 달리 말할 수 없다.[5]

여기에서 티베트의 학설강요서(學說綱要書)란 일반적으로 불교사상의 역사적 발전을 보이는 티베트의 둡타(Grub mtha') 문헌을 말하는데, 이 둡타 문헌에 의하면 일반적으로 샨타라크쉬타는 유가행중관파의

---

4) 스가누마 아키라의 논문[菅沼 晃(1964-2)]에서는 샨타라크쉬타의 형상에 관한 2가지 견해가 소개되고 있다.
　(1) 中村 元 : 無相唯識의 입장을 취한 학자(『インド思想史』1956, p.200).
　(2) 山口 益 : "寂護, 蓮華戒 계통의 유가중관자립파에 있어 유가유식을 받아들인 방법은 有相唯識的이다"(『般若思想史』1951, p.174).
　그리고 저자 자신은 "샨타라크쉬타에 있어 識 그 자체는 對象의 相을 갖는 것도 아니고 또 그것과 대립적인 의미에서의 無相도 아니며, 진실로는 완전한 無境으로 이른바 절대적인 無相이다."라고 말하고 있다.
5) 梶山雄一(1982) p.63.

형상진실론자로 분류되고 있음을 알 수 있다.[6] 가지야마의 이와 같은 서술은 샨타라크쉬타의 다양한 사상 속에서 그의 형상에 관한 이론이 정확히 파악되기 어려운 것임을 시사하지만, 이 가지야마의 논문은 이후 샨타라크쉬타에 관한 연구에 중요한 위치를 차지하게 된다. 왜 냐하면 가지야마에 의해 논술된 형상에 관한 샨타라크쉬타의 견해에 대하여 마츠모토는 유가행중관파의 정의 그 자체에 대한 비판과 아울 러 샨타라크쉬타의 주저인 『중관장엄론(中觀莊嚴論)』(이하 『중관론』으로 표 기)에서 그의 형상론에 대해 본격적으로 고찰하고 있기 때문이다. 마 츠모토는 그의 논문 「후기중관파의 공사상」에서 후기중관파를 지칭 하는 티베트의 일반적인 명칭인 유가행중관파에 대해 다음과 같이 문 제 제기를 하고 있다.

> 티베트 학승들에 의해 자주 유가행중관파라고도 불리며 현대의 불교
> 학자도 이 학파명을 사용하는 것을 주저하지 않는다. 이것에 대하여
> 필자가 본고에서 묻고자 하는 것은 간단히 말하면 유가행중관파란 대
> 체 무엇인가, 그와 같은 학파가 정말로 존재하였는가, 그리고 샨타라
> 크쉬타를 진정 유가행중관파로 부를 수 있는가 하는 문제이다.[7]

---

6) 梶山雄一(1982)에서 거론되고 있는 학설강요서 『學說寶環(Grub mtha' mam bzhag rin chen phreng ba)』에서도 샨타라크쉬타, 카말라쉴라 등은 유가행중관자립파 가운데 형 상진실파로 분류되고 있다(pp.27-28). 학설강요서의 일반적인 내용에 관해서는 御牧克 己(1982-1) 참조.
7) 松本史朗(1984-2) pp.140-141.

마츠모토는 이러한 문제 제기를 통해 유가행중관파의 정의와 그 정의의 근거가 되는 『중관론』을 고찰하고 있다. 이 유가행중관파란 『중관론』 제91게송에 나타나는 세속의 개념과 관련하여 생겨난 말이지만, 마츠모토의 고찰에 의하면 그 91게에 나타나는 세속의 개념은 『중관론』의 제64게송에 나타나는 세속의 개념과 다른 까닭에 이 유가행중관파의 정의는 재고되어야 한다고 주장한다. 즉 제91게송에 나타난 설명에 의하면 세속이란 다름 아닌 유식으로서—마츠모토에 의하면 '세속유식설(世俗唯識說)'으로서—유가행중관파는 '세속을 유식으로 이해하는 학파'의 의미가 되지만, 제64게송에 의하면 세속은 '고찰하지 않는 한 매력적인 것(avicāraikarāmanīya)' 등의 의미로서 세간극성(lokaprasiddha)의 의미로서 세속은 인정되고 있다(단 『중관론』 전체에 있어 유식설을 중시하는 입장을 마츠모토는 '방편유식설(方便唯識說)'이라 표현하고 있다). 이와 같이 동일한 저서에서 세속의 의미가 달리 이해되어 나타나고 있는데, 마츠모토에 의하면 제64게송만이 『중관론』의 진정한 세속의 의미인 까닭에 유가행중관파의 정의로서 세속의 이해는 잘못이라고 주장하고 있다.

이와 같이 유가행중관파의 정의와 관련하여 문제를 제기한 마츠모토의 견해에 대하여 또다시 이의를 제기한 사람이 이치고 마사미치(一鄕正道)이다. 이치고는 일본학자로서 최초로 『중관론』을 번역한 사람이기도 하며,[8] 그의 그러한 연구의 결실은 『중관장엄론의 연구』란 대저

---

8) 一鄕正道(1972-1)(1972-2).

로 나타나고 있다.[9] 그는 상술한 마츠모토의 견해에 대해 「다르마키르티와 샨타라크쉬타」라는 논문의 '부론(附論)'에서 그것에 대해 답하고 있다. 즉 그에 의하면 마츠모토가 제기한 제91게송과 제64게송의 세속설은 모두 '순수한 유식설'로서 샨타라크쉬타의 세속관이 유식설 또는 자기인식(自己認識, Svasamvedana, 自證知)의 이론에 근거하고 있음은 엄연한 사실로서 샨타라크시타가 유가행중관파임에 틀림없다고 다음과 같이 결론짓고 있다.

> 적호(寂護, 샨타라크쉬타)를 '유가행중관파'라 부르는데 저항이 있다고 한다면 씨(氏, 마츠모토 씨)의 소위 '방편유식설'을 승인하는 중관파를 '유가행중관파'라고 했다고 이해한다면 어떠할까? 그것에 의해 적호의 입장이 변하는 것도 아니고 유가행중관파의 존재도 사상도 무엇하나 부정되어지지는 않을 것이다.[10]

이렇게 샨타라크쉬타가 유가행중관파라고 하는 전통적인 견해를 따르는 이치고의 견해에 대하여 마츠모토는 상기 이치고의 대저 『중관장엄론의 연구』에 대한 서평을 겸한 「후기중관사상의 해명을 위하

---

9) 一鄕正道(1985-2). 이 저서에는 이치고의 논문을 비롯해 『中觀莊嚴論』의 일본어 역, 그리고 『中觀莊嚴論』의 티베트문 텍스트도 포함되어 있다. 『中觀莊嚴論』에 대한 영문해설 및 티베트문 텍스트는 MICHICO: MADHYAMAKĀLAM̐KĀRA.BUNEIDO라는 이름으로 별권으로 되어 있다. 본서에서는 이치고의 『中觀莊嚴論』 번역을 一鄕(上)으로, 티베트문 텍스트를 一鄕(下)로서 표기한다.

10) 一鄕正道(1985-1) p.293.

여」라는 논문에서 이치고의 견해에 대한 반론과 함께 『중관론』과 관련한 사상적 문제점을 비판적으로 재론하고 있다.[11]

이 논문은 『중관론』의 이해에 관한 이치고의 오류를 지적하는데 그치지 않고 후기중관파에 관한 사상적 문제점 및 그 연구 방법을 제시한 점에서 중요성을 지닌다고 할 수 있다. 『중관론』과 관련한 사상적인 문제로서는 먼저 형상론, 자기인식의 이론, 불생론(不生論), 유식설, 색(色, rūpa)의 개념 등을 중심으로 이치고의 『중관론』의 이해에 비판을 가하고 있으며, 연구 방법에 있어서는 선학(先學)의 연구, 특히 티베트의 주석서 등에 대한 참고가 역설되고 있다. 이 논문에서 『중관론』과 관련한 사상적 문제점의 대부분이 거론되고 있으며, 이 논문으로 유가행중관파에 관한 논의는 어느 정도 결말을 보았다고 해도 과언이 아니라 생각된다. 구체적으로 이치고의 반론에 대한 비판에 유가행중관파의 특징인 '세속유식설'은 그것이 『중관론』의 오독에 기인하였다고 생각되기 때문에 이치고의 반론은 필자인 마츠모토가 제기한 문제제기에 아무런 답변도 되지 못했다고 말하고 있다. 도리어 이치고가 『중관론』에 대한 티베트의 주석서를 참고하지 않음으로써 야기된 『중관론』의 내용에 관한 오해가 다수 제기되고 있다. 그런 면에서 형상의 진위(眞僞)를 논하는 『중관론』의 유식설에 대한 이치고의 견해는 신랄하게 비판되고 있다. 즉 샨타라크쉬타가 형상의 진위를 논하고 있는 이제설(二諦說)의 논의 가운데 '승의(勝義)에서의 무자성(無自性)'을 증명하기 위해 '유식설에 있어 무자성'을 형상

---

11) 松本史朗(1986-1).

을 통해 증명하고 있으며, 아울러 이『중관론』이 샨타라크쉬타의 이제설을 드러내고 있음은 티베트의 주석서를 보면 명확하다. 따라서『중관론』의 제64게송이 그의 세속관을 나타내고 있는 것은 각각의 주석서를 살펴보면 명백한 까닭에 제64게송의 세속과 제91게송의 세속을 동일시하는 것은 잘못된 것이라 하고 있다. 즉 이 제64게송이 샨타라크쉬타의 세속관을 보이는 것이라면, 제91게송에 나타난 세속을 샨타라크쉬타의 세속관으로 간주하여 유가행중관파의 근거로 삼는 것은『중관론』의 내용에 대한 불충분한 이해에서 비롯된 것이고, 따라서 이치고가 제64게송과 제91게송의 세속을 동일시하는 것은 충분한 논구(論究)를 거치지 않은 것이라 비판하고 있다. 그리고 이러한『중관론』및 후기중관사상의 연구에 있어 티베트 주석서는 매우 중요한 역할을 하고 있는 까닭에 그 중요성에 대해 마츠모토는 다음과 같이 서술하고 있다.

더욱이 티베트불교의 성과에도 겸허히 귀를 기울여 금후 후기 인도불교의 연구는 티베트불교의 면밀한 연구 없이는 일보도 전진할 수 없음을 잘 이해해 주었으면 한다. 씨(이치고 씨)가 혹시 조금이라도 다르마린첸(Dar ma rin chen)과 미팜(Mi pham)의 주석을 참조했더라면 필자가 본고에서 지적한 것과 같은 많은 오류에 빠지지는 않았을 것이다.[12]

---

12) 松本史朗(1986-1) p.200. 다르마린첸의 주석서에 대해서는 李泰昇(1993-2) 참조. Mi pham의 주석서『中觀莊嚴論解說(dBu ma rgyan gyi rnam bshad)』의 각 科文(Sa bcad)에 대해서는 필자의 「『二諦分別論細疏』の研究」(駒澤大學博士學位論文, 1993)의 「附錄」 중 「中觀莊嚴論の科文」 참조.

마츠모토에 의해 제기된 일본불교학계에서의 유가행중관파 정의에 관한 문제는 일단 마츠모토의 이 논문에 의해 결론이 내려진 듯하다. 이치고는 이 논쟁 이후에도 전통적인 유가행중관파의 견해를 피력하고 있지만,[13] 마츠모토에 의해 제기된 문제는 일반 학자들에 의해 받아들여지고 있고,[14] 특히 샨타라크쉬타의 사상에 관해 일련의 논문을 발표하고 있는 야마구치 즈이호(山口瑞鳳)에 의해서도 인정되고 있다.[15] 유가행중관파에 관한 논쟁은 샨타라크쉬타의 세속을 둘러싼 이해가 그 논의의 출발점이었지만, 샨타라크쉬타의 사상 전반에 대한 이해가 깔린 문제로서 후기 중관사상에서 샨타라크쉬타의 영향을 고려할 때 중요한 문제 제기였다고 생각된다. 그러면 최근의 학자들까지 사용하고 있었던 유가행중관파란 명칭은 어디에서 연유하는 것인지 다음에서 살펴보기로 하자.

---

13) 一鄕正道(1987) 참조.
14) 대표적인 경우로서 후기중관파에 대해 다수의 논문을 발표하고 있는 모리야마 세이데츠(森山淸徹) 씨의 경우를 들 수 있다. 그의 초기 논문에서는 '瑜伽行中觀派' 라는 명칭이 그대로 사용되어지고 있지만, 1986년 이후의 논문에서는 단지 '후기중관파' 라는 명칭만을 사용하고 있다.
15) 山口瑞鳳(1988-2) p.641. 야마구치 박사는 이 논문발표 뒤에도 山口瑞鳳(1989-1), (1991-1) 등을 통해 티베트에 전승되는 중관철학, 특히 샨타라크시타의 사상을 현대적인 관점에서 재해석하고 있다.

제3절 유가행중관파 명칭의 연원

『중관론』은 오랫동안 티베트에서 유가행중관파의 근거로서 간주되어져 왔지만, 구체적으로 말하면, 특히 총카파(Tsong kha pa, 1357-1419)를 개조로 하는 게룩파(dGe lugs pa)의 전통에서 이러한 이해는 일반적이었던 듯하다. 18세기 게룩파의 학승 챵캬(lCang skya Rol pa'i rdo rje, 1717-1786)는 그의 『종의규정(宗義規定, Grub mtha' rnam par bzhag pa)』에서 다음과 같이 중관파를 구분하고 있다.

> 여기에 중관파의 구분은 언설(言說)을 인정하는 방식에 있어서, 외계의 대상을 인정하는 것과 그렇지 않는 것의 둘이 확실히 존재한다. 전자는 바비베카와 찬드라키르티, 그리고 이 두 스승을 따르는 사람들이고, 후자는 샨타라크쉬타 부자(父子)이다. 또 마음의 상속에서 생기는 승의(勝義)의 공성(空性)을 확인하는 방법에 의해 생각해 보면 자립논증파와 귀류파의 둘이 확실히 존재한다. 자립논증파에는 경행중관자립파(經行中觀自立派)와 유가행중관자립파(瑜伽行中觀自立派)의 둘이 있다. 전자는 바비베카 부자(父子)이고, 후자는 샨타라크쉬타 부자이다.[16]

---

16) lCang skya Rol pa'i rdo rje : Grub mtha' mam par bzhag pa(CGN)[Satapitaka Series Vol. 233, Ed. by L.Chandra, New Delhi, 1977]des na dbu ma pa'i dbye ba ni tha snyad 'dod tshul gyi dbang du byas na phyi rol gyi don 'dod pa dang mi 'dod pa gnyis su nges te/ de'i snga ma ni legs ldan 'byed dang zla ba'i zhabs rjes 'brang dang bcas pa'o//phyi ma ni zhi 'tsho yab sras sogs so don dam pa

여기에서 샨타라크쉬타는 연설을 인정하는 방식, 즉 세속의 입장에서는 외계를 인정치 않는 입장(앞서 거론한 '세속유식설' 의 입장), 그리고 승의에서는 자립논증파의 입장으로서 유가행중관자립파의 입장을 취한다고 하며, 구체적으로 챵캬는 이 유가행중관자립파의 근거로서 『중관론』 제9 1게송을 들고 있다. 창캬는 이 제9 1게송과 관련하여 총카파의 『선설심수(善說心髓)』로부터 다음의 구절을 인용하여 자기 이론의 방증으로 삼고 있다.

따라서 이와 같은 견해(=세속으로서 유식을 인정해도 승의로서는 그것을 버리는 것)도 [샨타라크시타 이전에는] 단지 하나 둘 정도 나타났지만, [중관장엄론 등] 저서를 널리 저술하고부터 언설에 있어서 외경(外境)이 무(無)이라고 하는 방식의 중관 교리가 아챠리 샨타라크시타에 의해 세워진 것은 아챠리 예쉐데가 주장하셨듯이 그대로 좋은 것이다.[17] [( ) : 필자 補筆]

stong pa nyid nges pa'i lta ba rgyud la skyed tshul gyi sgo nas phye na rang rgyud pa dang thal 'gyur pa gnyis su nges so// rang rgyud pa la mdo sde spyod pa'i dbu ma rang rgyud pa dang rnal 'byor spyod pa'i dbu ma rang rgyud su yod de/de'i snga ma ni legs sdan yab sras dang phyi ma ni zhi 'tsho yab sras so//(Kha 10al-4)Lopez D.S.Jr.(1987) p.256 참조.

17) des na 'di dra ba'i lugs kyang re re tsam byung yod(CGN mod) kyang gzhung rgyas par brtsams nas tha snyad du phyi rol med pa'i tshul gyi dbu ma'i grub mtha' ni slop dpon zhi ba 'tshos srol phye bar slob dpon ye shes sde bzhad pa ltar legs so//[CGN kha 46bl-2;Drang ba dang nges pa'i don mam par phye ba'i bcos legs bshad po(LNY, 『了義未了義決擇論善說心髓』) *The Collected Works(Gsung 'bum) of Rje Tsong kha pa Blo bzang grags pa*, Vol. 21, New Delhi, 1979, Pha 55b2-3] 번역에 관해서는 片野道雄(1986) pp.19-20 참조.

이와 같이 창캬는 샨타라크쉬타를 유가행중관파로 간주하는 근거로 총카파의 『선설심수』를 인용하고 있지만, 이 『선설심수』에서 보듯 총카파는 샨타라크쉬타의 중관교리, 즉 세속으로서 유식을 인정하고 승의로서 그것을 버리는 이론을 실제로는 예쉐데(Ye shes sde)의 주장으로 돌리고 있다. 이것은 샨타라크쉬타에 관한 예쉐데의 주장을 총카파는 그대로 받아들이고 있으며, 또 그러한 총카파의 이해가 게룩파의 일반적인 이해로서 정착하게 되는 것이다. 그러면 총카파가 받아들이는 예쉐데의 주장이란 무엇일까? 이 예쉐데의 주장을 보기 전에 유가행중관파에 관한 논의로서 『중관론』의 제91게송과 제64게송에 관한 논쟁을 이하에서 간단히 정리해보기로 한다.

먼저 유가행중관파의 근거가 되는 『중관론』의 제91게송과 그 다음의 제92게송을 보면 다음과 같다.

> 인(因)과 과(果)의 관계에 있는 것도 단지 지(知)에 지나지 않는다. 스스로 성립해 있는 것은 지로서 존재하는 것이다.(제91게송)

> 유심(唯心)에 의존하여 외경이 무(無)인 것을 알아야 한다. 이 방식에 의존하여 그것(=유심)도 무아(無我)인 것을 알아야 한다.[18](제92게송)

---

18) 『中觀莊嚴論』의 티베트 번역과 텍스트는 주9)의 이치고 저서를 참조. 여기에서 티베트문 인용은 생략하며 참고로 이치고 氏의 저서를 열거하기로 한다. 一鄕(上) pp.183-184, 一鄕(下) p.292, 294.

이 두 게송에 의하면 인과의 관계에 있는 것, 즉 세속이 지 곧 유식이며, 그 유식—여기서는 유심으로 표현한 것—도 승의에 있어서는 무아라고 하는 유가행중관파의 기본 교의가 성립하는 것이지만, 실제 문제가 되는 것은 제91게송을 전후한 샨타라크시타의 주석이다. 샨타라크시타는 제91게송을 전후해 다음과 같이 주석하고 있다.

> 어떤 자가 인(因)과 과(果)의 관계라고 주장함으로써 나쁜 질문자에게 대답하려는 세속의 사물이란 무엇인가를 고찰하여야 한다. "심(心)과 심소(心所)만을 본성으로 하는가" 아니면 "외경(外境)을 본성으로 하는가"라고 한다면, 그것에 대하여 어떤 자는 후자에 의존하여 "논서(論書)에서 유심이라고 설해진 것은 작자(作者)와 수자(受者)를 부정하기 때문이다."라고 말한 것과 같다. 다른 사람의 생각은 인과 과의 관계에……(제91게송) 스스로 성립하고 있는 형상을 버리고 다른 지의 형상은 상정하지는 못한다.……『능가경(楞伽經)』으로부터 "외경의 색은 존재하지 않는다. 자신의 마음이 외계에 현현한다."라고 하는 말도 선설(善說)이라고 생각한다.[19]

여기에서 보듯 제91게송의 도입에 있어 샨타라크시타는 세속에 관한 두 가지의 견해를 제시하고 그 중 세속을 '심과 심소의 관계'로 보는 유식론자의 견해로서—여기에서는 '다른 사람의 생각'으로 표현한—제91게송을 소개하고 있다. 하지만 문제가 되는 '다른 사람의 생각

---

19) 一鄕(上) pp.182-183,　一鄕(下) p.290, p.292.[본서 제1장 註23) 참조].

(gzhan dag sems)' 이란 구체적으로 누구를 지칭하는 것일까? 이 다른 사람을 총카파가 샨타라크쉬타 본인이라고 상정한 것은 너무도 유명한 것으로[20] 이것을 통해 샨타라크쉬타가 세속에서 유식을 인정한 소위 '세속유식론자'의 명칭을 갖게 된 것이지만, 실상 여기에서 보듯 제91 게송은 자신의 주장으로서 나타나고 있지 않음이 분명하다. 왜냐하면 세속에 대한 자신의 견해를 제64게송에서 명확히 제시하고 있기 때문이다. 비록『중관론』전체에 걸쳐 샨타라크쉬타가 외경에 대한 집착을 떠나게 하는 것으로서 유식의 이론을 높게 평가하고 있는 것은 사실이지만 세속이 유식이라고는 말하고 있지 않다.『중관론』제64게송과 그에 대한 주석이 있어 샨타라크쉬타는 다음과 같이 말하고 있다.

> 고찰하지 않는 한 매력적이며, 생멸(生滅)의 성질을 지니며, 효과적 작용능력을 본성상 갖는 것이 세속이라고 알려진다.(제64게송)
> 이 세속은 말만을 본성으로 하는 것이 아니라 지각되고 승인되며 연기(緣起)한 것으로, 고찰을 견디지 못하는 까닭에 진실세속(眞實世俗)인 것이다.[21]

여기에서 보듯 샨타라크쉬타의 세속에 관한 정의는 특히 다르마키르티(Dharmakīrti)의 중요 술어인 '효과적 작용능력(arthakriyāsamartha)'

---

20) "다른 사람의 생각이란 [샨타라크쉬타] 자신의 주장이다"(gzhan dag sems zhes ni rang gi bzhed pa'o// LNY, Pha 55b6) 이 부분의 중요성에 대해서는 이미 지적되고 있다. 松本史朗(1978-1) p.126 참조.
21) 一鄕(上) p.162, 一鄕(下) p.202.

의 용어 등을 사용해 구체적으로 설명되고 있음을 알 수 있으며, 또한 세속을 진실세속(tathya-saṃ vṛti)과 비진실세속(atathya-saṃ vṛti)의 둘로 나누고 있음도 알 수 있다.[22]

이와 같은 세속의 정의에 비추어볼 때 샨타라크쉬타가 세속을 단지 유식이라고 이해했다는 유가행중관파의 정의는 잘못이라고 생각된다. 세속유식을 근본 내용으로 하는 유가행중관파의 정의는 앞서 보았듯 샨타라크쉬타의 사상 내용을 정확히 반영하는 것이 아니고, 그런 의미에서 마츠모토의 문제제기는 타당성을 갖는 것이라 생각된다. 그러면 예쉐데는 누구이며, 그의 주장이란 어떠한 것인지 다음에서 살펴보기로 한다.

제4절 예쉐데의 유가행중관 정의

예쉐데(Ye shes sde)는 9세기초 티베트에서 대교열번역관(大校閱飜譯官, Zhu chen gyi lo tsa ba ban de)으로 활동하며 250여 권에 이르는 불전의 번역을 담당한 티베트 초기 불교에 있어 대단히 중요한 사람이다.[23] 그

---

22) "고찰을 견뎌내지 못하는 것으로, 효과적 작용능력을 갖은 것이 진실 세속이고, 푸드갈라 등과 같이 언어(śabda)만의 것은 그렇지 않은 [비진실세속]이라 일컬어진다." 一鄕(上) p.164, 一鄕(下) p.210.

리고 그의 번역 가운데는 샨타라크쉬타의 『중관론』 및 샨타라크쉬타의 제자 카말라실라에 의한 『중관론세소』도 포함되어 있는데, 달리 말하면 샨타라크쉬타의 사상을 아는 최초의 티베트인이라고 해도 좋을 것이다. 오히려 불전 번역의 양에서 본다면 불교에 관한한 당대 최고의 지식인이라고 해도 과언은 아닐 것이다. 따라서 이러한 그에 의해 저술된 저서라면 티베트인 누구에게라도 널리 신용되었을 것은 상상하기 어렵지 않다. 이러한 입장에 있었던 예셰데에게 일종의 불교강요서라고 할 수 있을 『견차별(見差別, lTa ba'i khyad par)』이란 저서가 남아 있다.[24) 이 저술은 샨타라크쉬타를 유가행중관파로 분류한 최초의 저서로 간주되고 있으며, 또한 당시의 다양한 불교사상을 이해하는데 필요한 강요서로서 티베트인 스스로가 지은 최초의 본격적인 저술로 인정되고 있다.[25) 그러므로 이 『견차별』에 나타나는 예셰데의 이해를 살펴본다면 티베트에 있어 초기의 샨타라크쉬타에 대한 이해는 명확해지리라고 생각된다. 따라서 이 『견차별』의 유가행중관파를 포함한 중관에 관한 이해를 보기로 한다. 예셰데는 다음과 같이 말하고 있다.

　　두 종류 중관의 형태가 어떠하였는가 하면,

　　이전은 중관의 계사(戒師) 아챠리 나가르주나와 성제바(聖提婆)가 중관의

---

23) 山上大峻(1977) p.22.

24) 『見差別』에 대해서는 上山大峻(1977) 이외에 다음의 논문 참조. 芳村修基(1953), 上山大峻(1981), 原田 俉(1977), 松本史朗(1981-6) 등.

25) 이 『見差別』과 『翻譯名義大集(Ma hāvyutpatti)』의 두 저술은 티베트 불교학이 이루어 낸 최초의 성과로서 간주되고 있다. 松本史朗(1981-3) pp.137-139 참조.

논서를 지으셨을 뿐으로 두 종류의 구별은 존재하지 않았다. 그후 아챠리 아상가와 바수반두가 유식설의 논서를 지으셔 "외경(外境)은 없지만 식(識)이 경계로서 현현한다"고 증명하시며 "청정하며 무이(無二)인 식이 승의에 있어서도 존재한다"고 설명했지만, 후에 중관의 논사 바비베카라고 하는 분으로 아챠리 나가르주나 사상의 가르침을 지니고 (나가르주나의) 성취를 획득한 분이 계셨는데, 그가 유식설을 논파하고 아챠리 나가르주나가 지으신 『중관송(中觀頌)』의 주석인 『반야등(般若燈)』이라는 것과 『중관심(中觀心)』이라는 것을 저술하시고, 또 중간(中間)의 계사(戒師) 샨타라크쉬타라고 하는 사람이 아챠리 아상가가 저술하신 유식을 나타내 보이는 논서 『유가행(瑜伽行)』에 의존하여, 세속에 있어서 그것의 사상과 일치하여 유식을 증명하지만 승의에 있어서는 유식도 무자성이라고 설명하는 중관의 논서 『중관장엄론』이라는 것을 저술하시어, [이와 같이] 사상이 조금도 일치하지 않는 2종류의 중관의 논서가 생긴 까닭에, 아챠리 바비베카가 저술하신 것은 「경행중관(經行中觀)」이라 이름하고, 아챠리 샨타라크쉬타가 저술하신 것은 「유가행중관(瑜伽行中觀)」이라 이름하였다.[중략]

그 가운데 「유가행중관」의 사상은 세속에 있어서는 유식설과 일치한다. 식이 경계를 아는 것도 경계가 식의 성질인 결합이 있는 것으로 자증(自證)에 의해서는 알 수 있지만, 경계가 [식과] 다르다고 주장한다면 지(知)와 결합이 없는 까닭에 아는 것은 불가능하다. 외(外)의 연기가 나타나는 것도 예를 들면 꿈에서 보이는 것이 대상은 없더라도 마음이 보이는 것과 같다.

『능가경(楞伽經)』에 "외경의 색은 존재하지 않는다. 자기의 마음이 외경으로 현현한다."고 설하신 대로이다.

승의에 있어서는 그 마음도 이일다성(離一多性)의 중인에 의해 존재하는 것은 성립하지 않는다. 왜냐하면 경계가 식을 자성으로 한다면 (1)경계가 각기 다르고, 다수인 것과 같이 마음도 다수로 되어버릴 것이고, (2) 마음과 같이 경계도 다양하게는 되지 않을 것이다. 따라서 유심(唯心)에 의존하여 외경이 무(無)라고 알아야 한다. 이 중관의 이치에 의존하여 마음도 무아(無我)인 것을 알아야만 한다.[26]

이 예쉐데의 서술에서 우리는 앞서 살펴본 바와 같이 세속에 있어서는 유식과 일치하며 승의에서는 그 유식도 무자성·공이라고 하는 『중관론』 제91게송, 92게송에 의거한 유가행중관파의 정의가 설해지고 있음을 볼 수 있다. 하지만 이『견차별』에는 일반적인 유가행중관파(rNal 'byor spyod pa'i dbu ma pa)란 말 대신에 단지 '유가행중관(rNal 'byor spyod pa'i dbu ma)' 이라고만 하며, 또 그 '유가행중관' 이란 말도 아상가(Asaṅga), 즉 무착(無著)의 『瑜伽行(rNal 'byor spyod pa, Yogācāra)』 (즉 『瑜伽師地論(Yogācārabhūmiśāstra)』)에 의거하는 말로, 실제 그때의 '유가행중관'이란 샨타라크쉬타가 저술한 저서, 즉 『중관장엄론』을 가리키고 있음을 알 수 있다. 다시 말해 샨타라크쉬타, 카말라쉴라 등의 일군을 의미

---

26) 이 부분의 티베트문은 山上大峻(1977)의 교정 텍스트 사용. 번역에 대해서는 松本史朗(1981-6) 참조. 특히 이 松本史朗(1981-6)는 『見差別』의 내용 및 역사적 의의 등이 자세하게 서술된 논문이다.

하는 학파적인 의미에서 유가행중관파가 아니라 샨타라크쉬타의 『중관론』을 구체적으로 '유가행중관'이라 이름하고 있는 것이다. 이와 같이 중관을 경(經) 혹은 논(論)에 의거해 분류하는 것은 예쉐데와 거의 동일한 시대의 사람으로 추정되는 법성(法成, Chos grub)의 저술에서도 보이는 것이며,[27] 또한 예쉐데가 『견차별』에서 카말라쉴라를 사상적으로 샨타라크시타와 구분하여 서술하고 있는 것에서도 적어도 예쉐데에게 있어 '유가행중관'이란 의미는 학파로서의 의미가 아니라 샨타라크쉬타의 『중관론』을 지칭하고 있다고 생각된다. 따라서 이 '유가행중관'의 사상이란 곧 『중관론』의 사상으로, 이 『중관론』에 대한 예세데의 이해가 총카파를 비롯한 티베트의 학승뿐만 아니라 유가행중관파의 일반적인 정의로서 받아들여져 왔던 것이다.

이처럼 유가행중관파의 일반적인 정의가 『중관론』의 내용에 관한 오해에서 비롯된 것이라면, 오늘날 일반적으로 부르는 후기중관파란 어떻게 정의되어야 할 것인가를 다음 절에서 살펴보기로 한다.

---

27) 言大乘宗者亦有三別. 一依經中宗. …… 二唯識中宗 …… 三依論中宗(『大乘稻竿經隨廳疏』 大正 85, No.2782, 544b). 구체적인 것은 山上大峻(1977), 松本史朗(1981-6) 참조.

제5절 후기중관파의 정의

 일반적으로 샨타라크쉬타를 중심으로 한 중관파를 인도불교에 있어서 후기중관파로 부르고 있지만, 실제 샨타라크쉬타 사상형성에 크게 영향을 미친 즈냐나가르바가 후기중관파의 개조로 간주되고 있다. 이 즈냐나가르바는 사상적으로도 바비베카와 샨타라크쉬타의 중간에 위치하여 샨타라크쉬타의 교학 형성에 중요한 역할을 하고 있다.[28] 하지만 후기중관파의 역사적 전개에 있어 그 사상적 특성을 고찰해 보면 샨타라크쉬타의 사상이 중요한 역할을 하고 있음을 알 수 있다. 샨타라크쉬타의 사상이란 앞서 본 그의 주저『중관론』에 의거한 사상을 말하는 것으로, 후기중관파의 전개와 관련하여 그 사상적 특색을 고찰해 보면 다음과 같이 요약해 볼 수 있을 것이다.[29]

 (1) '이일다성증인(離—多性證因)' 에 의해 일체법무자성을 논증하는 것으

---

28) 塚本啓祥 外編(1990) p.270. 즈냐나가르바에 대해서는 李泰昇(1993-3) 참조.
29) 여기서의 정리는 필자 나름대로 후기중관파의 전개와 관련된 『中觀莊嚴論』의 내용을 요약한 것이지만[본서 제4장 제1절 참조], 가지야마 박사는 후기중관파의 사상적 특색으로서 다음의 점을 들고 있다[梶山雄一(1982) p.18].
　(1) 나가르주나를 사상적 기준으로 한 것은 물론이고, 그에 못지않게 다르마키르티의 지식론에 결정적으로 영향을 받고 있는 것.
　(2) 대부분의 학자가 자립논증파에 속하는 것.
　(3) 유가행파와 대립하기 보다도 그 학설을 유부와 경량부의 것보다도 높게 평가하여 중관의 체계 속에 흡수하려고 한 것, 즉 후기중관파는 瑜伽行中觀派라고도 부를 수 있는 종합학파로 된 것.

로 지(知)의 일(一)인 성질과 형상의 다수(多數)인 성질 간의 모순을 설하는 소위 형상론을 전개하고 있는 것.

(2)불교 모든 학파를 유부, 경량부, 유식파의 순서로 단계적으로 배치하고 비판하면서 중관의 입장을 최상에 두는 것.

(3) 유식 등의 이론도 유정을 윤회로부터 해탈로 이끄는 방편으로서 높게 평가하고 있는 것.

이상과 같은 샨타라크시타의 사상을 염두에 두고 볼 때 후기중관파에 속하는 인물들로서는 다음과 같은 사람들을 꼽을 수 있다.[30]

(1) 즈냐나가르바(Jñānagarba, 智藏, ca. 700-760)

(2) 샨타라크쉬타(Śāntarakṣita, 寂護, ca. 725-783)

(3) 슈리굽타(Śrīrupta, 8세기 후반)

(4) 카말라쉴라(Kamaliślla, 蓮華戒, ca. 740-797)

(5) 하리바드라(Haribhadra, 師子賢, ca. 900)

(6) 캄발라(Kambala, 赤衣, 연대미상)

(7) 지타리(Jitāri, 10세기 후반-11세기)

[30] 후기중관파에 속하는 인물에 관하여 塚本啓祥 外編(1990)에는 먼저 샨티데바(Śānti-deva, 寂天, ca.650-700)가 거론되고 있지만(p.250), 梶山雄一(1982)와 『インド佛敎人名辭典(三枝充悳 編)』 등에는 그가 중기중관파의 인물로 분류되고 있는 까닭에 여기에서는 거론하지 않는다. 또 가지야마 박사는 동 논문에서 비무크티세나(Vimukti-sena), 라트나카라샨티(Ratnākaraśānti)도 후기중관파의 인물로 거론되고 있으나, 塚本啓祥 外編(1990)의 저서와 라트나카라샨티가 유식파의 인물임을 명확히 밝힌 다음의 논문 등에 의해 이 두 사람은 생략했다. 松本史朗(1980-1), (1980-2).

(8) 아티샤(Atīśa, ca. 982-1054)

　　이상의 인물들을 일단 후기중관파의 사람들로 꼽을 수 있지만, 실제 샨타라크쉬타의 사상은 중관파뿐만 아니라 유가행파, 논리학파 등에도 영향을 끼치고 있다. 이러한 후기중관파 각각의 영향과 인물에 대해서는 차후의 보다 세세한 연구를 기대하기로 한다.

즈냐나가르바의 이제설

제6장

제1절 이제설

1. 중관과 유식의 입장 차이

나가르주나(Nāgārjuna, 龍樹), ca. 150-250)의 『근본중송(Mūlamadhyamaka-kārikā)』을 그 사상적 출발점으로 삼는 중관파(中觀派, Mādhyamika)는 주지하는 바와 같이 초기·중기·후기로 분류되듯이 그 사상적 전통은 오랜 세월을 걸쳐 유가행파(瑜伽行派, Yogācāra)와 더불어 인도 대승불교사상의 거대한 조류를 형성해 왔다. 하지만 이 중관파의 전통에 있어서 바비베카(Bhāviveka, 淸弁, ca. 500-570)[1]와 찬드라키르티(Candrakīrti, 月稱, ca. 600-650)로 대표되어지는 중기중관파는 소위 자립논증파(自立論證派, Svātantrika)와 귀류논증파(歸謬論證派, Prāsaṅgika)로 구분되듯이 『근본중송』에 대한 해석에 차이를 보이고 있다.[2] 이러한 해석상 차이를 보이는 중기중관파의 논쟁은 찬드라키르티의 『명구론(明句論, Prasannapadā)』을 통해 그 구체적인 전말(顚末)이 밝혀지고 있지만, 이 중기중관파 사상가들의 논전은 단지 중관파 내에 국한하지 않고 대승불교사상의 또 다른 조류인 유가행파에게도 그 화살이 돌려지고 있다. 이 중기중관

---

1) 바비베카 혹은 바바비베카의 명칭에 대해서는 문헌상의 혼란으로 그 原語를 확정하기 어려운 점이 적지 않다. 江島 박사의 논문에 의하면, 청변의 원어는 바비베카(Bhāviveka)로 귀착되는 듯하다. 필자도 그 견해에 따라 바비베카를 청변의 원어로 간주한다. 江島惠敎(1990) 참조.
2) 중관파를 이와 같이 구분하는 것은 일반적으로 티베트 불교의 전통에 따른 것이다. 後註8) 참조.

파의 사상가로서 유가행파의 사상을 정면으로 비판한 대표적인 인물이 바비베카로서, 그는 그의 『중관심송(中觀心頌, Madhyamakahṛdaya-kārikā)』 제5장 제1게송에서 다음과 같이 말하고 있다.

> 대승교도인(大乘敎徒)인 궤범사(軌範師) 무착(無着)과 세친(世親)을 시조로 하는 여타의 사람들은 여래에 의해 각증(覺證)되고, 또 초지를 얻은 성용수(聖龍樹)가 올바로 해설한 대승의 의궤를 다른 방식으로 인도하며, 무참무괴(無慚無愧)하여 그 뜻을 알지 못하고, 더욱이 안다 하고, 학식이 있다고 오만하여, 그들은 다음과 같이 말한다. 즉 진실의 감로(甘露)에 드는 것은 우리들만이 설하는 것으로, 모든 중관논사가 능히 하는 것은 아니다.[3]

이 제1게송은 바비베카가 유가행파를 비판하기 위한 전주장(前主張, Pūrvapakṣa)으로 내세우는 것이지만, 여기에서 보듯 바비베카는 유가행파에 대해 명확한 비판의식을 가지고 있었음을 알 수 있다. 하지만 바비베카의 유가행파에 대한 비판은 이『중관심론』뿐만 아니라 그의 『반야등론(般若燈論, Prajñāpradīpa)』에서도 나타나고 있다. 그는 『근본중송』 제25장인 「관열반품(觀涅槃品)」 제24게송의 '일체지각(一切知覺)의 적멸(寂滅, sarvopalambhopaśama)'에 대한 주석에 있어서 유가행파의 삼성설(三性說)을 중관학파의 이제설(二諦說) 입장에서 비판을 가하고 있다. 이 삼성설에 대한 바비베카의 비판은 이미 야스이 고사이(安井廣濟)의

---

3) 山口 益(1975) p.72.

『중관사상연구』에서 그 전모가 밝혀지고 있다.[4] 야스이는 삼성설에 대한 바비베카 비판을 다음과 같이 말하고 있다.

> 유가행파의 삼성설은 중관파의 이제설과 전혀 다른 의미를 갖고 전혀 다른 세계관을 수립하는 것이다. 세속의 연생법(緣生法)이란 우리들의 경험적인 세속 언설의 인식세계이지만, 그러나 세속의 연생법이라 하여도 유가행파에서는 중관파에서 말하는 그러한 의미의 것은 이미 아니다. 유가행파의 삼성설에서 세속은 변계(遍計)의 모습을 취하지만, 진실로는 변계의 부정[空不可得]에서 본래 모습을 가지며, 변계의 모습으로서 드러나는 그러한 것에서는 이미 존재하지 않는 것, 즉 스스로가 변계의 모습을 취하지만 그 스스로 변계의 모습과 모순하는 그러한 존재인 것이다.(p.260)

> 중관파에 있어서 세속은 어디까지나 승의로서 공불가득인 연생법이지만, 유가행파에 있어서 세속은 자신의 변계집착 그대로 존재하지 않는데 본래 모습을 갖는 것이다. 즉 세속은 변계의 공불가득인 부정에서 원성실성(圓成實性)한 승의의 존재를 갖는다.(p.261)

> 이제설처럼 세속의 단적인 부정 즉 긍정(否定即肯定)의 입장에 서면 세속

---

4) 安井廣濟(1970)(金成煥 역, 『中觀思想研究』, 弘法院, 1989). 본문에서의 引用은 김성환의 번역본에 의한다.

은 승의공(勝義空)이기 때문에 증익(增益)되지 않고, 세속유(世俗有)이기 때문에 손감(損減)되지 않는다고 하는 중도(中道)의 의미가 되지만 세속을 허망분별, 즉 변계의 무(無)인 성품으로서 부정적으로 긍정하여 인식하려고 하는 삼성설의 입장에 서게 되면 위와 같은 중도의 의미*가 되지 않을 수 없다. 똑같이 세속을 부정 즉 긍정하고, 세속 즉 승의(世俗卽勝義)의 중도에서는 대승불교이면서도 그 해석의 태도에 있어 이처럼 다른 체계를 갖는 것은 매우 놀라운 일이다.(p.264)

[*『中邊分別論』「相品」第1偈(虛妄分別有 於此二都無 此中唯有空 於彼亦有此)와 같은 의미]

즉 야스이의 설명에 의하면, '일체지각의 적멸'에 대한 유가행파의 해석에 따르면 세속에 있어서 인식의 전도성(顚倒性, 遍計所執性)이 공불가득인 것으로, 세속의 연생법 그 자체(依他起性)는 전도성의 공불가득인 적멸을 이해하는 기반 내지는 방편으로, 따라서 공불가득의 원성실성은 승의적 실재인데 반해(知의 입장), 중관파의 이제설은 세속을 부정하지 않고 세속을 성립시키는 것으로 세속 내에서 승의공을 직관적으로 행증(行證)하는 입장(行의 입장)이라 하고 있다.5) 즉 세속이 현실적으로 존재하는 것을 인정하더라도 승의적으로는 공(空)하다고 하는 것이 중관의 입장인데 대해, 유가행파의 입장에서는 세속은 없애야 할 분별성(分別性, 변계소집성)의 것으로, 이것이 없어진 상태가 승의인 원성실성이고, 또 이 변계소집성이 원성실성으로 바뀔 수 있는 근거가 곧

---

5) 위의 번역서, pp.256-258 참조.

의타기성이라고 하는 것이다. 따라서 이와 같은 유가행파의 삼성설에 대한 바비베카의 비판을 고찰해 보면, 승의와 세속에 관하여 중관파와 유가행파는 각각 다음과 같은 입장에 서있다고 할 수 있다.

중관파: 승의무(승의공, 무자성), 세속유(세간극성으로서의 有)

유가행파: 승의유(원성실성의 유, 식의 유), 세속무(변계소집성인 까닭에 무)

[의타기성: 변계소집성과 원성실성의 기반]

이제에 관한 중관파와 유가행파의 이해에 대한 이와 같은 입장은 본 논문에서 다루고자 하는 이제설에 대한 기본전제로서 필자가 이해하는 것으로, 따라서 승의와 세속에 대해서는 중관파와 유가행파가 상반된 견해를 가지고 있었다고 생각된다. 이상과 같이 바비베카는 유식파에 대해 명확한 비판의식을 가지고 있었으며, 또 이제설로서 삼성설을 비판함으로써 중관 이제설의 정당성을 나타내고자 한 것으로, 따라서 이제설은 중관사상의 중요한 교설을 이루는 것이라 할 수 있다. 유가행파에 대한 비판은 바비베카에 이어 찬드라키르티에게서도 보이지만, 이제설에 관해서도 그 둘은 차이를 보이고 있다. 하지만 중관파 내에서의 차이에도 불구하고 이제설은 유가행파에 대한 비판에서 보듯 중관사상 전체를 대표하는 중요한 교설로서 간주되고 있는 것이다.

본고는 이와 같이 중관파의 중요한 교설인 이제설에 대한 즈냐나가르바(Jñānagarbha, 智藏, ca. 700-760)의 견해를 고찰하고자 한다. 즈냐나가르바는 후기중관파의 시대를 연 사람으로, 그에게는 중관의 이제설을 단도직입적으로 다룬 『이제분별론(二諦分別論, Satyadvayavibhaṅga)』(이하 『이제론』으로 표기)[6]이란 저술이 남아 있다. 즉 나가르주나 이래 중관의 중요 교설로서 간주되어져 온 이제설이 후기중관파의 시대에 이르러서도 여전히 중요한 사상적 쟁점이 되고 있음을 이 저술은 보여주고 있다. 하지만 후기중관파에 이르기까지는 앞서 거론한 바비베카, 찬드라키르티 등 쟁쟁한 중관의 논사가 있었음을 간과할 수 없기 때문에 이 즈냐나가르바의 이제설에는 이전의 중관논사의 영향이 있었으리라 생각된다. 따라서 본고는 즈냐나가르바의 이제설을 고찰해 봄으로써 이제설에 있어 즈냐나가르바 이전 논사들의 영향과 즈냐나가르바의 사상적 특색 및 이후의 영향 등에 대해 고찰하고자 한다. 이러한 고찰을 통해 즈냐나가르바의 사상사적 위치를 조감하고 중관파에 있어 그의 위상을 재점검해 보고자 한다. 먼저 본론에 들어가기 전에 이제설에 대한 전개를 간단히 살펴보기로 한다.

---

6) 티베트 대장경에는 『二諦分別頌(Satyadvayavibhaṅga-kārikā; D. No.3881)』과 『二諦分別論自註(Satyadvayavibhaṅga-vṛtti; D. No.3882)』가 각각 달리 나타나고 있지만, 본고에서 사용하는 『二諦分別論』이란 후자의 『二諦分別論自註』를 가리킨다. 『이제분별론』의 번역은 필자의 『二諦分別論細疏』의 연구(駒澤大學 博士學位論文, 1993; 본론에서는 『二諦疏研究』로 略稱)의 試譯을 사용하기로 하며, 구체적인 出典의 표기도 이 책을 사용하기로 한다. 티베트 원문에 대해서는 엑켈의 저술에 딸린 티베트 교정본을 사용하기로 한다.(M.D.Eckel, *JÑĀNAGARBHA'S COMMENTARY ON THE DISTINCTION BETWEEN THE TWO TRUTHS*, State Univ. of New York Press, 1987; Eckel(J)로 약칭)

2. 『근본중송』의 이제설

중관사상의 대표적인 교설로서의 이제설(二諦說)은 승의제(勝義諦, paramārtha-satya, 第一義諦)와 세속제(世俗諦, saṃ vṛti-satya)의 이제에 대한 교설로서, 이 이제에 대한 정립된 견해는 나가르주나의 『근본중송』 제24장 「관성제품(觀聖諦品)」에 나타나 있다.

> 여러 부처님은 이제에 의거해 법을 설하시는데, 첫째는 세속제이고, 둘째는 제일의제이다.[諸佛依二諦 爲衆生說法 一以世俗諦 二第一義諦](24-8)

> 이제의 구별을 알지 못하는 사람들은 부처님의 가르침에 있어 깊고 진실한 뜻을 알지 못한다.[若人不能知 分別於二諦 即於深佛法 不知眞實義](24-9)

> 세속제에 의하지 않으면 제일의제는 설해지지 않고 제일의제에 의하지 않으면 열반을 얻을 수 없다.[若不依俗諦 不得第一義 不得第一義 即不得涅槃](24-10)

이와 같은 『근본중송』의 정립된 게송이 이제설의 구체적인 근거가 되는 것이지만, 그러나 이제의 각각에 대해서는 나가르주나 이전의 여러 경론에서 이미 나타나고 있다.[7] 하지만 경론의 기술을 위와 같이

정립된 형태로 표현한 사람이 나가르주나이며, 따라서 『근본중송』을
주석한 논사들은 모두가 이제설에 대한 이해를 가지고 있었다고 할 수
있다. 이러한 『근본중송』의 주석가들이 소위 불교사상의 전개에 있어
중관파를 형성해 가는 것이지만, 그러나 주석가의 이해에 따라 그 내용
은 각기 다르게 전개되고 있다. 그런 의미에서 해석상의 차이를 보이는
대표적인 인물이 앞서 거론한 중기중관파의 바비베카와 찬드라키르티
이다. 이들의 사상적 입장은 티베트에서 일반적으로 자립논증파, 귀류
논증파로 분류되어 그 차이를 보이지만, 이러한 차이는 『근본중송』내
용에 대한 이해, 특히 연기·공·이제설 등 중요 교설에 대한 견해의 차
이에서 비롯되고 있다.[8] 하지만 이 바비베카, 찬드라키르티가 중관사
상의 전개에 있어 중요한 위치를 차지하는 것은 유가행파의 비판에서
보듯 중관파의 교설을 대외적으로 천명한 것으로, 특히 바비베카는 이
제설을 중관사상의 중요한 교설로 간주하고 있다. 즉 이제설이 단순히
중관파 내의 교설로서 만이 아니라 중관파를 대표하는 교리로 이해되
어 이론전개의 핵심 역활을 하고 있는 것이다. 이러한 점에 비추어 바

---

7) 安井廣濟(1970)의 前編 「中觀思想의 背景」 참조.
8) 이 自立論證派와 歸謬論證派의 명칭은 이미 게룩파의 개조인 총카파(Tsong kha pa;
   1357-1419)에 의해서도 사용되고 있다. 그는 그의 『菩提道次第廣論』의 「毘鉢舍那章」에
   서 다음과 같이 말하고 있다.
   "티베트에 있어 불교 後傳시대의 제학자는 중관사를 應過論者(Prāsaṅgika;귀류논증파)와
   獨自論者(Svātantrika;자립논증파)의 둘로 設定하며, 이것은 [月稱의] 明句論에 따르는 것
   으로, 함부로 생각한 것은 아니다."[長尾雅人(1954) p.111]
   이와 같이 이 명칭의 사용은 실제 티베트에서 이루어지고 있으며, 인도에서는 사용되지
   않은 듯하다. 하지만 이러한 구분은 중관파의 역사적 전개를 이해하는 데 중요하다고 생
   각된다. 塚本啓祥 外編著(1990) pp.237-244 참조.

비베카, 찬드라키르티 등의 이제설은 그 후 전개되는 중관파의 사상에 중요한 영향을 끼쳤으리라 생각된다. 하지만 즈냐나가르바가 이제설에 대한 새로운 저술을 짓게 된 동기에는 단지 이러한 중관파의 영향 외에도 유가행파 또는 불교논리학파의 관계도 무시할 수 없었으리라 생각된다. 그것은 즈냐나가르바의 저술에서 보이는 논리의 중시 또는 다르마키르티 용어의 사용 등이 그것을 말해주고 있다. 따라서 여기에서는 먼저 『이제분별론』에 나타나는 즈냐나가르바의 이제설의 특색을 명확히 한 뒤에 그 이전의 사상과 관계를 고찰하기로 한다. 이러한 고찰을 통해 후기중관파로서의 그의 입장이 보다 명확해지지 않을까 생각한다.

제2절 즈냐나가르바의 이제설

1. 즈냐나가르바의 생애

즈냐나가르바의 생애와 저술에 대해서는 이미 고찰한 바 있는 까닭에,[9] 여기에서는 『이제론』의 저자인 즈냐나가르바에 대해 살펴보기로 한다. 먼저 즈냐나가르바에 대한 단편적인 기술에서 알 수 있듯 즈

---

9) 李泰昇(1993-3).

냐나가르바는 후기중관파의 거장인 샨타라크쉬타의 선행 인물임에는
틀림없다. 그것은 샨타라크쉬타에 의해 정립되고, 샨타라크쉬타 이후
의 중관논사들에 의해 사용되어진 일체법 무자성을 증명하는 '이일다
성(離一多性, ekāneka-svabhāvena viyoga)의 증인' 이 즈냐나가르바에게서는
나타나지 않고, 또 즈냐나가르바의 『이제론』에 대해 샨타라크쉬타가
『세소』[10]라는 주석서를 짓고 있는 데서도 명확히 알 수 있다. 따라서
그는 샨타라크쉬타에게 사상적으로 큰 영향을 미쳤음을 알 수 있다.
그의 구체적인 행적은 그다지 알려져 있지 않지만, 타라나타는 다음
과 같이 전하고 있다.

> 아차리 즈냐나가르바는 O.diviśa에서 태어났고, 거기에서 대학자가 되
> 었다. Bhaṃgala 지방에서 Śrīgupta로부터 법을 듣고, Bhavya의 교의를
> 따르는 大中觀派로서 유명하게 되었다.[11]

이러한 단편적인 기술로서는 그의 행적을 전체적으로 조감하기 어
렵고, 또한 그의 사상적 입장에 대해서도 분명히 규정하기는 곤란하
다. 티베트 문헌에 나타난 그의 사상에 대한 기술은 매우 다양하며,[12]

---

10) 『細疏』의 번역 및 티베트 택스트는 필자의 『二諦疏研究』에 의한다. 또한 이 『세소』의
   저자가 『中觀莊嚴論』의 샨타라크시타와 동일 인물임은 李泰昇(1991-2)(1993-1)(1995)
   에 의거한다.
11) Tā ra nā tha'i rgya gar chos 'byung, Schiefner ed.p.152 ll.13-15; Tāranātha's
   History of Buddhism in India. Tr. from Tibetan bya Lama CHIMPA and Alaka
   Chattopadhyaya. Motilal Banarsidass Pub. 1990(reprint) p.253[제2장 註7) 참조].
12) 李泰昇(1993-3) pp.180-184 참조.

그러한 문헌을 통해 즈냐나가르바의 사상을 이해하기는 어려우리라 생각된다. 이러한 어려움은 즈냐나가르바의 저술로 남아 있는 것들이 모두 그의 것이 아니라 후대에 가탁(假託)되어진 것들이 있는 까닭에 더욱더 심화되는 것으로, 따라서 그의 주저라 할 수 있는 『이제론』과 그의 저술로 확실시 되는 몇몇 저술을 통하여 그의 사상을 조감할 수밖에 없다. 그런 의미에서 『이제론』은 그의 사상을 알 수 있는 기본 저술이며, 이 저술에 의해 즈냐나가르바는 후기중관파의 개조로 간주되는 것이다. 이 『이제론』과 그에 대한 샨타라크쉬타의 주석서를 관련시켜 생각해 볼 때, 즈냐나가르바가 티베트에 입장(入藏)했을 가능성도 있다. 즉 『세소』의 저자와 역자를 밝히는 끝부분에는 다음과 같은 기술이 있다.

『이제분별론세소』는 아차리 샨타라크쉬타에 의해 저술되어진 것이고, 인도의 戒師 Prajñāvarman과 Jñānagarbha, 大飜譯管 Ye shes sde 등에 의해 飜譯 · 奏請 · 收藏되었다.[13]

즉 이 기술에 의하면 즈냐나가르바는 자신의 저술에 대한 주석서인 『세소』의 번역에 참가한 것이 되며, 더욱이 예쉐데(Ye shes sde)는 9세기 초의 대번역관으로 샨타라크쉬타의 저술을 다수 번역한 사람인 까닭

---

13) bden pa gnyis rnam par 'byed pa'i dka 'grel slob dpon zhi ba 'tshos mdzad pa rdzogs so// rgya gar gyi mkhan po prajñāvarma/ jñānagarbha dang/ zhu chen gyi lo tsā ba ban de ye shes sde la sogs pas bsgyur cing zhus te gtan la phab pa// (『二諦疏研究』p.411)[SDP(52b7)].

에[14] 그의 생애의 후반기쯤 티베트에 들어가 번역에 참여하게 되는 것이다. 즈냐나가르바가 티베트에 들어가 번역에 참여한 것은 그의 다른 번역 문헌을 통해 확실해지지만,[15] 이 번역에 참여한 즈냐나가르바가 곧 『이제분별론』의 저자인 즈냐나가르바인지에 대해서는 확실치 않다. 왜냐하면 샨타라크쉬타의 입장에 대해서는 티베트 문헌에 다수 전해지고 있지만, 즈냐나가르바의 입장에 대해서는 그다지 전해지지 않기 때문이다. 하지만 즈냐나가르바가 샨타라크쉬타의 선행인물임은 티베트 문헌을 통해 볼 때 확실한 듯하며, 따라서 그의 사상을 아는 데 있어 『이제분별론』에 대한 연구는 절대적으로 중요하리라 생각된다.

2. 즈냐나가르바 이제설의 내용

1) 『이제분별론』의 목적

『이제분별론』에서 즈냐나가르바는 다음과 같이 조론(造論)의 목적을 밝히고 있다.

> 이제를 여실히(yathā) 이해시키기 위하여 이 논을 저작한다. 즉 이제가 이미 구별되어 있음에도, 대논사들 조차 어리석은데, 하물며 다른 사람의 설에 어떤 목적이 있겠는가. 그런 까닭에 나는 [이제를] 구별한다.(K.1)

---

14) 예쉐데(Ye shes sde)에 관해서는 李泰昇(1994) p.329 참조.
15) 李泰昇(1993-3) p.185 참조.

이타를 행하는데 숙달하신 세존은 지혜 빈약한 중생에 이익을 주고자 하기 위해 이제를 다양하게 구별하셨다. 아차리 용수 등에 의해서도 명확히 되어졌는데 자파의 대논사들도 어리석었고, 그들을 따르는 다른 사람의 설은 말할 것도 없다.[16)]

이와 같은 조론의 목적에는 중요한 의미가 포함되어 있다고 생각된다. 왜냐하면 이제설은 중관파의 중요한 교설이긴 하지만 즈냐나가르바에 이르기까지는 앞서 거론한 바비베카, 찬드라키르티 등 중관논사들에 의해 충분히 그 의미가 해명되어졌기 때문이다. 그럼에도 불구하고 새삼 이제설을 설할 수밖에 없는 이유가 여기에서 표명되어 있고, 구체적으로 자파(自派, rang gi sde)의 대논사가 어리석었다고까지 표현하고 있다. 『세소』에 의하면, 자파의 대논사란 다르마팔라(Dharmapāla, 護法, 530-561)를 가르키고 있고, 『이제론』의 본론을 보더라도 스티라마티(Sthiramati, 安慧, ca. 510-570), 데벤드라붓디(Devendrabuddhi, ca. 630-690) 등 유가행파의 인물들에 대한 비판이 직접적으로 다루어지고 있다.[17)] 이와 같은 사실은 『이제론』의 저술이 자파, 즉 불교 내에 있어서 유가행파에 대한 명확한 비판의식을 가지고 쓰였음을 보여준다고 할 수 있다. 더욱이 데벤드라붓디에 대한 비판은 즈냐나가르바가 다르마키르티(Dharmakīrti, 法稱, ca. 600-660) 이후의 이제설에 대한 논쟁에 참여한 것을

<hr>

16) 『二諦疏研究』 p.180; Eckel(J) p.155[제2장 註17) 참조].
17) 李泰昇(1993-3) pp.193-199 참조.

보여주는 것이며,[18] 또한 그가 디그나가(Dignāga, 陳那, 480-540), 다르마키르티 등에 의한 불교논리학파의 이제설에도 충분한 지식을 가졌음을 말해준다. 따라서 그가 『이제론』을 새로이 저술하고자 하는 데에는 이 불교논리학파의 영향이 컷으리라 생각된다. 유가행파에 대한 비판도 이미 바비베카, 찬드라키르티 등 중기중관파에 의해서도 이루어지고 있지만, 즈냐나가르바가 새삼 유가행파를 비판하고 있는 것도 불교논리학파의 영향 등과 같은 시대적인 상황이 작용했다고 생각된다. 따라서 즈냐나가르바가 스스로 나가르주나를 충실히 계승하고 있다고 밝히는 것도 이러한 시대적인 상황 속에 나가르주나의 이제설을 새롭게 해석하고자 했던 것이 아닐까 생각된다. 이와 같이 조론의 목적을 밝힌 즈냐나가르바는 이어서, 그와 같이 이제를 올바로 구별하는 사람에 대해 다음과 같이 말하고 있다.

> 이제의 구별을 아는 사람들은, 모니의 교설에 어리석지 않으며, 그들은 남김없이 공덕을 쌓음으로써 [자리(自利), 이타(利他)를] 완성하고 피안(彼岸)에 도달한다.(K.2)[19]

그리고 이제를 올바로 구별하는 사람은 세간의 이익을 일으키는 지

---

18) 다르마키르티의 이제설을 둘러싼 중관파와 유가행파 사이의 논쟁에 대해서는 다음의 논문에 의해 그 전모가 밝혀지고 있다. 松本史朗(1980-4), (1981-1), (1981-2).
19) 『二諦疏研究』 p.182; Eckel(J) p.155[제2장 註21) 참조].

혜를 갖는 등의 여섯 가지 목적을 완성한다고 말하고 있다.[20] 이렇듯
이제설에 대한 올바른 이해를 역설하는 즈냐나가르바에 있어서 그의
이제설이란 구체적으로 어떠한 것인지 다음 절에서 살펴보기로 한다.

2) 이제의 구분

즈냐나가르바는 승의와 세속의 구분에 대하여 먼저 다음과 같이
말하고 있다.

세속과 승의의 이제는 모니에 의해 설해졌다. 현현(顯現)하는 대로의 것
이 오직 세속이며, 그렇지 않은 것이 다른 [승의]이다.(K.3)[21]

즉 즈냐나가르바에 있어 승의와 세속을 구분하는 기준이 되는 것은
먼저 '현현하는 대로 것(ji ltar snang ba, yathābhāsa)'이다. 이 '현현하는
대로의 것'이란 '소몰이 여자(女子) 등에 이르기까지 지각되는 것'으로
설명되는 것과 같이,[22] 세간 일반 사람들에게 동일하게 지각되는 것
을 말한다. 가령 물[水]과 같이 세간 일반인에 있어서 동등하게 인정되

---

20) 이제의 區別을 잘 알고 있는 사람은 (1)유정에 이익을 일으키는 지혜를 갖게 되며, (2)善
逝의 다수의 교설에 知의 光明을 일으킨 사람이 되며, (3)福德과 智慧의 資糧을 남김없이
성취하며, (4)自利와 利他를 완성하며, (5)평등의 彼岸에 반드시 잘 도달하며, (6)다른 사
람이 생각하는 대로의 願을 완성시킨다고 한다.[『二諦疏研究』 p.182; Eckel(J) p.155].
21) 『二諦疏研究』 p.184; Eckel(J) p.156[제2장 註24) 참조].
22) "소몰이 여자 등에 이르기까지 보여지는, 그와 같은 것이 세속에 있어서 진리로 安立하지만
진실에 있어서는 (yang dag par) 그렇지 않다. 왜냐하면 보여지는 것과 일치하여 사물의 의
미를 명확히 파악하는 까닭이다."(『二諦疏研究』 p.184; Eckel(J) p.156)[제2장 註25) 참조].

는 것이 세속으로서의 진리라고 하고 있다. 이런 의미에서 '현현하는 대로의 것'은 세간 일반인의 이해에 근거하는 까닭에 세간극성(世間極成, lokapratīti)이라고도 표현한다.[23] 반면 승의에 있어서는 그와 같이 인정되는 것이 하나도 없다고 하고 있다. 이와 같이 즈냐나가르바는 '현현하는 대로의 것'을 기준으로 이제를 구분하고 있지만, 또 다른 관점에서 다음과 같이 구분하고 있다.

속임이 없는 까닭에 논리는 승의이다. 그렇지 않은 것이 세속이다. [세속은] 속임이 있는 까닭이다. 현현하는 대로의 것은 진리이다.(K.4)[24]

이 '속임이 없는 것(slu ba med pa, avisaṃvādaka)'이란, 다르마키르티에게 있어 올바른 인식의 정의로서 사용되어지고, 또한 효과적 작용을 갖는 의미로 쓰이는 말이지만,[25] 즈냐나가르바는 속임이 없는 논리(論理, rigs pa, nyāya, yukti)를 이와 같이 표현하고 있다. 이것은 논리에 의해 결정된 대상은 사람을 속이지 않는다는 의미를 나타낸 것으로, 삼상(三相)의 증인에 의해 생긴 이해를 즈냐나가르바는 승의라고 표현하고

---

23) "세간 일반에서 인정되어지는 것이 세속이라 승인되어진다.('jig rten na grags pa de lta bu ni kun rdzob tu bzhed de/)"(『二諦疏研究』 p.246; Eckel(J) p.171 l.4)[제2장 註27) 참조].

24) 『二諦疏研究』 p.186; Eckel(J) pp.156-157[제2장 註28) 참조].

25) "올바른 인식이란 속임이 없는 인식이다. 효과적 작용을 갖는 것이 속임이 없는 것이다. (pramāṇam avisaṃvādijñānam arthakriyāsthitiḥ avisaṃvādanam)"[pramāṇa-vārttika II-1; 木村俊彦(1981) p.32 참조] [제2장 註29) 참조].

있다.[26] 하지만 후에 고찰하는 것과 같이, 이 승의로서의 논리는 세속을 그 고찰대상으로 하는 까닭에 본질적으로는 세속의 성질을 갖는다고 한다. 이에 대해 세속은 논리와 같이 속임이 없는 것은 아니지만 '현현하는 대로의 것'을 본질로 하고 있으며, 또한 두 개의 달과 같이 분별에 의해 생기는 것도 있는 까닭에,[27] 즈냐나가르바는 이 분별을 기준으로 세속을 진실세속(眞實世俗, tathya-saṃvṛti)과 비진실세속(非眞實世俗, atathya-saṃvṛti)의 둘로 나누고 있다. 더욱이 즈냐나가르바는 다르마키르티의 '효과적(效果的) 작용능력(作用能力)'이라는 용어를 빌어 세속을 둘로 나누기도 한다.

이와 같이 즈냐나가르바는 '현현하는 대로의 것'을 기준으로 승의와 세속을 구분하고, 또한 '속임이 없는 것'을 기준으로 이제를 구분하고 있다. 이 '속임이 없는 것', 즉 논리는 승의이긴 하지만 세속을 그 본질로 한다는 것은 즈냐나가르바의 특징적인 것으로 다음에서 승의와 세속의 각각에 대해 살펴보기로 한다.

---

26) "논리의 힘에 의한 대상의 결정은 속임이 없다. 그 까닭에 三相의 證因에 의해 생긴 이해는 勝한 것이며, 동시에 대상이기도 한 까닭에 勝義이다. 그것에 의해 확정된 대상도 승의이다."(『二諦疏研究』 p.186; Eckel(J) p.156 ll.19-22)[제2장 註30) 참조].

27) "현현하는 대로의 것 자체가 세속제인 것은 설명했다. 두개의 달 등도 현현하는 대로라고 한다면, 세간의 사람들은 그와 같이 인정하지 않는다. 그 까닭에 비진실의 세속이라는 것을 잠시 후에 설명한다."(『二諦疏研究』 p.188; Eckel(J) p.157 ll.5-8)[제2장 註32) 참조].

3) 승의제

『세소』에 의하면, 다음에 인용하는 제5게송을 '비이문승의(非異門勝義, aparyāya-paramārtha)' 라 주석하고 있다.[28]

[승의에 있어서] 현현하는 대로의 것으로 확립되어지는 것은 불가능하다. 지식의 형상으로서 아무리하여도 현현하지 않는 까닭에.(K.5)[29]

이와 같이 승의에 있어서는 세속의 '현현하는 대로의 것' 과 같은 것은 일체 성립하지 않고, 더욱이 지(知)의 형상(形象)으로서 현현하는

---

28) 이 '非異門勝義' 란 『세소』에 나타나는 독특한 표현이라 생각되지만, 이 용어는 이미 淸弁의 『中觀義集(Madhyamakārthasaṃgraha)』에 나타나고 있다. 이 『중관의집』은 즈냐나가르바의 『이제분별론』과 내용상의 유사성으로 인해 일찍부터 주목되어 왔지만, 에지마(江島) 박사의 논증으로 적어도 즈냐나가르바 이후의 작품일 것으로 추정되고 있다. 더욱이 이 작품의 저자인 청변도 『반야등론』 등을 지은 청변과 구분된다고 한다. 하지만 『세소』의 저자인 샨타라크쉬타가 이 용어를 사용하는 것은 적어도 그가 이 저술을 알고 있었던 것이 아닌가 생각된다. 이 『중관의집』의 전체적인 구조를 보면 다음과 같다.

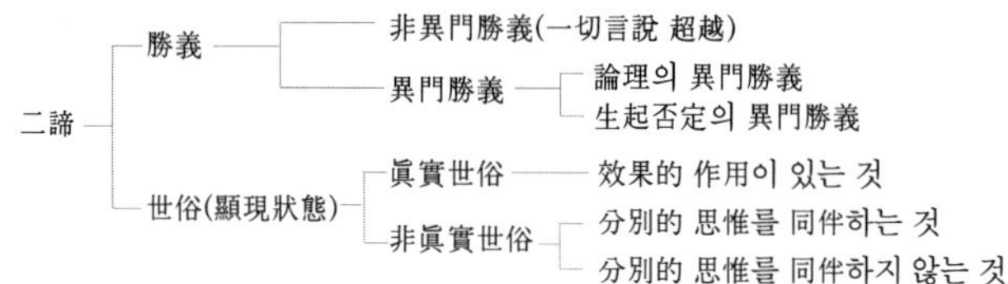

따라서 이 『중관의집』의 내용에 비추어 보면 즈냐나가르바의 독특한 승의로서의 論理는 異門勝義에 해당하는 것을 알 수 있다. 또한 세속을 둘로 구분하는 것도 『이제분별론』과 동일한 까닭에, 이 두 저술의 구체적인 차이에 대해서는 보다 세밀한 검토가 요구된다고 할 수 있다. 본고에서는 일단 에지마 박사의 견해에 따라 이 저술의 저자인 청변을 『반야등론』 등의 저자인 청변, 즉 바비베카와 구별하여 논술을 전개하기로 한다. 江島惠教 (1980) pp.18-33 참조.

29) 『二諦疏研究』 p.14; Eckel(J) p.157[제2장 註33) 참조].

것도 일체 없다고 하고 있다. 따라서 이 상태를 즈냐나가르바는 "어떠
한 것도 보지 않는 것이 진실을 보는 것이다"[30] 또는 "공(空)도 아니고,
불공(不空)도 아니고, 유(有)도 아니고, 무(無)도 아니며, 불생(不生)도 아니
고, 생(生)도 아니다"[31]라고 하는 경전의 말로 대신 표현하고 있다. 즉
즈냐나가르바에 있어서도 '일체의 희론(戱論, prapañca)을 떠난 승의'가
기본적인 승의의 입장임을 알 수 있다. 그리고 즈냐나가르바는 "어떠
한 것도 보지 않는다."라는 문구와 관련하여 유가행파의 삼성설(三性
說)을 들어 비판을 가하고 있다. 즉 그는 그 문구의 의미를 변계소집성
(遍計所執性)의 무(無)로서, 의타기(依他起)의 식(識)이 승의로서 존재한다고
해석하는 유가행파의 견해를 비판하고 있는 것이다. 이러한 비판은
서두에 본 바비베카의 유가행파 비판과 궤(軌)를 같이 하는 것으로, 즈
냐나가르바는 승의에 있어서는 일체 존재하는 것이란 없으며, 자기가
자기를 인식하는 자증지(自證知, svasaṃvedana)같은 것도 있을 수 없다고
말하고 있다.[32] 더욱이 승의에 있어서는 일체지자 조차도 보지 못하

<hr>

30) 'ga' yang mthong ba med pa ni de kho na mthong ba(D.Sa 4b1; 『二諦疏硏究』
   p.14; Eckel(J) p.157--엑켈本은 ngo bo nyid mi mthong ba zhes bya ba kho nar
   ni de kho na mthong ba zhes gsungs so(自性을 보지 않는다는 것이야말로 진실을
   보는 것이다)로 되어 있다.)[제2장 註34) 참조].

31) de nyid phyir na de stong min// mi stong ma yin yod med min//
   mi skye ma yin skye min zhes// de la sogs pa bcom ldan gsungs//
   (SDV. K.11a-1:『二諦疏硏究』p.212; Eckel(J) p.162)[제2장 註35) 참조].
   이 頌은 『中觀莊嚴論』에 있어서도, 勝義諦의 정의로 사용되고 있다. 즉 "勝義諦는 有
   (dngos pa)·無(dngos po med pa), 生起·不生, 空·不空 등 一切戱論의 網을 떠난 것
   이다."[一鄕正道(1985-2) p.168 참조].

32) 즈냐나가르바가 유가행파의 自證知(svasaṃvedana)를 비판하고 있는 것은 『이제분별
   론』 제6게송에 나타난다. 이 自證知에 대한 비판은 삼성설 비판과 동시에 이루어지고

는 것이 있다고 표현하고 있다.[33]

이 승의에 있어서 보여지는 것이 일체 없는 것을 현현하는 형상(形象, rnam pa, ākāra)이 일체 없다고 표현하는 것은 중요한 의미를 갖는다고 생각된다. 그것은 지각상에 나타나는 형상이 이미 다르마키르티에서 중요한 문제로 언급되고 있고, 즈냐나가르바 이후 샨타라크쉬타를 비롯한 후기중관파 전체에 있어 중요한 문제로 받아들여지고 있기 때문이다.[34] 이와 같은 문제가 즈냐나가르바에 의해 이해되고 논의되고 있는 것은 후기중관파의 개조로서 그의 입장이 보다 분명히 되어지는 것이라 생각된다. 그가 이 형상에 대해 분명한 이해를 가지고 있었음은 다음의 문장에서도 보이고 있다.

[승의에 있어서] 존재하는 것의 효과적 작용능력은 제불(諸佛)에 의해서도 관조(觀照)되어 지지 않는다. 유형상(有形象)·무형상(無形象)의 지에 의해 확정은 불가능한 까닭에 [그 외의] 다른 확정도 불가능하다.[35]

이렇게 즈냐나가르바는 승의에 있어 유·무 형상론의 지가 불가능

있다.(『二諦疏研究』 p.190; Eckel(J) pp.157-158) 이 자증지에 대한 중관파의 비판은 이미 바비베카, 찬드라키르티, 샨티데바 등에서도 나타나고 있다[山口 益(1975) 附論 「識論者の自證分說に對する 批議」 참조].

33) "有·無의 것에 대해 모두 알고 있는 一切智者조차도 관조할 수 없는 것이 있다." (yod med dngos po mkhyen pa po// kun mkhyen pas kyang gang ma gzigs// K.7-AB: 『二諦疏研究』 p.194; Eckel(J) p.158).

34) 形象의 중요성에 대해서는 李泰昇(1994)의 註3) 참조.

35) 『二諦疏研究』 p.296; Eckel(J) p.184 ll.7-10[제2장 註39) 참조].

한 까닭에 인식은 있을 수 없다고 밝히고, 이 형상의 불성립에 대한 구체적인 논증을 그의 독자적인 '사구생기(四句生起)의 부정(否定)'의 방법으로 나타내 보이고 있다.[36] 이러한 논증 곧 논리에 의한 증명이 세속을 본질로 한다는 즈냐나가르바의 서술에 비추어 볼 때,[37] 승의 그 자체는 이와 같이 일체의 언설을 떠난 것이지만, 그것은 논리에 의해서도 증명된다고 하는 것을 나타내 보이는 것이라 생각된다. 따라서 논리란 승의에 따르는 것이긴 해도 승의 그 자체는 아니며, 따라서 승의는 그와 같은 일체 언설을 초월해 있는 것이다.

이 즈냐나가르바의 승의는 승의 그 자체와 승의에 따르는 승의 곧 논리 등을 별도로 세우는 데 그 특징이 있다고 할 수 있다. 즉 이것은 『세소』의 표현을 빌면 '비이문승의(非異門勝義)'와 '이문승의(異門勝義)'로서, 진정한 의미의 승의란 비이문승의를 말하는 것으로 그것은 일체가 무이며, 일체 희론이 적멸한 상태, 어떠한 형상도 현현하지 않는 상태, 인식

---

36) 多인 것은 一인 사물을 만들지 않고, 多인 것은 多인 것을 만들지 않는다.
　　一인 것은 多인 사물을 만들지 않고, 一인 것은 一인 것을 만들지 않는다.
　　(du mas dngos po gcigs mi byed// du mas du ma byed ma yin//
　　gcigs gis du ma'i dngos mi byed// gcigs gis gcig byed pa yang min//
　　SDV.K.14:『二諦疏研究』p.224; Eckel(J) p.165)[제2장 註63) 참조].
　　이 『이제분별론』 제14게송은 후대 티베트에서 '四句生起의 否定(Catus-kotyutpādapratiṣedha)'으로서 알려지고 있으며, 샨타라크시타의 '離一多性證因'과 함께 '四大無自性論證'의 하나로 알려지고 있다. '四大無自性論證'에 대해서는 江島惠敎(1980) p.240 참조. 이 게송이 '四大無自性論證'의 하나인 것은 松本史朗(1984-3)p.29; 一鄕正道(1980) p.98 참조.
37) "世俗이 眞如인 것, 그것도 勝義라고 [세존은] 인정하신다.[勝義와 世俗이] 둘이 아닌 까닭에 그 論理도 顯現하는 대로의 것에 있어서 확립되어진다.(K.17) 論理도 현현하는 대로의 성질인 까닭에, 단지 世俗이다."(『二諦疏研究』p.80, 82; Eckel(J) p.173).

277

조차 성립되지 않는 경지를 나타낸다고 할 수 있다. 이에 반해 논리란 그러한 승의를 나타낼 수 있는 수단이며, 논리로서 표현된 승의는 '이문승의(異門勝義)' 이다. 『세소』에서는 이 논리에 의한 승의를 '승의에 수순(隨順)하는 승의(paramārthānukūla-paramārtha)' 로도 표현하고 있듯이,[38] 승의를 두 가지 면에서 구분하는 것은 즈냐나가르바의 특징이라 할 수 있다.

4) 세속제

즈냐나가르바는 '분별' 과 '효과적 작용능력' 을 기준으로 하여, 세속을 진실세속과 비진실세속의 둘로 나누어 다음과 같이 말하고 있다.

> 분별된 대상이 아니며, 오직 실재하는 것(vastumātra)에 의존해 생기는 것, 그것이 진실세속이다. 비진실세속은 분별되어진 것이다.(K.8)[39]

> 현현하는 데 있어서 유사하지만, 효과적 작용능력의 유(有)와 무(無)에 의해 진실세속과 비진실세속이 구분된다.(K.12)[40]

---

38) '勝義에 隨順하는 勝義(don dam pa dang mthun pa'i don dam pa)' (『二諦疏研究』 p.189, p.336 l.29) 이 용어는 이미 바비베카에게서도 나타나고 있다. 즉 바비베카는 반야지혜를 다음과 같이 말하고 있다. "勝義에 隨順하는, 즉 勝義의 證悟에 수순하는 般若에 그 승의가 있는 까닭에 승의에 수순하는 것이다.(yang na don dam pa dang mthun pa ste don dam pa rtog pa dang rjes su mthun pa'i shes rab la don dam pa de yod pas don dam pa dang mthun pa'o)" (『中觀心註思擇焰』 P. No.5256 Dsa 63a3-4)
39) 『二諦疏研究』 p.204, 206; Eckel(J) pp.75-76[제2장 註41) 참조].
40) 『二諦疏研究』 p.216; Eckel(J) p.163[제2장 註41) 참조].

먼저 진실세속과 비진실세속의 기준이 되는 '분별되어진 대상(brtags pa'i don, kalpitārtha)'이란, 즈냐나가르바에 의하면, 승의에 있어서 생기 또는 식(識)의 현현, 근본원인(根本原因, pradhāna), 원소(元素, 大, bhūta)의 활동 등 승의로서 존재한다고 분별되어진 것을 의미하고 있다.[41] 즉 승의에 있어서는 일체 무임에도 생기한다고 분별하는 것, 또는 유가행파에 있어 승의에 있어 실재한다고 하는 식, 샹카학파의 근본원인인 본성(本性, prakṛti), 유부(有部)에 있어 사물의 본질로서의 사대(四大) 등이 실례로 거론되고 있는 것이다. 이와 같이 실재하지 않고 단지 분별에 의해 생긴 것을 즈냐나가르바는 비진실세속으로 분류하고 있다. 하지만 즈냐나가르바가 '분별된 대상'을 기준으로 세속을 구분하고 있는 것은 실제 유가행파의 삼성설을 의식한 세속의 구분이 아닐까 생각된다. 왜냐하면 분별되어진 대상이란 유가행파에서 말하는 변계소집성(遍計所執性, parikalpita-svabhāva)을 가리키는 것으로, 실제 즈냐나가르바는 이 변계소집성을 직접적으로 거론하며 유가행파를 비판하고 있는 까닭이다.[42] 즉 유가행파가 능취(能取)·소취(所取)를 본질로 하는 변계소집성을 무의 것으로 부정하고, 원성실성(圓成實性, pariniṣpanna-svabhāva)을 승의의 유로서 긍정하는 것에 대하여, 즈냐나가르바는 이 능취·소취를 직접지각으로 인

---

41) "分別되어진 것이란 眞實로서의 生起 등과 識의 顯現과 根本原因과 [四]大의 活動 등이다. [眞實世俗]은 그것을 떠난 것이다. 단지 실재한다고 하는 것은 현현하는 대로 효과적 작용능력을 일으키는 까닭이다. 갖가지 인연에 의존하여 생긴 것이 진실의 세속제인 것을 알아야 한다."(『二諦疏研究』 p.204; Eckel(J) p.160 ll.8-13)[제2장 註42) 참조].
42) 李泰昇(1993-3) pp.199-201 참조.

정하고, 더욱이 의타기성(依他起性, paratantra-svabhāva)을 진실세속으로 간주하고 있다. 그리고 분별을 떠난 진실세속은 '오직 실재하는 것(vastumātra)'에 의거하는 것이고, 이것은 또한 '효과적 작용능력(arthakriyāsāmarthya)'을 가지는 것이기도 하다. 이 '효과적 작용능력'이란 다르마키르티에게 있어 승의와 세속을 구분하는 것으로, 즈냐나가르바는 이 용어를 받아들여 진실·비진실 세속의 기준으로 삼고 있는 것이다. 즉 실질적인 작용능력을 갖는 것이 진실세속이고, 그렇지 못한 것이 비진실세속인 것이다. 즈냐나가르바는 이 '효과적 작용능력'에 의한 세속의 구분을 구체적으로 다음과 같이 설명하고 있다.

> 지(知)가 명료한 형상의 현현을 가지고 있는 것에서는 유사하더라도, 현현하는 대로, 그 효과적 작용에 대하여, 속임이 있는 것과 속임이 없는 것이라고 결정되어지는 까닭에 물[水] 등과 환상(幻像) 등을 세간의 사람은 진실[세속], 비진실[세속]이라 이해하는 것이다.[43)]

곧 세간 사람들의 일반적인 이해에 있어서 물 등과 같이 속임이 없는, 달리 말하면 직접 지각되고 인식되어지는 것이 진실세속이고, 환상 등과 같이 실재하지 않고 단지 잘못 지각되고 분별된 것이 비진실세속인 것이다. 이 진실세속은 앞서 본대로 인연에 의하여 생긴 것, 또는 성자로부터 범부에 이르기까지 동일하게 지에 현현하는 것이다.

---

43) 『二諦疏硏究』 p.218; Eckel(J) p.163 ll.25-29[제2장 註47) 참조].

이 인연에 의한 것이란 곧 연기한 것으로, 이것은 달리 말하면 의타기성의 것으로, 곧 진실세속인 것이다. 따라서 진실세속은 지각과 그 대상이 일치하는 것이며, 지각과 대상이 일치하지 않는 분별된 대상은 비진실의 세속인 것이다. 그리고 진실세속으로 이해되어지는 것을 즈냐나가르바는 또한 다음과 같이 말하고 있다.

> 현현하는 대로의 것이 그 본성인 까닭에 거기에 고찰은 소용이 없다. 고찰한다고 한다면 [본래의 의미와는] 다른 의미가 되어버려 과실로 되어진다.(K.21)[44]

> 현현하는 것, 그것을 부정하는 것은 아니다. 현재 지각되는 것을 부정하는 것은 불합리하다.(K.28)[45]

이 제21게송의 '현현하는 대로의 것'을 『세소』에서 샨타라크쉬타가 '고찰하지 않는 한 매력적인 것(avicāraikaramanīya)'으로 주석한 것은 이미 그 중요성이 지적된다고 할 수 있다.[46] 이 용어는 『중관론』에서도 세속을 지칭하는 용어로서 그대로 사용되고 있다. 즉 즈냐나가르바는 '현현하는 대로의 것'을 그 본성으로 하는 진실세속에 대하여,

---

44) 『二諦疏研究』 p.262; Eckel(J) p.175[제2장 註50) 참조].
45) 『二諦疏研究』 p.286; Eckel(J) p.181[제2장 註50) 참조].
46) '고찰하지 않는 한 매력적인 것'이란 용어는 『중관장엄론』에서 세속의 정의로 사용되어 지는 것으로, 이 용어에 대한 중요성은 이미 다음의 논문에서 지적되고 있다. 松本史朗(1978-1) p.123, 松下了宗(1984-3) pp.14-15 참조.

그것을 고찰하면 본래와 다른 것이 되어버리는 까닭에, 그것을 고찰해서는 안 된다고 말하고 있다. 이것은 앞서 보았듯이 논리에 의한 고찰을 말하는 것으로, 논리에 의해 고찰하면 진실세속은 성립하지 않는다고 하는 것이다. 즉 일체 사물이 무자성을 본성으로 하는 까닭에 논리에 의해 고찰하면 일체가 무자성임이 드러나고, 세속 일반인의 이해에 따르는 사물로서 성립하지 않음을 말하는 것이다. 이처럼 세속의 사물은 논리의 고찰을 감당해 낼 수 없으므로 그와 같이 고찰을 하지 않는 한 세속의 사물은 인정되고, 또 그것은 진실세속으로 성립하는 것이다. 따라서 그와 같이 논리에 의해 구체적인 고찰을 하지 않는 한 진실세속은 부정되어지지 않을 뿐만 아니라 그것을 부정하는 것은 불합리하며, 그와 같이 부정되지 않는 진실세속의 기반 위에 업, 과보, 더욱이 언설의 작용 등은 성립한다고 하고 있다.[47]

이상과 같이 즈냐나가르바는 우리들의 지(知)에 현현하고, 사람들을 속이지 않는 '효과적 작용능력' 을 갖는 것을 진실세속이라 정의하고, 이것은 인연에 의한 것이고, 분별을 떠난 것으로 모든 사람들에게 동일하게 지각되어진다고 한다. 하지만 '효과적 작용능력' 을 갖지 못하고, 분별에 의한 것은 비진실세속으로 정의하고 있다. 이와 같은 세속

47) "[진리를] 본 자[=세존]의 견해에 있어서 業과 果報는 현현하는 대로의 것이라고 설하시는 까닭에 일체는 현현하는 대로 安立되어진다."(SDV.K.31: 『二諦疏研究』 p.292; Eckel(J) p.183)
"一切의 言說表現은 현현하는 데에 있어서만 작용한다고 하는 것은 그대로 알아야만 한다. 즉 實在論者의 견해에 있어서, 실재하는 것은 言說로서 승인되어지는 대로 현현하지 않는 까닭에 논리에 의하면 부당하다."(『二諦疏研究』 p.298; Eckel(J) p.184 ll.19-23)

관에 의해 즈냐나가르바는 후에 티베트에 있어서 '세간극성행중관파
(世間極成行中觀派)' 혹은 외경을 인정한다고 하는 '경량중관파(經量中觀派)'
로 분류하고 있는 것이다.[48)

5) 이제설 요약

이상과 같이 고찰한 바에 의하여, 『이제론』에 나타나는 즈냐나가르
바의 이제설을 요약해 보면 〈표 5〉와 같이 나타낼 수 있다.

이 즈냐나가르바의 이제설에 있어 가장 특징적인 것은 논리 즉 이
문승의에 관한 것으로, 그것은 승의이긴 하지만 세속을 본질로 한다
고 하는 것이다. 따라서 즈냐나가르바에 있어 진정한 승의란 무분별,
무희론의 비이문승의뿐인 것으로 그 외에는 모두 세속의 성질을 갖는

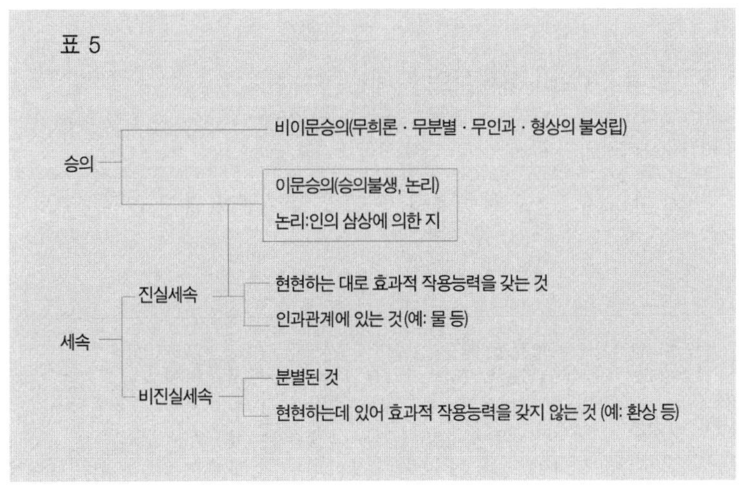

48) 李泰昇(1993-3) p.183 참조.

것이다. 따라서 그러한 비이문승의에 있어서는 마음의 움직임조차 없으며,[49] 생·불생 등의 대립은 일체 떠나 있는 것이다. 또한 논리란 속이는 성질이 없는 까닭에 승의라 인정되긴 하지만, 그 논리가 작용되는 범위도 어디까지나 세속으므로 결국 세속을 본성으로 한다고 한다. 그리고 이 세속의 정의에 있어서는 다르마키르티에 의해 승의와 세속의 기준으로 간주되던 '효과적 작용능력' 이란 용어가 받아들여져 진실·비진실 세속의 기준이 되고, 또 '분별' 을 기준으로 분별로서 현현되어진 것은 비진실세속이며, 현현하더라도 분별된 것이 아니라 실질적인 효과적 작용능력을 갖는 것이 진실세속인 것이다. 따라서 이와 같은 즈냐나가르바의 이제설은 그 이전 중관논사의 이제설과 어떠한 관계를 갖는지 다음에서 살펴보기로 한다.

3. 즈냐나가르바 이제설의 특색

1) 바비베카와의 관계

먼저 즈냐나가르바의 이제설 중 특히 승의제와 관련해서는 중기중

---

49) 즈냐나가르바는 『聖無盡慧菩薩經』에서 다음과 같은 구절을 인용하고 있다.
   "여기에 있어서 세속제가 무엇인가 하면 (1)세간의 언어표현에 의한 일체 시설, (2)문자·음성·기호에 의한 說示이다. 승의제는 거기에 있어는 마음의 움직임조차도 없다. 하물며 갖가지 문자에 의한 표현이란 없다고 말씀하고 계신다." (『二諦疏研究』 p.196; Eckel(J) p.158 ll.25-29)[제2장 註75) 참조] 이 인용은 한역에서는 다음과 같다. "云何俗諦若世間所有語言文字假名法等 云何第一義諦 乃至無有心行何況當有語言文字" (『大集經無盡意菩薩會』 大正 13,197b7-10) 이 인용문은 다른 논서에서도 자주 인용되고 있다. 松下了宗(1983-2) p.47 註24) 참조.

관파 논사인 바비베카의 승의설이 가장 유사한 것으로 보여진다. 이것은 바비베카가 승의제를 구체적으로 다음과 같이 정의하고 있기 때문이다.

> 승의란 그것이 의(義)이기도 하고, 승(勝)이기도 한 것으로 승의이며, 또는 수승한 무분별지(無分別智)의 뜻인 까닭에 승의이며, '다른 것으로 부터 알려지지 않는 것' 등을 상(相)으로 하는 진여이다. 승의 그 자체가 진실인 까닭에 승의의 진실이다. 그것은 일체시(一切時)와 일체종(一切種)에 그대로 머무는 까닭이다. 그것을 경(境)으로 하는 무분별지도 무경(無境)이라는 방식에 의해 승의이다. 거기에 승의가 있는 까닭이다. 그것이 멸(滅)에 수순(隨順)하는 무생기(無生起) 등의 설시와 문사수(聞思修)로부터 생긴 반야도 승의이다. 승의를 증오(證悟)하는 방편인 까닭에 부전도(不顛倒)인 까닭이다.[50]

여기에서 바비베카는 승의를 (1)무분별지로서 진여인 승의, (2)무경

---

50) don dam par ni de don kyang yin la/ dam pa yang yin pas don dam pa'am rnam par mi rtog pa'i ye shes dam pa'i don yin pas/ don dam pa ste/ de kho na gzhan las shes pa ma yin pa la sogs pa'i mtshan nyid do// don dam pa nyid bden pa yin pas/ don dam pa'i bden pa ste/ de dus thams cad dang rnam pa thams cad du de bzhin du gnas pa'i phyir ro// rnam par mi rtog pa'i ye shes de'i yul can yang yul med pa'i tshul gyis don dam pa ste/ de la don dam pa yod pa'i phyir ro// de 'gog pa dang rjes su mthun pa skye ba med pa la sogs pa bstan pa dang/ thos pa dang/ bsam pa dang/ bsgom pa las byung ba'i shes rab kyang don dam par ste/ don dam pa rtogs pa'i thabs kyi phyir phyin ci ma log pa'i phyir ro//(『般若燈論』 P. No.5253 Tsha 286a7-286b3).

이란 방식으로서의 승의, (3)무생기의 설시, 문사수에 의해 생긴 반야
로서의 승의의 셋으로 정의하고 있지만, 실제 그는 승의를 2종으로 나
누고 있음을 알 수 있다. 즉 바비베카는 다음과 같이 말하고 있다.

> 승의는 2종이다. 그 중 제1은 현행(現行)없이 일어나며, 출세간적이고
> 무루(無漏), 무희론(無戲論)인 것이다. 제2는 현행을 동반해 일어나 복덕
> 과 지(智)의 자량(資糧)에 수순하고, 청정세간지(淸淨世間智)라 일컬어지며,
> 희론(戲論)을 갖는 것이다.[51]

이 2종의 승의 가운데 제1의 무희론의 승의는 앞의 세 가지 정의 가
운데 (1)과 (2)에 해당하고, 제2의 승의는 (3)의 반야로서의 승의에 해
당하는 것임을 알 수 있다. 따라서 바비베카는 진여로서 무희론의 승
의와 복덕과 지의 자량에 수순하고 청정세간지라 일컬어지는 승의의
2종을 인정하고 있는 것이다. 그리고 청정세간지라 일컬어지는 것은
곧 앞서의 ‘문사수로부터 생긴 반야 지혜’를 말하는 것이며, 또 이 반
야 지혜는 앞서 보았듯 ‘승의에 수순하는 것’이다.[52] 바비베카는 이
청정세간지를 또한 다음과 같이 설명을 하고 있다.

---

51) don dam pa ni rnam pa gnyis te/ de la gcig ni mngon par 'du byed pa med par
'jug pa 'jig rten las 'das pa zag pa med pa sbros pa med pa'o// gnyis pa ni
mngon par 'du byed pa dang bcas par 'jug pa bsod nams dang ye shes kyi
tshogs kyi rjes su mthun pa dag pa 'jig rten pa'i ye shes zhes bya ba sbros pa
dang bcas pa ste/(『中觀心註思擇焰』P. No.5256 Dsa 64a7-a8).
52) 前註40) 참조.

따라서 먼저 세속의 진실을 혜에 의해 간택(簡擇)하여야 한다. 세속이라 하는 것은 색 등 사물일체를 간택한다는 의미에서 이며, 세간의 부전도(不顚倒)한 언설이다. 그것은 진실이다. [중략] 세간에서 시인되고 있는 것을 간택하고 나서 그 후에 제법의 자상(自相)과 공상(共相)에 있어서 실로 결택(決擇)한 것이 된다. 따라서 그것에 의해 무상(無相)의 승의인 후득청정세간지(後得淸淨世間智)의 행경(行境)인 올바른 세속의 간택이 보여지는 것이다.[53]

여기에서 보듯 바비베카는 승의의 청정세간지는 세속에 대한 바른 간택(rnam par 'byed pa, pravicaya), 즉 세간에서 인정되고 있는 것에 대한 올바른 간택에서 이루어진다고 하고 있다. 그리고 세속에 대한 올바른 간택이 곧 제법의 자상과 공상에 대한 결택(rnam par nges pa, viniścaya)이 된다고 하고 있다. 이 제법의 자상과 공상에 대한 결택으로서의 '올바른 세속의 간택' 은 이미 유부의 아비달마에서도 강조되어지는 것으로, 『구사론(俱舍論)』에서도 "제법의 간택 이외에 번뇌를 다스리는 수승한 방편은 없다."[54]라고 말해 법에 대한 간택을 중시하고 있다. 즉 바비

---

53) de'i phyir dang por kun rdzob kyi bden pa blo gros kyi rab tu rnam par dbye bar by'o// kun rdzob ces bya ba ni gzugs la sogs pa'i dngos po kun rnam par 'byed pa'i don gyis te/ 'jig rten gyi tha snyad phyin ci ma log pa'o// de nyid bden pa ste/······ 'jig rten na grags pa dag rab tu rnam par dbye ba byas nas de'i 'og tu chos rnams kyi rang dang spyi'i mtshan nyid la shin tu rnam par nges par 'gyur te/ de'i phyir de ni mtshan nyid med pa don dam pa'i rjes la thob pa dag pa 'jig rten pa'i shes pa'i spyod yul yang dag pa'i kun rdzob kyi rab tu rnam par dbye ba bstan to//(『中觀心註思擇焰』P. No.5256 Dsa 60a3-a7).

베카는 유부의 이론을 받아들이고 있는 것이며, 또한 그에게 있어서
도 올바른 세속에 대한 간택이 승의의 청정세간지를 일으키는 반야의
지혜로서 중요시 되고 있는 것이다. 그리고 바비베카는 이 세속에 대
한 바른 이해가 승의에 도달하는 길임을 다음과 같이 표현하고 있다.

> 올바른 세속이라는 사다리가 없으면, 진실(Tattva)이라는 누각의 꼭대기
> 에 오르는 것은 학자에게는 불가능하다. [55]

이와 같이 '올바른 세속(tathyasaṃ vṛti)'을 강조하는 바비베카는
세속을 세간의 언설이란 의미로 부전도한 것인 까닭에 세속제라 한다
고 정의하고 있다. [56] 곧 부전도한 세속인 까닭에 그 세속에 대한 간택
을 통하여 청정한 세간지는 생겨나는 것이다. 따라서 법의 간택이란
곧 세속에 대한 지(智)로서, 이 세속지에 의해 제법의 자상과 공상의 결
택이 이루어지고, 그것에 의해 승의의 청정지가 생겨나는 것이다.

이와 같이 바비베카의 세속에 대한 간택, 즉 세속지(世俗智)의 개념은
즈냐나가르바의 논리에 의한 고찰과 대비시킬 수 있으리라 생각된다.

---

54) dharmāṇāṃ pravicayam antareṇa nāsti// kleśā nāṃ yat upaśāntaye'bhyupā yaḥ/
 (*Abhidharmakośabhāsya*, Pradhan Ed. K.3-ab;若離擇法定無餘 能滅諸惑勝方便).

55) tattvaprāsādaśikharārohaṇam na hi yujyate/ tathyasaṃvṛtisopānam antareṇa yatas
 tataḥ// (『中觀心頌』 제3장 「眞實知의 探求」 K.12), 江島惠教(1980) p.270, p.412 참조.

56) "세간의 言說인 까닭에, 不顚倒인 까닭에 그것은 世間世俗諦이다.('jig rten kyi tha
 snyad kyi phyir phyin ci ma log pas/ de ni 'jig rten pa'i kun rdzob kyi bden pa
 yin no//)(『般若燈論』 P. No.5253 Tsha 286a7).

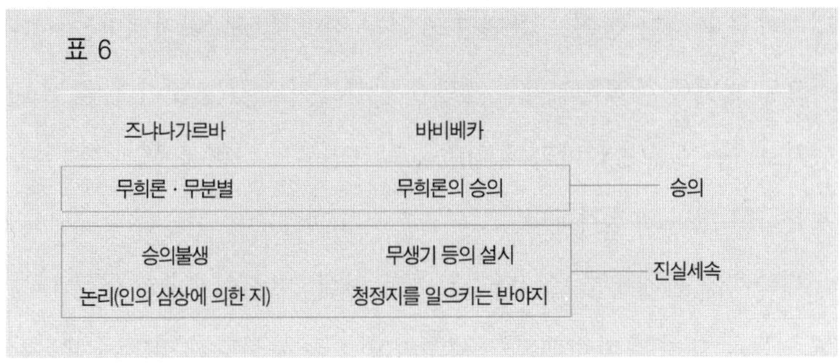

즈냐나가르바에게 있어 논리는 속임이 없는 올바른 이해를 일으키는 까닭에 승의이지만, 그 논리의 대상이 되는 것은 세속인 까닭에 세속을 본질로 하는 것이다. 바비베카에게 있어서도 이 세속지에 의해 승의의 청정지가 생겨나는 까닭에 세속지의 개념과 논리에 의한 고찰은 동일한 개념임을 알 수 있다. 따라서 즈냐나가르바와 바비베카의 승의설을 대비해 보면 〈표 6〉과 같다.

여기에서 보듯 바비베카가 승의를 '무희론의 승의'와 '청정세간지를 일으키는 반야지'의 둘로 구분하는 것은 즈냐나가르바의 승의와 매우 유사함을 알 수 있다. 특히 법의 간택을 본질로 하는 반야지는 곧 세속법을 그 대상으로 하고 있는 것으로, 이것은 즈냐나가르바의 논리가 승의이면서도 세속을 본질로 하고 있는 것과 동일하다. 즉 바비베카의 법의 간택이란 말 대신에 즈냐나가르바는 논리라는 말을 쓰고 있는 것이지만, 바비베카가 『근본중송』의 주석 등에서 논리식 사용을 중시하는 것에서도 즈냐나가르바는 바비베카와 깊은 관계를 가지고 있다고 해도 좋을 것이다. 하지만 구체적으로 논리를 인의 삼상 등 불교논리학파의 독특한 용어로 표현하고 있는 점에서 즈냐나가르바는 시대적으로 발달한 불교논리학의 영향을 받아들이고 있는 것이다. 즉 즈냐나가르바는 불교논리학파의 영향을 받으면서도 바비베카의 승의설을 계승하고 있다고 생각된다.

세속제에 관해서는 즈냐나가르바가 진실·비진실세속의 둘로 나누고 있는데 대하여 바비베카는 세속의 언설은 부전도한 까닭에 세속제라 한다고 하여 구체적으로 세속을 구분하지는 않고 있다.[57] 따라서 바비베카와의 관계에서는 승의에 대한 문제가 중점이 되지만, 세속을 진실·비진실로 나누는 것은 찬드라키르티에게서 보이므로 다음에 찬드라키르티와의 관계를 살펴보기로 한다.

2) 찬드라키르티와의 관계

세속의 정의에 대해서 즈냐나가르바는 다음과 같이 말하고 있다.

> 그러면 이 세속이란 무엇인가 하면, 어떤 것에 의해 또 어떤 것에 있어서 그 진실이 덮혀져 있는 것이 세속이라 승인되어진다.(K.15AB)

---

57) 바비베카가 『中觀心頌』에서 이미 '올바른 세속'이란 용어를 사용하고 있고, 또한 『中觀義集』에도 2종 세속이 구분되어 있는 까닭에 보통 바비베카가 2종 세속관을 가지고 있었다고 보는 학자도 있다. 하지만 『中觀義集』이 『般若燈論』의 저자와 다른 저술인 것이 밝혀진 까닭에 2종 세속을 『중관의집』에 근거시키는 것은 어려우리라 생각된다. 또한 '올바른 세속'이란 개념도 진실·비진실의 대립적인 의미가 아니라 바비베카가 세속을 기본적으로 眞實[諦]이라고 생각한 것을 보이는 것이라 생각되기 때문에, 현재로서는 바비베카가 진실·비진실의 세속관을 가졌는지는 필자로서는 단언하기 어렵다. 이 세속을 기본적으로 진실이라 생각한 것은 세속을 기본적으로 虛妄이라 생각한 찬드라키르티와 대비되는 것이라 생각된다.

어떤 지(知)에 의해 또는 어떤 지에 있어서, 그 진실을 덮는 것이 세간에 있어 인정되어지는 세속이라고 승인된다.[58]

이와 같이 진실을 덮는다고 하는 의미에서의 즈냐나가르바의 세속 설명은 찬드라키르티에게서도 보여진다. 즉 찬드라키르티는 세속을 다음과 같이 정의하고 있다.

(1)두루 뒤덮는다고 하는 것이 세속이다. 왜냐하면 무지(無知)는 두루 일체의 구의(句義)의 진실을 완전히 뒤덮는 까닭에 세속이다. (2)상호간에 생기는 것이 세속이다. 상호의존함으로서란 의미이다. (3)세속은 표시이며, 언어적 표현인 것이다.[59]

이 찬드라키르티의 세 가지 세속에 대한 설명 가운데 무지(ajñāna)에 의해 뒤덮혔다고 하는 제1의 설명은 즈냐나가르바의 세속에 대한 설명과 유사하지만, 이 설명은 또한 찬드라키르티의 세속관을 나타내는 중요한 개념이기도 하다. 왜냐하면 찬드라키르티는 바비베카가 인정하는 것과 같은 '올바른 세속'이란 개념을 부정하고, 세속이란 '범부의 허망한 견(見)의 경계'라고 하는 것을 근본전제로 하고 있기 때문이

---

58) 『二諦疏研究』 p.246; Eckel(J) pp.170-171.

59) samantād varaṇaṃ saṃvṛtiḥ/ ajñānaṃ hi samantāt sarvapadārthatattvāva=cchādanāt saṃvṛtir ity ucyate/ parasparasaṃbhavanaṃ vā saṃvṛtir anyonyasamāśrayeṇety arthaḥ/ atha vā saṃvṛtiḥ saṃketo lokavyavahāra ity arthaḥ/(Prasannapadā, Poussin Ed.p.492 ll10-12).

다. 즉 찬드라키르티는 그의 『입중론』에서 다음과 같이 말하고 있다.

> 일체법은 정견(正見)과 허망견(虛妄見)에 의해, 법이 성취되어지는 2종류를 취해야 할 것이다. 정견의 경계는 진실(tattva=勝義諦)이고, 허망견은 세속제라고 설하셨다.(K.23)
>
> [중략] 다른 것[=世俗]이란 무명의 안예(眼翳)에 지혜의 눈이 뒤덮혀진 범부들이 허망견에 의지해 체(體, ātman)가 있다고 하더라도, 어리석은 자가 보는 경계와 같이 자성(自性)으로서 그 체가 성취되어 있는 것은 아니다.[60]

이와 같이 무명(無明, avidyā)에 의해 뒤덮힌 범부의 허망한 경계가 곧 세속인 것이다. 그리고 이 세속은 찬드라키르티에 의하면, 인식주관과 인식대상에 의해 진실·비진실 세속의 2종으로 구분된다고 한다. 즉 이 세속에 있어서 올바른 인식이 이루어지지 않는 것은 인식주관에 손상이 생긴 경우나 잘못된 인식대상이 있는 경우로, 그러한 경우는 세간적인 것으로서도 '비진실'이며, 인식주관에 손상이 없고 잘못

---

60) dngos kun yang dag rdzun pa mthong ba yis// dngos rnyed ngo bo gnyis ni
'dzin par 'gyur// yang dag mthong yul gang yin de nyid te// mthong ba brdzun
pa kun rdzob bden par gsungs//(K.23)
[중략] gzhan ni so so'i skye bo ma rig pa'i rab rib kyi ling tog gis blo'i mig ma
lus par khebs pa rnams kyi mthong brdzun pa'i stobs las bdag gi yod pa rnyed
pa yin te/ byis pa rnams kyis mthong ba'i yul du gyur ba ji lta ba de lta bu'i
rang bzhin du rang gi ngo bos grub pa ni ma yin no//(『入中觀論疏』P. No.5263
'a 302b5-303a2).

된 인식대상도 없는 경우 생겨나는 올바른 인식을 '세간적인 것으로 제(諦)(lokasaṃvṛtyāsatyaṃ)[진실세속]'라 표현하고 있다.[61] 하지만 이 '세간적인 것으로 제'란 범부에게 있어서 진실이란 의미이지만, 불도수행자인 성자에게는 제(諦)가 아니라 유세속(唯世俗, saṃvṛti-mātra)에 지나지 않는다고 한다. 이 유세속에 대한 개념은 찬드라키르티의 독특한 견해로서 범부가 세속에 있어 진리라고 인정하는 것이 성자에게는 단지 유세속으로 받아들여진다고 하는 것이다. 또한 이 유세속은 제불세존에게 있어서는 승의의 무인 것이다.[62]

이렇듯 세속을 '비진실세속'과 '진실세속(세간적인 것으로서의 제)'으로 구분하는 찬드라키르티의 세속관은 즈냐나가르바의 세속관과 관계를 갖는 것으로 생각된다. 왜냐하면 즈냐나가르바는 승의와 세속을 '현현하는 대로의 것' 또는 '효과적 작용능력'의 관점에서 구분하면서도, 세속에 있어서는 '분별'의 유·무로서 진실·비진실세속의 기준을 삼고 있는 까닭이다. 즉 분별을 떠난 것이 진실세속이며, 분별에 의한 것이 비진실세속으로, 이 분별의 입장은 찬드라키르티의 세속관과 관련성을 보이는 것이라 생각된다. 따라서 인식주관의 손상에 의하거나, 잘못된 인식대상에 의해 생겨난 비진실세속에 대한 인식은 곧 즈냐나가르바가 말하는 분별된 것과 동일하며, 또한 '세간적인 제'로서 인정되는 것은 세간 일반의 범부나 성자—성자에게는 유세속으로

---

61) 平野 隆(1959) pp.32-33 참조.
62) 小川一乘(1988) pp.21-22 참조.

서―에 이르기까지 동등하게 지각되는 '진실[諦]' 인 까닭이다. 따라서 즈냐나가르바의 세속관은 찬드라키르티의 세속설과 관련이 있다고 생각된다. 그리고 이 즈냐나가르바와 찬드라키르티의 세속관을 비교해 보면 〈표 7〉과 같다.

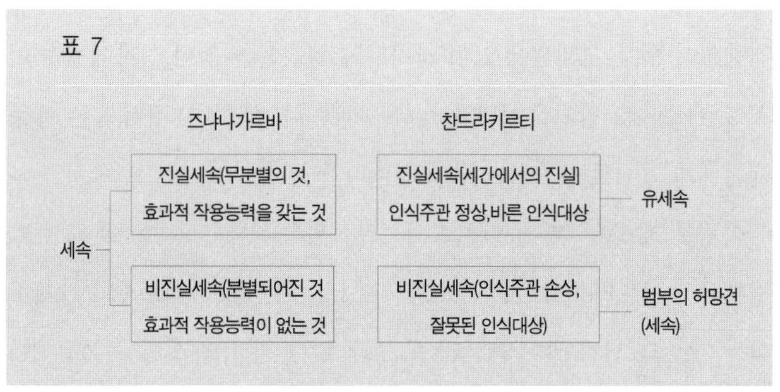

승의에 관하여 찬드라키르티는 소위 언설을 떠난 '무희론의 승의' 만을 인정하는 까닭에[63] 그 관련성이 있다고 하기는 어려우며, 따라서 즈냐나가르바의 이제설 중 세속에 관해서는 찬드라키르티의 영향이 보여지고 있다고 생각된다.

3) 유가행파와의 관계

즈냐나가르바가 『이제론』 속에서 유가행파를 비판하고 있는 것은 이미 고찰한 대로 이지만, 특히 데벤드라붓디에 대한 비판은 다르마

---

63) 平野 隆(1959) pp.37-38 참조.

키르티 이후 이제설을 둘러싼 논쟁으로서 그 중요성을 갖는다고 할
수 있다. 데벤드라붓디는 다르마키르티의 직제자로서 그의 견해에 대
한 즈냐나가르바의 비판은 『세소』에서 보듯 샤카붓디의 반론을 초래
하고, 또한 샤카붓디의 견해는 샨타라크쉬타에 의해 비판되고 있
다.[64] 이 이제설에 대한 논쟁은 다르마키르티 이후 중관파와 유가행
파의 논쟁으로 중요한 역사성을 갖고 있지만, 서두에서 보았듯이 중
관파와 유가행파의 논쟁은 이미 바비베카에서도 보여진다. 바비베카
에 의한 비판은 앞서 본대로 유가행파의 삼성설에 대한 비판이 중심
을 이루는 것으로, 곧 이제설로서 삼성설을 비판하고 있는 것이다. 이
러한 삼성설에 대한 비판은 즈냐나가르바의 『이제론』에서도 그대로
계승되고 있다. 즈냐나가르바는 다음과 같이 말하고 있다.

> 분별되어진 자성은 어떠한 것에도 의존하지 않는다.(K.24AB)
>
> 만약 무인 것인 까닭에 의존하지 않는다고 한다면, 직접지각과 상위(相
> 違)가 전체에 걸쳐서 일어난다. 능취·소취는 분별되어진 것이지만, 그
> 둘도 단지 직접지각이라고 인정되어지는 것이다.[65]

능취·소취로 분별되어진 것은 유가행파에서 말하는 변계소집성으
로, 유가행파의 이론에 의하면 없애야 할 무의 성질인 것이다. 그리고

---

64) 李泰昇(1993-3) pp.193-198 참조.
65) 『二諦疏研究』 p.270; Eckel(J) p.177[제2장 註9 2) 참조].

이 무의 성질인 변계소집성이 없어진 것이 원성실성으로, 이와 같이 변계소집성에서 원성실성으로 바뀔 수 있는 것은 의타기성을 그 근본으로 하고 있기 때문이다. 하지만 즈냐나가르바에게 있어 능취·소취는 지각작용을 일으키는 직접지각이고, 이 능취·소취의 관계는 곧 의타기성으로 이 의타기성에 의해 지각은 이루어진다고 한다. 즉 이렇게 능취·소취의 관계로 이루어지는 것은 유가행파에서 말하는 부정되어야 할 것이 아니라 '현현하는 대로의 것'을 일으키는, 소위 세속을 성립시키는 실제 작용인 것이다. 즈냐나가르바가 이 제24게송에서 변계소집성을 논의하고 있는 것은 제23게송에서 보이는 스티라마티의 "세속이 의지처를 갖지 않는 것은 있을 수 없다."라는 구절에 대한 반론으로 유가행파에서 말하는 세속의 기반으로서 승의에 대한 비판을 행하고 있는 것이다.[66] 즉 유가행파에서는 승의로서 식(識)이 실재하고 있으며, 실재하는 승의의 기반이 있는 까닭에 세속도 성립한다고 하고 있다. 이와 같은 소위 세속유기반설(世俗有基盤說)에 대하여 즈냐나가르바는 구체적으로 다음과 같이 비판하고 있다.

> 나무 등 가설(假設)되어진 것의 원인은, 나뭇잎 등이며, 이것의 원인도 또 다른 것이다. 순서대로 [분석하면] 극미(極微)에 이른다. 그것도 방각이 다른 까닭에 고찰하면 무인 것이다. 나무 등 가설되어진 것의 원인은 실재하는 것으로서 어디에 있는가. 그렇다면 이것은 현현하는 대로

---

66) 李泰昇(1993-3) pp.198-201 참조.

의 것이지, 어디에도 실유(實有)의 원인에 의존하여 움직이는 것이 아님을 인정해야만 한다. [67]

이것은 세속을 유지시키는 궁극적인 원인이란 없음을 보이는 것으로, 소위 유가행파에서 말하는 승의의 실재란 없음을 보이고자 하는 것이다. 이것은 달리 말하면 승의란 일체 희론이 적멸되어진 언설을 초월한 상태인 까닭으로 '승의(勝義)로서의 생기' 또는 '승의로서의 식의 현현' 등을 인정하는 것은 분별하는 것에 지나지 않는 것이다. 이렇듯 즈냐나가르바는 유가행파에서 말하는 변계소집성으로서 능취·소취가 실은 세속을 성립시키는 작용이고, 또 유가행파에서 주장하는 승의의 기반 같은 것이 실은 분별의 소산이라고 주장하고 있다.

이러한 즈냐나가르바의 비판은 바비베카의 유가행파 비판의 전통을 계승하는 것이라 생각되지만, 실제 『이제론』의 조론 목적과 관련시켜 보면, 즈냐나가르바의 저술의도는 유가행파에 의해 전개된 삼성설의 모순을 밝히고자 하는데 있었던 것이 아닐까 생각된다. 따라서 즈냐나가르바는 중관파의 이제설로서 삼성설의 이론적 모순을 지적하고 나아가 나가르주나에 의해 정립된 이제설의 정당성을 보이고자 한 것으로 생각해 볼 수 있다. 다시 말해 즈냐나가르바는 유가행파의 비판을 통해 중관파의 이론적 정당성을 『이제론』을 통해 보이고자 한 것이라 생각된다.

---

67) 『二諦疏研究』 p.268; Eckel(J) p.176 ll.16-21[제2장 註9 0) 참조].

4) 불교논리학파와의 관계

즈냐나가르바가 불교논리학파와 깊은 관계를 가지고 있음을 보이는 것은 '효과적 작용능력'이란 용어의 사용이다. 이 말은 이미 다르마키르티가 세속과 승의를 구분하는 기준으로 사용하고 있던 용어로서, 다르마키르티는 다음과 같이 말하고 있다.

여기에 효과적 작용능력이 있는 것은 승의유(勝義有)이며, 그렇지 않은 것은 세속유(世俗有)이다. 양자는 [전자가] 자상, [후자가] 공상이라 일컬어진다.[68]

이와 같이 다르마키르티는 '효과적 작용능력'의 유·무에 의하여 승의와 세속을 구분하고 있고, 더욱이 승의를 무분별로서 현량지의 대상인 자상, 후자를 비량지의 대상인 공상으로 정의하고 있다. 이러한 '효과적 작용능력'의 용어가 즈냐나가르바에게 있어서는 진실·비진실세속의 기준이 되는 것이다. 즉 그는 다음과 같이 말하고 있다.

현현하는 데 있어서 유사하지만, 효과적 작용능력의 유와 무에 의해 진실, 비진실의 세속이 구분되어진다(K.12)[69]

---

68) arthakriyāsamarthaṃ yat tad atra paramārthasat/
anyat saṃ vṛtisat proktaṃ te svasā mānyalakṣaṇe// (Pramāṇavārttika「現量章」K.3)
戶崎宏正(1979-1) p.61 참조.
69)『二諦疏研究』p.216; Eckel(J) p.163[제2장 註41) 참조].

그런 까닭에 무분별의 직접지각에 의한 지에 의해 결정되는 성질의 색 등과 락(樂) 등의 성질을 인식하여 성립하는 것이 세속제(世俗諦)에 지나지 않는다.[70]

여기에서 보듯 다르마키르티가 무분별의 현량지에 의한 대상을 승의로 간주하는 데 대하여, 즈냐나가르바는 무분별의 직접지각에 의한 지를 세속으로 간주하고 있다. 이와 같이 다르마키르티에게 있어서의 승의가 즈냐나가르바에게 있어서는 세속으로 이해되고 있으며, 따라서 이 즈냐나가르바와 다르마키르티의 견해를 대비시켜 보면 〈표 8〉과 같다.

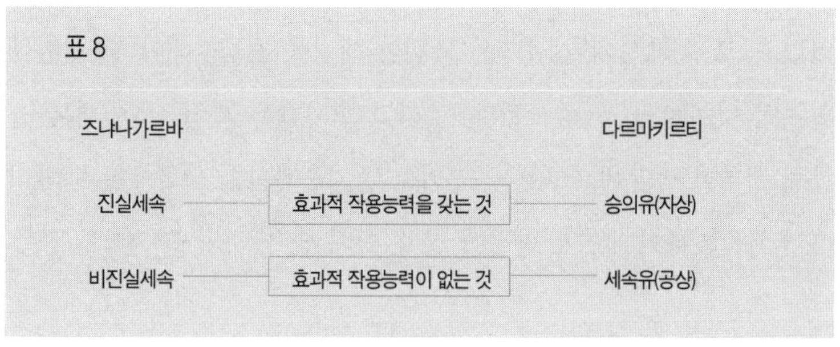

이와 같이 양자를 대비시킬 수 있지만, 다르마키르티 자신에게 있어 승의유의 입장이 최고의 실재를 의미하지 않고, 논리학에 대해서도 그 본성은 세속을 바탕으로 하고 있다고 하는 까닭에[71] 실재 다르

---

70) 『二諦疏研究』 p.196; Eckel(J) pp.158(l.32)-159(l.2)
71) 松本史朗(1978-1) p.122 참조.

마키르티의 이제설이 즈냐나가르바의 세속관과 어느 만큼 차이를 보이는 지는 의문이다. 그러한 이유로 다르마키르티 사후 그의 이제설을 둘러싼 논쟁이 중관파와 유가행파 사이에서 생겨난 것이라 생각되며, 특히 즈냐나가르바는 데벤드라붓디를 비판함으로써 그 논쟁의 불씨를 당긴 장본인이라 할 수 있다. 또한 즈냐나가르바는 삼상의 증인—즉 변시종법성(遍是宗法性) · 동품정유성(同品定有性) · 이품변무성(異品遍無性)—을 직접적으로 거론하여 그가 불교논리학에 조예가 깊었음을 보이고 있는 까닭에 이 『이제론』의 저술에 있어서도 이러한 불교논리학의 영향이 깊이 작용했으리라 생각된다. 달리 말하면 즈냐나가르바는 발달한 불교논리학의 개념을 사용해야 할 역사적 필연성을 느끼고 있었고, 또 이제설의 입장에서 그러한 개념을 재구성해야 할 시점에 있었던 것이 아닌가 생각된다. 그리고 그와같은 과업을 『이제론』을 통해 성취한 까닭에, 즈냐나가르바는 중기중관파의 말류(末流)가 아니라 후기중관파의 개조로 받들어 질 수 있게 된 것이라 생각된다.

제3절 즈냐나가르바 이제설의 영향

즈냐나가르바가 후기중관파의 개조로 간주되는 까닭에 그 이후의 후기중관파 논사는 어느 면에서는 즈냐나가르바와 모두 관련을 갖는

다고 말할 수도 있다. 하지만 그의 영향이 직접적으로 보이는 것은 인
도불교 최대의 학자라 할 수 있는 샨타라크쉬타(Śāntarakṣita, 寂護 ca. 725-
783)에게서이다.[72] 샨타라크쉬타는 『섭진실론(Tattvasaṃgraha)』에서 인도
의 전학파를 불교의 입장에서 비판을 가하고 있지만, 실제 그의 사상
을 보이는 주저 『중관론(Madhyamakālaṃkāra)』에서는 즈냐나가르바의 이
제설과 유사한 견해를 보이고 있다. 이 『중관론』은 샨타라크시타의
이제설을 보이는 저술이라고도 생각되지만, 거기에 나타나는 이제설
을 간단히 도식화하면 〈표 9〉와 같다.[73]

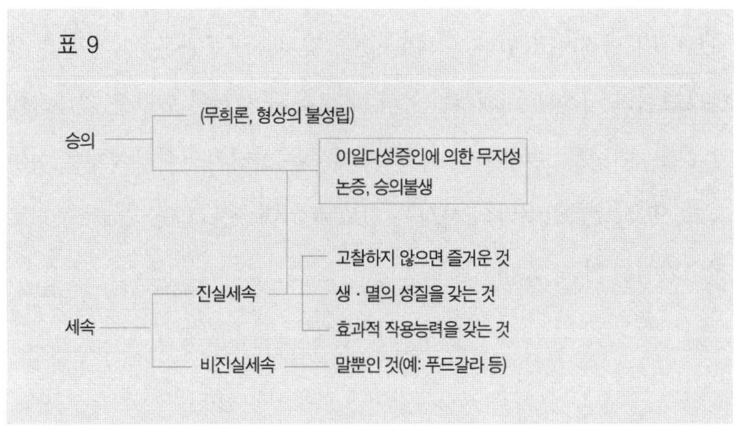

이상과 같은 『중관론』의 이제설은 즈냐나가르바의 『이제론』과 거

---

72) 카지야마 유이치 『인도불교철학』(권오민 역, 민족사, 1990) p.38 참조.
73) 『二諦疏研究』 p.83 참조.(『二諦疏研究』의 『中觀莊嚴論』 이제설에 대한 圖式과 본론의
圖式에는 약간의 차이가 있다. 필자의 부족한 이해 탓이라 생각되지만 본론의 圖式이
샨타라크시타 이제설로서는 합당하리라 생각된다. 본서 p.143 참조).

의 일치하고 있음을 알 수 있다. 물론 샨타라크쉬타에게는 『세소』라고 하는 『이제론』의 주석서가 있는 까닭에 즈냐나가르바의 사상에 정통했음을 쉽게 짐작할 수 있지만, 샨타라크쉬타가 차지하는 후기중관파의 위상에 있어서 이러한 유사성은 큰 의미를 갖는다고 생각된다. 즉 샨타라크쉬타는 『세소』를 통해 즈냐나가르바의 사상을 충분히 습득한 뒤에 자신의 주저인 『중관론』을 저술한 것으로, 실제 즈냐나가르바는 그의 사상적 스승이 되고 있는 것이다. 그러나 『중관론』에는 샨타라크쉬타의 독특한 ‘이일다성의 증인’ 이 전개되고 있는 점에서 독자성을 보이고 있지만, 그 이제설의 전체적인 윤곽은 이미 즈냐나가르바에 의거하고 있다고 해도 좋을 것이다. 『중관론』과 관련한 샨타라크쉬타 사상에 대해서는 추후의 보다 구체적인 연구를 기대하기로 하고, 이렇듯 즈냐나가르바의 이제설은 샨타라크쉬타에게로 이어지고, 또 샨타라크쉬타의 사상은 인도 후기대승불교 및 티베트불교로 전승되어져 가는 것이다.

『중관장엄론』의 형상설에 대하여

제7장

제1절 **샨타라크쉬타의 위상**

1. 샨타라크쉬타

저자는 이전에 『중관장엄론(Madhyamakālaṃkāra-vṛtti)』(이하 『중관론』)의 저자인 샨타라크쉬타(Śāntarakṣita, ca. 725-783)와 관련한 일본불교학계의 논쟁에 대해 살펴본 적이 있다.[1] 이는 샨타라크쉬타의 사상을 전통적으로 '유가행중관파(瑜伽行中觀派, Yogācāra-mādhyamika, rNal 'byor spyod pa'i dbu ma pa)'로 이름붙인 티베트 불교학의 이해에 대한 일본불교학자들의 논쟁에 대한 보고였지만, 이러한 논쟁이 가능하게 된 저변에는 샨타라크쉬타에 관한 연구가 다수 이루어진 것에 연유함은 말할 것도 없다. 샨타라크쉬타가 위대한 학승이었다고 하는 것은 그의 『섭진실론송(Tattvasaṃgrahakārikā)』에 대한 연구를 통하여 밝혀지고 있으며, 아울러 보다 근본적으로 샨타라크쉬타의 사상이 조명되기 시작한 것은 그의 『중관론』에 대한 연구가 이루어지면서 부터이다.[2] 이러한 연구는 일본의 불교학자들에 의해 본격적으로 이루어지고, 특히 그 연구를 통하여 샨타라크쉬타의 사상에 대한 티베트의 전통적인 이해에 이의를 제기할 정도로 연구가 진행된 것이다. 이 샨타라크쉬타의 사상과 그의 불교사적 위치에 대해 가지야마 유이치(梶山雄一)의 다음과 같은

---

1) 본서 제5장. 李泰昇(1994) 참조.
2) 『섭진실론』, 『중관장엄론』 등에 관한 일본에서의 연구는 李泰昇(1996-2) 참조.

말은 단적으로 그의 위치를 나타내는 것이라 생각된다.

  샨타라크쉬타는 인도불교사에 있어서 가장 해박한 지식을 지닌 인물
이었다. 그는 바비베카 학통에 속해 있었지만, 다르마키르티의 인식론
과 논리학에 정통하였으며 유식학파의 장점을 충분히 이해하고 있었
다. 그는 유식의 이론을 중관교학의 일부로서 수용하였기 때문에 유가
행중관학파라 불리기도 하였다.
  샨타라크쉬타는 자신의 철학체계를 유부, 경량부, 유식학파의 이론에서
최고의 진리인 중관으로 향해 올라가는 단계로서 설정하였는데, 말하자
면 그는 불교 4대학파와 지식론학파의 이론을 종합하였던 것이다. 필자
의 개인적 견해로는 샨타라크쉬타를 불교 최대의 철학자라 생각한다.[3]

  이와 같이 샨타라크쉬타는 후기 대승불교사에 중요한 위치를 차지
하고 있으며, 아울러 그의 사상은 자신의 『중관론』 속에 잘 나타나고
있다. 그러나 이 샨타라크쉬타의 사상을 고찰함에 있어 간과할 수 없
는 것은 샨타라크쉬타의 스승으로 간주되는 즈냐나가르바(Jñānagarbha,
ca. 700-760)이다. 즈냐나가르바는 샨타라크쉬타에 앞서 후기중관파의
길을 연 인물로 간주되며, 특히 그의 저술에 대해 샨타라크쉬타가 주
석을 가한 점에서도 그 사상적 관련성은 추측할 수 있다.[4] 하지만 이

---

3) 梶山雄一(1983)「インド佛教哲學史撮要」p.XX(권오민 옮김, 『인도불교철학』, 민족사,
   1990, p.38).
4) 즈냐나가르바에 대해서는 李泰昇(1993-3) 참조.

와 같이 샨타라크쉬타의 사상 형성에 즈냐나가르바의 영향이 보인다
하더라도 후기 대승불교의 역사적 전개에 전개에 있어 샨타라크쉬타
의 영향은 가히 지대(至大)한 것으로, 그러한 영향력의 출발점을 이루
고 있는 것이 다름 아닌 『중관론』이다. 여기에서는 이와 같이 중요성
을 갖는 『중관론』에 대해 전체적인 조감과 더불어 특히 형상에 관한
논의를 구체적으로 살펴보고자 한다. 『중관론』은 이 형상에 대한 문제
를 본격적으로 다룬 최초의 저술이라고 해도 과언이 아니며, 특히 그
형상에 대한 논의를 통해 불교의 여러 학파 가운데 중관파의 위상을
명확히 제시하고 있다. 이 형상에 관한 논의는 후대 유식파에서도 독
자적인 발전이 이루어지고 있지만, 그 형상론의 구체적인 방향 제시는
이미 샨타라크쉬타에 의해 제기되고 있다고 해도 좋을 것이다. 따라서
이 형상에 대한 구체적인 면모가 밝혀지면 샨타라크쉬타의 불교 이해
와 그의 불교사상사적 위치가 보다 명확히 드러나지 않을까 생각한다.

2. 형상설

형상(形象, ākāra, rnam pa)에 관한 구체적인 논의는 이미 다르마키르
티(Dharmakīrti, ca. 600-660)의 『프라마나바르티카(Pramāṇavṛttika, 量評釋)』에
잘 나타나고 있다.[5] 곧 다르마키르티는 외계의 대상을 인식하는 경우,
우리가 인식하는 것이 외계에 실재하는 것인지 아니면 우리의 의식에

---

5) 다르마키르티의 『프라마나바르티카』에 대해서는 戶崎宏正(1979-1), (1985-1) 참조.

비추어진 형상을 인식하는 것인지에 대해 자세히 논의하고 있다. 이 형상에 관한 논의는 우리가 무엇인가를 인식했다고 하는 경우 그것이 외계의 실재물을 인식한 것이 아니라 우리 의식에 표상된 형상을 인식했다고 하는 것으로, 곧 인식 주관이 표상된 형상을 인식하는 것이다.[6] 여기에서 주관으로서의 인식과 객관으로의 인식이 모두 의식에 포함되는 것으로서, 의식이 의식을 인식한다는 자증지(自證知, svasaṃ vedana, 自己認識)의 세계가 전개되는 것이다. 이러한 자증지에 대한 논증을 다르마키르티는 보다 세세히 논의하여 (1)무형상지식론(無形象知識論)의 입장에서 외계실재론(外界實在論)의 비판, (2)유형상지식론(有形象知識論)의 입장에서 외계실재론의 비판, (3)유형상지식론의 입장에서 유심론(唯心論)의 승인의 세 방향으로 전개시키고 있다.[7] 여기에서 형상을 인식의 대상으로 인정하지 않는 입장이 무형상지식론으로, 설일체유부(說一切有部)를 비롯해 정리학파(正理學派, Naiyāika)·승론학파(勝論學派, Vaiśesika) 등이 포함되며, 유형상지식론의 입장에서 외계의 실재를 인정하는 학파로 경량부(經量部, Sautrāntika)를, 그리고 같은 유형상의 입장이라도 자증지의 유심론을 인정하는 파로 유식파(唯識派, Vijñāptimātra)를 들고 있

---

6) 형상의 원어인 ākāra는 경우에 따라 다음과 같이 번역되어 사용된다. (1)形象: 외부세계의 물질적 존재가 지각되는 모양을 가졌다는 이론과 관계되는 경우 및 유식파 공통의 술어로 쓰이는 경우. (2)知覺像: 지각영역 중에 나타나는 모양을 가리켜 보이는 경우. (3)直觀像: 특히 지각상이 관념을 동반하지 않게 되는 경우. (4)觀念: 판단영역 중에 나타나는 모양, 예컨대 불 일반을 가리키는 경우. (5)相一: 유식파 2파의 명칭 및 그 2파의 이론상 명칭으로 사용되는 경우.[沖 和史(1982), p.206, (李萬 譯, 『講座大乘佛敎 8, 唯識思想』, 경서원, 1993, p.232)].
7) 李萬 譯, 위의 번역서, p.235.

다. 그리고 이러한 다르마키르티에 의해 논의된 형상론과 자증지의 논증 등은 후기중관파에서도 그대로 이어진다.

더욱이 후기중관파의 사상적 기반은 공, 무자성, 이제 등 중관파의 중요한 개념을 기반으로 하는 까닭에 샨타라크쉬타 역시 이러한 개념을 바탕으로 형상설 등의 이론을 결합시고 있다. 그리고 후기중관파는 또한 이전의 중기중관파를 2분한 소위 자립논증파(自立論證派, Svātantrika)와 귀류논증파(歸謬論證派, Prāsaṃgika)의 입장도 조화시킬 필요가 있었던 것이다.[8] 따라서 중관파의 입장에서 다르마키르티의 이론이나 중관파 자체의 견해를 융합시키는 것은 후기중관파의 주요한 테마이었음이 틀림없고, 그러한 과제를 샨타라크쉬타는 『중관론』을 통해 해소하고자 하였다. 그리고 이 샨타라크쉬타에 의해 정리된 형상설은 샨타라크쉬타 이후 거의 모든 불교사상가에 전해졌으며, 또한 유식파에도 영향을 미쳐 인도불교 말기의 기념비적인 논쟁으로까지 발전하였다.[9]

따라서 여기에서는 그러한 사상적 의미를 갖는 『중관론』에 대해 그 내용의 구체적인 고찰과 함께 형상설의 전모를 밝히며, 아울러 샨타라크쉬타 사상의 후대에 대한 영향도 함께 살펴보고자 한다.

---

8) 일반적으로 중관파는 초·중·후기의 3기로 나뉘지만, 후기중관파에 이르러서는 중기중관파는 물론 다르마키르티, 유식파등의 영향이 나타나고 있다. 이러한 영향이 후기중관파의 특색을 이루는 것으로, 필자는 후기중관파의 개조인 즈냐나가르바의 사상을 중심으로 그 이전의 사상과 관련성에 대해 고찰한 바 있다. 李泰昇(1996-1).

9) 梶山雄一(1982) pp.23-24.

제2절 『중관장엄론』

1. 내용

저자인 샨타라크쉬타의 생애와 저술에 대해서는 이미 고찰한 바가
있으므로[10] 여기서는 『중관론』의 전체적인 내용에 대해 살펴보기로
한다. 그리고 『중관론』에 대해서는 티베트 불교학자에 의한 주석서가
남아 있는 까닭에 그 내용의 고찰에 대해서는 주석서의 설명을 참조
해 살펴보기로 한다.[11]

『중관론』은 전체 97게송과 자신의 주석으로 이루어진 문헌으로, 특
히 게송의 부분만을 모은 『중관장엄론송』은 『중관장엄론』이 저술된
뒤에 게송만을 따로이 모아 만든 것이라고 한다.[12] 이 『중관장엄론』
은 그 주석에서 보듯 샨타라크쉬타의 이제에 대한 견해를 나타낸 저
술이다.[13] 즉 다르마린첸(Dar ma rin chen, 1364-1432)의 설명에 따르면 이

---

10) 李泰昇(1996-2) pp.437-448.
11) 『중관장엄론』에 관한 대표적인 주석서로는 다음의 둘을 들 수 있다.
    (1) Dar ma rin chen 『中觀莊嚴論備忘錄』(dBu ma rgyan gyi brjed byang)
    (2) Mi pham 『中觀莊嚴論解說』(dBu ma rgyan gyi rnam bshad), Collected
    Writings of 'Jam mgon 'ju Mi Pham Rgya Mtsho. Vol.12.
    (1)의 『중관장엄론비망록』에 대해서는 李泰昇(1993-2) 참조. 『중관장엄론』의 번역과 티
    베트문은 一鄕(上), 一鄕(下) 참조.
12) 小林 守(1989) 참조.
13) 『중관장엄론』에 대한 다르마린첸과 미팜의 주석서에 나타나는 科文(Sa bcad)에 대해
    서는 필자의 駒澤大學 학위 논문의 부록으로서 이미 정리한 바 있다. 다르마린첸의 주
    석서 내용은 李泰昇(1993-2)를 주로 참조했으며, 그 구체적인 것은 여기에서 생략한다
    (李泰昇 『二諦分別論細疏の研究』 駒澤大學博士學位論文, 1993).

『중관장엄론』은 전체 내용이 '승의에 있어서 무(無)인 것의 증명(K.1-62)'과 '세속에 있어서 유(有)인 것의 증명(K.63-66)', '이 이제의 설정방식에 대한 비난의 배제(K.67-97)'의 셋으로 나누어짐을 알 수 있다. 여기에서 '승의에 있어서 무인 것의 증명'이란 『중관론』의 제1게송에서 나타나듯, '이일다성증인(離一多性證因, ekānekasvabhāvaviyoga-hetu)'을 통하여 일체법의 무자성(niḥsvabhāva)을 증명하는 것으로, 이 증명은 후대 아티샤(Atīśa, ca. 982-1054)에 의해 4대 무자성논증 가운데 하나로 간주되는 것이다.[14] 그 제1게송은 다음과 같다.

> (종) 자파와 타파가 설하는 이들 실재하는 것은 진실에 있어서 무자성이다.
> (인) 일(一)과 다(多)의 자성을 떠나 있는 까닭에
> (유) 영상(影像)과 같이.[15]

이와 같이 샨타라크쉬타는 무자성의 논증에 논리식을 사용하는 까닭에 일반적으로 자립논증파로 분류되는 것으로, 그 논증에 사용되는

---

14) 아티샤는 無自性論證의 四大理由로서 (1)四選擇支의 生起를 否定하는 이유 (catuṣkoṭyutpāda-pratiṣedha-hetu), (2)金剛片의 이유(vajrakaṇa-hetu), (3)離一多性의 이유(ekānekatvaviyoga-hetu), (4)緣起의 이유(pratītyasamutpāda-hetu)의 넷을 들고 있다. [江島惠教(1980) pp.240-246].

15) bdag dang gzhan smra'i dngos 'di dag// yang dag tu na gcig pa dang// du ma'i rang bzhin bral ba'i phyir// rang bzhin med de gzugs brnyan bzhin//(ni ḥsvabhāvā amī bhāvās tattvataḥ svaparoditāḥ/ ekānekasvabhāvena viyogāt pratibimbavat//)[一鄉(下) p.22].

'이일다성중인'은 곧 '승의에서의 무자성'을 증명하는 이유인 것이다. 이 무자성을 논증하기 위해 샨타라크쉬타는 실재하는 것(Vastu)이 '하나의 자성을 떠나는 것을 증명(K.2-60)'하는 것으로 논리를 전개하고 있다. 즉 하나인 자성이 성립하지 않는다면, 하나 하나의 자성으로 이루어진 다수의 자성도 성립하지 않을 것으로, 따라서 이 일성(一性)과 다성(多性)이 성립하지 않는다면, 곧 일체가 무자성인 것이 증명된다고 하는 것이다. 그리하여 이 하나의 자성이 성립하지 않는다는 것을 증명하는 것으로서, 먼저 자파로서는 유부, 경량부, 유식파 등의 교리를 고찰해 일성이 성립하지 않음을 증명하며, 타파로서는 샹캬(Sāṃkhya), 베단타(Vedānta) 등 인도의 여러 학파 사상을 비판적으로 고찰하고 있다. 이러한 타파의 교리에 대한 비판은 이미 『섭진실론』에서 자세히 이루어지고 있는 것으로, 이 『중관장엄론』에서는 타파에 대한 비판보다 자파인 불교 내부의 비판이 주를 이루고 있다. 불교 내부의 교리를 고찰해 가는데 있어서는, 먼저 색온(色蘊, rūpaskandha)에 대한 비판이 이루어지며, 이어서 식온(識蘊, vijñānaskandha)에 대한 비판이 이루어지고 있다. 색온에 대한 비판은 곧 외경의 실재물에 대한 검토로서, 이 외경이 하나의 자성을 가진 것으로 성립되는가를 고찰하는 것이다. 따라서 이 외경을 상주하는 것과 상주하지 않는 것으로 구분하여 상주하는 것으로서는 무위법(無爲法, asaṃskṛta) 등에 대해 고찰하고(K.3-7), 상주하지 않는 것으로는 극미(極微) 등으로 이루어진 대상에 대해 고찰하고 있다(K.11-15). 그리고 이 색온에 대한 검토에 이어 식온을 검토하는데 특히 식이 자기인식의 성질을 갖는 일성인 것을 전제로 한 뒤, 그 식과 외계의 대상, 나아가 그 식에 현현하는 외계대상인 형상과의 관계를 고찰해 간다. 식과 대상과의 관계를 고찰하는데 있어 외계대상을 실재로 인정하는가, 아니면 형상으로 인정하는가에 따라 무형상지식론(K.16-21)과 유형상지식론(K.22-34)으로 나뉘어진다. 그리고 오직 식만을 인정하는 유식파에 대한 비판(K.44-60)에서 형상을 진실로 인정하는가의 여부에 따라 형상진실론(k.45-61)과 형상허위론(k.52-60)으로 나뉘어진다. 이러한 형상에 관한 논의는 후대에 이르기까지 크게 영향을 끼치는 것으로, 이것은 샨타라크쉬타 사상의 한 특색으로 간주되는 것이다. 그러나 이러한 형상에 관한 논의는 '승의에 있어서의 무자성'을 논증하기 위한 것으로, 곧 샨타라크쉬타의 승의에 대한 이해를 나타내 보이는 것이다. 즉 '이일다성증인'을 통한 무자성 논증은 승의의 입장에서 사용되고 있는 것이며, 이러한 입장을 샨타라크쉬타는 다음과 같이 말하고 있다.

> 진실(=승의)에 있어서 사물은 극미조차도 성립하지 않는 것은 올바른 것이다. 앞에서 설했듯이 일(一)과 다(多)의 자성을 떠나있는 까닭이다. 그런 까닭에 진실에 있어서는 생(生)도, 그것에 의거하는 주(住)도, 무상(無常)도 그것에 의존하는 다른 속성이 어떻게 존재하겠는가.[16]

---

16) yang dag par na dngos po phra rab kyang yongs su grub par mi 'thad de/ ji ltar bstan pa'i tshul gyis gcig dang du ma'i rang bzhin dang bral ba'i phyir ro// de'i phyir yang dag par na gang gi skye ba dang/ de sngon du 'gro ba'i gnas pa dang/ mi rtag pa dang/ de la brten pa'i dngos po'i chos gzhan yang yod par 'gyur ram/[一鄕(下) p.284].

샨타라크쉬타의 이러한 승의의 입장에서의 논리에 대한 태도는 다음 절에서 보다 자세히 고찰할 것이지만, 이와 같이 논리를 승의의 입장에서 사용하는 것은 바비베카(Bhāviveka, ca. 500-570)에서도 잘 나타나고 있음은 주지하는 바와 같다.[17]

이러한 승의의 무자성 논증과는 달리, 샨타라크쉬타는 세속의 입장에서는 일체가 그 자체로서 연기하고 생멸하며, 효과적 작용능력을 가지고 있다고 말하고 있다.

> 고찰하지 않는 한 매력적이고, 생멸의 성질을 가지며, 효과적 작용능력을 본성상 지니는 것이 세속으로서 알려진다.(제64게송)
> 이 세속은 단지 말만을 그 본성으로 하는 것이 아니라 지각되고, 승인되며, 연기된 것으로, 그것은 [논리적인] 고찰을 견뎌내지 못하는 까닭에 진실세속이다.[18]

이 제64게송과 자주(自註)에서 볼 수 있듯이 샨타라크쉬타는 세속을

---

17) 바비베카는 논리식을 사용해 空性을 논증하는 것으로 유명하지만, 그의 논리식에는 다음의 세 가지 특징이 있다고 한다. (1)주장명제에 '승의에 있어서' 라는 한정을 붙이는 것, (2)부정은 非定立的否定이라고 하는 것, (3)異品이 존재하지 않는 것. 특히 바비베카의 논리식의 사용은 승의에 수순하기 위해 사용되고 있다고 한다. 江島惠教(1980) pp.102-113 참조.

18) ma brtags gcig pu nyams dga' zhing// skye dang 'jig pa'i chos can pa// don byed pa dag nus rnams kyi// rang bzhin kun rdzob pa yin rtogs//(K.64)
kun rdzob 'di ni sgra'i tha snyad tsam gyi bdag nyid ma yin gyi/ mthong ba dang 'dod pa'i dngos po rten cing 'brel par 'byung ba rnams ni brtag mi bzod pas yang dag pa'i kun rdzob ste/[一鄕(下)p.202, p.204].

진실세속(眞實世俗, tathya-saṃ vṛti)과 비진실세속(非眞實世俗, atathya-saṃ vṛti)으로 나누고, 이 진실세속을 제64게송의 표현대로 '고찰하지 않는 한 매력적인 것(avicāraikarā mañīya)', '생멸의 성질의 것', '효과적 작용능력을 갖는 것(arthakriyāsamartha)'으로 표현하고 있다. 즉 우리가 실제 지각을 통해 아는 것은 세속으로, 그것은 곧 승의의 논리적인 고찰을 가하지 않는 한 매력적으로 인정되는 것이며, 또한 인과의 성질을 지니고 효과적인 작용능력을 가지는 것이다. 즉 우리의 일상세계는 승의의 입장에 서지 않는 한 일반적으로 인정되어지는 현상세계로서 그 세계는 각각의 효과적 능력을 가진 사물들이 연기하는 세계인 것이다. 그리고 그러한 세계를 구성하는 사물들이 세속의 진리로서 인정된다고 하는 것이다. 여기서 쓰여진 '효과적 작용능력'이란 말은 다르마키르티가 승의·세속을 나누는 기준으로 사용하는 말로 샨타라크쉬타와 다르마키르티의 관계를 보여 주는 중요한 말이라 생각된다.[19]

이와 같이 샨타라크쉬타는 자신의 세속관을 밝힌 뒤, 이러한 이제의 설정방식에 대한 비판을 배제하기 위해 논의를 전개하고 있다. 그리고 논의의 전개에서 생·불생 등 일체의 대립적인 개념을 떠난 것을 승의라고 말하

---

19) 다르마키르티의 『프라마나바르티카』 現量章 제3게송에서 이 '효과적 작용능력'에 대해 다음과 같이 말하고 있다. "여기에 효과적 작용능력을 갖는 것은 勝義有이며, 그렇지 않은 것은 世俗有이다. 그 중 [전자는] 自相, [후자는] 共相이라 일컬어진다. arthakriyāsamarthaṃ yat tad atra paramārthasat/ anyat saṃ vṛtisat proktaṃ te svasā mānyalakṣaṇe//)"[戸崎宏正(1979-1) p.61 참조].
이 제3게송과 또 다음의 제4게송과 관련한 불교논리학파와 중관학파의 이제설에 대한 논쟁을 다룬 것으로 다음 논문 참조. 松本史朗(1980-4),(1981-1),(1981-2)

고 있다.[20] 즉 이것은 앞서 승의의 무자성을 논증하기 위해 사용된 논리조차도 승의를 나타내기는 하지만 본질적으로는 세속의 속성을 벗어날 수 없다고 하는 것이다.[21] 다시 말해 일체 언설표현이 끊어진 절대적인 경지만이 승의이며, 언설에 의한 표현은 승의를 간접으로 표현할 뿐 승의 그 자체는 아니라는 것이다. 이와 같은 승의·세속의 이제에 관한 이해는 그의 스승으로 간주되는 즈냐나가르바의 이제에 대한 이해와 상당히 일치하는 것으로, 이것은 후기중관파의 하나의 특색이라고도 할 수 있을 것이다. 그리고 세속과 관련한 제91, 92게송은 필자가 이미 밝혔듯, 티베트에서 샨타라크쉬타를 유가행중관파라 부른 근거가 되는 것으로 샨타라크쉬타를 둘러싼 논쟁에 중요한 소재가 되고 있다.[22]

이와 같이 『중관론』은 역사적으로도 중요성을 가지지만, 그 전체적인 내용은 샨타라크쉬타의 이제설을 나타내고 있음을 알 수 있다. 특히 승의 입장에서의 논리와 관련한 문제는 중요한 사상적 특색을 보

20) 生 등이 없기 때문에 不生 등도 있을 수 없다. 그것의 본성이 부정되는 까닭에 그것을 나타내는 언설도 있을 수 없다.(제71게송)
   대상이 존재하지 않는데, 좀定의 올바른 적용이란 있을 수 없다. 분별에 의해서도 세속의 것이 되지, 진실(=승의)은 되지 않는다.(제72게송)
21) 승의의 입장에서 사용되는 논리가 실제 세속의 성질이라고 하는 것은 중관파 의 논리에 대한 이해를 보이는 중요한 문제라 생각된다. 이러한 입장은 바비베카에게서도 보이며 즈냐나가르바에게서도 나타나고 있다. 즈냐나가르바는 『이제분별론』 제17게송에서 "논리도 현현하는 대로의 것에서 확립된다."라고 말한 뒤 그 自註에서 "논리도 현현하는 대로의 성질인 까닭에 단지 세속이다."라고 말하고 있다. 샨타라크쉬타에게서도 논리의 사용은 승의적인 입장을 나타내기는 하지만, 승의는 궁극적으로 언설을 떠나있는 까닭에 논리의 사용이 세속적인 성질임을 인정하고 있다. 『이제분별론』의 게송에 대해서는 李泰昇(1993-3) pp.188-192 참조.
22) 李泰昇(1994) 참조.

이는 것으로, 따라서 이 논리에 대한 입장을 보여 주는 조론의 목적에 대해 고찰하기로 한다.

2. 조론의 목적

샨타라크쉬타는 『중관론』에서 먼저 귀경게를 설한 뒤 다음과 같이 조론의 목적을 밝히고 있다.

> 자리(自利)와 이타(利他)의 원만을 성취하기 위해 누구에게도 의존함이 없이 나아가는 사람이, 고찰하지 않는 한 매력적인 모든 존재물을, 영상(影像) 등과 같이 진실로서는 무자성인 것을 이해한다면 번뇌장(煩惱障)과 소지장(所知障)을 모두 끊을 것이다. 그런 까닭에 논리(論理)와 성교(聖敎)로서 일체법이 무자성인 것을 요해시키기 위해 열심히 노력하는 것이다. 따라서 '실재하는 것의 힘에 의거한 추론'을 동반하지 않는 성교를 수신행자(隨信行者)들도 완전히 만족하지 않을 것이기 때문에 논리를 먼저 설해야만 한다.[23]

---

23) bdag dang gzhan gyi don phun sum tshogs pa bsgrub par ci la 'ang ma rag par chas pa/ dngos po'i rnam pa ma brtags gcig pu na dga' ba ma lus pa gzugs brnyan la sogs pa lta bur/ yang dag par na rang bzhin med par rtogs na nyon mongs pa dang/ shes bya'i sgrib pa mtha' dag spong bar 'gyur te/ de bas na rigs pa dang lung gi chos thams cad rang bzhin med par khong du chud par bya ba'i phyir rab tu 'bad do//[一鄕(下) p.14].
de la lung dngos po'i stobs kyis zhugs pa'i rjes su dpag pa dang bral ba ni dad pas rjes su 'brang ba rnams kyang shin tu yongs su tshim par mi 'gyur bas rigs pa je brjod par bya'o//[一鄕(下) p.20].

여기에서 샨타라크쉬타는 일체가 무자성인 것을 이해한다면 번뇌
장(kleśa-āvaraṇa)과 소지장(jñeya-āvaraṇa)을 모두 끊을 것이라고 말하고
있다. 곧 진정한 해탈를 얻는 것을 방해하는 번뇌장과 보리의 과보를
얻는 것을 방해하는 소지장을 떠나는 것[24]은 곧 무자성에 대한 올바
른 이해에서 비롯되는 것을 말하고 있는 것이다. 그리고 이 무자성을
바로 알기 위해서는 논리(Yukti, Nyāya)와 성교(Āgama)의 두가지를 바르
게 이해해야 하는 것이다. 여기에서 이러한 논리를 동반한 올바른 추
론이 없으면 비록 성교에 의한다 하더라도 만족한 이해는 얻지 못할
것이라 말하고 있다. 즉 경전의 말이라 하더라도 '실재하는 것의 힘에
의거한 추론(Vastubalapravṛttānumāna)' 의 논리에 의하지 않는 경우는 그
확실성을 가져다주지 못하며[25], 더욱이 둔근(鈍根)인 수신행자(隨信行者,
Śraddhānusārin)조차도 만족하지 않을 것이라고 말하고 있다.[26] 이와 같
이 무자성에 대한 바른 이해는 논리적인 추론을 통해야만 가능한 것이
며, 이러한 논리적인 증명을 위해 샨타라크쉬타는 '이일다성(離一多性)의

---

24) "由斷續生煩惱障 故證眞解脫 由斷碍解所知障 故得大菩提"(『成唯識論』, 大正 31, p.1 a).

25) '실재하는 것의 힘(vastubala)' 에 대하여 다르마키르티는 "實有의 힘에 의해 생긴 知는
  사회적 약속과 相待하지 않는다(yac ca vastubalāj jāyate tad apekṣate)."고 말하고 있
  다. 즉 이 말은 '실재하는 것의 힘에 의해 생긴 지' 는 직접적으로 실재하는 것의 속성을
  지각하는 것으로, "이것은 소라 이름한다" 등과 같은 사회적 약속과는 다른 것이다[戶崎宏
  正(1979-1) p.113 참조]. 즉 실재하는 것의 힘이란 사물의 본성을 아는 힘을 말하며, 따라
  서 '실재하는 것의 힘에 의거한 추론' 이란, 사물의 본질, 즉 일체가 무자성임을 알게 하는
  추론이라는 의미일 것이다. 곧 논리에 의해서도 사물의 본성을 알 수 있다는 것을 전제로
  한 표현이라 생각된다. 또 『중관장엄론』에서 이 '실재하는 것의 힘에 의거한 추리' 를 행
  하는 자야말로 대승의 진실을 얻는다고 말하고 있다[一鄕正道(1985-2) p.186 참조].

26) 『俱舍論』에 따르면 見道의 位에 있는 鈍根의 수행자를 隨信行者라 한다. 櫻部 建(1981)
  p.206 참조.

증인(證因)’ 을 통한 논리식의 전개를 시도하고 있다. 여기에 나타나는 논리와 성교의 관계는 바비베카에서도 또한 그 중요성이 강조되는데,[27] 샨타라크쉬타가 바비베카의 학설을 계승하고 있는 증거가 되기도 한다.[28] 하지만 앞서도 말했듯 이러한 논리에 의한 논증은 승의 그 자체는 아니다. 바비베카의 경우 ‘승의에 있어서’ 란 한정을 붙인 논증식을 통하여 승의 세계의 본모습인 무자성을 증명하기도 하지만, 그 논증식이 바로 승의 그 자체는 아닌 것이다. 이러한 차이를 샨타라크쉬타는 스스로 잘 알고 있었던 것 같다. 샨타라크쉬타는 다음과 같이 말하고 있다.

> 승의에 수순하는 까닭에, 이것은 승의라 일컬어진다. 진실에 있어서는 모든 희론과 완전히 떨어져 있다.(제70계송)[29]

즉 승의 그 자체는 완전히 일체의 개념이 적멸한(寂滅)한 무분별지의 경계이지만, 논리로서 무자성을 논증하는 것이나, 일체법이 불생(不生)이라고 하는 것 등은 모두 승의에 수순(隨順)한다는 의미에서 승의로 표

---

27) 바비베카는 『中觀心論 入瑜伽行眞實決擇章』의 제112계송에서 유가행파의 결택에 논리(Yukti)로서 고찰하고 있음을 밝히고 있다. 아울러 성교와 논리가 서로 상응되어야 한다고 말하고 있다. 山口 益(1975) p.611 참조.

28) 샨타라크쉬타가 자립논증파의 계보에 속하는 인물로 바비베카 등의 영향을 받은 것은 많은 학자가 지적하는 것이지만, 귀류논증파인 찬드라키르티 등과의 관계는 어떠했을까? 즉 후기중관파와 찬드라키르티의 관계는 그다지 많은 연구가 이루어지지 않고 있지만, 필자는 어느 정도 관련성을 가지고 있지 않을까 생각한다. 李泰昇(1996-1) 참조.

29) dam pa'i don dang mthun pa'i phyir// 'di ni dam pa'i don zhes bya//
yang dag tu na spros pa yi// tshogs rnams kun las de grol yin//
[一鄕(下) p.230]

현한다는 것이다. 달리 말하면 승의 그 자체는 아니라 하더라도 승의를 간접적으로 나타내고 있는 것이다. 따라서 논리는 그러한 승의의 세계를 간접적으로 나타내고 있다. 이러한 의미에서 티베트의 주석가 다르마린첸은 『중관론』 제6 2게송까지 논리에 의한 무자성 증명을 '승의에 있어서 무의 증명'이라 표현하고 있다. 논리 그 자체는 승의가 아니더라도 '실재하는 것의 힘에 의거한 추론'이야말로 승의의 무자성을 알게 해주는 것이다. 이러한 논리를 통한 고찰의 세계가 아니라면, 자연의 일상세계로서 '고찰하지 않는 한 매력적인 것'으로 간주되고 효과적 능력을 가지며, 생멸하는 일상세계로서 당연히 성립되는 것이다. 이것은 우리가 처해 있는 세속세계는 승의의 논리에 의하지 않으면 일상적으로 알려지는 세계이지만, 승의의 논리에 의해 고찰한다면 모두 무자성의 세계인 것이다. 이와 같은 승의의 입장에 대한 확신이 번뇌장과 소지장을 끊고 절대 경지를 얻는 것이라고 샨타라크쉬타는 생각했던 것이다.

3. 성립의 역사적 배경

　샨타라크쉬타의 『중관론』의 성립과 관련하여 특히 『중관론』의 게송과 관련하여 밀접한 관련을 갖는 것은 샨타라크쉬타의 『섭진실론송』이다. 왜냐하면 『중관론』에 나타나는 일부의 게송은 이미 『섭진실론송』에서 나타나고 있기 때문이다.[30] 하지만 샨타라크쉬타는 이미 『중관론』 속에서 『섭진실론』에 대해 언급하고 있기 때문에[31] 이 『중관론』은 샨타라크쉬타 자신의 『섭진실론송』에 의거하고 있음이 분명

하다. 그리고 또 이 『중관론』의 성립과 중요한 관계를 갖는 것은 그의
『세소(Satyadvayavibhaṅga-pañjikā)』이다. 왜냐하면 『세소』는 즈냐나가르
바의 『이제론』에 대한 주석서로서, 『중관론』에 나타나는 대다수의 개
념이 이미 『이제론』에서도 동일하게 나타나기 때문이다. 따라서 만약
샨타라크쉬타가 즈냐나가르바의 『이제론』에 대해 주석을 했다면, 그
는 『세소』를 통해 즈냐나가르바의 사상을 충분히 숙지했고, 또한 그
사상이 『중관론』에 나타나는 것은 당연할 것이기 때문이다. 이러한
관계를 보다 확실히 하기 위해 『중관론』·『이제론』·『세소』 각각에 나
타나는 개념은 다음과 같다.[32]

〈표 10〉과 같이 중요한 점을 대비하여 보면 대부분 일치함을 알 수 있
다. 이러한 일치점은 샨타라크쉬타가 『세소』를 통하여 즈냐나가르바의
사상에 정통했음을 보여 주는 것이라 할 수 있다. 따라서 『중관론』의 성
립에 있어 즈냐나가르바의 영향은 매우 큰 것으로, 샨타라크쉬타는 그
의 『세소』를 통해 즈냐나가르바의 사상을 충분히 이해했고, 또 그 사상
을 자신의 저서에 반영한 것이라 생각된다. 하지만 『중관장엄론』 제1게

30) 『섭진실론』의 게송과 『중관장엄론』의 게송의 同異에 대해서는 一鄕(下)에 자세히 고증
    되어 있다. 그러나 형상과 관련해서는 특히 『섭진실론』 제23장의 「外境考察章」과 밀접
    한 관련을 갖는다. 필자는 이 「外境考察章」과 『중관장엄론』의 관계에 대하여 학위 논문
    에서 고찰했다.
31) 샨타라크쉬타는 『중관장엄론』 가운데 자신의 저술로서 『섭진실론』과 『勝義諦의 確定』
    (Paramārthaviniścaya)이라는 두 책에 대해 언급하고 있지만, 후자의 『승의제의 확정』
    은 범본이나 티베트본 모두 현존하지 않는다. 그러나 이 책은 『섭진실론』이나 『중관장엄
    론』에 앞서 성립했을 것이라 추정되고 있다. 一鄕正道(1985-2) p.193, p.201 주49) 참조.
32) 이 도표는 필자의 李泰昇(1995)에서 발표한 것이다. 따라서 이 도표와 관련한 각종 註
    記는 여기에서는 생략한다.

표 10

	『중관장엄론』	『이제분별론』	『이제분별론세소』
승의	유·무, 생·불생, 공·불공 등 일체 희론을 떠나 있다.	승의는 희론을 떠나있다.	절대적인 승의를 '비이문승의' 라 표현
정리 (논리)	K,1-62의 일체법무자성의 증명은 정리에 의한 것으로 승의를 증명하는 방편	승의에 수순하지만 실제 그 것이 통하는 것은 세속으로 따라서 그 속성은 세속	승의에 수순하는 승의 세속
세속	진실세속과 비진실세속의 둘로 구분	진실세속과 비진실세속의 둘로 구분	진실세속을 유분별 무분별의 둘로 구분
불생	생·불생 등의 대립적인 개념은 승의가 아닌 세속	승의에 수순하지만 실은 세속의 성질	동일하게 주석
형상	논리에 의한 고찰을 견디지 못한다	승의에서는 지각이 성립하지 않으므로 정리에 의한 고찰을 견디지 못한다.	승의에 있어 형상에 의한 지각은 불성립
자증지	일과 다의 고찰을 견디지 못하므로 세속의 성질	인식이라는 마음의 활동은 세속으로 따라서 자증지도 세속	자기를 인식하는 성질은 마음의 행경(行境)인 까닭에 세속

송에서 보듯 샨타라크쉬타는 특유의 '이일다성증인'이란 독자적인 논리를 전개시키고 있는 것으로, 비록 샨타라크쉬타가 즈냐나가르바의 영향을 받았다 하더라도 그의 독자성은 널리 인정받고 있는 것이다.[33] 그

---

33) 이 '離一多性證因'이 샨타라크쉬타의 독창적인 것에 대해서는 그다지 이의는 없지만, 동일한 '離一多性證因'이 보이는 슈리굽타(Śrīgupta, 8세기 후반)의 『入眞實論註』(Tattvāvatāra-vṛtti)는 일찍부터 주목을 받았다. 슈리굽타는 티베트에서는 즈냐나가르바의 스승으로도 일컬어져 '離一多性證因'에 대해서는 샨타라크쉬타에 선행한다고도 일컬어졌지만, 근래의 연구에 의해 샨타라크쉬타 이후의 인물로 추정되고 있다. 다음의 논문 참조. 江島惠敎(1980) pp.217-223(원논문 「離一多性による無自性論證」『宗敎硏究』220, 1974), 松本史朗(1978-1).

것은 앞에서 말했듯 이 '이일다성증인' 이 아티샤에 의해 4대 무자성논
증 가운데 하나로 간주되어지는 것에서도 알 수 있다.

제3절 『중관장엄론』의 형상설

1. 형상설의 전개

샨타라크쉬타의 형상설에 관해서는 이미 많은 학자들에 의해 다수
의 연구가 발표되었다. 일찍이 『섭진실론』에 대한 연구가 진행됨에
따라 이 형상과 식 등에 대한 문제 등이 연구, 발표되었지만, 샨타라
크쉬타의 형상에 대한 논의가 본격적으로 시작된 것은 주저인 『중관
론』에 대한 연구를 통해서이다. 그리고 이 『중관론』에서 보여지듯, 자
파인 불교 내의 여러 학파를 단계적으로 비판하여 갈 때 사용되는 근
본이론이 다름 아닌 형상설이다. 즉 샨타라크쉬타는 인식의 주체로서
지(知, 혹은 識)와 인식대상으로서의 형상과의 관계를 앞서 언급한 '이일
다성증인' 을 통하여 고찰해 가고 있다. 그리고 이 지와 형상의 관계에
서 하나의 전제를 제시하는데, 그것이 곧 하나인 성질로서의 지, 즉 자
증지의 이론이다.[34] 자증지의 이론이란 인식대상과 인식주체는 동일
한 식이 둘로 나눠진 것으로, 인식이란 결국 식이 동일한 식을 인식한
다고 하는 것이다. 따라서 이 자증지에는 본래 능소(能所)의 구별이 없

는 것으로, 샨타라크쉬타는 다음과 같이 말하고 있다.

> 부분을 갖지 않는 하나의 자성에 [능취·소취·인식의] 세 가지 자성이
> [있다는 것은] 올바르지 않기 때문에 그 자증지는 능소의 관계를 갖는
> 것이 아니다.(K.17)[35]

　　이 자증지 곧 자기인식을 전제로 제시하는 것은 앞에서 말한 것과
같이 형상설에 있어서 지가 하나인 것, 즉 일성(一性)으로서 보증되어
지기 때문이다. 이러한 이유로 하나의 자성인 지와 다수의 성질인 형
상간의 논리적 고찰이 가능해지는 것이다. 샨타라크쉬타가 실제 이
자증지를 인정했는지의 여부에 대해서는 의문이 가지만,[36] 샨타라크
쉬타는 이 자증지를 전제로 무형상지식론·유형상지식론·유식설의
이론을 고찰해 가고 있다. 그리고 유식설의 고찰에서는 그 형상을 진
실로 인정하는가의 여부에 따라 형상진실론·형상허위론으로 구분하
여 검토를 진행시켜가고 있다.

---

34) 형상설 논의의 기초가 되는 것은 형상의 다수의 성질과 지의 하나인 성질 사이에 모순
　　을 피할 수 없다고 하는 것이다. 따라서 지의 하나인 성질을 전개시키기 위해 샨타라크
　　쉬타는 먼저 자증지의 이론을 앞에 내세우고 있다. 이 자증지는 다르마키르티에 의해
　　중대한 테마로서 논증되어지는 것으로, 따라서 샨타라크쉬타도 이 자증지를 지의 一性
　　을 보증하는 기본 전제로서 받아들이고 있다고 생각된다.
35) gcig pa cha med rang bzhin la// gsum gyi rang bzhin mi 'thad phyir// de yi
　　rang gi rig pa ni// bya dang byed pa'i dngos por min//[一鄕(下) p.17].
36) 『중관장엄론』에서 샨타라크쉬타가 자증지를 인정하고 있는가에 대한 논의는 이치고의
　　『중관장엄론의 연구』에 대한 서평을 겸한 松本史朗(1986-1)에서 구체적으로 다루어지
　　고 있다. 이 논문은 『중관장엄론』과 관련한 후기중관사상의 주요개념을 총체적으로 다
　　루고 있는 논문으로, 후기중관사상의 연구에 주요한 의미를 갖는 논문이라 생각된다.

2. 무형상지식론과 유형상지식론

『중관론』에서 무형상지식론(無形象知識論, anākārajñānavāda)과 유형상지식론(有形象知識論, sākāra-jñānavāda)은 각각 불교 내부의 여러 학파 가운데 외경을 인정하는 유부(有部)와 외경을 형상으로 인정하는 경량부(經量部)를 가리키지만, 샨타라크쉬타는 무형상지식론보다 유형상지식론을 보다 높게 평가하고 있다. 즉 다음과 같이 말하고 있다.

> 또 이 무형상지식론은 유형상지식론에서 [설한 것과 같은 인과성 등의] 관계가 전혀 없기 때문에 아주 하열(下劣)한 것임을 보인다.[37]

즉 유형상지식론에서는 적어도 인식되는 성질로서 형상의 존재를 인정하기 때문에 그런 면에서 지각은 가능하게 된다. 그러나 형상을 인정하지 않는 무형상지식론에서는 대상과 지 사이에, 경량부가 주장하는 인과성(因果性, tadutpatti) 등이 존재하지 않기 때문에[38] 지각은 성립하지 않게 된다.(K.19)[39] 하지만 이 유형상지식론에도 과실은 있다.

---

37) gzhan yang shes pa rnam pa med pa'i phyogs 'di ni shes pa rnam pa dang bcas pa'i phyogs shin tu 'brel pa med pas kyang ches dman par bstan pa/[一鄕(下) p.80].

38) 인과성이란, 경량부에서 인식되는 대상의 두 조건 가운데 하나로, 다르마키르티가 사용하는 용어이다. 즉 형상이 지각의 원인이 된다는 의미이다. 또 하나의 조건은 지에 자신의 相을 제공한다는 의미로, 그 원어는 sārūpya, tādrūpya, 또는 tādāmya 등으로 표현된다. 즉 이것은 지에 표상된 형상이 지와 동일한 성질임을 보이고 있다[戶崎宏正(1974) p.161; 심봉섭 역 『불교학세미나 2, 인식론·논리학』 불교시대사, 1995, p.160].

39) 그것 [知]의 자성이 다른 [外境]에 없다면, 무엇에 의해 그 知가 다른 외경을 알겠는가. [왜냐하면] 아는 知와 알려지는 대상은 다르다고 주장하기 때문이다.(제19게송)—무형상 지식론에 대한 비판.

지각되는 대상의 형상은 다양한 성질이며, 그것을 지각하는 지는 하나의 성질인 것이다. 따라서 인식된다고 하는 것은 다양한 형상에 따라서 지가 다수의 것으로 되든가, 아니면 지의 하나인 성질에 따라서 형상이 하나로 되지 않으면 안 된다(K.22-23).[40] 그리고 지의 다수성을 주장하는 사람들이, 지각은 사물이 매순간 생기하는 것을 순차적으로 지각하는 것(K.24)[41]이라고 하는 것에 대하여, 샨타라크쉬타는 문자 (K.25)[42]와 의분별(意分別, K.26)[43]의 예를 들어, 지각이란 그와 같이 순차적으로 지각되는 것이 아니라 다양한 그대로 동시에 그 형상이 현현하는 것이라고 대답한다(K.27).[44] 그리고 순차적으로 지각되는 것의 비유로 사용된 선화륜(旋火輪, alātacakra)의 비유도 타당하지 않다고 설명한다(K.28-30).[45] 그러나 그와 같이 동시에 지각된다고 하더라도 형상의

40) 하나인 知와 다르지 않은 까닭에, 형상이 다수로 되지 않는다. 그런 까닭에 그 [형상의] 힘에 의해 외경이 알려진다는 것은 확실치 않다.(제22계송) 형상과 다르지 않기 때문에 지는 하나인 것으로 되지 않는다. 그렇지 않으면 그 둘에 대하여 어떻게 동일하다고 일컬어지겠는가.(제23계송)
   (다르마린첸에 의하면 이 제22, 23계송은 경량부의 多樣不二論에 대한 비판이다.)
41) 白[색] 등에 대하여 그 지는 순차적으로 생긴다. 빠르게 생기는 까닭에 범부들은 동시에 [생긴다고] 생각하여 안다.(제24계송)
   (다르마린첸에 의하면 이 제24계송은 경량부의 一卵半塊論의 주장이다.)
42) 라타(latā)라고 하는 말 등에 대한 이해가 빠르게 생긴다고 한다면, 그런 까닭에 동시에 생긴다고 하는 이해가 여기에서도 어찌 생기지 않겠는가.(제25계송)
   (다르마린첸에 의하면 문자를 파악대상으로 하는 지는 불확실하다는 것)
43) 단지 意分別에 있어서도 순차적으로 알려지지 않는다. 오랫동안 머물지 않기 때문이다. 모든 이해도 빠르게 생기는 것은 같다.(제26계송)
   (다르마린첸에 의하면 의분별이나 이해로서 대상을 파악하는 것은 확실치 않다는 것이다)
44) 그런 까닭에 모든 외경을 순차적으로는 파악할 수 없지만, 형상들은 서로 다른 모습대로 동시에 파악되는 것으로서 나타난다.(제27계송)
45) 햇불도 동시에 [돌리면] 원과 같이 나타나는 迷亂이 생긴다. 명확히 나타나는 까닭에 시각의 영역과 관계된 것은 아니다.(제28계송)

다수성과 지의 일성 간의 모순은 해결할 수는 없다(K.31-33).[46] 이렇게 하여 샨타라크쉬타는 경량부의 유형상지식론이 성립하지 않는 것을 증명하고 있지만, 이 경우 형상의 다수 성질이라고 하는 것은 경량부가 인정하는 극미(極微)의 집합으로서 외경을 의미한다. 왜냐하면 경량부는 외경은 추리되어지는 존재이며, 그 외경을 극미의 집합으로서 인정하고 있기 때문이다.[47] 따라서 다수의 성질을 갖는 극미의 반영이라고도 할 수 있는 형상과 하나의 성질로서 자중지는 모순되는 성질을 가질 수밖에 없는 것이다. 이러한 모순을 갖는 경량부의 유형상지식론은 항상 비판받을 소지가 있는데, 샨타라크쉬타는 경량부보다 한층 뛰어난 이론을 가진 유식설에로 그 논의를 전개시켜간다. 왜냐하면 외경을 인정하는 경량부와 달리 순수하게 식만을 인정하는 유식설은 외경에 대한 집착을 여의는 보다 뛰어난 교설인 까닭이다.[48]

즉 [시각의] 영역과 관계하는 것은 기억의 작용으로 시각 때문인 것은 아니다. 이미 지나간 외경을 파악하는 것이 아닌 까닭이다.(제29게송)
그 외경은 이미 멸한 것으로 명확치 않다. 그런 까닭에 원으로 나타나는 것은 명확치 않을 것이다.(제30게송)
46) 그림을 볼 때 그와 같이 다수의 마음이 곧 同時라는 방식으로 생겨난다고 주장한다면,(제31게송)
그렇다면 백[색] 등 단지 하나인 형상에 대하 知도 상·중·하가 [각기] 다르기 때문에 다수의 소연으로 될 것이다.(제32게송)
극미를 본체로 하는 백[색] 등과 하나를 본체로 하고 부분을 갖지 않는 知는 어디에 나타나는가. 스스로 완전히 아는 것은 없다.(제33게송)
(다르마린첸에 의하면 이 세 게송은 경량부의 主客同數論의 비판이다)
47) 御牧克己(1988) pp.236-237.
48) "이 견해(=유식설)는 매우 명확한 논리와 성교로서 알려지며, 한량없는 외경론자들의 나쁜 집착을 대치하는 것이기도 한 까닭에, 몹시 분명한 것이다."
(제45게송에 대한 自註)[一鄕正道(1985-2) p.144, 一鄕(下) p.124] 참조.

이처럼 샨타라크쉬타는 형상을 인정하는가의 여부에 따라 유·무
형상론을 전개시키고 있으며, 무형상론 보다 유형상론이 이론적으로
수승한 것임을 밝히고, 나아가 외경의 집착을 떠나는 고차의 교설로
서 유식설에 대한 고찰을 시도하는 것이다.

3. 형상진실론과 형상허위론

유형상지식론이 무형상지식론보다 뛰어나지만 외경에 대한 실재를
인정하는 점에서 유식설보다 하위에 있는 것이다. 이것은 앞에서 말
했듯이 외계의 사물에 집착을 떠나는 것으로서는 외계의 실재를 인정
하지 않는 유식설이 경량부의 이론보다 우위에 있다고 할 수 있는 것
이다. 이 유식설에서 외계의 대상에 해당하는 것은 단지 식에서 분화
된 형상으로, 곧 인식 주체로서의 식이 인식 대상인 형상을 지각하는
것이 이 유식파의 입장인 것이다. 따라서 기본적으로 유식설은 대상
을 식의 형상으로서 인정하는 유형상지식론의 입장을 바탕으로 하지
만, 그 형상이 진실된 것인지의 여부에 따라 형상진실론(形象眞實論,
satyākāravāda)과 형상허위론(形象虛僞論, Alīkāravāda)으로 나뉘어진다. 즉 샨
타라크쉬타는 그 형상에 대하여 보다 고찰해야할 여지가 남아있다고
다음과 같이 말하고 있다.

또 좀 더 고찰해야 할 것이 있다. 그것들 형상이 진실된 것인가, 혹은
영상(影像) 등과 같이 고찰하지 않는 한 매력적인 것인가 하는 것이다.[49]

즉 외경을 인정하지 않고 형상만을 승인하는 유식파에서 그 형상이

진실된 것인가, 아니면 단지 고찰하지 않는 한에서 인정되어지는 세속의 것인가 하는 것이 질문되고 있는 것이다. 그리고 곧이어 그 형상을 진실로서 인정하는 형상진실론에 대한 고찰이 이루어진다(K.46-51).[50] 형상진실론에 대한 비판도 앞의 유형상지식론 비판과 동일하게 형상의 다수인 성질과 지의 하나인 성질 사이의 모순을 지적하는 것으로 이루어진다. 즉 그 형상이 진실이라면 형상은 다수의 성질인 까닭에 지도 다수의 것이 되든가, 아니면 지의 하나인 성질에 따라서 형상도 하나의 성질로 되어져야만 한다. 따라서 형상을 진실로서 인정한다면 이와 같은 모순을 벗어날 수 없는 것으로, 이러한 비판은 앞서 유형상비판론과 그 내용을 같이 하는 것임을 알 수 있다.

그러나 형상은 실재하지 않는 것으로, 진실에 있어서는 단지 미란

---

49) on kyang 'di la dpyad par bya ba cung zad tsam 'di yod de/ ci rnam pa de dag de kho na nyid yin nam 'on te ci gzugs brnyan la sogs pa ltar ma brtags pa gcig pu na dga' ba zhig yin/[一鄕(下) p.128].

50) 만약 [형상이] 진실이라면 知는 다수[의 것으로] 되든가 아니면, 그것 [형상]들이 하나가 되는 모순을 갖는 까닭에 확실히 별개의 것이 된다.(제46게송)
형상이 지와 다르지 않다면 動的인 것과 動的이 아닌 것은 하나의 [動的인] 것에 의해 일체가 動的인 것이 되어버린다. [따라서] 그 대답은 어렵다.(제47게송)
外境論에서도 그와 같이 분리하지 않는다면(=형상, 지를 같다고 한다면) 하나의 법에 일체가 확립되는 것을 벗어날 수 없다.(제48게송)
형상의 數와 같이 知의 [數를] 인정한다면, 그때 극미에서 행한 그 고찰을 벗어날 수 없다.(제49게송)
만약 다양한 것이 하나이라면, 空衣派의 견해이든가 [이다]. 다양한 것은 하나인 것을 자성으로 하지 않는다. 다양한 보석과 같이.(제50게송)
多樣한 것이 하나의 자성이라면, 다양한 것이 본성상 나타나는 것과 덮히는 것과 덮히지 않는 것등의 그 차이는 어떻게 있을 수 있겠는가.(제51게송)
(이 제46-51게송은 유식파의 형상진실론에 대한 비판으로, 다르마린첸에 의하면 제46-48게송은 一卵半塊論, 제49게송은 主客同數論, 제50, 51게송은 多樣不二論으로 命名된다.)

(迷亂)에 의해 생긴 것(K.52)[51]이라고 주장하는 형상허위론에 대해서는 여덟 가지 이유로서 그것을 비판하고 있다(K.53-60).[52] 즉 형상을 허위의 미란이라고 한다면 우리가 현재 명료히 인식하고 있는 것은 무엇인가를 물은 뒤, 허위의 형상이 실재 인식을 가져올 수 없다고 말하고 있다. 또한 샨타라크쉬타는 형상이 미란의 습기에 의한 것이라 하더라도, 그 미란에 의한 것은 의타기(依他起)의 것, 즉 유성(有性)의 것으로, 결국 형상을 유로서 인정하는 것이 된다고 말하고 있다.(K.60) 이와 같이 샨타라크시타는 형상허위론도 또한 인식을 성립시키지 못한다고 하여 비판하고 있다. 따라서 형상진실론이나 형상허위론은 성립되지 않는 것으로, 유식설의 이론은 성립하지 않는 것이다. 이것은 자증지

51) 그러나 본성상 그 [知에] 이 형상들은 없다. 진실에 있어 형상을 갖지 않는 知에 [그 형상들은] 迷亂에 의해 나타난다.(제52게송)
  (다르마린첸에 의하면 이 제52게송은 형상허위론의 주장이다)
52) 만약 [지에 형상이] 없다면, 어떻게 그것 [형상]들은 명료히 인식되는가. 이것 [형상]과 다른 지는 그와 같지 않은 것이다(=즉 지에 형상이 있다)(제53게송)
  어떤 곳(=지)에 어떤 것(=형상)이 없으면, 그곳에는 그것을 알 수 없다. 樂이 없는 곳에 樂 등[이 없는 것]과 백색 등에 백색이 없는 것과 같이.(제54게송)
  이 형상이 知의 대상으로서 실재하는 것은 불합리하다. 知자체와 떨어져 있는 까닭에 虛空華 등과 같이.(제55게송)
  [지에 형상이] 없는 것은 효력이 없기 때문에 假說로서도 불가능하다. 말의 뿔과 같이. 본체가 나타나는 지가 생기지 않는데 효력은 불가능하다.(제56게송)
  무슨 까닭에 그것이 존재하는 것이 명확히 지각되는가. 知와는 어떠한 관계에 있는가. 본체가 없는 것에 그 본체와 그것으로부터 생기는 것은 존재하지 않는다.(제57게송)
  원인이 없으면, 어떤 것에 의해 어느 때 [어느 것이] 생겨나는 것은 가능한가. 원인이 있다면 어떤 것에 의해 의타기성과 반대의 것이 되겠는가.(제58게송)
  [지에 형상이] 없으면, 지도 무형상의 것이 될 것이다. 맑은 수정과 같이 지에게는 지각작용이 전혀 없다.(제59게송)
  이것[형상]이 미란에 의해 알려진다고 한다면, 그것은 왜 미란에 의존하는 것인가. 그 힘에 의해 생긴다고 한다면, 그것도 의타기성인 것이다.(제60게송)

의 하나인 성질인 일성을 전제로 형상론을 전개시켰을 때 형상과 지
는 항상 모순을 벗어날 수 없기 때문에 그 일성은 성립하지 않는다고
하는 것이다. 이 일성이 성립하지 않는다면 다성도 역시 성립하지 않
는 것으로, 이 관계에 대해 샨타라크쉬타는 다음과 같이 말하고 있다.

어떠한 것을 고찰했을 때 거기에 하나인 것은 없다.
어떠한 것에 하나인 것이 없다면 거기엔 다수인 것도 없다.(K.61)

하나인 것과 다수인 것 외에 다른 형상을 갖는 것은 불가능하다.
이 둘은 서로 배제하며 존재하기 때문이다.(K.62)[53]

제1게송에서 밝힌 '이일다성증인'을 통해서 보면 일체가 성립되지
않는다는 것, 즉 일체가 무자성이라는 것을 이 형상론의 고찰로 증명
하고 있다. 이렇게 살펴보면 일체는 무자성인 것이며, 이 무자성은 또
한 무아(無我)인 것이다. 샨타라크쉬타는 다음과 말하고 있다.

유심(唯心)에 의존하여 외경이 없다는 것을 알아야 한다.
이 방식에 의존하여 그것(=유심)도 실제 무아인 것을 알아야 한다.(K.92)[54]

---

53) dngos po gang gang rnam dpyad pa// de dang de la gcig nyid med//
  gang la gcig nyid yod min pa// de la du ma nyid kyang med//[K.61; 一鄕(下)
  p.172].
  gcig dang du ma ma gtogs par// rnam pa gzhan dang ldan pa yi// dngos po mi
  rung 'di gnyis ni// phan tshun spangs te gnas phyir ro//[K.62; 一鄕(下) p.188].

이와 같이 샨타라크쉬타는 유심설이 외경을 인정하는 유부나 경량부 보다 우위에 있음을 밝히면서도 불교의 근본입장인 무아(無我, anātman)로서 총체적인 결론을 내리고 있다. 이렇듯 샨타라크쉬타는 자증지의 일성(一性)을 전제로서 자증지와 외경대상의 관계를 검토하여, 무형상지식론의 유부와 유형상지식론의 경량부, 그리고 유식설의 형상진실론과 형상허위론을 비판적으로 고찰해 가고 있다. 불교의 제 학파를 이와 같이 순차적으로 비판해 가는 작업은 후대에 볼 수 있듯이 인도뿐만 아니라 티베트에서도 크게 영향을 끼치는 것으로 샨타라크쉬타 사상의 특색 가운데 하나이기도 하다.

제4절 형상설과 관련된 문제점

샨타라크쉬타의 형상과 관련한 문제는 많은 학자의 관심을 끌어, 다양하게 연구되어 그 결과가 보고되고 있지만,[55] 이 형상설과 관련하여 반드시 주의해야 할 것은 이 샨타라크쉬타의 형상에 대한 논의

---

54) sems tsam la ni brten nas su// phyi rol dngos med shes par bya//
   tshul 'dir brten nas de la yang// shin tu bdag med shes par bya//
   [K.92; 一鄕(下) 294].
55) 李泰昇(1996-2) 참조.

가 이제설(二諦說)과 관련을 갖는다는 것이다. 즉 형상에 대한 논의도 승의에 있어 무자성의 증명을 위해 논리로서 고찰해 가는 것으로, 따라서 이 논리에 의해 고찰해 보면 형상론도 성립하지 않는다. 즉 일체를 성립시킨다는 자성을 전제로 할 때 그 자성의 일(一)과 다(多)에 의해 형상을 고찰하면 그것은 성립하지 않는 것이다. 이러한 일과 다에 의한 형상의 고찰은 좀 더 세밀하게 말하면 그것은 승의의 입장에서 이루어지고 있는 것이다. 이러한 승의의 입장을 샨타라크쉬타는 다음과 같이 표현하고 있다.

> 나도 눈 등의 지에 현현하는 성질의 것(=형상)은 부정하지 않지만, 반야지혜와 지식에 의해 고찰한다면, 파초(芭蕉)의 줄기(kadalistambha)와 같이 핵심이 되는 것은 조금도 현현하지 않기 때문에 승의로서는 주장하지 않는 것이다.[56]

즉 샨타라크쉬타는 현현하는 성질의 형상을 일반적으로 곧 세속에 있어서는 부정하지 않지만, 승의로서는 인정하지 않는다고 말하고 있다. 곧 세속은 앞서 샨타라크쉬타의 정의에서 보았듯 논리적 고찰을 하지 않는 이상 매력적으로 인정되는 것으로서, 따라서 형상도 승의

---

56) kho bo yang mig la sogs pa'i shes pa la snang ba'i ngang can gyi dngos po ni mi sel mod kyi/ shes rab dang ye shes kyis dpyad na chu shing gi sdong po bzhin du snying po bag tsam yang mi snang bas don dam par mi 'dod do//[一鄕(下) p.256].

의 고찰이 가해지지 않는 한 일반적으로 인정되는 것이라고 하는 것
이다. 이렇듯 샨타라크쉬타의 형상설 근본에는 승의와 세속의 이제의
개념이 포함되어 있는 것으로, 따라서 『중관론』은 샨타라크쉬타의 이
제설을 나타낸 문헌이라고 할 수 있다. 그리고 그의 형상설은 승의의
입장인 논리적인 고찰에서 진행되어 결국 무자성, 무아의 교설로 결
론지어지고 있는 까닭에 이러한 면에서 샨타라크쉬타를 형상론자로
규정하는 것은 잘못이라고 생각된다.[57] 샨타라크쉬타는 결코 유형상
론자나 형상진실론자, 혹은 형상허위론자로 규정되어서는 안 되는 것
이다.

57) 샨타라크쉬타를 형상진실론자 혹은 형상허위론자로서 구분하는 것은 특히 티베트에서
　　일반적이었던 것같다. 가지야마 「中觀思想の歷史と文獻」에서 인용하는 티베트의 『學
　　說寶環』에서도 샨타라크쉬타는 유가행중관파 형상진실파로 구분되어 있다[梶山雄一
　　(1982) pp.26-28]. 이 형상설에 대한 샨타라크쉬타의 이해에 대해서는 유가행중관파의
　　정의와 함께 일본불교학계에서 크게 논의된 문제이지만, 필자는 이러한 샨타라크쉬타
　　에 대한 이해가 그의 이제설에 대한 명확한 이해가 부족한 데서 연유한 것이 아닌가 생
　　각한다. 티베트에서의 샨타라크쉬타에 대한 이해는 御牧克己(1982-1) 참조.

샨타라크쉬타의 자재신 비판에 대하여

제8장

제1절 신과 관련된 문제의식

불교의 근본입장은 무신론(無神論)이다. 신(神)의 존재를 인정하지 않는 것이 불교의 근본입장이지만, 이 신에 대한 문제는 우리의 삶에서 그다지 간단한 문제는 아니라고 생각된다. 특히 한국 사회의 종교현상에서 기독교가 차지하는 위상을 고려해 보면, 신을 교의(敎義)의 핵심으로 하는 기독교의 번성은 신의 문제가 단순한 문제가 아니라 인간 속성의 본연의 모습을 반영하고 있는 것으로도 보여진다. 다시 말해 '신이 있다, 없다' 는 것과 상관없이 인간의 내면에서 이러한 신을 상정(想定)하게 하는 인간의 내적 열망이 존재하는 것이 아닌가 생각된다. 이러한 내적 열망과 관련하여, 오늘날 현대의 신학자나 과학자들의 신에 대한 견해에서는 영혼(靈魂, Soul, Jiva)의 문제가 중요시되고 있음을 알 수 있다. 곧 인간의 영혼이란 다른 동물에서는 볼 수 없는 고도의 정신적 작용으로, 인간과 신을 관계 맺는 역할을 한다고 하는 것이다.[1] 이와 같이 인간의 내면에서 고도의 정신적 작용을 행하는 영혼이 창조주인 신과 관계를 맺는다고 한다면, 이것은 이미 불타(佛陀) 재세시에 비판된 자재신

---

[1] 예를 들면 다음과 같이 말하는 것이다. "복잡한 인간의 두뇌는 동물에게서는 찾아볼 수 없는 정신적이고 영신적인 의식을 만들어 낸다. 인간은 인간 상호간의 관계, 복잡한 언어 '정신이론', 역사적 기억, 미래를 향한 생각 등을 다룰 수 있다는 핵심적인 능력을 갖추고 있다. 이렇게 고도로 발달한 '영혼스러움'이 인간을 독특한 것으로 만들며 신과의 개인적인 관계를 맺을 능력을 부여한다고 나는 믿는다." (맬컴 지브스, 「영혼은 어떻게 되었는가」, 『21세기의 신과 과학 그리고 인간』[러셀 스태나드 엮음, 이창희 옮김], 두레, 2002, 7. pp.163-164).

(自在神, Īśvara)에 대한 개념이나 14무기(無記, avyākṛta)의 하나로서 신체 (śarīra)와 영혼(Jīva)의 관계에서 나타나는 영혼의 문제와 유사한 것이 아 닌가 생각된다. 곧 우파니샤드 사상에 바탕을 둔 자재신의 개념은 피조 물 속에 작용하는 사물의 정신적 원리와 관계되고 있으며, 14무기의 영 혼의 문제도 신체와 관련해 미묘한 의문을 던지고 있기 때문이다. 특히 14무기의 영혼의 문제는 비록 불교가 무아설에 근거하고 있더라도 영 혼이 신체와 같은지 다른지를 묻는 것으로, 또한 많은 사람들에게 의문 을 불러일으킨 문제이기도 하였다. 불타가 무기로써 사치(捨置)한 것은 이러한 문제가 우리 삶의 근본문제를 해결하는데 도움이 되지 않는다 는 확신에서 나온 것이었지만, 그러나 영혼의 문제는 여전히 인간의 내 면적 본질에 대한 관심과 결부하여 끊임없이 의문을 일으키고 있다.

여기에서는 이렇게 인간의 삶에서 큰 위치를 차지하는 신에 대한 문 제에 대해 불교의 입장을 살펴보고자 한다. 이 신의 문제에 대해서는 이미 불타 재세시에 자재신에 대한 비판이 이루어져 불교의 입장은 분 명해지지만, 그렇더라도 인도철학의 전통에서 유파(有派, Āstika), 무파(無 派, Nāstika)의 전통에서 나타나듯 유신론과 무신론은 상호 끊임없는 논 쟁이 이루어졌다. 특히 불교의 무아론이나 무신론의 입장은 유아론이 나 유신론을 주장하는 인도의 여러 학파와 치열한 논쟁을 벌였던 것 은 잘 알려진 일이다. 따라서 여기에서는 자재신에 대한 불교의 입장 을 보다 분명히 하는 것을 목적으로 하여 불교무신론의 역사적 전통 을 살펴보고, 특히 후기중관파(後期中觀派)의 샨타라크쉬타(Śāntarakṣita)의 견해를 고찰하고자 한다. 샨타라크쉬타는 당시 다양한 인도의 전사상을

불교적 입장에서 비판한 『섭진실론(攝眞實論, Tattvasaṃgraha)』이라는 대저
술을 남긴 것으로 유명한 까닭에, 그의 저술에 보이는 신에 대한 비판
을 고찰함으로써 그가 불교 무신론 전통에 어떻게 위치하고 있는가를
살펴보기로 한다.

제2절 불교에 있어 자재신 비판론의 전개

1. 불교의 기본입장

일반적으로 신(神)이라 불리는 말은 인도사상에서는 이슈바라(Īśvara,
팔리 Issara)를 지칭하는 것으로, 이는 자재신(自在神), 자재천(自在天) 등으로
번역된다. 이 자재신에 대한 비판은 이미 불타 재세시에 나타난다. 초
기경전인 『증지부(增支部, Aṅguttara-Nikāya)』에서 불타는 인간이 느끼는 즐
거운 감정, 괴로운 감정, 즐겁지도 괴롭지도 않은 감정의 일체 원인을
제공하는 것이 자재신의 화작(化作)[Issara-nimmāna, Īśvara-nirmāṇa]에 의한
것이라고 하는 소위 존우설(尊祐說)을 비판하고 있다. 불타는 "모든 사람
들은 혹은 락(樂), 혹은 고(苦), 혹은 비고비락(非苦非樂)을 느끼고 안다. 그
리고 이것들의 일체의 원인은 자재신이 지어 만든 것이다."[2]라고 주장
하는 사문이나 바라문의 견해에 대하여 다음과 같이 말하고 있다.

우리는 그들에게 이와 같이 말한다. 과연 그렇다면 신의 화작을 원인
으로 살생(殺生)을 하게 될 것이다. 주지 않는 것을 빼앗게 될 것이다. 비
범행(非梵行)을 행하게 될 것이다. 망어(妄語)를 하게 될 것이다. …… 사견
자(邪見者)가 될 것이다. 비구들이여. 또 신의 화작을 굳게 집착하는 사
람들은 "이것은 해야 할 것이다", "이것은 해서는 안 된다"라는 의욕
도 없고, 또 정진도 없다. 이와 같이 해야 할 것과 해서는 안 될 것이 분
명히 알려지지 않는 까닭에, 실망하여 자신을 잘 보호하지 못하고 사
람들이 스스로 사문(沙門)이라 칭하는 것은 이유 없는 것이다.[3]

이 『중지부』 경전은 존우설과 더불어 숙작인설(宿作因說, Pubbekatahetu-
vāda), 무인무연설(無因無緣說, Ahetu-apaccaya-vāda)에 대해서도 함께 비판하
고 있는 것으로도 유명하지만, 이 존우설은 다시 말해 우리가 느끼고
아는 일체의 감정이 자재신에 의해 이루어졌다는 견해를 비판하는 것
이다. 그리고 이 존우설에 대하여 불타는 만약 우리가 느끼는 모든 것

2) santi bhikkhave eke samaṇabrāhmaṇā evaṃ vādino evaṃ diṭṭhino - yaṃ kiñcāyaṃ
purisapuggalo paṭisaṃvedeti sukhaṃ vā dukkhaṃ vā adukkhamasukhaṃ vā sabbaṃ
taṃ issaranimmānahetū ti.(*Aṅguttara-Nikāya* III.61.1, Pali Text Society Edition. p.173).

3) tyāhaṃ evaṃ vadāmi. tena h'āyasmanto pāṇātipātino bhavissanti
issaranimmānahetu, adinnādāyino bhavissanti issaranimmānahetu,
abrahmacārino bhavissanti issaranimmānahetu, musāvādino bhavissanti
issaranimmānahetu, …… micchādiṭṭhbhavissanti issaranimmānahetu.
issaranimmānānaṃ kho pana bhikkhave sārato paccāgacchataṃ na hoti chando
vā vāyāmo vā idaṃ vā karaṇīyaṃ idaṃ vā akaraṇīyan ti. iti karaṇīyākaraṇīye
kho pana saccato thetato anupalabbhiyamāne muṭṭhasatānaṃ anārakkhānaṃ
viharataṃ na hoti paccattaṃ sahadhammiko samaṇavādo.(*Aṅguttara-Nikāya*
III.61. 3, Pali Text Society Edition, p.174).

이 자재신이 만들었다고 한다면 살생이나, 투도(偸盜), 망어 등과 같은 나쁜 행위도 결국은 자재신에 의한 것이 되어, 자재신이 스스로가 불완전한 존재가 될 것이라고 말하고 있다. 이와 같이 불완전한 자재신의 속성을 지적함으로써 자재신을 비판하는 것은 당시 우파니샤드 사상에 의거하는 바라문교에서 자재신인 범천(梵天)이 창조주(創造主), 화생주(化生主), 능생자(能生者), 전지자(全知者)로서 완전한 존재로 간주되고 있었기 때문이다.[4] 곧 우파니샤드 사상에서 완전하고 절대자인 범천은 우주를 창조하였을 뿐만 아니라 모든 피조물 속에 내재하여 피조물을 그 내면에서 통제하고 조절하는 정신 원리로 간주되고 있었다. 그리고 이러한 내면의 정신적 원리로서 범천은 인간을 포함한 일체 사물 속에 존재하는 궁극적인 본질로서 아트만과 다르지 않은 것으로, 이 아트만(ātman)은 우리 내면의 모든 감정을 통제하는 내적 주체자로서 간주되었다. 따라서 내면의 감정을 통제하는 아트만의 불완전성은 창조주인 자재신의 불완전성으로 이어지는 것으로, 그런 까닭에 불타는 내면의 감정을 통제하는 주체로서 자재신을 비판하였던 것이다. 이러한 자재신의 불완전성에 대해 불타는 『중부』 경전에서도 "비구들이여. 만약 유정(有情)이 자재자의 화작을 원인으로서 고(苦), 락(樂)을 감수(感受)한다고 한다면, 지금 극렬한 고를 감수하는 것은 사악한 자재자에 의해 화작된 것이리라."[5]라

---

4) 雲井昭善(1967) p.285.

5) sace, bhikkhave, sattā issaranimmānahetu sukhadukkhaṃ paṭisaṃvedenti, addhā, bhikkhave, (niganṭhā) pāpakena issarena nimmitā, yaṃ etarhi evarūpā dukkhā tippā kaṭukā vedanā vediyanti.(*Majjhima-Nikāya* III, 1,1 Devadahasuttam, Pali Text Society Edition, p.222).

고 말하고 있다. 이와 같이 자재신을 비판한 뒤, 불타는 일체는 특정한 원인에 의하는 것이 아니라 연기(緣起, Pratītyasamutpāda)에 의한 것으로, 다양한 인연관계에 의해 생겨나는 것이라고 말하고 있다.

이렇게 불타는 인간 내면의 감정의 주체자로서 자재신을 비판하며, 또한 그러한 인간 내면의 존재인 아트만에 대해서도 무아설(無我說)로서 그것을 부정하고 있다. 곧 불타는 인간의 내면에 그와 같은 본질적인 실체로서 아트만이 존재하지 않음을 밝히기 위해 5온(蘊), 6입(入)의 교설에서 보듯 인간의 정신적 기능에 대해 다양한 분석과 고찰을 행하였던 것이다. 이러한 고찰을 통해 아트만과 같은 인간 내면의 본질적 존재란 존재하지 않음을 밝히며 그러한 입장을 '제법무아(諸法無我)'의 법인으로 분명히 드러내었다. 하지만 이와 같이 무아설에 의해 인간 내면의 궁극적 본질이란 존재하지 않음을 천명하였음에도 불구하고, 무기설(無記說)에서 보듯 인간 내면의 영혼의 문제는 여전히 사람들의 관심을 불러일으켰다. 곧 세계가 영원한지 아닌지, 또 이 세계에는 한계가 있는지 없는지, 신체와 영혼이 같은지 다른지, 여래는 사후에 존재하는지 아닌지 등과 같은 문제는 여전히 인간에게 의문을 자아내는 문제로 간주되었고, 특히 영혼의 문제도 신체와의 동일여부와 관련해 많은 의문을 자아내었던 것이다. 불타는 이러한 문제가 고통이라는 우리 삶의 근본 문제를 해결할 수 없는 것으로서 답변을 유보하였던 것이지만, 후대의 불교 역사에서 보듯 윤회의 주체와 관련한 다양한 내면의 주체가 상정되기에 이른다. 곧 불타에 의해 비판된 자재신의 문제는 인간의 내면적 정신 원리와 관련되어 후대에 이르기까지 여전히 많은 논의를 일으키게 된다.

2. 자재신 비판론의 전개

불교는 기본적으로 자재신을 부정하는 무신론의 입장에 서있지만, 이러한 입장은 우파니샤드의 범천이나 아트만을 인정하는 유아론, 즉 유신론과 끊임없는 대립 속에서 자재신 논쟁이 전개된다. 여기에서 자재신은 우주의 창조자인 동시에 인간 내적 감수작용의 주체자로서 간주되는 까닭에, 자재신 논쟁은 인간 내면의 궁극적인 본질에 대한 논쟁과 관련되어 전개된다. 불교에서는 불타 입멸 후에도 무신론의 입장을 견지하여 자재신에 대한 비판을 전개하고 있다. 이 자재신에 대해 세친(世親)은 『구사론(俱舍論)』「분별근품(分別根品)」에서 다음과 같이 말한다.

> 일체 세간은 오로지 앞에서 논설한 바와 같이 온갖 인(因)과 온갖 연(緣)에 의해 생겨난 것으로 자재천(自在天)이나, 자아(自我), 승성(勝性) 등의 단일한 원인에 의해 생겨난 것이 아니다. 여기에는 어떤 이유가 있는 것인가. 만약 일체법(一切法)의 생성(生成)이 원인에 의한 것이라는 사실을 인정한다면 어찌 일체의 세간이 자재천이라는 단일한 원인에 의해 생겨났다는 논의를 버리지 않을 것인가? 또한 온갖 세간은 자재천 등의 단일한 원인에 의해 일어난 것이 아니니 순서 등에 따라 생기기 때문이다.[6]

---

6) 번역은 권오민 역본(권오민 역주, 『아비달마구사론 I』, 동국역경원, 2002. p.339)을 따름. 이 번역에 해당하는 산스크리트본은 다음과 같다.
āha tu pratyayebhyo bhāvā upajāyante na punaḥ sarvasyaiva jagataḥ īśvarapuruṣapradhānādikaṃ kāraṇamiti/ ko'tra hetuḥ/ yadi khalu hetukṛtāṃ siddhaṃ manyase/ nanu ca ata evāsya vādasya vyudāsaḥ prāpnoty ekaṃ kāraṇamīśvarādikaṃ sarvasye/ api ca/ neśvarādḥ kramādibhiḥ// 64// (*Abhidharma-kośabhāṣya*, Pradhan Edition, p.101).

『구사론』에서는 불교의 근본교설인 연기설, 즉 인연론에 의거해 자재천 등의 단일한 원인이 세간의 근본 원인임을 주장하는 유신론자를 비판하고 있다. 만약 유신론자가 주장하듯 세간이 자재천의 단일한 원인에 의해 생겨났다고 한다면, 세간 현상에서 보여지는 다양한 모습이나 그 작용도 모두 자재천에 의해야 할 것이라고 말하고 있다. 따라서 『구사론』은 "만약 또한 일체의 세간은 오로지 자재천이라고 하는 하나의 단일한 원인으로부터 생겨났다는 사실을 신수(信受)한다면 세간에서 나타나는 그 밖의 인연이나 인간의 공력(功力) 등도 부정하게 될 것이다."[7]라고 말하고 있다. 이 『구사론』의 내용을 정리하면 하나의 단일한 원인으로서 자재천은 다양한 현상계의 원인이 될 수 없다고 하는 것이다. 곧 단일한 하나는 다양한 현상의 원인을 설명할 수 없는 것으로서, 현상계의 다양한 모습을 인정하는 이상 자재천의 단일성은 증명될 수 없다고 하는 것이다. 그리고 자재천이 단일한 원인이라 하여도 그 원인을 살펴가면 그 근본 원인일 수가 없는 것이다. 곧 자재천이 원인이라 한다면 보다 근원적인 원인이 상정되기 때문이다. 이렇듯 『구사론』은 다양한 입장에서 단일한 원인으로서 자재천을 비판하고 있으며, 이러한 비판의 근본입장은 불교의 연기설에 입각하고 있다. 이러한 불교의 근본입장인 연기설에 입각해 세계는 단일한 원인에 의거하는 것이 아니라 다양한 인연관계에 의해 이루어지고 있음을 『구사론』은 밝히고 있다. 그

---

7) 권오민 역본(上揭書, pp.341-342)에 따름. 산스크리트 원문은 다음과 같다.
ekaṃ khalvapi jagataḥ kāraṇaṃ parigṛhṇatā'nyeṣāmarthānāṃ pratyakṣaḥ puruṣakāro nihnutaḥ syāt/(*Abhidharmakośabhāsya*, Pradhan Ed. p.102).

리고 이러한 자재신이 아트만과 관련하듯 인간의 내면에서도 그러한 아트만과 같은 절대자는 존재하지 않음을 논증하고 있다.

그리고 『구사론』「파아품(破我品)」에서도 인간의 내면적 본질로 상정된 근본 원인에 대하여 비판을 가하고 있다. 이 「파아품」에서는 인간 내면의 주체로서 바라문교에서 상정된 아트만을 비판하고 있음은 물론 불교내부에서 윤회의 주체적 역할을 담당하는 것으로 상정된 푸드갈라(Pudgala)에 대해 비판하고 있다. 이 푸드갈라는 부파불교의 여러 부파 가운데 특히 독자부(犢子部, Vātsīputrīya)가 주장하는 것으로 유명하며, 독자부는 윤회의 주체 내지는 인간의 내적 본질로서 푸드갈라를 주장하는 근거로서 불타가 14무기에서 영혼이 신체가 아니라고 분명히 말하지 않았다고 하는 것을 들고 있다. 이것에 대해 세친은 다음과 같이 말한다.

> 능히 묻는 자의 아세야(阿世耶, 意樂, 즉 의도)를 관찰하였기 때문이다. 즉 묻는 자는 '내적으로 작용하는 단일한 사부(士夫, 즉 푸르샤) 자체는 실유(實有)로서 허망하지 않으니, 이것을 일컬어 영혼이라 이름한다'고 주장하여, 이 같은 주장에 의거하여 부처님에게 '[영혼은] 육신과 동일한 것인가, 다른 것인가' 하고 물었던 것이다. 그러나 이러한 영혼은 전혀 존재하지 않기 때문에 [육신과] 동일하다거나 다르다고 하는 말은 성립할 수 없는데, 어찌 육신과 동일하다거나 다르다고 언표할 수 있을 것인가.[8]

이와 같이 세친이 독자부의 푸드갈라를 비판하는 것에서도 알 수 있듯이 불교에서는 인간 내적 본질로서 영혼은 인정하지 않지만, 그러나 독자부에서 보듯이 인간 내면의 근본적 주체에 대한 추구는 불타 이후에도 계속적으로 이어지고 있다. 다시 말해 내면적 본질로서 영혼이나 어떤 절대적 실체를 상정하지 않고 심식(心識)의 작용 내지는 다양한 마음의 양태로서 정신활동을 설명하는 것이 불교의 근본이지만, 독자부의 푸드갈라론에서 부파불교의 여러 교의에서는 궁극적 요소나 윤회의 주체가 상정되었던 것이다. 그리고 이러한 불교 내부의 정신주체의 논의와는 별도로 인도 유신론은 범천이나 아트만을 적극적으로 인정하는 기반 위에 전개되고 있다. 비록 인도의 모든 사상이 자재신에 대해 동일한 해석을 하는 것은 아니지만, 거의 보편적으로 자재신을 인정하며, 니야야 학파와 같이 초기와 달리 후대에 이르러 자재신을 보다 적극적으로 인정하는 경향도 생겨난다. 이러한 인도사상의 전개를 고려하면, 자재신에 대한 논쟁은 내면의 정신원리와 관련된 논쟁으로서 곧 아트만에 대한 논쟁이라고 해도 과언은 아니다. 이러한 내면의 정신원리와 관련된 자재신 논쟁은 샨타라크쉬타에게서도 분명히 나타나고 있다.

8) 번역은 권오민 역(권오민 역주, 『아비달마구사론 4』, 동국역경원, 2002, p.1366)을 따름. 이 번역에 해당하는 산스크리트본은 다음과 같다.
yadi skandhamātraṃ pudgalaḥ kasmāt bhagavatā sa jīvas taccharīramanyo veti na vyakṛtaṃ/ praṣṭurāśayāpekṣayā/ sa hi jīvadravyam ekam antarvyāpāra puruṣam adhikṛtya pṛṣṭanvān/ sa ca kasmiṃścin nāstīti kathamasyānyatvamananyatvaṃ vā vyākriyatām/ (*Abhidharmakośabhāṣya*, Pradhan Edition, p.469).

제3절 샨타라크쉬타의 자재신 비판

1. 『섭진실론』의 기본입장

샨타라크쉬타(Śāntarakṣita, ca. 725-783)는 인도 후기의 불교사상가로서, 그의 생애는 그가 티베트에 불교를 전해준 까닭에 티베트의 사서(史書)를 통해 비교적 상세히 전해지고 있다. 그가 저술한 이 『섭진실론』은 방대한 당시의 사상을 전하는 유명한 문헌으로, 이 저술은 그의 대표작인 『중관장엄론』 속에서도 거론되고 있는 까닭에 비교적 초기의 저술이라고 할 수 있다. 이 『섭진실론(Tattvasaṃgraha)』은 전체 26장(티베트 역 31장)에 달하는 방대한 내용으로서 당시의 거의 모든 인도사상을 불교적 입장에서 비판적으로 정리 기술하고 있다. 이 『섭진실론』에 대해서는 샨타라크쉬타의 제자로 알려지는 카말라쉴라(Kamalaśīla, ca. 740-797)의 상세한 주석인 『섭진실론세소(Tattvasaṃgraha-pañjikā)』가 전하고 있어, 당시의 사상이 보다 구체적으로 드러난다.[9] 이 샨타라크쉬타나 카말라쉴라는 인도불교의 중관학파(中觀學派)에 속하는 인물이지만, 두 사람은 모두 다 다르마키르티(Dharmakīrti)의 인식론과 논리학에 정통하고 있다. 특히

---

9) 本稿에서 『攝眞實論』과 카말라쉴라의 『攝眞實論細疏』의 산스크리트 원문은 샤스트리版을 사용하였다.(*Tattvasaṅgraha* of ācārya Shāntarakṣita with the Commentary Pañjikā of Shri Kamalashīla, Ed. by Swami Dwarikadas Shastri, Bauddha Bharati, 1981) 그리고 번역은 Jha의 영역을 전적으로 참조하였다.(*The Tattvasaṅgraha of Shāntarakṣita* with the Commentary of Kamalashīla, Trans. by Ganganatha Jha, Motilal Banarsidass, 1986).

카말라쉴라의 『섭진실론세소』는 다르마카르티의 논리학을 바탕으로 주석을 가하고 있는 점이 특징으로 보여진다.

『섭진실론』은 기본적으로는 불교 입장에서 인도의 모든 사상을 비판하고 있지만, 그 내용상 상세하고 세밀하게 당시의 사상을 전한다는 점에서 불교뿐만 아니라 인도사상 전체에 있어 중요한 저서라 할 수 있다. 『섭진실론』의 처음 부분의 게송(K.1-6)은 일종의 서문으로서 귀경게와 같은 역할을 하지만, 『섭진실론』 전체에서 다루는 핵심적인 내용을 단적으로 드러내고 있다. 그 서문 게송의 제5게송과 6게송에서는 불타를 찬탄하며 다음과 같이 말하고 있다.

> [불타는] 독자적인 [베다의] 성전과는 무관계(제24-25장)하며, 세계의 이익을 실현하시고자, 다수의 무수한 겁 사이에 대자비(大慈悲)의 몸이 되시었다.(K.5)
> 이 분은 가르침을 설하는 분 중 최고자로서, 연기(緣起)를 설하셨다. 이 일체지자(一切智者)(제26장)에게 귀명하며, 이 『섭진실론』을 짓는다.(K.6)[10]

이 서문에 해당하는 게송은 일종의 귀경게와 같은 역할을 하며, 그 내용에서 보듯 『섭진실론』 전체의 주제를 제시하고 있다. 그리고 이 제6게송에서 보듯 가르침을 설하시는 자들 중 최고자로서, 연기를 설하신 일체지자 곧 불타에게 귀명의 예를 올리고 있다. 이 부분은 나가르주나의 『근본중송』의 귀경게를 연상시키는 것으로, 이것은 샨타라크쉬타가 나가르주나의 충실한 후계자임을 보여주는 것이라 생각된다. 여기에서 이렇게 연기의 도리를 설하신 불타에게 귀명한다는 것은 샨타라크쉬타 역시 연기를 불교 교리의 근본으로 간주하고 있음을 보여주는 것이라 할 수 있다. 이 연기와 관련된 부분에 대해 카말라쉴라는 다음과 같이 주석을 가하고 있다.

> 그리하여 이상과 같이, 연기는 상술한 바와같이 허망분별의 그물로 부터 떠나 있는 것을 설명한 뒤에, 이것을 총괄하여 일체 희론의 총체(總體)를 떠난다 운운 말한 것이다. …… [문] Hari라든가 Hara, Hiraṇya-garbha 등과 같은 다른 자들도 이것[=연기]을 깨달았는가? [답] 아니다. 타파의 자들은 이해할 수 없는 바 운운. 모든 외도(外道)의 교사들은 삿된 아견(我見)에 집착하고 있기 때문에, 이 [연기는] 세존만의 불공(不共)의 깨달음이라고 설한다.[11]

이와 같이 카말라쉴라는 연기야말로 불타 세존이 설한 남과 다른[不

---

10) svatantraśrutinissaṅgo jagaddhitavidhitsayā/
analpakalpāsaṁkhyeyasātmībhūtamahādayaḥ// 5//
yaḥ pratītyasamutpādaṁ jagāda gadatāṁvaraḥ/
taṁ sarvajñaṁ praṇamyāyaṁ kriyate tattvasaṁgrahaḥ// 6//(Shastri Ed. p.3)
歸敬偈의 부분의 번역에 대해서는 渡邊照宏(1967) 참조.

11) tadevaṁ yathoktāsadarthakalpanājālarahitatvaṁ pratītyasamutpādasya
pratipādyopasaṁharannāha. sarvaprapañcetyādi/ ……/
atha kim ayam ayair api hari-hara-hiraṇyagarbhādibhirevam abhisambuddhaḥ?
netyāha - agataṁ parairiti/
sarvatīrthānāṁ vitathātmadṛṣṭyabhiniviṣṭatvādbhagavata
evāyamāveṇiko' bhisambodha iti darśayati/(Shastri Ed. p.18).

共의 가르침으로, 타학파의 교리와는 구분되는 불교의 독특한 교설임을 강조하고 있다. 이러한 연기를 깨달은 불타의 위대성에 대하여『섭진실론』은 최종장(제26장)에서 '초감각적 대상을 보는 자에 대한 고찰(atīndriyārthadarśi-parīkṣā)'이란 이름으로 일체지자(Sarvajña)에 대해 논증하여 불타의 위대성을 증명하고 있다. 이렇듯『섭진실론』은 인도의 여러 학파의 중심개념들을 상세히 비판한 뒤에, 그러한 비판의 근본원리로서 연기를 깨달은 불타의 위대성을 논증하고 있다. 따라서 이『섭진실론』의 내용은 이후 샨타라크쉬타의『중관장엄론』등으로 이어져 후기 대승불교의 사상적 전개가 이루어지는 근본이 된다.

2. 〈자재신 고찰의 장〉의 내용 및 특징

『섭진실론』에서 자재신에 대한 비판은 제2장 〈자재신 고찰의 장〉(Īśvaraparīkṣā; K.46-93)에서 이루어지고 있다. 이 제2장은 전체적으로 자재신을 주장하는 자들인 니야야 학파의 견해를 밝히는 전주장(前主張, Pūrvapakṣa)과 그것에 대한 비판인 후주장(後主張, Uttarapakṣa)의 둘로 나눠지고 있다. 그리고 전주장에서 서술한 내용을 샨타라크쉬타는 후주장을 통해 하나하나 비판을 가하고 있다. 전주장과 후주장의 게송 각각의 내용을 살펴보면 다음과 같다.[12)]

---

12) 전주장과 후주장의 내용은 샤스트리 판에 나타나는 내용구분을 기본으로 필자가 약간 수정을 가한 것이다.

[전주장]

• 자재신이 능립(能立)의 원인임을 진술 – K.46

• (1) 논증식을 통해 자재신 성립을 주장 – K.47,48

• (2) 또 다른 논증식으로 자재신 성립을 주장 – K.49

• 웃됴타카라가 진술한 방식 – K.50

• 프라샤스타마티가 진술한 방식 – K.51

• 같은 파의 웃됴타카라의 방식 – K.52, 53

• 자재신의 일체지성(一切智性) 성립 – K.54

• 일체지성의 성립 – K.55

[후주장]

• 두 가지 원인이 성립하지 않음을 논증 – K.56-60

• 아차리가 설한 것이 성립하지 않음 – K.61-65

• 니야야 학파의 답변 – K.66, 67

• 그것에 대한 반론 – K.68-83
  (이상은 전주장의 K.46, 47, 48에 대한 비판)

• 바른 이유를 진술한 두 가지 방식에 대해 밝힘 – K.82
  (전주장 K.49에 대한 비판)

• 웃됴타카라가 설한 이유에 대한 결점 – K.83
  (전주장 K.50에 대한 비판)

• 프라샤스타마티의 견해를 밝힘 – K.84,85

• 자재신의 모순에 대한 방식 진술 – K.86-90

(이상은 전주장 K.51, 52, 53에 대한 비판)

• 자재신의 일체지성 배척 – K.91

• 자재신의 유일성(唯一性) 배척 – K.92, 93-A

  (이상은 K.54에 대한 비판)

• 일체지성에 대한 타학파 언급 -- K.93-B

  (전주장 K.55에 대한 답변)

  이상의 내용구분에서 알 수 있듯이 〈자재신 고찰의 장〉은 전주장을
통해 자재신을 주장하는 자들의 견해를 거론하고, 후주장을 통해 그 견
해를 하나하나 비판해 가는 것으로 구성되어 있다. 그리고 전주장으로서
거론하는 자재신에 대한 주장은 대부분 니야야 학파의 견해가 주된 비판
의 대상이 되고 있으며, 특히 니야야 학파의 웃됴타카라(Uddyotakara)[13]
는 전체를 통해서 가장 직접적인 비판의 대상이 되고 있다. 이 웃됴타
카라의 견해는 카말라쉴라의 주석에서도 곳곳에서 인용되고 있어, 당
시 자재신의 주장에 있어 기본적인 견해로서 간주되었음을 알 수 있다.
그리고 이 〈자재신 고찰의 장〉은 당시의 논리학을 바탕으로 그 주장이
전개되고 있으며, 카말라쉴라는 보다 상세한 설명과 엄밀한 논리학의

---

13) 웃됴타카라는 AD.6세기경 니야야 학파에 속하는 인물로, 바챠야나(Vāstyāyana, ca.
   450-500)의 『正理疏(Nyāya-bhāṣya)』에 대한 주서인『正理評釋(Nyāya-vārttika)』을 지
   었다. 특히 『정리평석』에서는 불교논리학파의 디그나가(Dignāga)를 비판하고 있다. 니
   야야 학파와 불교와의 논쟁은 오랜 역사를 갖는 것으로, 따라서 샨타라크시타의 웃됴타
   카라의 비판도 이러한 역사적 과정의 일면을 보여주는 것으로 생각된다[李芝洙, 「니야
   야 학파의 인식론·논리학」, 『인도철학』 제2집, 인도철학회, 1992, p.169 참조].

지식으로 샨타라크쉬타의 견해를 재정리하고 있다. 이러한 논리학을 바탕으로 한 주장과 비판의 전개는 『섭진실론』의 특징이라고도 할 수 있다. 이러한 논리학적 특징의 예를 살펴보면, 샨타라크쉬타는 자재신을 주장하는 니야야 학파의 견해를 다음과 같이 제시하고 있다.

> 그 자신 구성요소의 독특한 배열로 특징지어지는 것은 '지성(知性)을 속성으로 하는 원인'에 묶여져 있다. 예를 들면 항아리 등과 같이 논쟁 중에 있는 사물, 즉 두 개의 감각기관에 의해 지각되거나 지각되지 않는 사물은 지적인 원인에 의해 선행되어야만 한다. 매순간 차이를 보이는 것으로 원자와 같이.(K.47, 48)[14]

이 게송은 자재신을 논증하기 위한 니야야 학파의 견해로서, 사물들에게 있는 '지각적 요소(buddhimat)' 혹은 '정신적인 원인'이 곧 자재신이라는 것을 논증하는 주장이다. 이 샨타라크쉬타의 주장에 대해 카말라쉴라는 다음과 같은 논증식으로 다시 설명하고 있다.

> 논쟁 중에 있는 사물, 즉 두 개의 감각기관에 의해 지각되거나 결코 지각되지 않는 사물은 지적인 원인에 의해 생겨난 것으로 간주되어야만

---

14) yat svārambhakāvayavasanniveśaviśeṣavat/
   buddhimaddhetugamyaṃ tat tadyathā kalaśādikam// 47//
   dv?ndriyagrāhyamagrāhyaṃ vivādapadamdṛśam/
   buddhimatpūrvakaṃ tena vaidharmyenāṇavo matāḥ// 48//(Shastri Ed. pp.52-53).

한다.[宗]

왜냐하면 그것은 그 구성요소들의 독특한 배열로 특징지어지기 때문
이다.[因]

[매순간 유사성을 보이는] 항아리와 같이.[同喩]

매순간 차이성을 보이는[異法] 원자와 같이.[異喩][15]

이와 같이 샨타라크쉬타의 주장을 카말라쉴라는 주장[宗]·이유[因]·
유례[喩]의 3지작법(支作法)의 논리식으로서 바꾸어 설명한다. 이러한 논
리학의 지식에 바탕을 둔 주석이 카말라쉴라 주석상의 특징으로도 보여
지지만, 샨타라크쉬타도 또한 논리학적 지식에 바탕을 두고 게송을 설해
가고 있다. 이 K.47, 48게송의 자재신에 대한 논증은 후주장에서 상당한
분량을 할애하며 비판하고 있어 샨타라크쉬타가 논박하는 것 중에서도
당시 자재신 증명에 관한 대표적인 논증식으로 보여진다(후주장 K.56-71).
샨타라크쉬타는 이 논증식의 주장명제와 이유명제, 비유명제가 각각 성

---

15) taduktam -- dvīndriyagrāhyāgrāhyaṃ vimatyadhikaraṇabhāvāpannaṃ
buddhimatkāraṇapūrvakam svārambhakāvayavasanniveśaviśiṣṭatvāt, ghaṭādivat,
vaidharmyeṇa paramāṇava iti/(Shastri Ed. p.52).

16) 카말라쉴라는 K.47, 48의 논증식에 대한 주석에서 상세한 논리학적 설명을 가하고 있
다. 예를 들면 주장명제와 이유명제 등에 대해 다음과 같이 말하고 있다. "그와 같이 所
別(viśeṣya), 能別(viśeṣaṇa), 所依(āsraya)에 있어서 세 종류의 이유가 성립하지 않는다
고 말하셨다. 네 번째도 스승은 喩例가 성립하지 않음을 보이기 위해 다음의 게송(K.61,
62)을 말하셨다"(tadevam viśeṣyaviśeṣaṇāśrayāṇām asiddhestrividhā hetorasi-
ddhatoktā, caturtham apy ācāryanirdiṣṭam asiddhiprakāram; Shastri Ed. p.57) 여
기에서 말하고 있는 소별과 능별은 주제명제에 대한 오류인 類似宗을 설명하는 경우 나
타나며, 소의도 이유명제의 오류인 類似因의 설명에서 쓰여지는 용어이다(박인성 지음,
『인명입정리론의 분석』, 경서원, 2000, p.38, 50 참조).

립하지 않음을 논중하며, 이것에 대해 카말라쉴라도 논리학적 지식을 응용해 상세한 설명을 하고 있다.[16] 이와 같이 〈자재신 고찰의 장〉은 기본적으로 불교논리학에 의거해 그 주장과 비판이 이루어지고 있어, 당시 니야야 학파 등 타학파와의 대론이나 논쟁이 기본적인 논리학적 지식을 바탕으로 이루어졌음을 보여준다. 샨타라크쉬타도 후주장에서 자재신의 주장이 올바르지 않음을 논리적 지식을 바탕으로 비판해 가고 있다.

3. 자재신 비판

샨타라크쉬타는 먼저 모든 생겨난 존재들이 자재신을 원인으로 한다는 유신론자의 견해를 다음과 같이 소개하고 있다.

> 다른 자들은 모든 생겨난 사물은 자재신[īṣa =īśvara]을 원인으로 한다
> 고 말한다. 이는 어떠한 비지각적인 사물도 그 결과를 발생시킬 수 없
> 기 때문이라고 한다.(K.46)[17]

여기에서 '다른 자들'이란 니야야 학파와 유신론자를 가리키고 있으며,[18] 〈자재신 고찰의 장〉 전체를 살펴보면 니야야 학파가 자재신을 주

---

17) sarvotpattimatā mīṣamanye hetuṃ pracakṣate/
   nācetanaṃ svakāryāṇi kila prārabhate svayam// 46//(Shastri Ed. p.51).
18) 카말라쉴라는 다음과 같이 주석하고 있다. " '다른 자들' 이란 니야야 학파의 사람 등이
   다"(anya iti naiyāyikādayaḥ; Shastri Ed. p.51).

장하는 대표적인 학파로 간주되고 있다. 곧 자재신을 주장하는 자들의 견해에 의하면 모든 존재하는 사물의 물질적인 요소는 어떠한 지각력을 가진 '정신적인 원인'에 의해 지각과 감각이 가능해 지는 것이다. 이러한 지각과 감각을 가능케 하는 것이 바로 정신적 원리로서 이것이 자재신인 것이다. 따라서 살아있는 모든 사물에게 보이는 '지각력을 가진 존재(buddhimad)'는 바로 자재신이 원인이 되어 나타났다는 것이 바로 자재신 주장자들의 견해라고 할 수 있다. 이러한 내적인 '지각적 요소'가 자재신인 것에 대해 샨타라크쉬타는 웃됴타카라의 견해를 들어 다음과 같이 말하고 있다.

> 결과를 발생시키는데 있어서, 법(法), 비법(非法), 원자(原子) 등의 모든 원인은 '지각력(知覺力)을 가진 존재'에 의해 조절된다. 왜냐하면 그것들은 생기하고 있기 때문에. [옷감을 짜는] 북이나 실과 같이.(K.50)[19]

웃됴타카라의 견해도 모든 생기하는 사물이 질서 있게 생기하는 것은 사물의 근본원인으로서 '지각력을 가진 존재(cetanāvad-adhiṣṭhita)'가 있기 때문이라고 말한다.[20] 곧 인간을 포함한 모든 존재하는 것의 물

---

19) dharmādharmāṇavassarve cetanāvadadhiṣṭhitāḥ /
svakāryārambhakāḥ sthitvā pravṛttes turitantuvat// 50//(Shastri Ed. p.54).

20) 자재신이 인간 내면에서 '지각력을 가진 존재'로 니야야 학파의 웃됴타카라는 주장하지만, 이것은 또한 인간 내면의 아트만과 어떠한 관계를 갖는지 의문이다. 이것에 대해 니야야 학파의 밧차야나는 "자재신이란 탁월한 속성을 갖는 특수의 아트만이다"라고 말해, 자재신은 곧 아트만과 동일한 속성을 가지고 있음을 보여주고 있다(미야사카 유쇼, 「有神論 비판」, 『인도불교의 인식과 논리』[전치수 옮김], 민족사, 1992, p.260 참조).

질적인 요소를 통제하는 '정신적인 지각력을 가진 존재'가 바로 자재신인 것이다. 이 근본적인 정신적 존재는 프라샤스타마티(Praśastamati)[21]에 의하면, 태초에 이미 인간의 의식을 지각시킨 존재로서 인간사회에 관습을 만들게 한 존재이기도 한 것이다.[22] 이렇듯 자재신은 태초 이래로 모든 사물의 정신적 원리로서 작용하고 있는 것으로, 바로 지각력을 가진 모든 존재가 자재신을 원인으로 하고 있는 것이다.

이와 같이 샨타라크쉬타가 비판의 대상으로 거론하는 자재신은 모든 사물들에 있어서 '지각력을 원인'으로 존재하는 것임을 알 수 있다. 샨타라크쉬타는 이러한 자재신에 대해 니야야 학파가 말하는 유일하고 영원한 존재로서의 자재신에 대해 다음과 같이 비판하고 있다.

영원하고 유일하며 모든 의식의 근원으로서 영원한 실체인 존재는 결코 증명될 수 없다. 앞서 말한 논리적 필연관계가 주장명제(sādhya)에는 존재하지 않기 때문이다.(K.72)[23]

샨타라크쉬타는 후주장에서 논리학적 지식을 바탕으로 자재신의 논

---

21) 프라샤스타마티에 대해서는 명확치 않다. 바이쉐시카 학파의 프라샤스타파다(Praśastapāda)와 혼동된 듯하지만 확실치 않다. 영역자 Jha도 특별한 언급을 하고 있지 않다.

22) "태초의 창조시, 인간의 습관은 다른 사람의 가르침에 의하였음에 틀림없다. 그 후 사람들이 의식적으로 자각하였을 때, 그것이 특별한 것임을 발견했다. 예를 들면 어린아이의 습관과 같이"sargādau vyavāharaśca puṃsāmanyopadeśajaḥ/ niyatatvāt prabuddhānāṃ kumāravyavahāravat// 51//(Shastri Ed. p.54).

23) kintu nityaikasarvajñanityabuddhisamāśrayaḥ/
    sādhyavaikalyato' vyāpterna siddhimupagacchati// 72//(Shastri Ed. p.63).

증식을 비판하고 있으며, 여기에서도 자재신은 논리적으로 증명할 수 없음을 밝히고 있다. 특히 앞서 본 K.47, 48의 자재신 논증식에서 주장명제와 이유명제 사이의 '논리적 필연관계'(vyāpti)가 성립하지 않는 까닭에 '정신적인 지각의 존재'는 성립하지 않는다고 말하고 있다. 더욱이 그와 같은 '지각력을 가진 존재'가 니야야 학파에서 말하듯 '영원하고(nitya)', '유일하며(eka)', '모든 의식의 근원으로서 영원한 실체(sarvajñanitya-buddhi-samāśraya)'라고 규정한다면 더욱이 이것도 증명될 수 없다고 말하고 있다. 이 샨타라크쉬타의 자재신에 대한 설명을 카말라쉴라는 다음과 같이 설명하고 있다.

> 네[니야야 학파]가 증명하고자 하는 것은 세계가 지각을 가진 존재에 의해 창조된 것뿐만 아니라 영원하고 유일하며 일체지와 지각의 영원성을 그 의지처로 하는 일체세계의 원인으로서 자재신으로 알려진 지각력의 소유자라고 하는 주장이다.[24]

이렇듯 니야야 학파에서 주장하고자 하는 자재신은 영원하고 유일하며, 일체세계의 원인으로서 간주되는 존재임을 알 수 있다. 하지만 이러한 영원하고 유일한 존재란 있을 수 없다고 샨타라크쉬타는 다음과 같이 비판하고 있다.

---

24) na hi bhavatāṃ buddhimatpūrvakatvamātraṃ sādhyaitumiṣṭaṃ, kintu nitya ekaḥ sarvajñāyā buddhernityāyāḥ samāśrayaḥ sakalabhuvanaheturbuddhimān īśvarā-bhidhāno yaḥ padārthaḥ, (Shastri Ed. p.63).

우리들에게 있어 영원한 존재는 어떠한 결과도 발생시킬 수 없다. 왜
냐하면 계시적(繼時的)인 것과 동시적(同時的)인 것은 상호 모순하기 때문
이다. 만약 그 대상이 계시적이라면 그 인식에 있어서도 계시적이어야
만 한다.(K.76) 자재신의 인식도 계시적이어야만 한다. 왜냐하면 계시적
이고 인식적인 사물과 관련되어 있기 때문이다. 불꽃 등과 관련한 데
바닷타 등의 인식과 같이.(K.77)[25]

곧 자재신이 영원한 존재로서 변함이 없는 존재라면, 모든 것이 계시
적(krama)으로 생겨나는 존재인 사물과는 근원적으로 모순이 된다고 말
하는 것이다. 이것은 영원한 존재인 자재신과 끊임없이 변화하는 존재
와의 상호 모순을 지적한 것으로, 곧 모든 것이 계시적으로 생기하는
현상에 영원하고 유일한 존재란 없음을 지적하고 있는 것이다. 따라서
자재신에 대한 인식도 계시적일 수밖에 없는 까닭에 자재신의 영원성
은 부정되어지는 것이다. 그리고 영원하고 유일한 존재로서 자재신이
란 생겨난 사물의 원인일 수도 없는 것이다. 샨타라크쉬타는 다음과 같
이 말하고 있다.

자재신은 생겨난 사물들의 원인일 수 없다. 왜냐하면 스스로 생겨난

---

25) kramākramavirodhena nityā no kāryakāriṇaḥ /
   viṣayāṇāṃ kramitvena tajjñāneṣvapi ca kramaḥ// 76//
   kramabhāvīśvarajñānaṃ kramivijñeyasaṅgateḥ /
   devadattādivijñānaṃ yathā jvālādigocaram// 77//(Shastri Ed. p.64).

일이 없기 때문이다. 허공의 꽃과 같이. 만약 그렇지 않다면 모든 사물들은 동시에 생겨나게 될 것이다.(K.87)[26]

영원하고 변함이 없는 존재로서 자재신은 모든 사물의 창조자로서 간주되고 있는 존재이지만, 변함이 없는 그 존재가 변화하는 사물을 생겨나게 했다는 것은 모순임을 지적하고 있다. 그리고 완전하고 절대적인 창조자라면 처음부터 모든 것을 완전하고 동시에 모두 다 만들었을 것인데, 어찌하여 계시적으로 사물은 계속해 생겨나는가를 묻고 있는 것이다. 따라서 자재신이 완전하고 절대적인 존재로서 간주되지 않는 것이다. 그리고 영원하고 절대적인 존재인 까닭에 자재신이 그 창조성을 인정받는 것이지만, 그러한 영원성이 파괴된 이상 그 창조성도 인정할 수 없게 된다. 그 창조성이 부정되어진다면 전능(全能)한 일체지성(一切智性)도 부정되는 것이다. 샨타라크쉬타는 다음과 같이 말한다.

신의 창조력에 대한 논박에 의해 그의 일체지성 또한 무시된다. 일체지성에 대한 논쟁이 근거하는 것은 그 창조력을 기반으로 하고 있기 때문이다.(K.91)[27]

---

26) n eṣvaro janmināṃ heturutpattivikalatvataḥ /
   gaganāmbhojavat sarvamanyathā yugapad bhavet// 87//(Shastri Ed. p.69).

27) kartṛtvapratiṣedhācca sarvajñatvaṃ nirākṛtam/
   boddhavyaṃ tadbalenaiva sarvajñatvopapādanāt// 91//(Shastri Ed. p.72).

이와 같이 자재신의 창조성이 부정된다면 일체지성(Sarvajña)도 부정되어, 자재신의 일체지를 주장하는 니야야 학파의 견해는 부정되는 것이다. 이렇듯 창조주로서 자재신은 영원하고 유일하며 우리의식 근저의 영원한 존재로 간주되지만, 이러한 자재신의 성격이 부정되는 이상 그 창조성과 일체지성은 부정되어 진다.

이상과 같이 샨타라크쉬타는 모든 사물의 정신적 원리에서 자재신의 이유를 찾는 니야야학파의 주장에 대하여, 영원하고 유일하며 모든 의식에서 변치 않는 실체로서 자재신의 존재란 존재하지 않음을 논증하고 비판한다. 이러한 샨타라크쉬타의 자재신 비판도 또한 불타의 자재신 비판이나 『구사론』에서의 자재신 비판과 같은 불교의 무신론 전통을 계승하고 있는 것임을 알 수 있다. 이렇듯 후대에 이르기까지 불교의 자재신 비판은 계속되고 있으며, 후대에 이르러서는 샨타라크쉬타에서 보듯 정치한 논리학적 지식을 사용한 보다 엄밀한 비판이 전개되고 있다.

제4절 샨타라크쉬타 자재신 비판의 의의

샨타라크쉬타의 자재신에 대한 비판은 자재신을 피조물의 '정신적 원리', '지각력(知覺力)의 원인(原因)' 등으로 간주하는 니야야 학파의 견해에 초점이 맞추어 지고 있다. 이러한 지적(知的) 원인으로서 자재신이 유일하고 영원한 실체임을 주장하는 견해에 대해 샨타라크쉬타는 당시의 논리학적 지식을 바탕으로 자재신의 유일성과 영원성을 비판하고 있다. 그리고 그러한 비판에서 보이는 근본정신은 연기설에 바탕을 둔 불타의 자재신 비판의 정신이 그대로 이어지고 있다. 물론 이것은 『구사론』에서 보이는 자재신 비판과도 그 궤(軌)를 같이하고 있는 것이라 생각된다.

이미 서론에서 말하였듯 본장에서 논의의 계기는 오늘날 현대의 신학자나 과학자들의 신에 대한 견해에 인간 영혼의 문제가 중시되고 있는 것을 확인할 수 있었고, 또 그러한 영혼의 문제와 관련된 창조자, 조물주로서의 신의 개념이 인도의 우파니샤드 사상을 바탕으로 하는 자재신의 개념과 유사하다고 생각되었기 때문이다. 곧 우파니샤드에서 보듯 범천인 자재신은 또한 모든 피조물 속에 내재되어 있는 '정신적 원인' 내지 '지각적 원인'인 아트만으로서 모든 인간의 정신 작용을 통제하는 존재로 나타나고 있다. 그리고 아트만에서 보이는 내면의 정신적 원리와 동일한 속성으로서 이러한 자재신에 대한 개념은 샨타라크쉬타의 비판에서 보듯 후대 니야야 학파의 전통 속에서 여전히 존재하고 있음을 알 수 있다.

불교는 무아설에 의거해 아트만이나 정신적 본질, 혹은 영혼 등과 같은 개념은 인정하지 않고, 존재하는 것은 원인과 조건의 결합이라는 관계성의 원칙, 즉 연기설에 의거해 설명하고 있다. 그렇지만 영혼의 문제는 초기경전에서 불타에 의해 사치(捨置)된 무기 중의 하나로서 거론된 이래 후대에 이르기까지 많은 사람들의 의문을 자극하며, 인간의 내면적 정신세계를 고찰함에 있어 많은 문제를 일으켰다. 특히 부파불교에 나타나는 인간의 내면적 주체에 대한 문제는 그러한 문제를 단적으로 보여주고 있다. 그리고 내면의 정신적 원리에 대한 샨타라크쉬타의 비판에서 보듯 인도 후기불교에서도 여전히 영혼은 논쟁의 테마가 되고 있다. 이러한 논쟁의 역사적 전개에서 자재신이나 아트만, 영혼과 같은 절대적 실체를 상정하는 사고체계는 인류의 뿌리 깊은 사상전통인 것을 알 수 있다. 물론 이러한 절대적인 실체를 인정하는 사유체계는 서양사상의 전통에서도 일반적인 것이었음은 물론 오늘날 한국종교사회에서도 빈번히 볼 수 있는 것이지만, 그것에 대해 불교의 자재신 비판은 불교의 성격을 잘 보여주는 것이라 말할 수 있다. 불교에서의 자재신 비판의 입장이 한국종교사회에서 불교를 올바로 이해하는 데 도움이 되었으면 하는 바람이다.

이 일다성증인과 관련된 인의 삼상에 대하여

제9장

제1절 『중관장엄론』 재이해의 필요

필자는 일찍이 '이일다성(離一多性, ekānekasvabhāvaviyoga)의 증인(證因, hetu)'을 주요 내용으로 하는 『중관장엄론』(이하 『중관론』으로 약기)에 대해 고찰해 본 적이 있다.[1] 당시의 주요 관심사는 중관사상의 중요개념인 이제설(二諦說)에 주안점에 두고 고찰한 것으로, 이것은 물론 『중관론』의 전체 구조에 대한 후대 주석가의 견해에 따라 그 내용 이해에 주안점을 두었던 것이다. 이러한 내용이해는 『중관론』의 이해를 위해서는 중요한 관점이라 생각한다.

하지만 근래 샨타라크쉬타(Sāntarakṣita, ca. 725-783)의 『중관론』을 다시 읽을 기회를 통해 저자는 『중관론』의 구조를 새롭게 이해해야 할 필요를 느꼈다. 물론 새로운 이해란 이전에 그다지 신경을 쓰지 않았던 것뿐으로 이미 여러 연구가들이 지적하고 발표하였던 내용인 것은 말할 필요도 없다. 곧 『중관론』의 구조가 그 서두의 머리말에서 샨타라크쉬타가 밝히고 있는 대로 그 전체내용이 이증(理證)과 교증(敎證)으로 구성된 것을 새롭게 인식하게 된 것이다. 여기에서 이증이란 '논리(論理)에 의한 증명'이며, 교증이란 '성전(聖典)에 의한 증명'을 말한다. 곧 샨타라크쉬타는 『중관론』의 핵심주제인 일체법무자성(一切法無自性)에 대한 주제를 이증과 교증을 통해 증명해 가고 있는 것이다. 그리고 이증을 통한 증

---

1) 李泰昇(1998)[본서 제7장], (2000) 참조.

명을 행함에 있어 샨타라크쉬타는 일체법무자성의 논증을 '이일다성의 증인'을 세워 논증해가고 있다. 이 이일다성의 증인은 샨타라크쉬타 독자의 논증인으로서 후기 인도불교에서 무자성을 논증하는 중요한 증인 가운데 하나이다.

여기에서는 『중관론』에서 일체법의 무자성을 논증하는 증인인 이일다성증인을 전통적인 논리학의 인(因)의 삼상(三相)의 관점에서 살펴보고자 하는 것이다. 이것은 이일다성의 증인을 정확히 이해하고, 이 증인이 이전의 불교전통과 어떠한 관계를 갖는가 살펴보려는 것이다. 곧 샨타라크쉬타가 일체법무자성의 논증에 전통적인 인의 삼상을 어떻게 받아들이고 있는가를 살펴보고, 그 논증식의 사상적 배경을 고찰해 보고자 하는 것이다. 이러한 고찰을 통해 후기 인도불교의 논리학적 응용을 구체적으로 확인하며, 또한 『중관론』을 논리학적 관점에서 그 성립 배경을 이해해 보고자 한다.

제2절 인의 삼상 개설

인(因, hetu, liṅga)의 삼상(三相, trairūpya)이란 논증식에서 인에 해당하는 이유 명제의 징표(徵表)인 능증(能證, sādhaka)이 갖는 세 가지 특징을 가리킨다. 이 인의 삼상에 대한 이론은 불교논리학의 선구자인 디그나가

(Dignāga, 陳那, ca. 480-540)에 의해 완성된 것으로, 전통적인 용어로는 변시종법성(遍是宗法性, pakṣadharmatva), 동품정유성(同品定有性, sapakṣa sattva), 이품변무성(異品遍無性, vipakṣe asattva)으로 표현된다. 디그나가에 의해서 불교논리학의 특징으로서 거의 완성를 보인 3지작법(支作法)의 예를 통해 인의 삼상을 살펴보기로 한다. 먼저 3지작법의 예로써 자주 거론되는 불과 연기의 논증식을 보면 다음과 같다.

〈종〉 저 산에 불이 있다.

〈인〉 연기가 있기 때문에.

〈유〉

(동유) 무릇 연기가 있는 곳에 불이 있다[유체]. 아궁이와 같이 [유의].

(이유) 무릇 불이 없는 곳에 연기가 없다[유체]. 호수와 같이 [유의].

이 논증식에서 증명되어야 할 대상으로서 주장명제인 종(宗)의 술어인 불을 소증(所證, sādhya)이라 하며, 이 불을 증명하는 직접적인 이유로서 인(因)인 연기를 능증(能證)이라 한다. 그리고 능증인 연기는 주장명제의 '저 산'에 반드시 존재하는 것으로, 이때 '저 산'은 증명되어야할 불인 법(法, dhama)을 가지는 것이기 때문에 유법(有法, dhamin)이라고 표현된다. 유법으로서 '저 산'은 능증인 연기를 반드시 가지고 있기 때문에 이것을 증인의 첫 번째 특징인 변시종법성이라 한다. 즉 능증인 연기는 유법으로서 종인 '저 산'에 법으로서 불이 반드시 존재한다는 의미이다. 그리고 능증인 연기는 유법인 '저 산'과 동일한 속성을 가진 유례(喩

例)로서 아궁이에 반드시 존재해야 하는 것으로, 이러한 동일한 유례[同喩]를 동품(同品, sapakṣa; 同類라고도 함)이라 표현하여 동품에 인인 연기는 반드시 있다고 하여 그것을 동품정유성이라 한다. 그렇지만 그와 반대로 유법으로서 '저 산'과는 전혀 다른 속성을 가지는 다른 유례[異喩] 곧 호수와 같은 것에는 인인 연기는 결코 있을 수 없는 것으로, 이러한 다른 유례를 이품(異品, vipakṣa; 異類라고도 함)이라 표현하며 이품에는 존재하지 않는 것을 이품변무성이라 말한다. 그리고 유례를 제시하는 명제는 유체(喩體)와 유의(喩依)의 둘로 구성된다. 논증식의 증인으로서 능증은 이상과 같이 세 가지 특성을 반드시 가져야 하는 것이 인의 삼상으로서, 이것은 디그나가에 의해 거의 완성적으로 정리되었다.

디그나가에 의해 완성된 인의 삼상은 디그나가 이전의 무착(無著, Asaṅga)과 세친(世親, Vasubandhu)의 시대에 이미 나타나지만 불교논리학의 입장에서 그 논리적인 의미를 분명히 한 것은 디그나가이었다. 그렇지만 디그나가의 이론에 대해 니야야 학파 등 인도의 다른 논리학파로부터 비판이 나타나 이에 대해 디그나가의 이론을 세밀히 검토하여 인의 삼상을 보다 치밀하게 정리한 사람이 다르마키르티(Dharmakīrti, 法稱, ca. 600-660)이다. 다르마키르티는 디그나가의 이론을 충실히 따르면서도 중요한 부분을 수정, 보완하여 인의 3상을 비롯해 불교논리학 전체를 완성시켰다. 다르마키르티는 디그나가의 인의 3상을 다음과 같이 정의하며 설명하고 있다.[2]

(1) 논리적 이유는 추리 대상의 전부에 반드시 존재한다는 것이 확정

되어 있을 것.

(2) 논리적 이유는 동류만에 존재한다는 것이 확정되어 있을 것.

(3) 논리적 이유는 동류가 아닌 것에는 결코 존재하지 않는다는 것이
확정되어 있을 것.

　다르마키르티는 디그나가의 인의 3상에 범어 eva를 붙임으로서 '반드
시', '만', '결코' 등의 의미를 더하여 삼상의 의미를 보다 분명히 하고
있다. 이로 인해 디그나가의 인의 삼상에서는 불명확하고 내용상 일치하
지 않았던 것이 분명하게 드러나 명확한 개념정의가 이루어지게 되었다.
　그리고 이러한 인의 3상에 대한 설명에 있어 다르마키르티는 능증과
소증의 관계를 '실재(實在)의 본질(本質)을 매개(媒介)로 하는 결합관계
(svabhāvapratibandha)' 라는 말로 표현하여 그 의미를 명확히 하고 있다.
그리고 그러한 결합관계를 설명함에 있어 다르마키르티는 동일관계(同
一關係, tādātmya)와 인과관계(因果關係, tadutpatti)란 독자적인 말을 사용하여
설명하고 있다.3) 물론 이것은 다르마키르티의 저술에서는 능증이 갖는
3종 논리적 이유 중 본질적 속성(svabhāva), 결과(kārya)의 둘을 가리킨다.
이중 본질적 속성은 동일관계를 지칭한다. 예를 들어 "음성은 무상하다,
만들어진 것이기 때문에"라는 논리식에서 만들어진 것이 무상하다는 것

---

2) 아카마츠 아키히코, 「달마끼-르띠의 논리학」, 『인도불교의 인식과 논리』(전치수 역), 민족사,
　　1989, p.200.
3) 다르마끼르티, 『니야야빈두/니야야빈두띠까』(박인성 역), 서울, 경서원, 2000, p.72(*Nyāyabindu*,
　　II-25).

의 구체적인 이유는 본질적인 속성상 동일관계에 있기 때문이라고 하는 것이다. 다르마키르티가 말하는 "그것은 나무이다. 싱샤파 나무이기 때문에"에서와 같이 나무와 싱샤파 나무의 관계를 동일관계로 나타내고 있다.[4] 결과에 해당하는 인과관계에 대해서는 앞서 예로 든 논증식에서 불이 있는 곳에 반드시 연기가 있다고 하는 것을 설명하는 근거가 되고 있다. 곧 다르마키르티의 입장에서는 "연기의 본질은 불에서 생겨난 것이고 연기는 그 본질을 상실하여서는 존재할 수 없다. 이와 같이 불과 연기 사이에는 인과관계가 있는 것이다. 실재에 있어 필연관계에 근거하고 있기 때문에 비로소 논리적 이유(=연기)는 논리적 귀결(=불)을 필연적으로 이해시킬 수 있다"라고 말하고 있다.[5] 이처럼 다르마키르티는 동일관계와 인과관계의 설명을 통해 디그나가의 인의 삼상에서는 설명하기 어려웠던 능증과 소증의 근본적인 관계를 명확하게 밝혔던 것이다.

다르마키르티는 긍정적인 논증식에서의 능증과 소증의 관계를 동일관계, 인과관계로 설명하고, 부정적인 논증식에서는 비인식(非認識, anupalabdhi)의 개념을 사용해 그 이유를 밝히고 있다. 곧 부정적인 논증식의 이유에 대한 것으로 인식되지 않는 것에 대한 근거를 제시하여 부정 논증의 성립에 대해 설명하고 있다. 다르마키르티가 설명하는 능증의 세 종류로서 동일관계, 인과관계, 비인식에 대한 설명은 다르마키르티 독자적인 설로서 후대 논리학에 많은 영향을 끼쳤다.

---

4) 위의 책[다르마끼르티(박인성 역)] pp.64-65 참조.(*Nyāyabindu*, II-17).
5) 앞의 논문[아카마츠 아키히코(전치수 역)] pp.187-188.

다르마키르티는 불교논리학 전반에 대한 디그나가 이론을 철저히 검토해 거의 모든 분야에서 불교논리학을 완성시켰다. 디그나가에 의해 성립되고 다르마키르티에 의해 완성된 불교논리학은 중관학파의 논사를 포함한 불교사상가들에게 큰 영향을 끼쳤으며, 후대의 샨타라크쉬타, 카말라쉴라 등도 다르마키르티에 의해 완성된 불교논리학에 크게 영향을 받았다. 특히 샨타라크쉬타는『중관론』에서와 같이 논리학적 토대를 기반으로 하여 다르마키르티의 인식론에서 보이는 형상 등에 대해 세밀한 인식론적 논의를 전개하여 후대 불교사상에 큰 영향을 끼치고 있다.

제3절 이일다성증인의 논리학적 고찰

1.『중관장엄론』의 구조

『중관론』은 전체 97게송과 자신의 주석으로 이루어진 문헌이다. 게송 부분만을 따로 모은『중관장엄론송』이 존재하지만 이것은『중관론』이 만들어진 이후 게송만을 따로 모아 만든 것이라고 한다.[6] 『중관론』의 내용은 후대 주석서에도 나타나듯이 그 주 내용은 샨타라크쉬타의 이제(二諦)에 대한 견해를 나타내고 있다.[7] 곧 총카파(Tsong kha pa)의 제

---

6) 李泰昇(1998) p.218(본서 p.37) 참조.

자인 다르마린첸(Dar ma rin chen, 1364-1432)의 주석에 따르면 『중관론』의 내용은 다음 셋으로 나누어진다.

> 승의에 있어서 무(無)인 것의 증명(K.1-62)
> 세속에 있어 유(有)인 것의 증명(K.63-66)
> 이 이제의 설정방식에 대한 비난의 배제(K.67-97)

이와 같이 『중관론』은 기본적으로 샨타라크쉬타의 이제설을 주내용으로 하고 있다.

그러나 『중관론』이 샨타라크쉬타의 이제를 설하고 있는 것은 사실이지만, 실제 그 서문에 나타나듯이 『중관론』은 제법(諸法)의 무자성(無自性)을 증명하는 것을 목적으로 하고 있다. 샨타라크쉬타는 다음과 같이 말하고 있다.

자리(自利)와 이타(利他)의 원만을 성취하기 위해 누구에게도 의존함이 없이 나아가는 사람이, '고찰하지 않는 한 매력적인(avicāraikaramya)' 모든 존재물을, 영상(影像) 등과 같이, 진실로서는, 무자성인 것을 이해한다면, 번뇌장(煩惱障)과 소지장(所知障)을 모두 끊을 것이다. 그런 까닭에 논리(論理)와 성교(聖教)로서 일체법이 무자성인 것을 완전히 이해시키기 위해 열심히 노력하는 것이다. 따라서 '실재(實在)하는 것의 힘에 의거

---

7) 李泰昇(1993-2) 참조.

한 추론(vastubalapravṛtta-anumāna)'을 동반하지 않는 성교를 수신행자 (隨信行者)들도 완전히 만족하지 않을 것이기 때문에 논리를 먼저 설해 야 한다.[8]

여기에서 밝히고 있는 바와 같이 『중관론』의 목적은 '제법이 진실에 있어 무자성'이라는 것을 드러내고자 하는 것이다. 그리고 이 목적을 위해 '논리(Nyāya, Yukti)로써 고찰하여 증명하는 것'과 '성전(聖典, āgama)을 통해 증명하는 방법'을 사용하고 있는 것이다. 실제 『중관론』의 과문(科文)을 살펴보면 '논리에 의한 증명(K.1-62)', '성전에 의한 증명(K.63-90)' '결론(K.91-97)'으로 나눌 수 있다.[9] 이렇게 논리와 성전에 의거해 『중관론』은 제법의 무자성을 논증하고 있다. 본고에서 고찰하는 이일다성의 증인이란 '논리에 의한 증명'을 나타내는 논증식에 사용되는 증인으로서, 곧 논리에 의한 논증의 근본 이유가 되는 것이다. 이 이유를 근거로 하여 『중관론』은 그 내용상 특징이라고 할 수 있는 인도의 여러 철학파들의 견해를 비판하고 있다. 곧 인도의 다양한 철학 사상은 물론 불교

---

8) 『중관론』[一鄕(下)] p.14, 20 : bdag dang gzhan gyi don phun sum tshogs pa bsgrub par ci la 'ang ma rag par chas pa/ dngos po'i rnam pa ma brtags gcig pu na dga'ba ma lus pa gzugs brnyan la sogs pa lta bur/ yang dag par na rang bzhin med par rtogs na nyon mongs pa dang/ shes bya'i sgrib pa mtha' dag spong bar 'gyur te/ de bas na rigs pa dang lung gi chos thams cad rang bzhin med par khong du chud par bya ba'i phyir rab tu 'bad do// de la lung dngos po'i stobs kyis zhugs pa'i rjes su dpag pa dang bral ba ni dad pas rjes su 'brang ba rnams kyang shin tu yongs su thsim par mi 'gyur bas rigs pa je brjod par bya'o// [번역에 대해서는 一鄕(上) 참조].
9) 『중관론』[一鄕(下)] pp.CVI-CVIII. 이 책에서는 제1게송을 『중관론』 전체의 주제로 간주해 따로 구분하고 있지만, 저자는 제1게송도 논리에 의한 증명으로 이해하여 논술한다.

내에서도 유부, 경량부, 유식의 이론을 차례대로 비판 검토하여 중관사상을 바탕으로 일체법 무자성을 논증해 가고 있는 것이다.

2. 이일다성증인의 논리구조

1) 변시종법성의 전개

이일다성증인에 의한 논증식은 『중관론』 제1게송에 나타나며 다음과 같은 논증식을 갖는다.[10]

> 〈종〉 자파와 타파가 설하는 이들 실재하는 것은, 진실에 있어서,
>
>   무자성이다.
>
> 〈인〉 일(一)과 다(多)의 지성(自性)을 떠나 있기 때문에
>
> 〈유〉 영상(影像)과 같이

이 논증식에 나타나는 증인인 이일다성증인은 능증(能證)에 해당하며 주장의 술어인 무자성은 소증(所證)에 해당한다. 따라서 능증인 증인이 그 효력을 갖기 위해서는 소증에 반드시 포함되어야 한다. 다시 말해 무자성의 논증이 이루어지기 위해서는 하나이든 다수이든 자성이 존재하

---

10) 『중관론』[一鄕(下)] p.22 : bdag dang gzhan smra'i dngos 'di dag// yang dag tu na gcig pa dang// du ma'i rang bzhin bral ba'i phyir// rang bzhin med de gzugs brnyan bzhin// (niḥsvabhāvā amī bhāvās tattvataḥ svaparoditāḥ/ ekānekasvabhāvena viyogāt pratibimbavat).

지 않음을 확인해야 하는 것이다. 이 경우 무자성의 소증에 포함되는 능증은 일과 다의 자성을 떠나 있는 것이다. 이때 일과 다의 관계는 '상호 배제하며 존재하는 관계(parasparaparihārasthita lakṣaṇatva)'이기 때문에 이 둘 이외에 다른 자성은 존재하지 않는다. 무엇인가 변치 않는 어떤 것의 근본적 실체인 자성은 본질적으로 하나가 아니면 다인 것으로 그 외의 경우는 없다고 하는 것이다.

『중관론』의 '논리에 의한 고찰'은 이와 같이 이일다성증인을 바탕으로 한 무자성의 논증식이 올바르다는 것을 증명하는 것이다. 이 증명의 과정은 곧 인의 삼상에 대한 확인 과정이기도 하다. 먼저 『중관론』에서는 그 증인이 불성(不成, asiddha)의 오류(誤謬)를 갖지 않는다는 것을 제2게송 이하에서 논증하고 있다. 그리고 이일다성증인이 올바른 증인이기 위해서는 주장명제의 유법으로서 '자파와 타파가 설하는 실재하는 것'에 반드시 포함되어야 하는 이것이 인의 삼상 중 첫 번째인 변시종법성(遍是宗法性)에 해당한다. 변시종법성의 증명을 위해 자파와 타파가 설하는 실재하는 것이 일과 다의 자성이 떠나있다는 것을 논증해 가는 것이다.

먼저 샨타라크쉬타는 '실재하는 것(Vastu)'이 하나인 자성을 떠난다는 것을 제2게송부터 제60게송에 걸쳐 논증하고 있다. 즉 하나인 자성이 성립하지 않는다면 다수의 자성도 성립하지 않기 때문에 먼저 하나인 자성에 대해 고찰해 가는 것이다. 샨타라크쉬타는 먼저 자파로서 유부, 경량부, 유식파 등의 교리를 고찰해 일성(一性)이 성립하지 않음을 증명하며 타파로서는 상캬, 베단타 등 인도의 여러 학파의 사상을 비판적으로 고찰하고 있다. 타파의 사상에 대한 비판은 이미 『섭진실론 (Tattvasaṃgraha)』에서 상세히 다루어지고 있어 『중관론』에서는 자파로서 불교의 학파에 대한 비판이 주를 이룬다.

불교의 각파에 대한 비판에 있어서는 먼저 색온(色蘊)에 대한 고찰로부터 시작한다. 곧 색온에 대한 고찰은 외경(外境)의 실재물에 대한 검토로서, 이 외경이 하나의 자성을 가지는 것인가에 대한 검토이다. 이것에 대한 검토에서도 외경을 상주(常住)하는 것과 상주하지 않는 것으로 구분하여 상주하는 것으로서 무위법(無爲法) 등에 대해 고찰하며(K.3-7), 상주하지 않는 것으로는 극미(極微) 등으로 이루어진 대상을 고찰하고 있다(K.11-15). 샨타라크쉬타는 허공 등 상주하는 변재자(遍在者)에 대해 다음과 같이 말하고 있다.

다양한 방위를 갖는 나무 등과 결합하고 있는 허공 등의 자성은 다른 것(=나무)과 결합하는 것이기 때문에 다른 것도 그것과 결합하고 있어 그것[허공의 자성]이 나를 성질로 하고 있는 데 따라 동일한 [하나의] 것이 되어버릴 것이다. 또 만약 그것[허공]이 다양한 방위를 갖는 것이라면 그 [허공의] 자성은 다른 것과 결합을 갖지 않는 것이 될 것이다.[11]

---

11) 『중관론』[一鄕(下)] p.44, 46 : nam mkha' la sogs pa phyogs tha dad pa'i shing la sogs pa dang 'brel ba'i rang bzhin gang yin pa de nyid gzhan dang 'brel ba can yang yin na ni des na de dang 'brel ba'i phyir de gcig pu'i bdag nyid yin pa bzhin du gzhan yang de dang tha dad ma yin par 'gyur ro// 'on te de phyogs tha dad na ni rang bzhin de nyid gzhan dang 'brel ba can ma yin par 'gyur ro//.

곧 어디에나 두루 존재하는 허공 등은 동일한 속성을 갖는 것으로 하나의 자성을 갖지만, 이 허공 속에는 다양한 사물이 존재한다. 허공중에 존재하는 사물은 다양한 모습을 가진 것으로 이것들은 다양한 자성을 가진 존재이다. 이러한 다양한 자성을 가진 존재가 하나의 자성을 가지는 허공과 어떻게 관계하는가의 문제이다. 또한 동일한 허공을 두고도 각각의 방향이 정해지는 까닭에 방향에 따른 자성을 인정하게 되면 허공의 동일성이 파괴된다. 이렇게 샨타라크쉬타는 하나의 자성으로서 허공 등을 고찰했을 때 그러한 동일성이 성립하지 않음을 논증하고 있다.

이와 같이 색온에 대한 검토에 이어 식온(識蘊)을 검토하는데 특히 식이 자기인식, 즉 자증지(自證知)의 성질을 갖는 일성(一性)인 것을 전제한 뒤 그 식과 외계의 대상, 나아가 그 식에 현현하는 외계대상인 형상(形象)과의 관계를 고찰한다. 식과 대상의 관계를 고찰하는데 있어 외계대상을 실재로 인정하는가 아니면 형상으로 인정하는가에 따라 무형상지식론(無形象知識論, K.6-21)과 유형상지식론(有形象知識論, K.22-34)으로 나누어진다. 그리고 오직 식만을 인정하는 유식파에 대한 비판(K.44-60)에서 형상을 진실된 것으로 인정하는가의 여부에 따라 형상진실론(形象眞實論, K.45-51)과 형상허위론(形象虛僞論, K.52-60)이 나누어진다.[12] 이러한 형상에 대한 논의는 다르마키르티의 인식론에서 상세하게 다루어진 것으로 샨타라크쉬타도 영향을 받고 있는 것이다. 하지만 이일다성중인의 논증식과 관련한 형상론의 전개는 샨타라크쉬타의 독특한 것으로, 이것은

---

12) 형상에 대한 논의는 李泰昇(1998) 참조.

후대의 불교가에게도 많은 영향을 끼쳤다. 이렇게 샨타라크쉬타는 하나인 자성을 전제로 하여 자파와 타파의 교리를 논리적이며 비판적으로 고찰하고 있다. 이러한 고찰의 결과 거기에는 하나의 자성이 성립하지 않는다고 다음과 같이 말하고 있다.

> 어떤 것을 고찰하였을 때 그것에 일성(一性)이 성립하지 않았다. 일성이 존재하지 않는 것에 다성(多性)은 존재하지 않는다.[13]

이와 같이 변시종법성에서는 주장명제의 주어인 '자파와 타파가 설하는 존재'가 일과 다의 자성을 떠나있는 것이 증명되는 까닭에 일체가 무자성인 것이 논증된다. 그리고 일성과 다성은 '상호 배제하여 성립하고 있는 것'인 까닭에 일성과 다성 이외에 다른 것은 있을 수 없다. 따라서 자성의 일성과 다성이 성립하지 않으면 일체는 무자성인 것이 증명되는 것이다.

2) 동품정유성의 전개

샨타라크쉬타는 이일다성증인을 통해 자파와 타파의 설이 무자성이라는 것을 밝혀 변시종법성에 대해 확인한 뒤 인의 삼상 중 두 번째인 동품정유성(同品定有性)의 증명을 거행한다. 곧 일과 다의 자성을 떠나 있

---

13) 『중관론』[一郷(下)] p.172 : dngos po gang gang rnam dpyad pa// de dang de la gcig nyid med// gang la gcig nyid yod min pa// de la du ma nyid kyang med//.

다는 증인은 주장명제의 주어와 동일한 유례로서 영상(影像, pratibimba)과 같음을 논증하고 있다. 이것은 주장명제의 주어에 해당하는 자파와 타파의 교리가 자성을 가지고 있지 않듯이 자성을 가지지 않는 유례로서 실재하는 영상를 거론해 이 영상이 자성을 갖지 않는, 즉 실체적인 존재가 아니라는 것을 증명하는 것이다. 샨타라크쉬타는 이 영상을 논증하는데 먼저 영상의 의미를 달리 설명하는 미맘사 학파, 바이쉐쉬카 학파, 경량부의 견해를 거론하며 이에 대해 비판을 가하고 있다. 이것은 영상을 실재하는 것 혹은 자성으로서 실체시하는 견해를 고찰하고 있는 것이다. 각각 거론하는 학파의 영상의 견해와 그것에 대한 비판을 보기로 한다.

[미맘사 학파에서의 영상]

(주장) 거울의 표면에 눈빛이 맞닿음으로 인해 자신의 얼굴 등 그대로 보이기 때문이다.[14]

(비판) 만약 거울 표면 등에 눈빛이 맞닿고 자신의 얼굴과 결합하 여 그것이 얼굴을 지각하는 원인이 된다고 한다면, 그렇다면 북쪽을 향하고 있는 거울면에 남쪽을 향한 영상이 보이거나, 거울 면이 적어 큰 자신의 얼굴 영상이 실제보다 작게 보이는 것도 불합리 할 것이고 또 거울면과 관계하는 것이 거울면 내부에 들어있는 것처럼 보이는 것도 불합리 하다. 깨끗한 호수의 가장자리에 서있는 산들과 나무들이 위를

---

14) 『중관론』[一鄕(下)] p.180 : me long gi ngos la mig gi 'od zer phog nas slar log pas rang gi bzhin la sogs pa de ltar dmigs pa'i phyir ro//.

향하는데 호수에 비친 산과 나무의 영상은 아래를 향하는 것 같이 보이는 것도 불합리하다. 따라서 영상의 지는 본래의 얼굴과 다르게 보이는 까닭에 자기 본래의 얼굴을 파악하는 것이 아니다. 음성의 지식과 같이 추론할 수 있다.[15]

[바이쉐시카 학파의 영상]

(주장) 거울 가운데 아주 깨끗한 다른 동일한 상이 생기는 까닭이다.[16]

(비판) 다른 하나의 상이 생긴 것으로 [영상과 같다는 유례가 불성립이라고 하는 것은] 불합리하다. 여러 개의 상은 동일한 장소에 함께 존재하지 않기 때문이다. 영상이란 거울면의 장소에만 보이는 것으로 형태를 가진 것과 공간적으로 동일한 것은 아니다. 만약 공간과 동일한 존재라면 동일한 하니의 것이 될 것이다.[17]

---

15) 『중관론』〔一鄕(下)〕 p.180, 182 : gal te me long gi ngos la sogs pa la mig gi 'od zer phog nas slar logs pa rang gi bzhinla sogs pa dang 'brel ba de 'dzin pa'i rgyur 'gyur na/ de lta na me long gi ngos. byang phyogs su bltas na gzugs brnyan lho phyogs su bltas pa mthong ba dang/ me long gi ngos chung ngu la rang gi bzhin chen po'i gzugsbrnyan chung ngur snang ba yang mi rigs pa dang/ me long gi ngos kyi nang du song bar snang ba yang mi rigs pa dang/ chu dang ba'i mtsho de'i 'gram na 'dug pa'i ri dang shing gi rtse mo dang yal ga gyen du bltas pa mang po'i gzugs brnyan yal ga dang rtse mo thur du bltas par dmigs par yang mi 'gyur te/ de bas na gzugs brnyan shes pa de de dang mi 'dra bar snang ba'i phyir rang gi bzhin la sogs pa 'dzin pa ma yin te/ sgra la sogs pa'i shes pa bzhin du rjes su dpag par nus so//.

16) 『중관론』〔一鄕(下)〕 p.180 : me long la sogs pa'i nang du shin tu dang ba'i gzugs gzhan zhig 'byung ba'i phyir ro//.

17) 『중관론』〔一鄕(下)〕 p.182 : gzugs gzhan 'byung ba yang rigs pa ma yin pa nyid de/ gzugs rnams lhan cig mi gnas pa'i phyir te gzugs brnyan rnams ni me long gi ngos kyi phyogs de nyid na dmigs la/ lus can gyi dngos po rnams ni phyogs mtshungs par nam yang mi 'gyur te/ de dag gcig pu'i bdag nyid du 'gyur ba'i phyir ro//.

[경량부의 영상]

(주장) 불가사의한 힘을 갖는 대상의 효력에 의해 대상과 비슷하게 현현하는 지식만이 생기기 때문이다[18]

(비판) 대상과 비슷하게 현현하는 지식만이 생기는 것이 영상이라는 것도 부정된다. [그 경우 영상의 지식과 실재하는 색등의 지식과는] 차이가 없는 까닭에 나머지 실재하는 색등에 대해서도 무슨 까닭에 [지식에 지나지 않는다고] 인정하지 않을 것인가. 실로 극미와 전체성이 [지식을 자성으로 하는 영상인 것은] 불합리하며, 그 영상은 소취의 상과는 모순한다.[19]

이와 같이 샨타라크쉬타는 영상과 같다는 유례가 성립하는 것을 보이기 위해 영상을 실체로 인정하는 세 학파의 견해를 들어 이를 비판하고 있다. 이 비판의 요점은 영상은 실재하는 것, 또는 실재하는 대상의 반영이기 때문에 실체시하여야 한다는 것, 즉 영상은 자성의 실체를 가진다고 하는 견해를 거론해 비판하고 있는 것이다. 이에 대해 샨타라크쉬타는 영상이란 실재하는 사물과 전혀 별개의 모습이며, 어떠한 실체적인 의미도 없다는 것을 밝히고 있다. 곧 실재하는 사물이 비추어진 모습이지만 실재하는 사물과는 별개의 것으로 실체성을 가지지 않는다는

---

18) 『중관론』[一鄕(下)] p.180 : dngos po'i nus pa bsam gyis mi khyab pa'i mthus de ltar snang ba'i rnam par shes pa tsam 'byung ba'i phyir ro//.

19) 『중관론』[一鄕(下)] p.184 : de ltar snang ba'i shes pa tsam 'byung bar zad de/ bye brag med na de lhag ma rnams kyang ci'i phyir mi 'dod/ 'diltar rdul phra rab rnams dang yang lag can rnams mi rigs pa dang/ gzung ba'i mtshan nyid dang 'gal bar ······.

것이다. 이러한 실체성을 가지지 않는 영상은 자파나 타파가 설하는 존재물과 동일한 속성을 가지는 다른 예인 것이다. 따라서 영상은 일과 다의 자성을 떠난 것으로서 실체적인 것이 아닌 유례임이 성립하며, 이 동품의 유례가 성립함으로써 이일다성의 증인은 그 효력을 가지게 된다.

3) 이품변무성의 전개

디그나가의 논리학에서는 인의 삼상 중 이품변무성(異品遍無性)에 대한 고찰이 반드시 필요로 된다. 그렇지만 샨타라크쉬타의 논리학에서는 이품에 대한 유례(喩例)가 나타나지 않는다. 이품에 대한 유례를 구체적으로 제시하지 않는 것은 다르마키르티 이후 후대 논리학의 특색으로도 간주된다. 후대 논리학에서는 능증의 징표가 반드시 포함되는 동품이 분명하면 그것과 속성이 다른 이품은 구태여 거론하지 않아도 무방하였다. 그렇지만 디그나가의 논리식에 따라 이품을 상정해 보면 여기에서 이품이란 자성을 가지는 존재로서 아트만과 같은 것을 가리킨다. 이것은 하나이든 다수이든 실체로서 간주되는 자성의 유례이다. 샨타라크쉬타도 이품을 따로 제시하지 않는 것은 이일다성증인이 성립하여 무자성이 논증되는 까닭에 구태여 이품으로서 자성을 갖는 존재를 설정해 유례를 나타낼 이유가 없었던 것을 보여준다. 『중관론』에서는 따로 이품을 제시하지 않아도 이품변무성의 규칙에는 오류가 없다고 말한 뒤 다음과 같이 말하고 있다.

일과 다 이외에 제3의 방식은 존재하지 않는다. 이 둘은 상호 배제하여

존재하는 까닭에.(K.62)

일체성(一體性)과 다체성(多體性)은 상호 배제하여 존재하는 것을 특징으로 하고 있기 때문에 제3의 것은 배제된다. 제3의 방식으로 확정되는 존재는 없기 때문에 [이품에 있어 증인의 배제는] 부정되지 않고 [증인은 이품에] 존재하지 않는다.[20]

이렇게 샨타라크쉬타는 이품이 구태여 제시되지 않아도 이품변무성의 원칙에 저해되지 않음을 밝히고 있다. 따라서 이일다성증인을 사용하는 논증식은 인의 삼상의 원칙에 맞는 것은 물론 무자성을 논증하는 중요한 논리식으로 그 효력을 발휘하는 것이다.

샨타라크쉬타가 사용하는 이일다성증인의 논증식은 이상의 고찰을 통해 보면 몇 가지 특징이 보여진다. 곧 샨타라크쉬타는 주장명제에서 ‘진실에 있어서’ 라는 조건을 붙이고 있으며, 또한 이품에 해당하는 유례를 제시하지 않는 것 등이다. 이러한 논리학적 특징은 이미 중관자립논증파(中觀自立論證派, Svātantrika-Mādhyamika)의 기원으로 간주되는 바비베카에서도 보이는 특색이다. 이것은 달리 말하면 샨타라크쉬타는 바비베카의 논리학적 입장을 받아들이고 있는 것을 의미한다.

---

20) 『중관론』[一鄉(下)] p.188 : gcig dang du ma ma gtogs par// rnam pa gzhan dang ldan pa yi// dngos po mi rung 'di gnyis ni// phan tshun spangs te gnas phyir ro//(K.62). gcig pu'i badg nyid dang du ma'i bdag nyid ni phan tshun spangs te gnas pa'i mtshan nyid yin pas phung po gzhan sel to/ de bas na rnam pa gzhan du bzhag pa'i dngos po med pa'i phyir 'di la ldog pa mi ldog pa med do//.

3. 이일다성증인의 의의

『중관론』에 나타나는 이일다성증인에 의한 논증식을 디그나가의 3지작법으로 표현하면 다음과 같다.

〈종〉 자파와 타파가 설하는 이들 실재하는 것은, 진실에 있어서, 무자성이다.

〈인〉 일과 다의 자성을 떠나 있는 까닭에.

〈유〉

(동유) 일과 다의 자성을 떠난 것은 무자성이다. 영상과 같이.

(이유) 자성인 것은 일과 다의 자성을 갖는다. 아트만과 같이.

샨타라크쉬타는 그의 다른 저술에서도 논리식의 사용에 있어 이유(異喩), 즉 이품(異品)은 거의 제시하지 않지만, 샨타라크쉬타의 제자로 간주되는 카말라쉴라(Kamalaśīla, ca. 740-797)는 이품을 제시해 디그나가의 논리식에 맞추는 경우가 있다.[21] 그리고 샨타라크쉬타는 자신의 이일다성증인의 논리식이 어떠한 의미를 가지는가를 다음과 같이 말하고 있다.

존재에 대한 집착이 증대되어 올바른 사유를 하지 못하고 승의로서 일체법에 변충하는 무자성이라는 것을 분명히 생각하지도 말하지도 못하고 타인에게 확신을 일으키는 언어활동도 하지 않는 그러한 사람에

---

21) 李泰昇(2003) pp.98-99 참조.

대하여 지식과 언어와 명칭을 구성하는 일부로서 성립하는 것이다.[22]

여기에서도 볼 수 있듯이 이일다성의 논리식은 승의로서 무자성을
보이기 위한 지적, 언어적 활동임을 분명히 하고 있다. 이러한 활동을
통해 일체법이 무자성임을 자신은 물론 타인에게도 분명하게 이해시켜
야 한다는 것을 말하고 있다.

이렇게 샨타라크쉬타의 논리식은 올바른 사유로서 타인에게 일체가
무자성임을 분명히 하려는 목적을 가지고 설해지고 있지만, 이는 독특
한 특징이 보여진다. 그 대표적인 것이 '진실에 있어서' 라는 한정을 붙
이는 것, 이품을 제시하지 않는 것 등이다. 이러한 논리적 특징은 이미
중관자립논증파에 속하는 바비베카의 논리학적 특징을 이어 받고 있는
것이다.[23]

바비베카(B hāvaviveka, ca. 500-570)는 그의 논리식 전개에 있어서 세 가
지 특성을 보이고 있다. 즉 첫째는 주장 명제에 '승의(paramārtha)에 있
어서' 라는 한정구를 붙이는 것, 둘째는 주장명제를 포함한 모든 부정판
단은 모두 비정립적 부정(非定立的否定, prasajyapratiṣedha)인 것, 셋째는 이
품의 유례(喩例)가 존재하지 않는 것이다.[24] 여기에서 '승의에 있어서'

---

22) 『중관론』[一鄕(下)] p.190 : dngos po la mngon par zhen pa yongs su 'phel ba tshul
    bzhin yid la byed pas goms par mi byed pa'i phyir spang dka'bas yang dag par na
    dngos po mtha' dag la khyab pa'i rang bzhin med pa nges par mi sems mi brjod
    cing/ gzhan dag la yang nges par bskyed par 'dod pas tha snyad 'dogs par mi byed
    pa de dag la 'di ltar shes pa dang sgra dang tha snyad kyi yul nyid du bsgrub ste/.
23) 李泰昇(2000) pp.214-215; 李泰昇(1996-1) pp.161-163.
24) 江島惠敎(1980) pp.102-137; 江島惠敎(2003) pp.408-414 참조.

는 『중관론』의 '진실에 있어서' 의 의미와 동일한 것이다. 곧 바비베카는 논리식이 승의를 지향하고 있고 승의에 적합한 것임을 말하고 있다. 비록 세속적인 언어로 표현된 것이긴 해도 진리를 드러내는 것으로 논리를 간주하고 있는 것이다. 또한 이 표현은 세속적인 입장에서 행해지는 다양한 비난을 차단하는 기능도 가지고 있다. 즉 세속과 승의의 다른 차원을 제시함으로서 세속적인 입장에서의 비판을 벗어나고 있는 것이다. 그리고 비정립적부정(非定立的否定)이란 부정 그 자체가 다른 의미를 함축하고 있지 않다는 의미이다. 위의 논증식에서 '진실에 있어서 무자성' 은 '세속에 있어서 유자성(有自性)' 의 의미를 포함하는 것은 아니라는 의미이다. 이에 반해 부정이 다양한 내용을 함축하는 경우를 정립적 부정(定立的否定, paryudāsa)이라고 한다. 그리고 바비베카에 의하면 논증에는 이품과 같은 이유례(異喩例)를 구태여 제시할 필요가 없음을 보여준다. 이것은 이품에 사용되는 예가 불교에서 인정하지 않는 것인 경우가 많은 까닭에 구태여 거론할 필요가 없기 때문이다.

이처럼 바비베카에 보여지는 논리적 특징은 샨타라크쉬타에게도 그대로 보여진다. 이것은 샨타라크쉬타가 바비베카의 논리학적 입장을 그대로 계승하고 있음을 보여주는 것이다. 바비베카는 논리학을 승의에 수순하지만 본질적으로는 세속적인 것으로 간주하는 기본 태도 역시 샨타라크쉬타에서도 보여진다. 즉 샨타라크쉬타는 논리학을 사용해 제법의 무자성을 논증함에 있어 이것을 '승의에 수순(隨順)하는 것 (paramārtha-anukūla)' 으로 간주하여 승의 그 자체와 구분하고 있다. 곧 진리에 도달하는 모습을 보여주는 것이지만, 진리 그 자체는 아니라는 의미이다. 샨타라크쉬타는 바비베카의 논리에 대한 입장을 받아들이면서도 또한 바비베카 이후 전개된 불교논리학의 입장을 받아들이고, 그러한 논리학의 전통에 입각하여 불교의 핵심 교학으로서 무자성의 논증을 이일다성 증인을 사용해 논증하였던 것이다. 불교논리학의 전통과 중관사상을 잇는 불교의 사상적 전통을 체계적으로 정립한 것에 샨타라크쉬타 논증식의 의의를 찾을 수 있다.

『중관론』에서는 '논리를 통한 증명'에 이어 '성전에 의한 증명'이 이루어지고 있다. 이것은 논리가 갖는 한계를 보완하여 불교의 근본개념인 무자성에 대해 보다 완전한 증명을 시도하고자 하는 것임은 물론이다.

쿠마릴라가 전하는 불교의 형상론

제1절 형상과 관련된 인도 후기불교계에서의 논쟁

　　본장은 인도 후기불교의 사상가인 샨타라크쉬타(ca. 725-783)의 저서인 『섭
진실론(Tattvasaṃgraha)』의 〈외경고찰(外境考察)의 장(Bahirarthaparīkṣā)〉에 나
타나는 지식(知識)과 형상(形象)에 관한 부분 가운데 쿠마릴라(Kumārila, ca.
650-700)와의 논쟁에 관한 부분을 고찰한 것이다. 잘 알려져 있는 것처럼
쿠마릴라는 『섭진실론』의 전체에 걸쳐서 등장한다. 특히 〈외경고찰의
장〉에서는 그의 저서인 『슐로카바르티카(Ślokavārttika)』의 내용이 자주 인
용되어 비판되고 있는데, 이것은 『섭진실론』의 저자인 샨타라크쉬타에
게 있어 쿠마릴라가 매우 유력한 논쟁의 상대였다는 것을 의미하는 것으
로 생각된다.[1] 쿠마릴라는 샹카라(Śaṅkara, 8世紀)와 함께 인도에서 정통철
학을 부흥시킨 대표적인 인물로 간주되고 있는 까닭에, 그와 관련해 생
각해보면 샨타라크쉬타가 그의 저서에서 쿠마릴라를 적극적으로 비판
한 것은 이미 쿠마릴라의 사상적 위상이 높았다는 것을 의미한다. 이렇
게 쿠마릴라와의 논쟁에서 보이는 사상적인 면은 그 역사적인 면을 보여

---

1) 쿠마릴라의 생몰연대는 및 『슐로카바르티카』의 번역 등은 다음의 책 참조.
　　本田惠譯, 『Kumārilaの哲學』(上)·(下), 平樂寺書店, 1996, 1998.
　　그리고 쿠마릴라와 샨타라크쉬타와의 관계에 대하여, 그 책 (上)의 〈서문〉에는 다음과 같
　　이 쓰여 있다. "그(=샨타라크쉬타)는 실제로 『偈頌評釋(Ślokavārttika)』의 453송을 『眞理
　　綱要(Tattvasaṃgraha)』 안에 취급하고 있다. 카말라쉴라의 『細疏(Pañjikā)』 안에 49송의
　　인용이 있고, Kumārila의 이름에 대한 언급은 48회나 등장한다. 이를 통해 『眞理綱要』가
　　최대의 논적(論敵)으로 간주한 사람은 쿠마릴라이며, 특히 그의 저서 『偈頌評釋』이었다는
　　것을 알 수 있다."

주는 것이라 생각되지만, 특히 〈외경고찰의 장〉은 후에 샨타라크쉬타의 주요 저서인 『중관장엄론(Madhyamakālaṃkāra)』(이하 『중관론』)를 저술할 때 토대가 되고 있다. 그것은 〈외경고찰의 장〉에서 논의 되는 대부분의 내용이 그대로 『중관론』에 나타나기 때문이다. 그 중에서 지식과 형상의 논의는 『중관론』에서도 중요한 역할을 하고 있다. 더욱이 그 논의는 단지 유식파와 중관파와 관련된 불교 내부의 논의에 머물지 않고, 쿠마릴라의 미망사 학파를 필두로 하는 인도의 제학파와 관련하여 행해진 논의인 까닭에 더 중요한 것이었음은 말할 것도 없다. 그 중에서도 특히 쿠마릴라는 다른 누구보다 적극적으로 그 문제를 다루어 불교의 형상설을 비판하고 있다. 그것을 여실히 보여주는 것이 그의 저서 『슐로카바르티카』 가운데 〈공론(空論, Śūnyavāda)〉의 부분으로, 본장에서는 그 〈공론〉에 나타나는 불교의 형상설을 먼저 소개하고 그것에 대한 쿠마릴라의 비판을 살펴본다. 물론 이 쿠마릴라 비판은 샨타라크쉬타의 『섭진실론』에 재인용되어 다시 비판되고 있는 것은 물론이다.

이 지식과 관련한 형상에 대한 구체적인 논의는 이미 디그나가(Dignāga, 陳那, ca. 480-540)를 계승한 다르마키르티(Dharmakīrti, 法稱, ca. 600-660)의 저서에서도 자주 나타난다.[2] 다르마키르티는 외계(外界)의 대상을 인식하는 경우 우리들이 인식하는 것이 외계에 실재(實在)하는 것인가, 혹은 우리들의 의식에 나타나는 형상을 인식하는 것인가에 관해 상세하게 논의하고 있다. 따라서 이 형상에 관한 논의는 우리들이 무엇인가를 인식한다고 한다면

---

2) 桂紹隆(1969) pp.1-3

그것은 외계의 사물을 인식하는 것이 아니라 우리들의 의식에 표상된 형상을 인식하는 것으로, 곧 인식주관으로서의 지식이 표상된 형상을 인식하는 것이다. 여기에서 주관으로서의 인식과 객관으로서의 인식이 모두 의식에 포함되는 것으로, 따라서 그것은 의식이 의식을 인식하는 자증지(自證知, svasaṃvedana, svasaṃvitti), 즉 자기인식이 되는 것이다. 이와 같은 자기인식에 관하여 다르마키르티는 더욱 상세히 논의하여, 1)무형상지식론(無形象知識論)의 입장에서 외계실재론(外界實在論)의 비판, 2)유형상지식론(有形象知識論)의 입장에서 외계실재론의 비판, 3)유형상지식론(有形象知識論)의 입장에서 유심론(唯心論)의 승인(承認)이라는 세 가지의 방향으로 논의를 전개하고 있다.[3] 여기에서 논의되는 무형상지식론에는 설일체유부(說一切有部)를 비롯해 니야야학파, 바이쉐시카학파 등이 포함되어있으며, 유형상지식론에는 경량부(輕量部), 그리고 같은 유형상의 입장에서도 자증지의 유심론을 인정하는 학파로서의 유식학파가 포함된다. 이와 같이 다르마키르티에 의해 상세하게 논의되는 형상에 관한 것은 샨타라크쉬타의 후기중관파에 이르러서도 그대로 논의된다. 물론 후기중관파에 있어서는 자립논증파(自立論證派)와 귀류논증파(歸謬論證派)를 나눈 중기중관파의 다양한 방법론이 전해지고 있으며, 그것이 더욱 형상설과 인식론으로 결합되어진다. 그러한 것을 잘 보여주는 것이 샨타라크쉬타의 『중관론』이며, 이 『중관론』의 성립에 중요한 역할을 하고 있는 것이 『섭진실론』의 〈외경고찰의 장〉으로, 그 가운데 강력한 상대가 된 것이 쿠마릴라이다.

3) 沖和史(1982) p.180.

본장은 이와 같이 인도 후기 사상계에 있어서 중요한 위상을 점하고 있는 샨타라크쉬타와 쿠마릴라와의 논쟁을 고찰하고, 그 의미를 밝히고자 하는 것이다. 그리고 또 논의의 중요한 문제점인 형상설에 대해 쿠마릴라의 『슐로카바르티카』의 내용을 확인하는 동시에 쿠마릴라가 인용하는 불교의 형상설을 좀더 상세하게 살펴보는 것을 목적으로 한다. 이것을 통해 7, 8세기 인도 후기불교계에서의 사상적인 흐름과 문제점이 무엇이었는지를 정리해 보고자 한다.

제2절 『섭진실론』〈외경고찰의 장〉에 있어서 쿠마릴라와의 논쟁

1. 〈외경고찰의 장〉에서 형상설의 의미

『섭진실론』의 제23장(티벳역 제28장)인 〈외경고찰의 장〉은 그 이름처럼 외경(外境)이 실재하지 않는 것을 논증하고 있다. 그 논증을 진행하는 구체적인 내용으로 〈외경고찰의 장〉에서는 1)극미론(極微論)과 관련한 논의와 2)지식(知識)과 형상(形象)과의 관계를 바탕으로 하는 논의의 둘이 전개되고 있다.[4] 그 가운데 지식과 형상과의 관계는 실제 불교의 유식론(唯識

---

4) 〈외경고찰의 장〉의 번역에 관해서는 太田心海(1967), (1970) 참조. 이 장(章) 내용의 구성은 (1970)의 논문에 상세하게 나온다(pp.26-27).

論)의 교리와 깊이 관련되어 있다. 왜냐하면 형상에 관한 문제가 유식설에서 말하는 자증지 곧 지식의 자기인식(自己認識)과 관계하기 때문이다. 자기인식이라는 것은 어떤 사물을 인식할 경우, 그 인식의 주관과 객관이 동일한 지식이라는 것을 의미한다. 즉 외경의 대상을 인식했다면, 그것은 인식 주관인 지식이 표상으로 나타난 형상으로서의 대상을 인식하는 것이다. 따라서 인식주관인 지식이 동일한 정신적 성질인 형상을 인식하는 것이기 때문에 그것은 지식의 자기인식이 된다. 이것을 샨타라크쉬타는 "지식 가운데 무감각한 성질이 없는 것이 자기인식이다."(iyam evātma sa mvittir asya yā'jaḍarūpatā)(K. 1999)라고 한다.[5] 여기서 말하는 '무감각한 것 (jaḍarūpa)' 이란 '정신적인 것이 아닌 것' 이므로, 자기인식이라는 것은 '정신적인 것이 아닌 성질이 없는 것', 즉 '정신적인 것' 이라는 의미이다. 이것은 대상을 인식하는 것은 정신적 작용으로, 지식이 지식 가운데 떠오르는 형상을 인식한다고 하는 것이다. 그러므로 외경의 대상으로서 지식 가운데 떠오르는 형상인 인식대상은 인식주관으로서의 지식과 다른 것이 아니다. 여기에서 그 인식주관과 객관이란 유식에서 말하는 능

---

5) 『섭진실론(Tattvasaṃgraha)』은 기본적으로 샤스트리 판본을 이용하고, 곳에 따라 EMBAR 판본을 참고했다.
   TATTVASAṂGRAHA, Critical Edited by SWAMI DWARIKADAS SHASTRI, 2Vols, BAUDDHA BHARATI, VARANASI, 1981,1982(Second Ed.); *TATTVASAṂGRAHA*, Editied with an introduction in Sanskrit by EMBAR KRISHNAMACHARYA, Oriental Institute, Baroda, 1984, 1988(First Ed. 1926).
   그리고 번역은 다음의 영역(英譯)도 참고했다.
   THE TATTVASAṂGRAHA OF SHANTARAKṢITA, Translated into English by GANGANATHA JHA, MOTILAL BANARSIDASS, 2Vols. 1986 (First Ed. 1937, 1939)

취(能取, grāhaka)와 소취(所取, grāhya)로서, 이 둘이 다르지 않고 같다는 것을 아는 것은 매우 중요하다. 샨타라크쉬타는 〈외경고찰의 장〉에서 그 지식은 본래 능취(能取), 소취(所取) 그리고 인식작용의 세 부분을 가지지 않는다고 하는 것을 다음과 같이 기술하고 있다.

> 자기인식이라는 것은 작용(作用)과 작용주체(作用主體)의 관계에 있는 것이 아니다. [자기인식이라는] 불가분인 하나의 것에 세 부분이 있다는 것은 불합리하기 때문이다.(K.2000)[6]

여기에서 샨타라크쉬타가 말하는 지식(知識)이 지식 그 자체를 아는 자기인식이라는 것은 지식의 단일성(單一性)을 아는 것이다. 즉 외경을 인식한다는 것은 지식 자체의 확인작용(確認作用, pariccheda)이며(K.2010), 그 경우에 지식은 "그 자체를 알기 위해 다른 인식주관을 필요로 하지 않고, 더욱이 그 자체가 알려지지 않는 일은 없다."(svarūpavedanāyānyad vedakaṃ na vyapekṣate/ na cāviditam astīdam ity, K.2011)라고 말하고 있다. 따라서 대상에 대한 인식이란 그대로 지식으로서 스스로를 인식하는 것이다. 이것을 샨타라크쉬타는 다음과 같이 말하고 있다.

> 일체 인식은 다른 경계를 대상으로 하는 것이 아니다. 자기 스스로를 인

---

6) kriyākārakabhāvena na svasaṃvittir asya tu/
   ekasyānaṃśarūpasya trairūpyānupapattitaḥ//(2000).

식하기 때문이다. [청(靑) 등의 형상을] 아는 것이 자기인식이다.(K.2032)[7]

　　이와 같이 인식이라는 것은 지식의 자기인식이며, 그런 의미에서 지식
의 단일성을 아는 것이 무엇보다도 중요시 된다. 그러한 중요한 의미에서,
그 단일성인 지식을 아는 것은 보통인 세속의 일이 아니라 궁극적인 승의
(勝義, paramārtha)라고 샨타라크쉬타는 말한다.　그는 〈외경고찰의 장〉에
서 지식과 형상과의 관계에서 외경이 실재하지 않는다는 것은 승의적인
것으로 일체가 유식이라고 말한다. 그는 다음과 같이 말하고 있다.

　　　유식성(唯識性)은 지혜 있는 사람에 의해 명확하게 성립되었다. 우리들
　　　은 도(道)에 따라 승의(勝義)를 결정하기 위해 이렇게 온 것이다.(K.2083)[8]

　　이 K.2083은 〈외경고찰의 장〉의 마지막 게송으로, 샨타라크쉬타는
이 장의 목적이 유식을 증명하는 것이며, 그러한 증명은 승의를 결정하
는 작업이라고 명확하게 말하고 있다. 이 유식성의 증명과 승의로서의
결정에 대해 그의 주저인 『중관론』에서는, 승의에서 일체의 것은 일(一)
과 다(多)의 자성(自性)을 떠나 무자성(無自性)이라는 것을 증명하는 것으로
곧 지식도 단일성이라고 하는 자성(自性)을 가지지 않은 무아(無我)라고 말

---

7) saṃvedanam idaṃ sarvaṃ na cārthāntaragocaram/
　　saṃvedanasvabhāvatvāt svātmasaṃvedanaṃ yathā//(2032).
8) vijñāptimātratāsiddhir dhīmadbhir vimalīkṛtā/
　　asmābhis tad diśā yātaṃ paramārthaviniścaye//(2083).

하고 있다. 이렇게 『중관론』과는 차이를 보이지만, 그러나 적어도 이 〈외경고찰의 장〉에서는 지식의 단일성, 즉 자기인식 이론이 주된 논증의 과제임을 알 수 있다. 이것은 다르마키르티 이후 자기인식 즉 자증지가 불교사상가에게 있어 증명해야할 중요한 문제였다는 것을 의미한다.

이와 같이 〈외경고찰의 장〉에서는 그 지식의 단일성이나 자기인식의 이론을 기반으로 외경의 존재를 고찰해 간다. 전체 내용은 1)극미론(極微論)에 관한 논의, 2)형상론에 관한 논의로 구성되어 있지만, 그 지식과 형상과의 관계를 고찰하는 가운데 샨타라크쉬타는 세 가지 형상론을 제시하고, 비판한다. 즉 무형상지식론, 유형상지식론, 이형상지식론(異形象知識論)이 그것으로, 이 세 가지의 형상론을 상세하게 논의하지만 끝에는 그것들이 모두 옳바른 인식론이 아니라는 것을 증명한다. 즉 형상을 기초로 인식론을 설명한다고 하더라도 다양한 문제점이 발생하여, 그 각각이 올바른 인식을 설명하는 것은 불가능하다고 말한다. 결국 인식은 지식의 자기인식인 것으로, 그것에 의해 지식의 단일성, 즉 유식성(唯識性)이 증명되고 있다. 그리고 그 형상론을 논함에 있어서 샨타라크쉬타는 다양한 학자의 이름을 거론하여 그들의 견해를 소개하고, 또한 그 견해를 비판하고 있다. 거기에 거론되는 대표적인 인물이 미망사학파의 쿠마릴라이다.

2. 쿠마릴라의 견해

〈외경고찰의 장〉의 지식과 형상과의 논의에 있어서 샨타라크쉬타가 가장 자주 인용하고 비판하는 사람이 쿠마릴라이다. 쿠마릴라는 인도의 정통철학을 부활시킨 대표적인 인물로 간주되지만, 샨타라크쉬타가 여기에서 쿠마릴라를 강력하게 비판하는 것은 그 시대의 역사적인 위상을 전하는 것일 것이다. 즉 쿠마릴라에게 보이는 불교사상에 대한 격렬한 비판에 대해 샨타라크쉬타는 그 위기감을 느끼고, 더욱이 그것에 대응하지 않으면 안 되는 상태였을 것이다. 그렇다고 한다면 쿠마릴라는 형상설과 관련하여 무엇을 문제로 삼아 불교사상을 비판한 것일까? 이 형상과 관련하여 〈외경고찰의 장〉에 인용하는 쿠마릴라의 견해를 살펴보면 상당수의 부분이 쿠마릴라의 『슐로카바르티카』의 제5장 3절 〈공론(空論)〉의 부분인 것을 알 수 있다. 샨타라크쉬타가 인용하는 부분을 『슐로카바르티카』와 대조해 보면 다음과 같다.

〈외경고찰의 장〉	〈공론의 장〉
(1) K. 2012	K. 185
K. 2014	K. 186
K. 2015	K. 187
(2) K. 2063	K. 172
K. 2064	K. 173
K. 2065	K. 174
K. 2066	K. 175
K. 2067	K. 176
(3) K. 2069	K. 79
K. 2070	K. 83

$$K.2071 \text{ ———— } K.84$$

$$K.2072 \text{ ———— } K.85$$

그러면 쿠마릴라가 불교사상의 어떤 부분을 비판하고 있었는지를 샨타라크쉬타가 인용하는 부분을 통해 확인하기로 한다. 먼저 (1)의 2012에서 2015까지의 내용을 번역해 보면 다음과 같다.

대상을 아는 것에 따르는 지식이 자기 자신을 향해 작용하는 일은 없다. 그런 까닭에 비추는 성질이 있더라도, 자각을 위해서는 다른 지식이 필요하다.(K.2012)[9]

또 그와 같이 지식의 비추는 성질은 대상을 지각하는 것을 자성으로 한다. 지식에는 자신을 지각하는 성질이 없기 때문에 자신을 비추는 것이 아니다. (K.2013)[10]

[자기를 비추는 일은 없더라도] 일반적으로 비추는 성질이 있을 때에는 눈(眼) 등은 색(色) 등을 [비추어 대상을] 확정(確定)하는 것처럼, 이 [지식도] 동일하게 [어떤 대상을 비추는 것과 같은 확정이] 있을 것이다.(K.2013)[11]

---

9) vyāpṛtaṃ hy arthavittau ca nātmānaṃ jñānam ṛcchati/
   tena prkāśākatve' pi bodhāyānyat pratīkṣate// (K.2012).
10) īdṛaś vā prakāśatvaṃ tasyārthānubhavātmakam/
   na cātmānubhavo'sty asyetyātmano na prakāśākam//(K.2013).

비추는 성질은 외경에 대해 작용하고, 자신을 향해서는 효과가 없기 때문에 작용하지 않는다. 모든 것의 효력 자체는 이와 같으므로 의문의 여지는 없다.(K.2015)[12]

여기서 인용된 쿠마릴라의 견해는 그가 지식의 자기인식을 부정하고 있음을 알 수 있다. 즉 지식은 자기를 지각하는 일이 없고, 또한 자기를 향해서 작용하는 일도 없다고 한다. 더욱이 지식의 비추는 성질도 자기를 향하는 것이 아니며, 외경을 향하는 것이라고 한다. 이와 같이 지식의 자기인식을 부정하는 쿠마릴라의 견해를 정리해 보면 다음과 같다. 즉 ①지식은 스스로를 비추는 것이 아니다. ②지식이 스스로를 지각하기 위해서는 다른 지식이 필요하다. ③지식이 비추는 성질은 외경에 대해서 작용한다. 이와 같은 쿠마릴라의 주장은 불교의 입장에서 주장한 지식의 자기인식을 비판하는 것으로, 이와 같은 주장에 대해 샨타라크쉬타는 상세하게 비판한다. 샨타라크쉬타의 반론은 뒤에서 살펴보기로 하고, 앞서 샨타라크쉬타가 인용한 (2)의 쿠마릴라(Ku mārila)의 견해를 보기로 한다.

색(色)을 인식하는 지식은 그것(知識)에 의해 인식되는 색과는 다르다. 색이 인식될 때, 그 지식은 알려지는 일이 없기 때문이다. 맛 등을 아는 것과 맛 자체가 다르듯이.(K.2063)[13]

---

11) sati prakāśākatve ca vyavasthā dṛśyate yathā/
    rū pādau cakṣu rā dā nāṃ tathātrāpi bhaviṣyati//(K.2014).
12) prakāśākatvaṃ bāhye'rtha śaktyabhāvāttu nātmani/
    waktiśca sarvabhāvānāṃ naivaṃ paryanuyujyate//(K.2015).

인식되는 것은 인식하는 것과 다르다. 왜냐하면 [인식주관을] 반성하는 사람에게 있어 [인식되는 대상은] 결코 반성되는 일이 없기 때문이다. 맛 등을 아는 것과 맛 자체를 아는 것이 다르듯이.(K.2064)[14]

[색과 그것을 인식하는 것의] 두 가지가 서로 다른 것이 증명된다. 맛 등이 색 등과 다르듯이. 또 동일한 것으로 알려지는 일이 없기 때문에 [둘은 다르다]. 타인의 마음속에 상속하는 지식과 자신의 지식이 다르듯이.(K.2065)[15]

지식은 자기의 일부분을 인식하는 것이 아니다. [후자는] 지식으로부터 생긴 것이기 때문이다. 자신의 힘은 자신을 향해서 작용하지 않는 것처럼. 이와 같이 지식이 그 자체에 의해 인식되는 일은 부정된다. [유식에서 말하는] 잠재인상(潛在印象)에는 [주관, 객관의] 두 가지 성질을 갖지 않기 때문에.(K.2066)[16]

챠이트라의 지식은, 자기의 지식에 의해 생긴 일부분의 대상을 인식하

---

13) atha yadgrāhakaṃ rūpe tadgrāhyāt tasya bhinnatā/
   tatsaṃvittāva saṃvitte rasādigrāhakaṃ yathā//(K.2063).
14) grāhyaṃ tadgrāhakāccaiva tatparāmṛśatā yataḥ/
   na parāmṛśyate'vaśyaṃ rasādigrāhakādivat//(K.2064).
15) dvayaṃ paraspareṇaiva bhinnaṃ sādhyaṃ rasādivat/
   aikyarūpeṇa vā' jñānāt santānāntarabuddhivat//(K.2065).
16) jñānaṃ svāṃśaṃ na gṛhṇāti jñānotpatteḥ svaśaktivat/
   grāhyatva pratiṣedhaśca dvayahīnā hi vāsanā//(K.2066).

는 것은 불가능하다. 그것이 지식이기 때문이다. 그 지식은 다른 신체
에서 생긴 지식을 알지 못하듯이.(K.2067)[17]

여기에서 서술되는 쿠마릴라의 견해는 인식하는 경우 인식주관으로
서의 지식과 그 대상인 외경이 동일한 지식이 아니라 다른 것이라고 하
는 것이다. 즉 인식하는 것과 인식되는 것은 서로 다른 것으로, 예를 들어
맛과 색이 다른 것과 같다. 따라서 여기서 말하는 쿠마릴라의 견해를 정
리하면 ①인식주관의 지식과 인식객관의 색과는 다른 것이다. ②지식은
인식할 때 자기를 인식하는 것이 아니다. ③외경도 사람에 따라 다르게
수용된다. 이렇게 정리해보면, 쿠마릴라의 견해는 자기인식을 주장하는
불교의 입장과 명확히 대비된다. 즉 인식주관과 객관이 동일한 지식이
라고 하는 불교와 비교해서 쿠마릴라는 외경 대상의 실재를 인정하는 것
은 물론 외경이 지식의 일부분이라는 것을 인정하지 않는다.

그러면 (3)의 쿠마릴라의 견해를 보기로 하면 다음과 같다.

그 [형상을 갖는 대상]은 외부의 장소와 결부되어있으며, [그것이 직접
지각된다고 하는 샤바라스바민의 말]에 의해 대상의 형상을 아는 것은
인식주관을 아는 일 없이도 가능하다고 설한 것이 아닌가.(K.2069)[18]

---

17) caitrajñānaṃ tadudbhūtajñānāṃ śagrāhyabodhakam/
　　 jñānatvān na bhaved yadvat tasya dehāntarodbhavam//(K.2067).
18) sa bahirdeśasambaddhaḥ ity anena nanūcyate/
　　 grāhyākārasya saṃvitter grāhakānubhavād?te//(K.2069).

나는 그때 무엇인가 대상을 보았다고 기억하고 있지 않다. 이와 같이 사람은 대상의 형상이 없어도 주관으로서 생긴 [지식]만을 기억하는 일이 있다.(K.2070)[19]

그러므로 [그대가 말한 것처럼 주관과 객관이] 다르지 않을 때에는 대상에 대한 기억도 있겠지만, 그러나 주관의 기억이 있을 때에는 주관만이 기억되[는 것으로 객관은 기억되지 않는다].(K.2071)[20]

[이상과 같이] 긍정적 논증과 부정적 논증에 의해, 두 가지는 다른 것이라고 증명되기 때문에 [우리들의 추론에 변충의 오류는 없다]. 또한 이와 같이 이들의 원인은 종주사(宗主辭)에 포함되기 때문에 [불성립의] 오류도 없다.(K.2072)[21]

여기에서 보듯이 쿠마릴라는 지식과 외경의 둘이 별개의 것임을 분명히 하고, 그것이 다른 것이기 때문에 기억하는 경우, 객관의 대상이 없더라도 주관만을 기억하는 일도 있다고 말하고 있다. 또 쿠마릴라는 지식과 외경이 다른 것을, 불교논리학에서 말하는 동품정유성(同品定有性)과 이

---

19) na smarāmi mayā ko'pi gr̥hīto'rthastadeti ca/
   smaranti grāhakotpādaṃ grāhyarūpavivarjitam//(K.2070).
20) tasmad abhinnatāyāṃ ca grāhye'pi smaraṇam bhavet/
   grāhakasmr̥tisadbhāve tatra tvevaiṣa gr̥hyate//(K.2071).
21) anvayavyatirekāmyāṃ siddhaivaṃ bhinnatā tayoḥ/
   evaṃ ca hetavo'pyete prasiddhāḥ sādhyadharmi?i//(K.2072).

품변무성(異品遍無性)에 해당하는 긍정적 논증론(肯定的論證論, anvaya)과 부정적 논증론(否定的論證論, vyatireka)의 방법으로 증명하고 있는 것을 알 수 있다. 여기서 쿠마릴라의 설을 정리하면 ①인식대상인 것은 외부의 것이며, ②형상인 대상이 없더라도 주관으로서의 지식만을 기억하는 일이 있고, ③인식주관과 인식객관은 각각 별개의 것이라고 하는 것이다. 이것도 앞서 쿠마릴라의 설과 동일하게 지식의 자기인식을 부정하고, 지식과 외경은 다른 것임을 말하는 것이다. 물론 이와 같은 쿠마릴라의 견해는 샨타라크쉬타에 의해 비판되지만, 쿠마릴라의 입장이 어떠한 것인지를 보여주는 것으로 중요하다고 생각한다.

이상 샨타라크쉬타가 인용하는 쿠마릴라의 견해를 번역하고 살펴보았지만, 그것은 대부분 불교의 자기인식을 부정하는 것을 알 수 있다. 이와 같은 부정을 바탕으로 쿠마릴라는 『슐로카바르티카』〈공론(空論)〉 전체에서 그 논의를 이끌어 가고 있지만, 앞서 번역 인용된 게송들은 불교의 형상설에 대한 쿠마릴라의 분명한 입장을 보여주고 있다. 이렇게 샨타라크쉬타가 인용하는 쿠마릴라의 형상 내지 자기인식에 대한 입장은 당시 불교사상으로서 쿠마릴라가 이해하고 받아들인 것으로 간주해도 좋을 것이다. 그렇게 쿠마릴라가 이해한 형상과 자기인식에 대한 입장을 다음 절에서 살펴보기로 한다.

제3절 쿠마릴라가 전하는 불교의 형상설

쿠마릴라의 형상설에 관한 논의는 앞서 말한 것처럼, 그의 저서인 『슐로카바르티카』의 〈공론(空論)〉에 나타나고 있다. 『슐로카바르티카』는 『탄트라바르티카(Tantravārttika)』, 『툽티카(Ṭupṭīkā)』와 함께 쿠마릴라의 대표적인 저서로서, 세 저서는 모두 자이미니(Jaimini)의 『미망사수트라(Mīmāṃsāsūtra)』에 대한 샤바라스바민(Śabarasvāmin)의 주석서 『미망사바샤(Mīmāṃsābhāya)』에 대해 쿠마릴라가 쓴 주석서이다. 『슐로카바르티카』는 『미망사바샤』의 제1장 제1절(pada)에 대한 주석이며, 『탄트라바르티카』는 제1장 제2절부터 제3장까지의 주석, 『툽티카』는 나머지 9장에 관한 약간 불완전한 주석이다.[22] 『슐로카바르티카』는 전체 8장으로 구성되어 있고, 그 가운데 〈공론(空論)〉은 제5장 제3절에서 모두 254게송으로 이루어져 있다(제5장은 전체 17절로 이루어짐). 쿠마릴라는 제5장 제2절에서 불교의 유식설을 논파하기 위해 〈무소연론(無所緣論, nirālambanavāda)의 장〉을 두고 있으며 더욱이 중관학파의 근본개념인 공(空)을 논파하기위해 〈공론〉을 두어 논난하고 있다. 그 〈공론〉의 논리를 전개하는데 있어서 쿠마릴라는 먼저 불교의 형상설을 소개한 후 그것을 비판, 부정한다. 이곳은 전형적인 〈전분소파(前分所破)〉와 〈후분능파(後分能破)〉의 형태로 구성되어 있다. 따라서 그가 전하는 불교의 형상설은 〈전분소파〉부분에 해당하며, 그것은 모두 63개

---

22) P.S.Sharma, *ANTHOLOGY OF KUMĀRILABHAṬA'S WORKS*, MOTILAL BANARSIDASS, 1980, p.1.

의 게송이다. 그러면 쿠마릴라는 불교의 형상설을 어떻게 말하고 있는지 살펴보기로 한다.

먼저 그 〈전분소파〉 부분에서 쿠마릴라가 말하고 있는 것은 불교의 주장으로서 샨타라크쉬타가 『섭진실론』에서 말하는 것과 같은 인식주관과 인식객관이 모두 인식이라는 것이다. 즉 쿠마릴라는 불교의 설로서 지식에 의한 자기인식을 들고 있다. 쿠마릴라는 "형상의 차이에 의해서는 인식작용과 인식대상의 확정은 없다.(na cāpyā kārabhedena jñānajñeyāva-dhāraṇā)(K.6)"라고 한 뒤 다음과 같이 말하고 있다.[23]

단지 인식된 것만이 존재라고 말한다. 인식되지 않은 것에 대한 존재는 없다. 그와 같은 것은 인식되지 않는다. 따라서 형상을 가진 실재물(實在物)이 존재하는 것은 확실히 인정된다.(K.7)[24]

여기에 [실재물을] 고찰하고 있는 사람들에게 만약 인식자체가 현상을 가진 것으로 나타난다면, 그때 진실은 단지 인식에서만 존재할 것이다. 그렇다면 거기에는 외경을 주장하는 근거가 없게 될 것이다.(K.8)[25]

23) 산스크리트 문장에 대해서는 다음을 참조.
 MĪMĀṂSĀ ŚLOKAVĀRTIKA with Commentary KĀŚIKA of SUCARITAMIŚRA, Edited by K.SAMBAŚIVA SASTRI, CBH PUBLICATIONS, 1990 (First Edition 1913)
 번역에 관해서는, 각주 1)의 번역서(『Kumārilaの哲學(上)』)과 다음의 영역 참조.
 Slokavartika, Trans. By Ganga Nath Jha, SRI SATGURU PUBLICATIONS, 1983 (First Edition, 1900, 1908).
24) gṛhyamāṇ asya cāstitvaṃ nāgrāhyasyāpramāṇakam/
 tasmād ākāravad vastu grāhyatvād vidyate dhruvam// (K.7).
25) ataḥ parīkṣamāṇ anāṃ jñānamākāravad yadi/
 tan matre ca pramā kṣṇā tato nāsty arthakalpanā// (K.8).

그러나 형상이 외계의 실재물에 속한다면 그와 같은 대상은 인식되는
근거 위에 받아들여진다. 그리고 그와 같은 인식의 성립에 있어서, 우
리들은 인식의 존재를 받아들인다.(K.9)[26]

그렇지만 거기에는 지각된 형상을 가진 것이 어떻게 있을 수 있겠는
가. 왜냐하면 동일한 실재물이 형상을 가지고 인식된다고 우리들은 배
우기 때문이다.(K.10)[27]

물론 여기에서 인용한 내용은 쿠마릴라가 뒷부분인 〈후분능파〉에서
비판 내지 부정하려고 하는 것이지만, 그러나 여기에 나타나는 내용은 불
교의 입장에서 주장한 지식의 자기인식에 다름 아니다. 왜냐하면 외경의
실재물(實在物, vastu)이 형상으로서 인식 상에 받아들여져, 인식 상에 있어
서만 존재가 인정되기 때문이다. 여기에서 쿠마릴라는 인식대상으로서
형상이 인식의 성질이라고 하는 불교의 입장을 계속해서 설명하고 있다.
즉 "일체에 있어서 인식자(認識者)와 인식대상(認識對象)의 동일성을 주장한
다(grāhyagrāhakayor aikyaṃ sarvathā pratipadyate)(K.14)"라든가 "[형상과 인식
과의 사이에는] 어떤 차이도 없기 때문에, 그리고 이해되는 것은 형상으
로서의 대상이기 때문에, 따라서 형상을 가진 것으로 이해되는 것은 단

---

26) yadi vākāravatta syād bāhyasyaiveha vastunaḥ/
   tad asti gṛhyamāṇatvād tātsiddhyataivāsti dhīrapi// (K.9).
27) kiṃ tāvadatra yuktaṃ syāj jñānam ākāravat kutaḥ/
   ekamākāravad vastu grāhyamity adhyagīṣmahi/ (K.10).

지 인식뿐이다(vivekabuddhy abhāvācca sākārasya ca darśanāt/ sākāravattayā bodho jñānasyaiva prasajyate)(K.32)"라고 말하고 있다. 이렇게 쿠마릴라가 말하는 불교의 인식이라는 것은 형상으로서의 인식대상을 인식주관인 지식이 인식하는 것으로 곧 자기인식인 것이다.

이와 같이 형상과 관련한 불교의 자기인식을 소개해가면서 쿠마릴라는 무형상론(無形象論)을 비판하는 불교의 논의도 또한 소개한다. 즉 인식이라는 것은 단지 수정(水晶)과 같이 인식주관에 외경이 비쳐지는 것이라고 주장하는 무형상론에 대한 불교측의 비판을 소개하고 있다. 쿠마릴라는 불교의 주장으로서 "[인식은] 스스로 비추는 것(prakāśāka)으로 더욱이 그대에게도 외경을 비추는 수단으로서 인정된다(bāhyasyopāyasam matam)(K.21)"라고 하며, 외경을 인정하면서 인식의 비추는 성질을 인정한다면 생기는 문제점에 대하여 불교측의 주장을 열거한다(K. 22-27). 또한 형상을 인정하지 않는 경우의 문제점도 지적하고 있다(K.28-35). 이와 같이 〈전분소파〉의 전반부에서 주로 형상을 인정하지 않는 경우의 인식불가능을 지적하고 있다면 그 후반부에는 인식대상으로서의 형상이 인식주관에 투영되는 것이라고 하는 소위 불교의 경량부(輕量部)가 주장하는 것과 같은 외경이 형상으로서 지식에 투영된다고 하는 설을 비판한다(K.36 이하). 이것은 외경을 조금이라도 인정하는 입장에서 형상을 인정하는 것으로, 쿠마릴라는 이 이론의 소개에 〈전분소파(前分所破)〉의 후반부를 사용하고 있다. 즉 "그들은 외계와 인간의 내부가 상호 분리하여 위치하고 있기 때문에 대상과 인식의 사이에는 상호접촉이라는 것은 있을 수 없다(bāhyābhyantaradeśatvān na cārthajñānayor mithaḥ/ samparko'sti)(K.40)"라고 하면서 그 접촉에 대해서 다음과 같이 말하고 있다.

> 그와 같은 이유로 형상이 접촉에 의한 성격이라고 주장하는 것은 바르
> 지 않다. 그것들은 위치의 차이에 따라 정신적 성격[인 인식]과 물질적
> 성격[인 물질]인 까닭에 그와 같은 접촉은 있을 수 없다.(K.42)[28]

> 그와 같은 접촉이 동시적이라고도 말할 수 없다. 왜냐하면 그것은 보
> 편적으로 적용되기 때문이다. 또한 거기에는 인식과 직접 대응하는 대
> 상의 입장도 없다.(K.43)[29]

쿠마릴라는 이와 같이 외경을 형상으로서 인정하더라도 외경을 인정
하는 경우의 모순을 지적한 불교의 논리를 잘 보여주고 있다. 곧 쿠마릴
라는 지식이 외계대상을 인정하는 경우, 그 둘 사이에는 ①위치상의 차
이(deśabheda), ②어떠한 접촉도 없는 것(asaṃsarga), ③둘은 구별되는 것
(avadhāraṇa)이라고 말하며(K. 55), 형상이 있더라도 그것은 양자가 동일한
것은 아니라고 말하고 있다. 즉 무형상론자의 주장에 있는 지식과 형상
사이의 문제점을 지적한다. 그리고 〈전분소파〉의 마지막에서 쿠마릴라
는 불교의 입장을 다음과 같이 말하고 있다.

---

28) sasargadharma ākāras tasmād eva na yujyate/
　　deśabhedād asaṃsargo mūrtāmūrtatayā tathā// (K.42).
29) trailokyena prasaṅgācca saṃsargo naikakālatā/
　　na cāpyārjavataḥ sthānaṃ jñānenārthasya vidyate// (K.43).

지식이 [외계의 대상]과 관계하지 않고 행해지는 [형상은] 그 형상에 있어서 그대는 대상을 세울 수밖에 없다. 그러나 어떤 경우에도 어떤 외계대상과 결합하여 어떤 지식이 생기는 일은 없다.(K.62)[30]

따라서 그와 같은 대상의 형상이 지식에 의존하고 있는 경우, 어떻게 사람들이 외계대상의 존재를 상정할 수 있을까. 그리고 지식에 있어서 어떤 형상도 그 위에 두지 않는 한, 그것은 그 자체로 명확하게 확립된다.(K.63)[31]

이와 같이 쿠마릴라는 불교의 설로서 인식한다고 하는 것은 외계의 대상과 결합하는 것이 아니라, 지식은 스스로를 인식하는 자기인식이라는 것을 확실하게 말하고 있다. 그리고 그 자기인식은 그것 자체로서 확실히 확립되어 있다. 따라서 쿠마릴라가 소개하는 불교에 있어서 형상설의 논의는 지식의 자기인식을 말하는 것인 까닭에, 그것은 쿠마릴라 시대의 불교의 핵심 교리가 자기인식이었던 것을 말해준다고 생각된다. 왜냐하면 불교의 가장 중요한 개념인 '공(空)' 에 관한 논의를 담고 있는 『슐로카바르티카』의 〈공론〉에서 가장 핵심적인 논의가 지식과 형상과의 관계를 보여주는 불교의 자기인식이었기 때문이다.

---

30) nirapekṣaṃ svarūpeṇa tasmāj jñānaṃ yadākṛti/
   tathārtho na yathārthaṃ tu jñānamutpadyate kvacit// (K.62).
31) itthaṃ vijñānatantratve konvarthaṃ kalpayiṣyati/
   dhiranāropitākārā svātmany evopayokṣyate// (K.63).

제4절 형상설 논쟁의 의의

　형상이라는 것은 우리들이 인식할 때, 인식대상으로 의식 속에 떠오르는 객관대상을 말한다. 불교사상사에서 보면, 특히 다르마키르티에 이르러 그 형상에 관한 논의는 '자기인식'의 이론으로서 거의 완성되며, 그 후 불교사상가들도 그 이론을 받아들여 더욱 정치(精緻)한 이론으로 발전시키게 된다. 본장에서 살펴본 것처럼 샨타라크쉬타의 형상론이나 쿠마릴라가 전하는 형상에 대한 논의도 반드시 자기인식과 관련되어있다. 그것은 형상이 지식의 성질을 가진 것으로, 따라서 인식주관의 지식과 인식객관의 형상이 동일한 지식인 것을 아는 것이 주요한 목적이 되기 때문이다. 그와 같이 동일한 지식이라는 것을 지식의 자기인식이라고 하고, 또한 유식성(唯識性)의 성립이라고도 하지만, 그것은 달리 말하면 지식의 단일성을 아는 것이기도 하다. 그리고 그와 같이 아는 것을 샨타라크쉬타는 승의의 입장에서의 고찰이라고 말하고 있다. 승의라는 것은 궁극적인 것, 절대적인 것을 의미하는 것으로 제일의(第一義)라고도 하지만, 그것은 일반적인 세속의 사고가 아닌 철저하게 고찰한 매우 깊은 단계의 사고라고 하는 의미일 것이다. 즉 외경의 대상을 인식하는 경우, 그 형상으로서의 대상이 지식인 것을 아는 것은 깊은 사고의 결과일 것이다. 이렇게 승의의 입장에서 지식의 단일성, 즉 단일한 자성을 아는 것이 강조되지만, 이러한 단일한 자성에 의거한 논의의 전개는 샨타라크쉬타의 주저인 『중관론』의 핵심 내용으로, 거기에서는 단일의 자성이라는 것도 결국 부정되어 무자성, 무아인 것이 논증되고 있다.

본장은 불교의 형상에 관한 논의로서 자기인식에 대한 쿠마릴라의 견해를 〈공론〉에 기반하여 살펴본 것이지만, 쿠마릴라는 〈공론〉에서 불교의 형상에 관한 논의의 목적이 자기인식의 이론이라는 것을 확실히 하고 있다. 여기에서 형상의 논의와 관련해 흥미로운 점은 쿠마릴라가 자기인식에 관한 논의를 〈공론〉이라고 이름한 것이다. 이것은 달리 말하면 쿠마릴라의 시대에 불교의 '공'의 개념과 자기인식이 밀접하게 관계하고 있는 것을 드러내며, 또 그것은 어떤 의미에서는 공과 자기인식이 어떻게 관계하는가를 묻는 것이기도 한 것이라 생각된다. 아마도 그와 같은 문제나 그것을 해결해야만 하는 작업은 쿠마릴라의 시대 혹은 그 후의 불교사상가에게 남겨진 과제이었던 것이라 생각된다.

참고문헌

1. Sanskrit and Tibetan, Chinese Sources

A) Sutras

『如來不思議秘密大乘経』(大正, Vol.11, No.312)

Tathāgata-acintya-guhya-nirdeśa

De bzhin gshegs pa'i gsang ba bsam gyis mi khyab pa bstan pa(P. No.760-3)

『入一切諸佛境界智光莊嚴大乘経』(大正, Vol.12, No.357, 358, 359)

Sarvabuddhaviṣayāvatāra-jñānālokālaṃkāra-nāma-mahāyāna-sūtra

'Phags pa sangs rgyas thams cad kyi yul la 'jug pa'i ye shes snang ba'i
rgyan zhes bya ba theg pa chen po'i mdo(P. No.768)

『無盡意說示大乘経』(大正, Vol.13, No.397-12)

Akṣayainati-nirdeśa-nāma-mahāyana-sūtra

bLo gros mi zad pas bstan pa zhes bya ba theg pa chen po'i mdo(P. No.842)

『無垢称說示大乘経(=維摩詰所說経)』(大正, Vol.14, No.474, 475, 476)

Vimalakīrti-nirdeśa-nāma-mahāyāna-sūtra

Dri ma med par grags pas bstan pa zhes bya ba theg pa chen po'i mdo(P.
No.843; D. No.176)

『入楞伽経』(大正, Vol.16, No.670, 671, 672)

Laṅkāvatāra-mahāyāna-sūtra

'Phags pa laṅ kar gshegs pa'i theg pa chen po'i mdo(P. No.775; D. No.107)

『法集大乘経』(大正, Vol.17, No.761)

Dhanna-saṃgīti-nāma-mahāyāna-sūtra

phags pa chos yang dag par sdud pa zhes bya ba theg pa chen po'i mdo(P.
No.904; D. No.238)

B) Treatises

Advayavajra(gNnyis med rdo rje)

『眞理の宝環』

Tattvaratnāvalī

De kho na nyid rin po che’ i phreng ba(P. No.3085; D. No.2240)

Aryadeva(’Phags pa lha)

『四百論頌』

Catuḥśataka-śāstra-kārikā

bStan bcos bzhi brgya pa zhes bya ba’i tshig le’ur byas pa(P. No.5246; D. No.3846)

Avalokitavrata(sPyan ras gzigs brtul shugs)

『般若灯廣釋』

Prajñā-pradīpa-ṭīkā

Shes rab sgron ma’i rgya cher ’grel pa(P. No.5259; D. No.3859)

Bhāviveka(snang bral)

『般若灯論』

Prajñāpradīpa-mūlamadhyamaka-vṛtti

dBu ma rtsa ba’i ’grel pa shes rab sgron ma(P. No.5253; D. No.3853)

『中觀心論頌』

Madhyamakahṛdayakārikā

dBu ma’i snying po’i tshig le’ur byas pa(P. No.5255; D. No.3855)

『中觀心論頌註思擇焰』

Madhyamakahṛdaya-vṛtti-tarkajvālā

dBu ma’i snying po’i ’grel pa rtog ge ’bar ba(P. No. 5256; D. No.3856)

Bhāvaviveka(Legs ldan ’byed)

『中觀義集』

Madhyamakārtha-saṃgraha

dBu ma’i don bsdus pa(P. No.5258; D. No.3857)

Bodhibhadra(Byang chub bzang po)

『智心髓集注』

Jñānasārasamuccaya-nāma-nibandhana

Ye shes snying po kun las btus pa zhes bya ba’i bshad sbyar(P. No.5252; D. No. 3852)

Candrakīrti(Zla ba grags pa)

『淨明句論』

Mūlamadhyamaka-vṛtti-prasannapadā

dBu ma rtsa ba’i ’grel pa tshig gsal ba(P. No.5260; D. No.3860)

『入中論疏』

Madhyamakāvatāra-bhāṣya

dBu ma la 'jug pa'i bshad pa(P. No. 5263; D. No.3862)

『菩薩喩伽行四百廣註』

Bodhisattva-yogacaryā-catuḥśataka-ṭīkā

Byang chub sems dpa'i rnal 'byor spyod pa bzhi brgya pa'i rgya cher 'grel
    pa(P. No.5266; D. No.3865)

Devendrabuddhi(Lha dbang blo)

『量評釋細疏』

Pramāṇavārttika-pañjikā

Tshad ma rnam 'grel gyi dka' 'grel(P. No.5717(b); D. No.4217)

Dharmakīrti (Chos kyi grags pa)

『量評釋頌』

Pramāṇavārttika-kārikā

Tshad ma rnam 'grel gyi tshig le'ur byas pa(P. No.5709; D. No.4210)

『量評釋自疏』

Pramāṇavārttika-vṛtti

Tshad ma rnam 'grel gyi 'grel pa(P. No.5717(a); D. No.4216)

Dharmapāla

『大乘廣百論釋論』(大正, Vol.30, No.1571)

Dignāga(Phyogs glang)

『集量論』

Pramāṇasamuccaya

Tshad ma kun las btus pa(P. No.5700; D. No.4203)

『集量論註』

Pramāṇasamuccaya-vṛtti

Tshad ma kun las btus pa'i 'grel pa(P. No.5701, 5702; D. No.4204)

『觀所緣論疏』

Alambana-parīkṣā-vṛtti

dMigs pa brtag pa'i 'grel pa(P. No.5704; D. No.4206)

Haribhadra(Seng ge bzang po)

『聖八千訟般若波羅密多釋 現觀莊嚴論光明』

Arya-aṣṭasāhasrikā-prajñāparamita-vyākhyāna Abhisamayālaṃkārāloka

'Phags pa shes rab kyi pha rol tu phyin pa brgyad stong pa'i bshad pa. mNgon
    par rtogs pa'i rgyan gyi snang ba(P. No.5189; D. No.3791)

Jitāri(Jetāri, mJe tā ri)

『善逝本宗分別頌』

Sugata-mata-vibhaṅga-kārikā

bDe bar gshegs pa gzhung rnam par 'byed pa'i tshig le'ur byas pa(P. No.5296;
　　D.　No.3899)

Jñānagarbha(Ye shes snying po)

『二諦分別論自疏』

Satyadvayavibhaṅga-vṛtti

bDen pa gnyis rnam par 'byed pa'i 'grel pa(D. No.3882)

Kamalaśīla

『中觀莊嚴論細疏』

Madhyamakālaṃkāra-pañjikā

dBu ma' i rgyan gyi dka' 'grel(P. No.5286; D. No.3886)

『中觀明』

Madhyamakāloka

dBu ma snang ba(P. No.5287; D. No.3887)

『眞實明論』

Tattvāloka-nāma-prakaraṇa

De kho na nyid snang ba zhes bya ba' i rab tu byed pa(P. No.5288; D.
　　No.3888)

『一切法無自性成就』

[Sarvadharmābhāva-siddhi]

Chos thams cad rang bzhin med pa nyid du grub pa(P. No.5289; D. No.3889)

『修習次第』

Bhāvanākrama

sGom pa'i rin pa(初篇・中篇・後篇. P. No.5310; D. No.3915・P. No.5311; D. No.
　　3916・P. No.5312; D. No.3917)

Kambala(Kamala)

『明(髮)論』

Alokamālāprakaraṇa

sNang ba' i phreng ba zhes bya ba'i rab tu byed pa(P. No.5866; D. No.3895)

Mokṣākaragupta(Thar pa' ī ' byung gnas kyī sbas pa)

『思擇說』

Tarka-bhāṣā

rTog ge'i skad(P. No.5762; D. No.4264)

Nāgārjuna(Klu sgrub)

『根本中觀頌般若』

Prajñā-ñāma-mūlamadhyamaka-kārika

dBu ma rtsa ba'i tshig le'ur byas pa shes rab ces bya ba(P. No.5224; D. No.3824)

『根本中註無畏』

Mūlamadhyamaka-vṛtti-akutobhayā

dBu ma rtsa ba'i 'grel pa ga las 'jigs med(P. No.5229; D. No.3829)

『因緣心論頌』(大正, Vol.32, No.1654)

Pratītyasamutpāda-hṛdaya-kārikā

rTen cing 'grel par 'byung ba'i snying po' i tshig le'ur byas pa(P. No. 5236; D. No. 3836)

Ratnākaraśānti(Rin chen 'byung gnas zhi ba)

『般若波羅蜜多優波提舍』

Prajñāpāramitopadeśa

Shes rab kyi pha rol tu phyin pa'i man ngag(P. No.5579; D. No.4079)

Sahajavajra(lHan cig skyes pa' i rdo rje)

『十眞實論註疏』

Tattvadaśakaṭīkā

De kho na nyid bcu pa'i rgya cher 'grel pa(P. No.3099; D. No.2254)

Śākyabuddhi(Śākya'i blo)

『量評釋註釋』

Pramāṇavārttika-ṭīkā

Tshad ma rnam 'grel gyi 'grel bshad(P. No.5718; D. No.4220)

Śāntarakṣita(Zhi ba 'tsho)

『攝眞實論頌』

Tattvasaṃgraha-kārika

De kho na nyid bsdus pa'i tshig le'ur byas pa(P. No.5764; D. No.4266)

『中觀莊嚴論自疏』

Madhyamakālaṃkāra-vṛtti

dBu ma'i rgyan gyi 'grel pa(P. No.5285; D. No.3885)

Śrī Dīpaṃkarajñāna(dPal Mar me mdzad ye shes; Atīśa)

『菩提道灯論』

Bodhipathapradīpa

Byang chub lam gyi sgron ma(P. No.5343; D. No.3947・P. No.5378; D. No. 4465)

Śrīgupta(dPal sbas)

『入眞實論註』

Tattvāvatāra-vṛtti

De kho na la 'jug pa'i 'grel pa(P. No.5292; D. No.3892)

Sthiramati(Blo gros brtan pa)

『三十頌釋疏』

Triṃśikā-bhāṣya

Sum cu pa'i bshad pa(P. No.5565; D. No.4064)

Vasubandhu(dByig gnyen)

『三十論頌』

Triṃśikā-kārikā

Sum cu pa' i tshig le'ur byas pa(P. No.5556; D. No.4055)

『二十論頌』

Viṃśatikā-kārikā

Nyi shu pa' i tshig le'ur byas pa(P. No.5557; D. No.4056)

『二十論註』

Viṃśatikā-vṛtti

Nyi shu pa'i 'grel pa(P. No.5558; D. No.4057)

C) Tibetan's Works

Tsong kha pa(1357-1419)

『了義不了義決擇論善説心髓』

Drang ba dang nges pa'i don rnam par phye ba'i bstan bcos legs bshad
     snying po(P. No.6142)

『菩提道次第論(廣本)』

Lam rim chen mo(P. No.6001)

『菩提論次第論(略本)』

Lam rim chung ba(P. No.6002)

Dar ma rin chen(1364-1432)

『中觀莊嚴論備忘録』

dBu ma rgyan gyi brjed byang

'Jam dbyang bshad pa'i rdo rje Ngag dbang brtson 'grus(1648-1722)

『宗義解説』

Grub mtha' i rnam bzhad

lCang skya Rol pa' i rdo rje(1717-1786)

『宗義規定』

Grub mtha' i rnam par bshag pa

Mi pham rgya mtsho(1846-1912)

『中觀莊嚴論解説』

dBu ma rgyan gyi rnam bshad

2. Other Works

赤松明彦(1984), 「ダルマキールティの論理學」『講座 大乘仏敎 9・認識論と論理學』春秋社.

天野宏英(1965), 「ハリバドラの二諦說」『印仏硏』13-2.

　　(1966), 「因果論の一資料 ―ハリバドラの解釋―」『金倉博士古稀記念印度學仏敎學論集』平樂寺書店.

荒牧典俊(1963), 「唯識思想に於ける十二支緣起の解釋」『印仏硏』11-1.

　　(1976-1), 「三性說ノート(一)」『東洋學術硏究』15-1.

　　(1976-2), 「三性說ノート(二)」『東洋學術硏究』15-2.

安藤嘉則(1984), 「唯識性論証に關する一考察―AnekāntajayapatākāとTattvasaṃ-grahaを中心に―」『曹洞宗硏究員硏究生紀硏究紀要』16.

李泰昇(1991-1), 「シャーンタラクシタの形象說批判について―シャーンタラクシタをめぐる硏究略史―」『駒大仏敎學部論集』22.

　　(1991-2), 「『中觀莊嚴論』の成立に關する一考察」『印仏硏』40-1.

　　(1993-1), 「『二諦分別論細疏』の作者について」『印仏硏』41-2.

　　(1993-2), 「Dar ma rin chenの『中觀莊嚴論備忘錄』について」『韓國仏敎學セミナー』5.

　　(1993-3), 「『二諦分別論』에 있어서 유가행파 批判에 대하여」『印度哲學』제3집.

　　(1994), 「後期中觀派의 定義에 대하여 ―瑜伽行中觀派에 관한 日本佛敎學界의 論爭 ―」『韓國佛敎學』제19집.

　　(1995), 「『二諦分別論細疏』와『中觀莊嚴論』」『印佛硏』43-2.

　　(1996-1), 「즈냐나가르바의 二諦說에 대하여」『印度哲學』제6집.

　　(1996-2), 「일본의 후기중관파 연구」『일본의 인도철학・불교학 연구』아세아문화사(『韓國佛敎學セミナー』6, 1995).

　　(1997), 「吐蕃王國佛敎史年代考(번역)」『印度哲學』제7집.

　　(1998), 「『中觀莊嚴論』의 形象說에 대하여」『印度哲學』제8집.

　　(2000), 「『中觀莊嚴論』성립의 사상적 배경」『印度哲學』제10집.

　　(2003), 「샨타라크쉬타의 自在神 비판에 대하여」『韓國佛敎學』제35집.

　　(2006), 「離一多性證因과 관련된 因의 三相에 대하여」『印度哲學』제21집.

　　(2010), 「クマーリラが伝える仏敎の形象論」『インド論理學硏究Ⅰ』 インド論理學硏究會.

伊藤淨嚴(1971),「チャンドラキールティと歸謬論法」『印仏研』20-1.

　　　　(1973),「空の論理的証明に關する月称の清弁批判」『印仏研』21-2.

池田練太郎(1979),「lCang skya宗義書におけるVaibhāṣika章について」『日本西藏學會會報』25.

磯田煕文(1982),「AbhyākaraguptaのHaribhadra批判」『印仏研』30-2.

一郷正道(1972-1),「『中觀莊嚴論』の和譯研究(1)」『京都産業大學論集』2-1.

　　　　(1972-2),「『中觀莊嚴論』の和譯研究(2)」『密教學』9.

　　　　(1972-3),「A Synopsis of the Madhyamaka-alaṃkāra of Śāntarakṣita (1)」『印仏研』20-2.

　　　　(1980),「書評 江島惠敎 著, 中觀思想の展開」『仏敎學セミナー』32.

　　　　(1982),「瑜伽行中觀派」『講座 大乘仏敎 7・中觀思想』春秋社.

　　　　(1985-1),「ダルマキールティとシャーンタンラクシタ」『雲井昭善博士古稀記念論文集　仏敎と異宗敎』平樂寺書店.

　　　　(1985-2),『中觀莊嚴論の研究』文榮堂.

　　　　(1987),「瑜伽行中觀派の思想」『仏敎學セミナー』45.

　　　　(1988),「佛教學說의 諸體系 — 中觀 —」『岩波講座・東洋思想　第八卷　インド佛敎1』岩波書店.

井上善石衛門(1963),「遍計所執の誤謬性について」『印仏研』11-1.

岩田 孝(1981),「Śākyamatiの知識論」『早稻田大學フィロソフィア』69.

宇井伯壽(1952),『安慧・護法唯識三十頌釋論』岩波書店.

　　　　(1952),「眞理の宝環」『名古屋大學文學部研究論集 III・哲學 1』.

　　　　(1958),『陳那著作の研究』岩波書店.

　　　　(1969),「世親の因明說」『荻原雲來還暦記念論文集』.

　　　　(1979),『唯識三十頌釋論』岩波書店.

宇野惠敎(1974),「ディグナーガの唯識說に關する一考察」『印仏研』32-2.

瓜生津隆眞(1960),「月称造る『入中論』の梵文佚文」『印仏研』8-2.

　　　　(1964),「中觀仏敎におけるボサツ道の展開—チャンドラキールティの中觀學說への一視点—」『鈴木學術財団研究年報』1.

　　　　(1974),「空七十論七十詩頌の空性論(翻譯)」『大乘仏典 14. 龍樹論集』中央空論社.

　　　　(1978),「中觀學派におけるアビダルマ—月称造『五蘊論』管見—」『三藏集・三』116.

　　　　(1982),「中觀學派の形成」『講座 大乘仏敎 7・中觀思想』春秋社.

上田義文(1956),「虚妄分別の廣狹二義」『龍大論集』353.

　　　　(1987),「『梵文唯識三十頌』の解明」第三文明社.

上山大峻(1958),「毘婆沙師(Vaibhāṣika)の系譜について」『印仏研』7-1.

(1960),「シャーンタラクシタの敎學的特質」『印仏研』8-2.

(1961),「シャーンタラクシタの二諦説」『印仏研』9-2.

(1962),「瑜伽行中觀派における唯識説について」『印仏研』10-2.

(1977),「エセイデの仏敎綱要書」『龍大仏敎學研究』32・33.

(1981),「エセイデの仏敎綱要書(Ⅱ)」『龍大仏敎學研究』37.

(1984),「敦煌における因縁論の諸相—『因縁心釋論開決記』をめぐって—」
　　　『仏敎學研究』39・40.

(1986),「チベットにおける禪と中觀派の合流」『チベットの仏敎と社會』
　　　春秋社.

海野孝憲(1975),「ラトナーカラ・シャーンティの形相説批判」『印仏研』24-1.

(1978),「ラトナーカラ・シャーンティの自証説」『印仏研』27-1.

(1982),「The Vijñāptimātratāsiddhi of Ratnākaraśānti」『名城大學人文紀
　　　要』28, 1982(with Tsultrim Kelsang).

(1983),「ラトナーカラの無相論者批判」『印仏研』32-1.

(1985),「ラトナーカラ・シャーンティと龍樹」『印仏研』34-1.

江島惠敎(1968),「『般若灯論』に於ける推論式の一斷面」『印仏研』16-2.

(1974),「「離一多性」による無自性性論証」『宗敎開究』48-1(No.220).

(1976),「『大乘廣百論釋論』に於ける論理學的方法」『仏敎學』2.

(1979),「空・ことば・論理」『理想』549.

(1980),『中觀思想の展開』春秋社.

(1982),「自立論証派」『講座　大乘仏敎 7・中觀思想』春秋社.

(1990),「Bhāvaviveka/ Bhavya/ Bhāviveka」『印仏研』38-2.

(2003),「自立論証派」『空と中觀』春秋社.

小川一乘(1973),「世俗諦と唯世俗—入中論　第六章　第二～二八偈について—」『宗敎
　　　研究』46-3(No.214).

(1975),「月称の中觀説について—入中論の結章に對する解讀—」『大谷學報』
　　　55-1.

(1985-1),「「否定されるべき對象」の確認」『仏敎學論集』春秋社.

(1985-2),「チベット仏敎研究の昨今」『仏敎學セミナー』41.

小川英世(1981),「jñānaśrīmitraのApoha論」『印仏研』29-2.

太田心海(1967),「認識の對象に關する考察：Tattvasaṃgraha Bahirarthaparīkṣaの
　　　和譯研究」(上)『佐賀龍谷學會紀要』14.

(1970),「認識の對象に關する考察：Tattvasaṃgraha. Bahirarthaparīkṣaの
　　　和譯研究」(下)『佐賀龍谷學會紀要』17.

大南 龍(1970),「中觀派の唯心説について」『印仏研』18-2.

小野田俊藏(1978),「bsDus-grwaの學習について」『印仏研』27-1.

(1979), 「問答(rtsod pa)におけるKhyodの機能について」『日本西藏學會會報』25.

(1980-1), 「「ldog-pa」について」『印仏研』28-2.

(1980-2), 「ldog-chosについて」『印仏研』29-1.

(1982-1), 「spyi(類)とbye-brag(種)について」『印仏研』30-2.

(1982), 「'brel-ba(關係項)と'gal-ba(反對項)について」『印仏研』31-1.

(1983), 「rjes-'gro ldog-khyabについて」『印仏研』2-1.

沖 和史(1973), 「Dharmakīrtiの'citrādvaita'＜理論＞」『印仏研』21-2.

(1975), 「'citrādvaita'＜理論＞の展開—Prjñākaraguptaの論述—」『東海仏教』20.

(1977), 「ラトナーカラシャーンティの有形象說批判」『印仏研』25- 2.

(1982), 「無相唯識と有相唯識」『講座 大乘仏敎 8・唯識思想』春秋社.

(1983), 「インド後期唯識思想における正しい認識」『日本仏敎學會年報』48.

(1990), 「ダルモーッタラ著『正理一滴註(Nyāyabinduṭīkā) 第一章における知覺判斷』仏敎と社會』.

奧住 毅(1972), 「「プラサンガ・ブァーキヤ」の論証性 —チャンドラキールティのプラーサンギカ弁証—」『鈴木學術財団研究年報』9.

加藤利生(1989), 「唯識學派の極微論をめぐる問題」『印仏研』38-1.

筧 無關(1970-1), 「有形象論における增益と損減の意義—Jñānaśrīmitra: Sākāra-siddiśāstra —」『印仏研』19-1.

(1970-2), 「Jñānaśrīmitraの'Sākārasiddiśāstra' 第六章 —試譯と註記—」『北海道駒大研究紀要』5.

梶芳光運(1981), 「一切法空思想の成立とその意義」『成田山仏敎研究所紀紀要』6.

梶山雄一(1958), 「Mokṣākaraguptaの論理學」『印仏研』6-1.

(1960-1),「ラトナーカラシャーンティの論理學書」『仏敎史學』8-4.

(1960-2), 「ラトナキールチのアポーハ論」『印仏研』8-1.

(1960-3), 「中觀哲學と歸謬論証 —清弁の論理再考—」『日仏年報』26.

(1961), 「ラトナキルーチの歸謬論証と內遍充論の生成」『塚本博士頌壽記念仏敎史學論集』.

(1963-1), 「清弁・安慧・護法」『密敎文化』64・65.

(1963-2), 「中觀哲學の論理形態」『哲學研究』415.

(1963-3), 「中觀哲學の論理形態(完)」『哲學研究』416.

(1965), 「Controversy between the sākāra and nirākāra-vādins of the yogācāra school-some materials」『印仏研』14-1.

(1969), 「仏敎における瞑想と哲學」『哲學研究』512(Vol.44-6).

(1974-1), 「後期インド仏敎の論理字」『講座 仏敎思想 2, 認織論・論理學』

仏典刊行會.

    (1974-2),「廻諍論(論爭の超越)＜翻譯＞」『大乘仏教14 龍樹論集』中央公論社.

    (1975),『論理のことば』(梶山雄一 譯注) 中公文庫.

    (1979),「シャーンタラクシタの批判哲學」『仏教の比較思想論的研究』.

    (1981-1),「緣起說論爭 ―死に至る病―」『東洋學術研究』20-1.

    (1981-2),「唯識二十論」『大乘仏教 15 世親論集』.

    (1982),「中觀思想の歷史と文獻」『講座 大乘仏教 7・中觀思想』春秋社.

    (1983),『仏教における存在と知識』紀伊國屋書店.

    (1984),「仏教知識論の形成」『講座 大乘仏教 9・認識論と論理字』春秋社.

    (1985),「空と慈悲」『哲學研究』554.

片野道雄(1981),「ツォンカバ造了義未了義論の試解(一)―チベット仏教の唯識受容についての一性格 ―」『大谷大學研究年報』34.

    (1985),「ツォンカパの解明する清弁の中觀思想」『大谷大學眞宗總合研究所紀要』3.

    (1986),「ツォンカパの解明するシャーンタラクシタの中觀思想」『仏教學セミナー』44.

    (1987),「シャーンタラクシタの勝義としての否定論證の綱要」『大谷學報』67-3.

    (1989),「ツォンカパの中觀仏教了義說序―『善說心髓』二, (一)－(二), （1）試解」『仏教學セミナー』50.

桂 紹隆(1976),「A Synopsis of the Prajñāpāramitopadeśa of Ratnākaraśānti」『印仏研』25-1.

    (1981),「ラトナーカラシャーンティ再考」『印仏研』30-1.

    (1983-1),「ダルマキールティ『他相續の存在論証』―和譯とシノプシス―」『廣島大學文學部紀要』43.

    (1983-2),「ダルマキールティの因果論」『南都仏教』50.

    (1984),「ディグナーガの認識論と論理字」『講座 大乘仏教 9・認識論と論理學』春秋社.

金倉円照(1955),「外教の文獻にみえる経部說」『印度學仏教學論叢』法藏館.

    (1970),『インド哲學史』平樂寺書店.

神谷麻俊(1977),「楞伽経のDharmaとBhāva」『印仏研』25-2.

神谷信明(1976),「三性說について」『印仏研』24-2.

川崎信定(1973),「チベット仏教の展開」『東洋學術研究』12-1.

    (1984),「一切智者の存在論証」『講座 大乘仏教 9・認識論と論理學』春秋社.

木村誠司(1984),「後期仏教における有神論批判について」『駒大仏教學部論集』15.

　　　　(1986),「チベット仏教における論理學の位置付け」『チベットの仏教と社會』春秋社.

　　　　(1987),「初期ゲルク派の聖典觀について」『駒大仏教學部論集』18.

木村後彦(1971),「量評釋・ブラマーナシツディ章の宗教論と解脱論」『印仏研』20-1.

　　　　(1981),「ダルマキールティ宗教哲學の原典研究」木耳社.

　　　　(1986),「ダルマキールティ宗教哲學の特色」『南都仏教』56.

北畠利親(1963),「淸弁と月称の二諦論」『印仏研』11-1.

　　　　(1991),『月称釋中論: 觀法品・觀四諦品譯註』永田文昌堂.

雲井昭善(1967),『佛教興起時代の思想研究』平樂寺書店.

小谷信千代(1980),「瑜伽師地論と大乘莊嚴経論」『仏教學セミナー』32.

　　　　(1990),「シュミットハウゼン教授の『アーラヤ識論』を問う」『仏教學セミナー』52.

小山一行(1977),「中觀莊嚴論の識論批判」『印仏研』25-2.

古坂紘一(1976),「大乘仏教における二諦說の一考察:「般若灯論」觀聖諦品を中心として」『大阪教育大紀要』25-3.

　　　　(1983-1),「般若灯論と経量部說」『印仏研』31-2.

　　　　(1983-2),「空性理解の規範性について」『印仏研』32-1.

工藤成樹(1958),「中觀における自性の概念—明句論を中心として」『印仏研』7-1.

　　　　(1982),「中觀と唯識 — 空, 一乘・三乘, 二諦等をめぐって—」『講座 大乘仏教 8・唯識思想』春秋社.

小林 守(1984),「『中觀莊嚴論』にみられる形象眞實說」『印仏研』33-1.

　　　　(1988),「形緣眞實<一卵半塊>說について」『印仏研』36-2.

　　　　(1989),「『中觀莊嚴論』とその注釋書をめぐる二, 三の問題」『仏教學』26.

佐藤道部(1976),「Prāsaṅgikaの軌跡」『日本西藏學會會報』22.

三枝充悳(1985),『中論偈頌總覽』第三文明社.

齊藤 明(1981-1),「lCang Skya宗義書における経量部中觀自立派の章について」『日本西藏學會會報』27.

　　　　(1981-2),「『空七十論註』におけるCandrakīrtiの二諦解釋」『印仏研』29-2.

櫻部 建(1981),『佛典講座 18 倶舍論』大藏出版.

佐々木惠精(1974),「『四百論疏』にみえる破我論」『印仏研』32-2.

　　　　(1976),「四百論にみられる空觀への實踐」『印仏研』24-2.

眞田康道(1974),「空思想における否定の類型」『印仏研』22-2.

清水光幸(1989),「二諦說について—インド仏教のメタ論理—」『印仏研 37-2.

島 義德(1982),「Sāntarakṣitaのabhāva批判」『印仏研』30-2.

白崎顯成(1978),「JITARI AND SANTARAKṢITA」『印仏研』27-1.

(1984), 「Jitāriの再認識批判」『印仏研』33-1.

(1986), 「Sugatamatavibhaṅgabhāṣya 第四章 中觀派の敎義和譯」『南都仏教』55.

兵藤一夫(1985), 「Stefan Anacker: Seven Works of Vasuvandhu— The Buddhist Psychological Doctor—」『仏敎學セミナー』41.

(1989), 「『現觀莊嚴論明義釋の注釋,眞髓莊嚴』」和譯(1)『仏敎學セミナー』50.

菅 英尙(1980), 「『楞伽経における唯心」『印仏研』29-1.

菅沼 晃(1960), 「Tattvasaṃgrahaに於ける三世實有批判について」『印仏研』8-2.

(1961), 「攝眞實論における識說について」『宗敎研究』35-2(170).

(1962), 「The Examination of the External Object in the Tattva-saṃgraha」『印仏研』10-2.

(1963), 「On Self-cognition (svasaṃvedana) in the Tattvasaṃgraha」『印仏研』11-2.

(1964-1), 「Sāntarakṣita's Criticism on the Paramāṇuvāda in the Tattvasaṃ graha」『印仏研』12-2.

(1964-2), 「寂護の識論」『東洋大學紀要文學部編』18.

(1965), 「寂護の外境批判について」『印仏研』13-2.

(1968), 「入楞伽経における唯心說について」『印仏研』16-2.

(1981), 「『攝眞實論』外境批判章譯註(一)」『大乘仏敎から密敎へ』春秋社.

(1985), 「同(二) 」『仏敎の歷史と思想』大藏出版社.

菅原泰典(1987), 「唯識家としての陳那」『印仏研』35-2.

杉原丈夫(1975), 「陳那とアリストテレス—現代論理學の立場から—」『仏敎研究論集』.

田村智淳(1982), 「中觀の實踐」『講座 大乘仏敎 7・中觀思想』春秋社.

高木紳元(1960), 「瑜伽疏と陳那との關係再考」『印仏研』13-2.

高崎直道(1968), 「『智光明莊嚴経覺え書」『駒大仏敎學部研究紀要』26.

(1976), 「入楞伽経の唯識說」『仏敎學』創刊号.

高橋 壯(1971), 「『中論』の二諦說 — その１—」『印仏研』20-1.

(1972), 「世俗智について」『南都仏敎』28.

(1973), 「『中論』の二諦說 — その２—」『印仏研』21-2.

田丸俊昭(1978), 「仏敎論理學派における數等の區別の說明 — Tattvasaṃgraha K.323 & pañjikā—」『印仏研』27-1.

竹村牧男(1975), 「『攝大乘論』の三性說—世親釋の名の理解を手がかりに—」『印仏研』23-1.

武邑尙邦(1958), 「世親の論理書について」『印仏研』7-1.

立川武藏(1974), 『西藏佛敎宗義文獻(第一卷) —トゥカン『一切宗義』サキヤ派の章—』

東洋文庫.

　　　(1982), 「歸謬論証派」『講座 大乗仏教 7・中觀思想』春秋社.

谷 貞志(1982), 「『Pramāṇavārttika IV』解釋の問題」『印仏研』30-2.

　　　(1989), 「ダルマキールティにおける「自己差異性としてのsvabhāva」」『印仏研』38-1

丹治昭義(1958), 「月称におけるlokaについて」『印仏研』7-1.

　　　(1979), 「チャンドラキールティの論理觀の一考察」『關西大東西學術研究所紀要』12

　　　(1981-1), 「月称の涅槃觀の一考察」『印仏研』30-1.

　　　(1981-2), 「無我と實在―『中論』第十八章の注釋史的考察(一)―」『南都仏教』46.

　　　(1981-3), 「無我と實在―『中論』第十八章の注釋史的考察(二)―」『南都仏教』47.

　　　(1983), 「眼翳の比喩」『印仏研』32-1.

　　　(1987), 「チャンドラキールティの自立論証批判」『南都仏教』57.

　　　(1988), 「チャンドラキールティの「認識手段」觀」『南都仏教』59.

塚本啓祥 外編(1990), 塚本啓祥・松長有慶・磯田煕文『梵語佛典の研究 III 論書篇』, 平樂寺書店.

ツルチム・ケルサン(1978), 「Tsong kha paのDrang nges legs bshad snying po『未了義了義善說心髓』について―シノプシス―」『印仏研』26-2.

ツルチム・ケルサン(1987), 「『レクシェーニンポ』の中觀プラーサンギカ章解讀研究(II. 222-11.222.1121)」『大谷學報』67-1.

ツルチム・ケルサン(1991), 「『レクシェーニンポ』の中觀プラーサンギカ章解讀研究(II. 222.122-222.12322)」『大谷學報』42.

戸崎宏正(1974), 「後期大乗仏教の認識論」『講座 仏教思想 2, 認識論・論理學』仏典刊行會.

　　　(1979-1), 『仏教認識論の研究』上, 大東出版社.

　　　(1979-2), 「仏教における現量(知覺)論の系譜」『理想』549.

　　　(1984), 「ダルマキールティの認識論」『講座 大乗仏教 9・認識論と論理學』春秋社.

　　　(1985-1), 『仏教認識論の研究』下, 大東出版社.

　　　(1985-2), 「ダルモッタラとシャーンタラクシタ―"語にもとずく知"をめぐって―」『仏教と異宗教』平樂寺書店.

富貴原章信(1954), 「二十論の唯識義」『大谷大研究年報』7.

内藤昭文(1984), 「TSPにおけるアートマン說批判(II)―プドガラ說をめぐって(1)」『印仏研』33-1.

　　　(1985), 「TSPにおけるアートマン說批判(II)―プドガラ說をめぐって(2)」『龍大仏教學研究』41.

長尾雅人(1954),『西藏仏教研究』岩波書店.

(1961),「一乘三乘の論議をめぐって」『塚本專士頌壽記念 仏教史學論集』.

(1967),「唯講義の基盤としての三性説」『鈴木學術財団研究年報』4.

(1978-1),「仏教に於ける「世俗」(saṃvṛti)という語の一解釋」『中觀と唯識』岩波書店.

(1978-2),「中論の構造—宗喀巴『中論釋』を中心として—」『中觀と唯識』 岩波書店.

(1978-3),「山口先生のチベット學」『日本西藏學會會報』24.

長崎法潤(1984),「概念と命題」『講座 大乘仏教 9・認識論と論理學』春秋社.

長實澤導(1960),「ジュニャーナガルバの仏教學」『福井博士頌壽記念東洋思想論集』.

(1969),『大乘仏教瑜伽行思想の發展形態』智山學勸會.

西 義雄(1956),「眞俗二諦説の構造」『仏教の根本眞理』.

西岡祖秀(1986),「『パクサム・ジュンサン』の仏教史年表前文」『印仏研』35-1.

西川高史(1984-1),「Dharmakīrtiにおける現量の定義：Nyāyabindu現量章, 第4偈について」『曹洞宗研究員研究生研究紀要』16.

(1984-2),「Pramāṇaviniścayaにおける現量の定義 — Dharmottara-Ṭīkāを中心として—」『駒大仏教學部論集』15.

野澤靜証(1952),「淸弁の二諦説」『日本仏教學會會報』18.

(1953),『世親唯識の原典解明』(山口 益 共著) 法藏館.

(1955),「二諦の無と有と二行の有と無」『印度學仏教學論叢』法藏館.

(1956),「中觀兩學派の對立とその眞理觀」『仏教の根本眞理』.

能仁正顯(1983),「Bhāvavivekaの世俗の立場について」『印仏研』32-1.

袴谷憲昭(1975-1),「A Consideration on the Byams shus kyi le'hu from the historical point of view」『印仏研』24-1.

(1975-2),「弥勒請問章和譯」『駒大仏教學部論集』6.

(1976-1),「中觀派に關するチベットの伝承」『三藏集・三』117.

(1976-2),「唯識の學系に關するチベット撰述文獻」『駒大仏教學部論集』7.

(1977),「Sangs rgyas gtso bo'i rgya cher 'grel pa」『駒大仏教學部研究紀要』35.

(1978),「アーラヤ識存在の八論証に關する諸文獻」『駒大仏教學部研究紀要』36.

(1979),「bhoga-nimitta考」『印仏研』28-1.

(1981),「ラトナーカラシャーンティの轉依論」『大乘仏教から密教へ』 春秋社.

(1982-1),「チベットにおける唯識思想研究の問題」『東洋學術研究』21-2.

(1982-2),「瑜伽行派の文獻」『講座 大乘仏教 8・唯識思想』春秋社.

　　　　　(1984),「空性理解の問題点」『理想』No.610.

　　　　　(1985),「釋尊私觀」『日本仏教學會年報』No.50.

　　　　　(1991),「離言(nirabhilāpya)の思想背景」『駒大仏教學部研究紀要』49.

八力廣喜(1980),「中觀派の菩提心」『印仏研』28-2.

　　　　　(1981),「『中論』と中觀派」『印仏研』29-2.

服部正明(1959-1),「ディグナーガの知識論」『哲學研究』462.

　　　　　(1959-2),「ディグナーガの知識論(完)」『哲學研究』463.

　　　　　(1959-3),「『眞理綱要』の直接知覺(pratyakṣa)論」『日本仏教學會年報』25.

　　　　　(1968),『Dignāga. On Perception』Harvard Univ. Press.

　　　　　(1986),「唯識思想体系における自我意識について」『仏教學セミナー』43.

早島　理(1973),「Mahāyānasūtrālaṃkāraにおける菩薩行の構造 — 第VI章 tatvaを
　　　　　　中心にして—」『印仏研』21-2.

　　　　　(1978),「Ratnākaraśāntiの中觀思想—Madhyamālaṃkāropadeśaにおける —」
　　　　　　『印仏研』26-2.

原田　覺(1975),「空(śūnya)について」『印仏研』23-2.

　　　　　(1977),「敦煌藏文資料に於ける宗義系の論書(1)」『印仏研』26-1.

　　　　　(1980),「敦煌藏文資料に於ける宗義系の論書(2)」『印仏研』29-1.

　　　　　(1982-1),「lDan dkar ma 目録考」『仏教教理の研究』春秋社.

　　　　　(1982-2),「チベット大藏経」『東洋學術研究』21-2.

　　　　　(1982-3),「チベット仏教の中觀思想」『講座 大乘仏教 7・中觀思想』春秋社.

菱田邦男(1973),「Tattvasaṃgrahaにおけるマナス批判」『印仏研』21-2.

　　　　　(1979),「Tattvasaṃgrahaにおけるākāśa批判」『印仏研』27-2.

　　　　　(1982),「Tattvasaṃgrahaにおける時間・方角批判」『印仏研』31-1.

平野　隆(1959),「入中論の二諦說」『大谷學報』39-3.

福田洋一(1984),「ダルマキールテイにおける論理の構造への問い」『印仏研』33-1.

　　　　　(1985),「意識と存在の問題事象への試論」『日本西藏學會會報』31.

　　　　　(1986),「形象虛僞論と「同時知覺の必然性　論証」『チベットの仏教と社會』
　　　　　　春秋社.

　　　　　(1987),「一卵半塊論とは何か」『日本西藏學會會報』33.

　　　　　(1988),「ケードゥプジェの『プラマーナヴァールティカ』注釋における自己
　　　　　　認識と他者認識の設定方式について」『日本西藏學會會報』34.

細川量雄(1965),(譯註)『認識論と論理學』.

松下了宗(1983-1),「ジュナーナガルブァ(JG)の『二諦分別論』(一)—その著作態度—」
　　　　　　『印仏研』32-1.

松下了宗(1983-2),「ジュナーナガルヴァの『二諦分別論』—和譯研究—」(上)『龍大大
　　　　　　學院紀要』5.

(1984-1), 「ジュニャーナガルバの『二諦分別論』(二)—世俗說をめぐって—」『印仏研』33-1.

(1984-2), 「ジュニャーナガルバの『二諦分別論』—和譯研究—」(下)『龍大大學院紀要』6.

(1984-3), 「Satyadvayavibhaṅgavṛtti研究をめぐる諸問題」『龍大仏教文化研究所紀要』23.

(1987), 「中觀光明論に見られる無自性說批判」『印仏研』35-2.

松本史朗(1978-1), 「Jñānagarbhaの二諦說」『仏教學』5.

(1978-2), 「『入中論』のウトパラの比喩について」『印仏研』26-2.

(1979-1), 「Dharmapālaの二諦說」『印仏研』27-2.

(1979-2), 「The Satyadvaya theory of the Madhyamakāvatārabhāṣya」『印仏研』28-1.

(1980-1), 「Ratnākaraśāntiの中觀派批判 上」『東洋學術研究』19-1.

(1980-2), 「Ratnākaraśāntiの中觀派批判 下」『東洋學術研究』19-2.

(1980-3), 「Sahopalambha-niyama」『曹洞宗研究員研究性研紀要』12.

(1980-4), 「仏教論理學派の二諦說(上)」『南都仏教』45.

(1981-1), 「仏教論理學派の二諦說(中)」『南都仏教』46.

(1981-2), 「仏教論理學派の二諦說(下)」『南都仏教』47.

(1981-3), 「チベットの仏教學について」『東洋學術研究』20-1.

(1981-4), 「Svabhāvapratibandha」『印仏研』30-1.

(1981-5), 「Tsong kha pa獨自の中觀思想について」『日本西藏學會會報』27.

(1981-6), 「lTa ba'i khyad parにおける中觀理解について」『曹洞宗研究員研究生研究紀要』13.

(1981-7), 「ツォンカパの中觀思想について」『東洋學報』62-3/4.

(1982), 「sTag tshang paのTsong kha pa批判について」『日本西藏學會會報』28.

(1983), 「<書評>Blo gsal grub mtha'」『東洋學術研究』22-1.

(1984-1), 「ツォンカパの中觀思想に關する考察」『日本西藏學會會報』30.

(1984-2), 「後期中觀派の空思想—瑜伽行中觀派について—」『理想』No.10.

(1984-3), 「Jñānagarbhaの世俗不生論批判について」『駒大仏教學報論集』15.

(1984-4), 「チベットの仏教」『歷史公論』No.105.

(1985), 「仏教綱要書」『講座・敦煌 6 敦煌胡語文獻』.

(1986-1), 「後期中觀思想の解明にむけて— 鄕正道氏『中觀莊嚴論の研究』を中心に—」『東洋學術研究』25-2.

(1986-2), 「ツォンカパの自立論証批判について」『チベットの仏教と會社』春秋社.

(1987), 「チベット仏教の教理と歴史」『チベットの言語と文化』.

(1988), 「空」『岩波講座・東洋思想 9』岩波書店.

三谷眞澄(1990), 「ブッタパーリタの二諦説」『印仏研』38-2.

神子上惠生(1982), 「シュバグプタの唯識説批判 — sahopalambhaniyamaを論証因とする唯識説 への批判 —」『南都仏教』48.

(1983), 「シュバグプタの極微説の擁護」『龍大仏教文化研究所紀要』22.

(1984), 「實在論者の唯識説批判—samanantarajñāna認識對象説をめぐって—」『仏教と異宗教』平樂寺書店.

御牧克己(1972-1), 「恒常性批判 Sthirasiddhidūṣaṇa—Ratnakīrti：SthirasiddhidūṣaṇaとTS(P)：Sthirabhāvaparīkṣāの比較—」『印仏研』20-2.

(1972-2), 「初期唯識者論書に於けるSautrāntika説」『東方學』43.

(1978-1), 「Mi phamの『智心髄集注』」『印仏研』27-1.

(1978-2), 「Blo gsal grub mtha'について」『密教學』15.

(1980), 「antaraślokaについて」『印仏研』28-2.

(1982-1), 「チベットにおける宗義文獻(學説の綱要書)の問題」『東洋學術研究』21-2.

(1982-2), 「頓悟と漸悟」『講座 大乘仏教 7・中觀思想』春秋社.

(1984), 「刹那滅論証」『講座 大乘仏教 9・認識論と論理學』春秋社.

(1987), 「チベット語仏典概觀」『チベットの言語と文化』1987.

(1988), 「佛教學説の諸體系 — 經量部」『岩波講座・東洋思想 第8巻 インド佛教 1』岩波書店.

光川豊芸(1958), 「月称の中觀論釋から見た中觀本頌の特色」『印仏研』7-1.

(1976), 「四百論の護法釋と月称釋について」『印仏研』24-2.

宮坂宥勝(1955), 「量評釋に於けるダルマキールティの現量論の一考察」『印仏研』3-2.

(1957), 「『量評釋』の論理と著作的立場」『印仏研』5-2.

(1959), 「『量評釋』における量成就(pramāṇa-siddhi)」『印仏研』7-2.

(1960), 「量果の確定(pramāṇa-phala-vyavasthā)とダルマキールティの立場」『印仏研』8-1.

(1971-72), 「Pramāṇavārttika-kārikā(Sanskrit and Tibetan)」『インド古典研究 II』成田山新勝寺.

(1984-1), 「ダルマキールティの生涯と作品」『インド古典論下』筑摩書房.

(1984-2), 「有神論批判」『講座 大乘仏教 9・認識論と論理學』春秋社.

森山清徹(1979), 「自性の考察」『印仏研』27-2.

(1981), 「カマラシーラのSarvadharmaniḥsvabhāvasiddhiの和譯研究(1)」『仏教大學大學院研究紀要』9号.

(1982), 「カマラシーラのSarvadharmaniḥsvabhāvasiddhiの和譯研究(2)」『仏教大學大學院研究紀要』10号.

(1987),「Idem (3), カマラシーラの無自性論証とダルマキールテイの因果論
」『仏大研究紀要』71号.

(1984-1),「The Yogācāra-mādhyamika Refutation of the Position of
the Satyākāra and Alīkākāra-vādins of the Yogācāra School.
Part 1: A Translation of Portions of Haribhadra's
Abhisamayālaṃkārālokā Prajñāpāramitā-vyākhā」『仏大大學院
研究紀要』12号.

(1984-2),「Idem, Part 2」『坪井俊映博士頌壽記念仏教文化論攷』.

(1984-3),「Idem, Part 3」『仏大人文學論集』18号.

(1985-1),「Kamalaśīlaの唯識思想と修道論 —瑜伽行中觀派の唯識説の觀察
と超越—」『仏大人文學論集』19号.

(1985-2),「An Annotated translation of Kamalaśīla's Sarvadha
rmaniḥsvabhāvasiddhi. Part 4」『仏大研究紀要』69号.

(1986),「KamalaśīlaとHaribhadra — 一切智者の智の証明を巡って—」『印仏
研』35-1.

(1988),「KamalasīlaのSarvadharmaniḥsvabhāvasiddhi(SDNS)解説」『仏教文
化研究』33号.

(1988-1),「後期中觀派のダルマキールテイ批判 — 因果論を巡って—」『印仏
研』37-1.

(1988-2),「カマラシーラの唯識批判とダルマキールティの経量部説—無自
性論証の視座: ttatsārūpyaとtadutpatti—」『仏大研究紀要』
72号.

(1989-1),「後期中觀派の學系とダルマキールティの因果論(1)—
Catuṣkotyutpāda=pratiṣedhahetu—」『仏大研究紀要』73号.

(1989-2),「後期中觀派とダルマキールティ(2)—「空」を巡る論爭:
LakṣaṇaśūnyatāとSvabhāvānupalabdhi—」『仏大研究紀要』
74号.

(1991-1),「後期中觀派の唯心説と二諦説—三種の唯心解釋＜勝義, ヨーガ行
者の世俗, 凡夫の世俗＞—」『仏大研究紀要』75.

(1991-2),「The Later Mādhyamika and Dharmakīrti」『Studies in the
Buddhist Epistemological Tradition(Ed. by E. Steinkellner)』
Wien.

安井廣済(1953-1),「中觀-瑜伽兩派の對立」『印仏研』2-1.

(1953-2),「二諦説と三性説 —行の立場と知の立場—」『大谷學報』33-1.

(1960),「眞俗二諦説の發展」『日仏年報』26.

(1970),『中觀思想の研究』法藏館.

(1972),「入楞伽経にあらわれる識の學説について」『大谷學報』52-2.

泰本 融(1975),「百論の解説」『かがみ』19.

山口 益(1937),「聖提婆に歸せられる中觀論書」『大谷學報』18-4.

　　　(1938-1),「聖提婆に歸せられる中觀論書」『大谷學報』19-1.

　　　(1938-2),「聖提婆に歸せられる中觀論書」『大谷學報』19-4.

　　　(1944),『中觀仏教論攷』弘文堂書房.

　　　(1951),『般若思想史』法藏館.

　　　(1953),『世親唯識の原典解明』(野澤靜証共著) 法藏館.

　　　(1964),「中觀莊嚴論の解讀序說」干潟博士古希記念論文集.

　　　(1964),「月称造四百論註釋破常品の解讀」『鈴木學術財団研究年報』1.

　　　(1966),「月称造五蘊論における慧の心所の解釋」『印度學仏教學論集』 平樂社
　　　　書店.

　　　(1975),『仏教における無と有との對論』山喜房仏書林(初版 1941).

山口瑞鳳(1954),「譯梵藏文に於ける自動訶文の研究」『大倉山學院紀要』第1輯.

　　　(1965),「ヨーロッパのチベット學」『印仏研』13-2.

　　　(1975),「ring lugs rBa dPal dbyangs-bSam yas宗論をめぐる問題」『仏教に
　　　　おける法の研究』春秋社.

　　　(1978),「吐蕃王國仏教史年代表」『成田山仏教研究所紀要』3.

　　　(1979),「『二卷本譯語釋』研究」『成田山仏教研究所紀要』4.

　　　(1982-1),「チベット仏教典籍解題 I」『成田山仏教研究所山紀要』7.

　　　(1982-2),「チョナンパの如來藏說とその批判說」『田村芳朋博士還暦念紀論
　　　　集』『仏教教理の研究』.

　　　(1983),「チベット」『仏教史 I』山川出版社.

　　　(1988-1),「チベット下」東京大學出版會.

　　　(1988-2),「シャーンタラクシタの中觀」『成田山仏教研究所紀要』11-1.

　　　(1989-1),「刹那滅と縁起生の相違―わが國中觀哲學の相識に問う―」『思想』
　　　　778.

　　　(1989-2),「二種類の「零」・「無」と「空」―10進法を支えるいま一つの「零」」『思想』
　　　　785.

　　　(1991-1),「日本に伝わらなかった中觀哲學―觀念論」「相依性の排除」『思
　　　　想』1991.

　　　(1991-2),「縁起生の復權―寂護による淸弁・法称の刹那滅論批判―」『成田山仏
　　　　教研究所紀要』14.

山崎慶輝(1958),「中觀と瑜伽との接触―特に菩薩の修道に關して―」『印仏研』6-1.

湯田 豊(1983),「中觀と唯識」『神奈川大學人文研究』84.

横山紘一(1976),「nimitta(相)について」『仏教學』創刊号.

吉水淸孝(1985),「クマーリラによる無形象知識論の方法について」『印仏研』34-1.

　　　(1987),「DharmakīrtiとSāntarakṣitaにおける語の意味と他者の排除」『印仏研』36-1.

吉水千鶴子(1990),「ツォンカパの『入中論』註釋における二諦をめぐる議論」『成田山仏敎研究所紀要』13.

　　　(1991),「ツォンカパの『入中論』註釋における二諦をめぐる議論 Ⅱ. 勝義諦をめぐる議論」『伊原照蓮博士古稀記念論文集』.

四津谷孝道(1986-1),「『中觀決擇』に說かれる自立派と歸謬派への分岐」『チベットの仏敎と社會』.

　　　(1986-2),「ツォンカパによる了義, 未了義の設定」『印仏研』35-1.

　　　(1986-3),「Tsong kha paによる自立論証批判」『日本西藏學會會報』32.

芳村修基(1953),「西域本による瑜伽行中觀派」『印仏研』2-1.

　　　(1958),「初期チベット仏敎における翻譯形成」『印仏研』6-2.

　　　(1960),「瑜伽修習の系譜」『印仏研』8-2.

　　　(1974),『ィンド大乘仏敎思想研究 ―カマラシーラの思想―』百華苑.

若原雄昭(1982),「知識の眞僞性―外界存在をめぐる論爭の一局面―」『南都仏敎』49.

　　　(1985),「アーガマの価値と全知者の存在証明」『龍大仏敎學研究』41.

　　　(1989),「DharmakīrtiとSubhagupta ― Srutiparīkṣā及び Sarvajñasiddhiに就てに」『印仏研』37-2.

渡邊照宏(1967),「攝眞實論序章の翻譯研究」『東洋學研究』2.

Chattopadhyaya, A.(1967), *ATISA AND TIBET*, Calcutta.

Chattopadhyaya, D.(1990), *Tāranātha's History of Buddhism in India*, Motilal Banarsidass(First Ed. 1970).

Das, S. C.(1908), *Pag Sam Jon Zang*(written by Sum pa khan po ye she pal jor), Ed. by S. C. Das, Calcutta.

Eckel, M. D.(1986), The Concept of Reason in Jñānagarbha's SVATANTRIKA MA-DHYAMAKA, *Buddhist Logic and Epistemology*, 265-290.

　　　(1987), *Jñānagarbha's Commentary on the Distinction Between the Two Truths*, State Univ. of New York.

Frauwallner, Erich.(1961), Landmarks in the History of Indian Logic, *Wiener Zeitschrift für die Kunde Sud und Ostasiens*, Band V.

　　　(1984),「アビダルマ研究(ABHIDHARMA-STUDIEN)」『仏敎學セミナー』40.

Hoornaert, Paul.(1983),「安慧の識論について」『印仏研』31-2.

　　　(1986),「淸弁の三性說批判」『印仏研』35-1.

Iida, Shotaro.(1980), *Reason and Emptiness; A Study in Logic and Mysticism*,

Tokyo, The Hokuseido Press.

Jackson, David.(1986), 「Book Review: Madhyamakālaṃkāra of Sāntarakṣita」(Ed. and Tr. by Masamichi Ichigo)『仏教學セミナー』43.

Jha, G.(1986), *The Tattvasaṅgraha of Shāntarakṣita. with the Commentary of Kamala-shīla* Vols.2, Motilal Banarsidass(First Ed., Baroda, 1939).

Levi, S.(1925), Vijñptimātratāsiddi. Deux Traites de Vasubandhu：Viṃśatikā et Trimśika, *Bibliotheque de L'Ecole des Hautes Etudes,* Paris.

Lipman, Kennard.(1979), *A Study of Sāntarakṣita's Madhyamakālaṃkāra,* Univ. of Saskatchewan(A Thesis for the Degree of Doctor of Philosophy).

Lipman, Kennard.(1987), An Introduction to rDzogs-Chen Meditation, *Primordial Experience.*

Lopez, D. S. Jr.(1987), *A Study of Svātantrika, Snow Lion,* New York.

Maraldo. John, C.(1985), 「A REVIEW OF SOME APPROACHES TO HER-MENEUTICS AND HISTORICITY IN THE STUDY OF BUDDHISM」『大谷大眞宗總合研究所紀要』3.

Mejor, M.(1991), On the Date of the Tibetan Translations of the Pramāṇasamu-ccaya and Pramāṇavārttika, '*Studies in the Buddhist Epistemo-logical Tradition*'(Ed. by E. Steinkellner), Wien.

Nagatomi, Masatoshi.(1967-1968), "Arthakriyā", *The Adyar Library Bulletin* Vols.XXXI-XXXII.

Obermiller, E.(1932), History of Buddhism(Chos-'byung) by Bu-ston, Part II. *The History of Buddhism in India and Tibet.* Heidelberg.

Roerich, G. N.(1988), *The Blue Annals,* Motilal Banarsidass.

Ruegg, D. S.(1981), *The Literature of The Madhyamaka School of Philosophy in India,* Wiesbaden.

(1991), On Pramāṇa Theory In Tshong Kha pa's Madhyamaka Philo-sophy, *Studies in the Buddhist Epistemological Tradition*(Ed. by E. Steinkellner). Wien.

Schmithausen, L.(1983), 「『二十論』と『三十論にみられる経量部的前提」『仏教學セミナー』37.

Siderits, Mark.(1986), "Was Sāntarakṣita a Positivist?", *Buddhist Logic and Episte-mology.*

Stcherbatsky, Th.(1962), *Buddhist Logic.* Vol.I・II, Dover Ed. New York. (Original Ed. Leningrad, ca. 1930).

Tillemans, Tom.(1982), The (neither one nor many) argument for Sūnyatā, and its

438

tibetan interpretations, background information and source materials. *Etudes de Lettres.* Lausanne.

(1983), The "Neither one nor many" argument for Śūnyatā and its Tibetan Interpretations, *Contributions on Tibetan and Buddhist Religion and Philosophy.* Wien.

(1990), Materials for the study of Aryadeva, Dharmapāla and Candrakīrti, *Wiener Studien zur Tibetologie und Buddhismuskunde.* Heft 24-1.

Thurman. R. A. F.(1989), *The Speech of Gold. Reason and Enlightenment in the Tibetan Buddhism.* Indian Ed., Motilal Banarsidass. (Princeton Univ. Press, 1984).

Tola, F. and Dragonetti, C.(1982), "DIGNAGA'S ALAMBANAPARIKṢAVṚTTI", *Journal of Indian Philosophy* 10.

Tucci, G.(1958), *Minor Buddhist Texts,* Part II, Roma.

Turrell, Wylie.(1959), "A STANDARD SYSTEM OF TIBETAN TRANSCRIPTION", *Harvard Journal of Asiatic Studies,* Vol.22.

Vaidya, P. L.(1923), *Etudes sur ARYADEVA et son CATUḤSATAKA,* Paris.

3. Reference

『梵藏漢和四譯對校 翻譯名義大集(Maha Vyutpatti)』京都文科大學藏版, 1962.

『仏教史概説』佐々木教悟・高崎直道・井の口泰淳 著, 平樂寺書店, 1966.

『サンスクリット文法』辻直四良 著, 岩波全書 280, 1974.

『仏教語大辭典(縮刷版)』中村 元 著, 東京書籍 1981.

『漢譯對照 梵和大辭典』鈴木學術財団 編, 講談社, 1986.

『インド仏教人名辭典』三枝充悳 編, 法藏館, 1987.

『仏教インド思想辭典』監修: 早島鏡正, 編集代表: 高崎直道, 春秋社, 1987.

『東洋仏教人名辭典』齊藤昭俊・李載昌 編, 新人物往來社, 1989.

『仏教辭典』宇井伯壽 監修, 大東出版社, 1990(初版: 1938).

『梵語仏典の研究 III-論書篇』塚本啓洋・松長有慶・磯田煕文 編著, 京都, 1990.

A Dictionary of Japanese Buddhist Terms, Hisao Inagaki, Nagata Bunshodo, 1984.

Glossary of the Tattvasaṅgrahapañjikā(Tibetan-Sanskrit-Japanese Part I), Compiled by Shoko Watanabe, *Acta Indologica* V, Narita, 1985.

A Tibetan-English Dictionary(Compact Ed.), H. A. Jäschke, Rinsen Book Company,

1985(The Original Ed., London, 1881).

Tibetan-English Dictionary(Compact Ed.), Chandra Das, Rinsen Book Company, 1988(The Original Ed., Calcutta, 1902).

Tibetan-Sanskrit Dictionary(Compact Ed.), Lokesh Chandra, Rinsen Book Company, 1990(The Original Ed., New Delhi, 1959).

색인

서명

견차별 27, 42, 74, 216, 220, 248, 251
공칠십론 61, 74
관소연론 69, 166
구경일승보장론 140
구사론 287, 343, 344
근본중송 74, 233, 257, 263, 289, 348
능가경 45
다비의궤 95
다양불이론 218
대승광백론석론 161
대승장엄경론 140
대품반야경 139
덴카르마 목록 36, 39, 89
명구론 257
명만 216
무진의설시경 75
미망사수트라 408
밀엄경 45
바가범찬길상지금강가광석 37
반야경 75
반야등론 140, 258
반야바라밀다구송정의론 216
반야바라밀다론 218
법집경 75, 139

법집요송경 75
보리과범참회주 37
보리도차제광론 222
보살율의이십론 38
보운경 75
보장경 75
보행왕정론 74
부자상견경 75
비야바하라싯디 74
사백론 61, 74
사천녀청문석 95
사택설론 217
상용경 75
선서종의분별 216
선설심수 22, 41, 149, 244
섭진실론 347
섭진실론세소 347
섭진실론송 36, 305
성무변문성취다라니광주 95
성무변문성취다라니석게 95
성무진혜보살경 127, 139
성보망소문대승경 90
성유식론 161
성해심밀경중성자씨품약소 95
수습차제 222
슐로카바르티카 393, 401, 408

승의결택론 40
십종진리주 217
양결택 139
양평석 53, 61, 70, 74, 129
양평석세소 129
월등삼매경 75
유가사지론 42, 74
유가수습도 95
유마경 170
유마힐소설경 139
유식삼십송 134
유식삼십송석 134
유식이십론 61, 79
유형상논증론 218
육십송여리론 74
율의이십주 37
이제분별론 268
이제분별론세소 36
이제분별론송 94
이제분별론자주 95
일체법무자성논증 214
입능가경 75, 131, 139
입중론 52, 292
입중론주 149
입진실론 60, 92
쟁정리론 38
쟁정리주세설의 37
종의규정 40

중관명 214
중관심론 46, 258
중관심송 258
중관의집 169
중관장엄론 305
중관장엄론송 36
중관장엄론의 연구 238
중관장엄론자주 36
중부 341
증지부 340
지광명장엄경 139
지심수집주 217
진성성취론 37
진실명론 214
집량론 69
최종결정역어 36
타라나타불교사 91
탄트라바르티카 408
툽티카 408
팔여래찬 37
프라마나바르티카 307
해룡왕소문경 75
해심밀경 45
해의소문경 75
현관장엄론광명 214
호금강중소출구라오대우파제사 37
화엄경 75
회쟁론 74

인명

가지야마 유이치 235, 305
나가르주나 75, 233, 257, 348
니마닥 223

다르마린첸 310, 320, 374
다르마키르티 38, 53, 71, 75,
    100, 128, 133, 166, 181,

246, 269, 272, 298, 370, 384, 394, 414

다르마팔라 99, 133, 161, 198, 269

데벤드라붓디 100, 128, 198, 202, 269, 295

디그나가 69, 100, 128, 270, 368, 394

라트나카라샨티 218

라트나키르티 218

마르파 89

마츠모토 시로 235

마하연 36, 214

모크샤카라굽타 217

무착 370

바비베카 46, 51, 92, 151, 169, 174, 223, 257, 285, 314, 387

바비베카 부자 242

바비야 92

바수반두 134

법성 251

보디바드라 38, 217

사캬촉덴 221

사하쟈바드라 217

상시 34

샤바라스바민 405, 408

샤카붓디 201, 295

샨타라크쉬타 33, 213, 225, 233, 253, 301, 305, 338, 347, 367

샨타라크쉬타 부자 242

샹카라 393

세친 343, 345, 370

셸낭 33, 34

수마티 78

슈리굽타 60, 92, 225, 253

슈바굽타 78

스티라마티 99, 128, 134, 136, 198, 269, 296

아드바야바즈라 217

아리야데바 75

아상가 42

아티샤 224, 225, 254

야마구치 즈이호 241

야스이 고사이 258

엑켈 153, 154

예쉐닝포 90

예쉐데 42, 74, 219, 244, 247

예쉬왕포 33

웃됴타카라 83, 352

유마거사 170

이치고 마사미치 237

자호르왕 34

즈냐나가르바 34, 89, 224, 253, 265

즈냐나슈리미트라 218

지타리 215, 225, 253

찬드라고민 38

찬드라키르티 99, 151, 222, 257, 290

챵캬 40, 242

총카파 22, 40, 149, 152, 207, 221, 243, 373

카말라쉴라 153, 213, 225, 253, 347

캄발라 215, 225, 253

쿠마릴라 78, 393, 400, 409, 411

티송데첸 33

파드마삼바바 33

펠첵 91

프라샤스타마티 357

하리바드라 214, 225, 253

호법 199

용어

간택 287
게룩파 22, 40, 149, 221
결택 287
경량부 50, 151, 213, 308, 411
경량부중관파 22
경량중관파 93, 113, 283
경행중관자립파 242
고찰을 견뎌내지 못하는 것 177
고찰하지 않는 한 매력적인 것 51,
    113, 177, 281, 315, 320
고찰하지 않으면 매력적인 것 176
공사상 227
공상 287
공성 227
과대적용의 오류 125
교증 367
귀류논증파 222, 257, 309, 395
극미설 78
근접인 125
긍정적 논증론 407
까마귀 이빨의 비유 155
날란다 대학 34
논리 318, 367, 375
논리적 필연관계 358
능증 369
니야야 학파 352, 358
대교열번역관 220, 247
독자부 345
동일관계 371
동일성 166, 204
동품 370
동품정유성 300, 369, 380, 406
둠타의 문헌 235
무구별 204

무구파 215
무기설 342
무명 292
무분별 175, 204
무신론 337
무아설 227
무인무연설 340
무자성 131, 311
무지 291
무파 338
무형상 81
무형상론 411
무형상지식론 63, 308, 325, 379,
    395
무희론의 승의 286
문사수로부터 생긴 반야 지혜 286
문헌학파 201
반야로서의 승의 286
방각을 가진 극미의 부정 79
방편유식설 237
번뇌장 318
법 369
법의 간택 289
변계소집성 110, 124, 137, 191,
    279, 296
변시종법성 300, 369, 376
별이성 204
본교 33
부정적 논증론 407
분별 278
불교강요서 216, 248
불교논리학파 298
불생 56, 108, 114, 132
비이문승의 105, 143, 169, 274,

277

비인식 121, 372
비정립적 부정 387
비진실세속 53, 104, 109, 175,
    178, 195, 247, 273, 293,
    315
비크라마쉴라 승원 224
사구생기의 부정 121, 188,
    215, 277
4대 무자성논증 122
사캬파 221
삼성설 199, 258, 275, 297
삼예사원 34
삼예의 논쟁 214
삼예의 종론 36
상무자성설 155
상호배제하며 존재하는 관계 377
상호배제관계 80
상호배제하면서 존재하는 것을 상
    으로 하는 것 132
생멸의 성질을 갖는 것 51
생멸의 성질의 것 315
선화륜 65, 326
설일체유부 308
성교 318
성전 367, 375
세간극성 51, 102, 182, 272
세간극성상응행파 93
세간극성행중관파 93, 113, 283
세속유반기설 296
세속유식설 237
소증 369
소지장 318
속임이 없는 것 272
수신행자 318
숙작인설 340

승론학파 308
승의 169
승의불생 115, 118, 133, 168,
    182, 208
승의에 수순하는 것 179, 388
승의에 수순하는 승의 278
시범적인 6인 34
신 337
실재물 410
실재의 본질을 매개로 하는 결합
    관계 371
실재하는 것 312, 377
실재하는 것의 힘에 의해 생긴 추
    론 48
실재하는 힘에 의거한 추론 318
14무기 338, 345
연기 342, 349
연기설 76
영상 381
영상 등과 유사한 것 77
영혼 337
오직 실재하는 것 110, 118, 280
올바른 세속 288
외경실재론자 77
원성실성 124, 279, 296
유가행중관 220, 250
유가행중관자립파 242
유가행중관파 22, 40, 74, 93,
    156, 221, 233, 236, 305
유가행파 216, 257
유구별 204
유구파 215
유례 369
유법 369
유부 50, 213, 216
유분별 175

유세속 293
유식 44
유식설 64
유식성 400
유식파 50, 213, 308
유신론 343
유심론 308, 395
유아론 343
유외경론자 47
유파 338
유형상 81
유형상지식론 63, 308, 325, 379,
  395
의타기성 110, 137, 191, 200,
  280
이문승의 103, 277
이슈바라 339
이일다성의 증인 23, 266, 367
이일다성증인 57, 213, 219,
  311, 331, 386
이제 49, 101, 161, 164
이제설 229, 258, 263, 297
이증 367
이품 370
이품변무성 300, 369, 370, 384,
  406
이형상 81
인과관계 119, 371
인과성 64, 166, 325
인식객관 405
인식대상 70
인식주관 405
인식주체 70
인의 삼상 368
일체법무자성 367
일체법무자성을 증명하는 4대증인

188
일체지각의 적멸 260
일체지자 350
자기인식 44, 62, 238, 397
자립논증파 196, 222, 257, 309,
  395
자상 287
자재신 337
자재신의 화작 339
자증지 25, 44, 62, 69, 83,
  123, 209, 275, 308, 324
정리 35, 103
정리론자 129
정리에 의한 고찰 181
정리학파 308
정립적 부정 388
정신적인 원인 353
제법무아 342
존우설 339
종의문헌 215
중관자립논증파 195, 385
중관파 151, 216, 257
중기중관파 233, 300
지각력을 가진 존재 356
지각적 요소 353
직접지각 121, 156, 194
진실세속 53, 104, 109, 127,
  177, 195, 246, 273, 293,
  315
청정세간지 286
초기중관파 233
푸드갈라 54, 345
학설강요서 216, 235
현현하는 그대로인 것 113, 136
현현하는 대로인 것 102
현현하는 대로의 것 51, 175, 271,

281
형상 23, 183, 208, 276, 307,
　　379
형상론 234
형상설 62, 408
형상진실론 64, 183, 313, 328,
　　379
형상진실론 유가행파 214
형상진실론자 234
형상진실파 23
형상허위론 64

형상허위론 유가행파 214
형상허위론자 234
형상허위파 23
효과적 작용능력 53, 104, 111,
　　246, 273, 278, 280, 282, 298,
　　315
효과적 작용능력을 갖는 것 51
후기중관파 223, 233, 309
후기중관파의 3대논서 214
희론 275

샨타라크쉬타의 중관사상

초판 인쇄 2012년 5월 21일
초판 발행 2012년 5월 26일

지은이 이태승
펴낸이 이규만
펴낸곳 불교시대사
교 정 임동민
디자인 서진
등록일자 1991년 3월 20일
등록번호 제300-1991-27호
주 소 (우)110-320 서울시 종로구 삼일대로30길 21, 1020호
진 화 02-730-2500, 725-2800
팩 스 02-723-5961

ISBN 978-89-8002-132-1 93220